STEEN BO FRANDSEN

DÄNEMARK – DER KLEINE NACHBAR IM NORDEN

STEEN BO FRANDSEN

DÄNEMARK – DER KLEINE NACHBAR IM NORDEN

Aspekte der deutsch-dänischen Beziehungen
im 19. und 20. Jahrhundert

WISSENSCHAFTLICHE BUCHGESELLSCHAFT
DARMSTADT

Einbandgestaltung: Neil McBeath, Stuttgart.

Einbandbild: Kleine Meerjungfrau in Kopenhagen.

Die Deutsche Bibliothek – CIP-Einheitsaufnahme

Frandsen, Steen Bo:
Dänemark: der kleine Nachbar im Norden;
Aspekte der deutsch-dänischen Beziehungen im
19. und 20. Jahrhundert / Steen Bo Frandsen. –
Darmstadt: Wiss. Buchges., 1994
ISBN 3-534-11712-3

Bestellnummer 11712-3

Gedruckt auf säurefreiem und alterungsbeständigem Werkdruckpapier
Satz: Setzerei Gutowski, Weiterstadt
Druck und Einband: Wissenschaftliche Buchgesellschaft, Darmstadt
Printed in Germany
Schrift: Linotype Times, 9.5/11

ISBN 3-534-11712-3

INHALT

VORBEMERKUNG

Die Anregung zu dieser Studie gab Professor Dr. Horst Lademacher, nunmehr Münster, während meines Forschungsaufenthaltes an der Gesamthochschule Kassel 1988/89. Ermöglicht wurden die Vorarbeiten durch ein großzügiges Stipendium der Alexander von Humboldt-Stiftung. Ihnen, vor allem aber auch Dr. Cornelia Regin, Kassel, die durch ihre tatkräftige Unterstützung bei der sprachlichen Überarbeitung des Manuskriptes und durch ihre konstruktive Kritik wesentlich zum Abschluß des Buches beigetragen hat, sei an dieser Stelle herzlich gedankt.

Kassel und Aarhus, im Februar 1993

EINE KOMPLIZIERTE NACHBARSCHAFT

Seit vielen Jahren sind die Beziehungen zwischen Deutschland und Dänemark entspannt. Die mustergültige Lösung der einmal so umstrittenen Grenzfrage wird nicht selten von beiden Seiten unterstrichen, wenn es gilt, das gute politische Klima zwischen beiden Staaten hervorzuheben. Nach der Beilegung des Grenzstreites sind die geschichtlichen Belastungen des Verhältnisses zwischen den beiden Nachbarstaaten, die sich einst argwöhnisch bis feindselig gegenüberstanden, in den Hintergrund getreten. Dänemark und Deutschland sind Mitglieder der NATO und der Europäischen Gemeinschaft und verfolgen in wesentlichen Fragen gemeinsame Interessen, so daß die historischen Gegensätze ihre politische Bedeutung weitestgehend verloren haben.

Der Weg zu Verständigung und gegenseitigem Respekt zog sich fast über ein Jahrhundert hin und war von mehreren militärischen Zusammenstößen durchzogen, so daß die Feindschaft zwischen den beiden Nachbarn mehr und mehr wie ein Naturzustand erschien, der sich bis in die ältesten Zeiten zurückdatieren ließ. Bei den Dänen jedenfalls setzte sich die beinahe unausrottbare Überzeugung fest, daß Deutschland seit Urzeiten der Erbfeind Dänemarks gewesen sei. Dabei ist diese Auffassung objektiv falsch. Eine kurze Zusammenstellung der Kriegsjahre in der dänischen Geschichte zeigt, daß die Deutschen als Kriegsgegner – und hier ist wohlgemerkt keineswegs von einem einheitlichen deutschen Staat die Rede – an bescheidener vierter Stelle rangieren, weit abgeschlagen von Schweden und knapp von England und Norwegen.[1] Allerdings fielen die letzten drei Kriege mit Deutschland in das Zeitalter des modernen Nationalismus. Jeder dieser Kriege hinterließ tiefe Spuren. Die Dänen sahen sich immer als Opfer deutscher Aggression. Dies läßt sich ohne Einschränkung für den Zweiten Weltkrieg behaupten, im Fall der beiden schleswigschen Kriege aber sind einseitige Schuldzuweisungen höchst problematisch.

Ursache dieser beiden Kriege war das Aufkommen nationalistischer Ideologien in beiden Völkern, verbunden mit der Forderung nach Errichtung eines Nationalstaates. Es kam zu einem blutigen Konflikt über die Grenzziehung zwischen zwei Völkern, die vorher keine eindeutige Nationalitätengrenze gekannt hatten. Die Auseinandersetzung über die Grenzfrage beherrschte seitdem die politischen Beziehungen, weil keine Lösung gefunden werden konnte, die für beide Parteien akzeptabel war. Vertieft wurde der Graben durch ein weiteres Produkt des Nationsbildungsprozesses: die Schaffung einer eigenen dänischen nationalen Identität, die sich in der bewußten Abgrenzung von der deutschen Kultur vollzog. Von einer Verwandtschaft mit den Deutschen, mit denen man sich noch zu Beginn des 19. Jahrhunderts eng verbunden gefühlt hatte, wollten die Dänen nun nichts mehr wissen.

Die meisten Deutschen konnten die Entwicklung einer dänischen Nationalideologie und die Verbreitung von Ressentiments gegen Deutschland lange Zeit nicht nachvollziehen. Sie betrachteten die Nachbarn im Norden trotz aller Konflikte weiterhin als ein verwandtes Volk. Seit der Romantik gab es in Deutschland eine regelrechte Begeisterung und Idealisierung der dänischen als Teil der skandinavischen Kultur, eine Reihe von hervorragenden Kulturpersönlichkeiten beschäftigte sich eingehend mit dem Norden. Das deutsche Interesse insbesondere an einem geistig-literarischen Austausch blieb auch in der ersten Hälfte des 20. Jahrhunderts lebendig. Der pervertierte Umgang mit der „nordischen Verwandtschaft" während des Nationalsozialismus und die von den Skandinaviern zum größten Teil abgelehnte Verbindung der nordischen Idee mit der nationalsozialistischen Rassenlehre kompromittierte diese Strömung und markierte gleichzeitig ihr Ende.[2]

Während des Abgrenzungsprozesses von Deutschland in der Mitte des 19. Jahrhunderts orientierten sich die Dänen zunächst stärker nach Norden, nach Skandinavien. Seit Jahrhunderten war die dänische Machtpolitik darauf ausgerichtet gewesen, Dänemark gegen das ebenfalls machthungrige Schweden eine Vormachtstellung in Skandinavien zu sichern. In ihrer erbitterten Feindschaft gegen die Deutschen leitete nun die dänische Nationalbewegung eine bemerkenswerte Wende ein. Um Verbündete gegen die Deutschen zu gewinnen, war man bereit, ausgerechnet die Schweden, die Dänemark weit größere und empfindlichere Verluste beigebracht hatten als die Deutschen, als Brudervolk zu umarmen. Der damit einhergehende Austausch von Feindbildern nahm zum Teil recht plakative Formen an. Als Carit Etlar seine beliebten Romane über die Heldentaten der dänischen Guerilla-Kämpfer im Krieg gegen die Schweden im 17. Jahrhundert schrieb, war der schwedische Erbfeind zum Freund geworden. Nunmehr spielten die deutschen Söldner die Rolle der Schurken, während die schwedischen Offiziere als tapfere und ehrenhafte Gegner figurierten.[3]

Die Hoffnungen der dänischen Skandinavisten auf ein politisches Bündnis mit den beiden nördlichen Nachbarn erwiesen sich bald als vollkommen unrealistisch. Dagegen ist der kulturelle Skandinavismus bis in die Gegenwart hinein lebendig geblieben. Dies rechtfertigt, abgesehen von sprachlichen und kulturellen Ähnlichkeiten, die sowohl innerhalb als auch außerhalb Nordeuropas verbreitete Gewohnheit, von den skandinavischen Staaten als einer Einheit zu sprechen. Dabei darf jedoch nicht übersehen werden, daß die Unterschiede zwischen diesen Staaten groß sind. Das gilt sowohl für die geographische Orientierung, die ökonomischen Strukturen, die Rechtstraditionen als auch für die politische Kultur. Dänen, Schweden und Norweger pflegen massive Vorurteile gegeneinander und haben sehr stereotype Vorstellungen voneinander.[4] Wenn dennoch in vielen Fragen eine Zusammenarbeit möglich ist – zum Beispiel im Nordischen Rat –, dann wohl nicht zuletzt deshalb, weil alle nordischen Staaten Kleinstaaten sind. Trotz aller Ungleichheiten gibt es keinen übermächtigen Partner, und dieser Umstand vermittelt allen Beteiligten ein Gefühl von Ebenbürtigkeit, das zwischen Deutschland und Dänemark etwa kaum aufkommen kann.

Und doch bot die skandinavische Zusammenarbeit keinen ausreichenden Ersatz für den reduzierten Austausch mit Deutschland. Die Dänen suchten bald andere Kontakte, die die Unterschiede zu Deutschland vielleicht noch größer werden ließen als die Verbindung zu Skandinavien. Hervorzuheben ist hier vor allem die Hinwendung zu Großbritannien, die schon zu Beginn des nationalen Streits mit Deutschland einsetzte. Diese Orientierung speiste sich nicht nur aus dem Bestreben, den attraktiven britischen Markt für den dänischen Export zu erschließen. In den folgenden Jahrzehnten entwickelten die Dänen tiefe Sympathien für die Briten. Die Dänen suchten – und fanden – lieber verwandte Züge bei den Briten als bei den Deutschen, was wohl nicht zuletzt darauf beruhte, daß der Inselnachbar trotz aller tatsächlicher oder vermeintlicher Ähnlichkeit immer auf geographischer Distanz blieb.

Die bewußte Entfremdung der Dänen von Deutschland ist von zentraler Bedeutung, will man die Entwicklung der deutsch-dänischen Beziehungen in den letzten beiden Jahrhunderten begreifen. Ebenso wichtig aber ist ein anderer Aspekt der Nachbarschaft, der dem Prozeß eine besondere Dynamik verlieh. Die Rede ist vom schwierigen Verhältnis zwischen Groß und Klein. Von nicht zu unterschätzender Bedeutung ist dabei der Umstand, daß sich das Kräfteverhältnis zwischen beiden Nationen erst mit der Entstehung der Nationalstaaten zuungunsten Dänemarks verschob. Jahrhundertelang konnte sich Dänemark machtpolitisch gegenüber seinen deutschen Nachbarn behaupten. Dem dänischen Königreich kam dabei die staatliche Zersplitterung Deutschlands zugute. Noch in der ersten Hälfte des neunzehnten Jahrhunderts schauten deutsche Besucher mit Neid und Bewunderung auf die dänische Flotte und die, wenn auch kleinen, Kolonien in Übersee. Nicht zuletzt die dänische Überlegenheit zur See in den beiden schleswigschen Kriegen trieb den Aufbau einer deutschen Flotte maßgeblich voran.

Von einem dänischen Kleinstaat in der vollen Bedeutung des Begriffes kann erst nach der Niederlage gegen Preußen und Österreich im Jahre 1864 gesprochen werden. Kurz darauf entstand mit der deutschen Reichsgründung sieben Jahre später erstmals ein machtvoller Gesamtstaat an der dänischen Südgrenze. Diese Entwicklungen zwangen Dänemark dazu, seine Außenpolitik auf diesen Nachbarn auszurichten. Es ist ein Paradoxon, daß Dänemarks Abhängigkeit von Deutschland so groß wurde wie niemals zuvor, als die dänische Nationalbewegung ihr Streben nach Abgrenzung von Deutschland mit der Einrichtung eines Nationalstaates krönen konnte. Und es ist ebenso paradox, daß mit der wachsenden politischen Abhängigkeit eine fast vollständige kulturelle Abschottung der Dänen von Deutschland einherging.

Seit dieser Zeit und bis in die Gegenwart ist es unmöglich, die Antinomien „Groß“ und „Klein“ in der Darstellung der Beziehungen der beiden Völker auszuklammern. Sie spielen nicht nur in Politik und Ökonomie eine außerordentlich große Rolle, sie färben auch auf die Wahrnehmung des anderen ab. Für ein kleines Land wird der große Nachbar immer eine in vielen Aspekten herausragende Bedeutung haben – eine Tatsache, die man mißbilligen kann, an der sich aber nichts ändern läßt und die man daher akzeptieren muß. Umgekehrt wird das große Land kleinen Nachbarn meistens nur wenig Beachtung schenken. Der Nachbar Deutschland hat für die neuere dänische Geschichte prägende Bedeutung gehabt; das Umgekehrte war nie der Fall. Nicht zuletzt deshalb bemüht sich diese Studie darum, dem deutschen Leser einen Einblick in die jüngere Geschichte und vor allem auch die politische Psychologie des kleinen dänischen Nachbarn zu geben und schildert daher die Entwicklung der deutsch-dänischen Beziehungen stärker aus der dänischen als aus der deutschen Perspektive.

Obwohl das Phänomen des Kleinstaates jahrhundertelang die europäische Geschichte mit geprägt hat, ist bisher nicht der Versuch unternommen worden, das Phänomen des Kleinstaates systematisch und vergleichend zu untersuchen. Vor etlichen Jahren sind in der Schweiz einige Untersuchungen erschienen, die am Beispiel der Ideen von hervorragenden Staatstheoretikern und Historikern zeigen, wie das Ideal des kleinen, homogenen und demokratischen Kleinstaates, wie es zuletzt bei Gervinus und Burckhardt zu finden war, vom Machtstaatsgedanken eines Heinrich von Treitschke in die Defensive gedrängt wurde.[5] Nicht Hellas mit seiner vielfältigen Stadtstaatenwelt, sondern das römische Imperium wurde in der Epoche der europäischen nationalen Sammlungsbewegungen zum Ideal und Vorbild. Der Verlauf dieser theoretischen Debatte korrespondierte der deutschen Entwicklung in der Einigungsphase, in der sich das Negativbild von den hoffnungslos zersplitterten und zerstrittenen deutschen Kleinstaaten formte und verfestigte. Erst viel später, nach dem Untergang des Dritten Reiches, setzte in der Bundesrepublik eine differenziertere Beurteilung dieses Aspektes der deutschen Vergangenheit ein. Ohne Zweifel entsprachen die Vorstellungen der von der Geschichte überholten deutschen Staatstheoretiker des 19. Jahrhunderts eher den Verhältnissen im dänischen Kleinstaat. Gleichzeitig darf aber nicht übersehen werden, daß die von Hegel inspirierten dänischen Nationalisten selber den Idealen der deutschen Machtstaatsdenker anhingen, wie ihr Streben nach staatlicher Einheit und ihre Favorisierung des Zentralismus zeigen.

Mit dem siegreichen Risorgimento-Nationalismus in Italien und Deutschland bahnte sich eine neue Zeit an, in der die Kleinstaaten im europäischen Staatensystem Jahrzehnte hindurch dem permanenten Druck der Großmächte ausgesetzt waren. Sie versuchten lange Zeit ohne nachhaltigen Erfolg, in der internationalen Politik eine Verpflichtung auf moralische Standards durchzusetzen und diese institutionell zu verankern. Dazu gehörten die Forderungen nach Neutralitätsgarantien, Schiedsverfahren, Abrüstungspolitik und Sanktionsmaßnahmen als Instrumente zur Regelung zwischenstaatlicher Beziehungen. Aber wie die Ereignisse in den Jahren von 1914 bis 1945 zeigen, waren die Kleinstaaten letztendlich nicht im Stande, die aggressive Politik der Großmächte einzudämmen. Erst in der Nachkriegszeit gelang es, Kleinstaaten und Großmächte in ein System kollektiver Sicherheit einzubinden, das die Position der Kleinstaaten wesentlich verbesserte.

Die Rolle der Kleinstaaten in der internationalen Politik, besonders in der Sicherheitspolitik, hat eine gewisse Berücksichtigung in der Forschung gefunden.[6] Im Mittelpunkt des Interesses standen vor allem die militärische Schwäche der Kleinstaaten und die daraus resultierenden Schwierigkeiten der Neutralitäts- oder Bündnispolitik. Auch in der Darstellung der deutsch-dänischen Beziehungen werden diese Aspekte öfter zu behandeln sein. Der übermächtige Nachbar bestimmte in der Epoche des deutschen Machtstaates die Spielräume der dänischen Außenpolitik in einem so großen Maße, daß die dänische Politik vor allem in den Jahren vor und während der beiden Weltkriege jeder erklärten Neutralität zum Trotz auf Deutschland Rücksicht nehmen und sich den deutschen Wünschen beugen mußte. Es läßt sich wohl diskutieren, ob die prodeutsche Politik so entgegenkommend hätte sein müssen, wie es tatsächlich der Fall war. Aber es bleibt festzuhalten, daß keine anderen Mächte fähig oder willens waren, der dänischen Regierung Alternativen zu eröffnen. Für Deutschland war dies eine Zeit, in der Dänemark mit der Arroganz der Macht behandelt werden konnte – und öfter auch wurde –, wie sich am Beispiel der Schleswigfrage deutlich zeigen läßt.

Weit weniger Beachtung als die spezifischen außenpolitischen Probleme von Kleinstaaten hat in der Forschung die Frage nach einem spezifisch kleinstaatlichen Kulturleben oder einer spezifischen politischen Kultur der Kleinstaaten gefunden. Auch hier wären bei einem Vergleich zwischen verschiedenen Kleinstaaten wahrscheinlich viele Ähnlichkeiten zu finden. Bislang aber neigen die nationalgeschichtlichen Traditionen der einzelnen Staaten dazu, das Besondere der jeweils eigenen Kultur herauszustellen. Dies gilt auch für Dänemark. In dem Bemühen, die nationale Eigenart zu erfassen und häufig auch zu idealisieren, sind Hinweise auf fremden Kultureinfluß, besonders auf den deutschen, in der Regel unterblieben. Um eine Revision dieser Sichtweise bemüht sich eine in diesen Jahren herausgegebene mehrbändige dänische Identitätsgeschichte. Das umfangreiche Werk beschäftigt sich fast ausschließlich mit der deutschen Kultur als Quelle der Inspiration und als Gegenbild, so daß man den Eindruck gewinnt, als wäre die dänische Identität ausschließlich aus der überwiegend negativen Rezeption des südlichen Nachbarn heraus entstanden.[7] Obwohl dieser wiederum einseitige Blickwinkel problematisch ist, bestätigt die Unbekümmertheit, mit der er gewählt und benutzt worden ist, doch zugleich die außerordentliche Bedeutung Deutschlands für die Entstehung einer eigenen dänischen Kultur.

Genau diesem kulturellen Aspekt der Kleinstaatlichkeit soll in der Untersuchung besondere Aufmerksamkeit geschenkt werden. Es liegt auf der Hand, daß der Gegensatz zwischen Groß und Klein auch in der Kultur eine wichtige Rolle spielt. Nicht nur für die Politik, auch für die kulturelle Entwicklung hatte die Errichtung von Nationalstaaten einschneidende Folgen. Deutschland und die deutsche Kultur stellten für die dänischen Nationalisten vor allem wegen der Nähe und der engen traditionellen Bindungen eine Bedrohung dar, und sie bemühten sich, die Entfremdung in allen Bereichen des gesellschaftlichen und kulturellen Lebens voranzutreiben. Der deutsch-dänische Kulturaustausch verlief jahrhundertelang fast ausnahmslos einseitig von Deutschland nach Dänemark. Dieses deutsche Übergewicht war nicht zuletzt insofern unproblematisch, als keine politischen Machtansprüche damit verbunden waren. Mit dem Aufkommen der Nationalideologien änderte sich das. Die kulturelle Abgrenzung wurde zu einem wesentlichen Faktor der Nationsbildung und entwickelte sich zu einem wichtigen Bestandteil des Selbstverständnisses und der Selbstdarstellung der Dänen. Berichte zeitgenössischer Beobachter belegen, wie schnell und umfassend der Entfremdungsprozeß in der zweiten Hälfte des 19. Jahrhunderts voranging.

Anders als europäische Kleinstaaten wie Belgien oder die Schweiz, die von Beginn an kleinstaatlichen Charakter hatten, gehört Dänemark zu einer Kategorie von Kleinstaaten, die erst im Verlauf ihrer Geschichte zu einem solchen reduziert worden sind. Es fällt auf, wie wenig diese „Talfahrt" auf das dänische Selbstverständnis zurückgewirkt hat. Der Skandinavismus ermöglichte eine Verdrängung der alten Gegnerschaft mit Schweden, die seitdem nie thematisiert wurde. Der Verlust von deutschsprachigen Landschaften in Schleswig und Holstein wird in der Geschichtsschreibung und in der kollektiven Erinnerung ganz anders bewertet als die Abtretung von Norwegen und vor allem der kerndänischen Provinzen im südlichen Schweden, beides Verluste, die den Niedergang des Dänischen Reiches unumkehrbar machten. Auch der brutalen Schwedifizierung der dänischen Bevölkerung in Schonen nach dem Jahre 1658 schenkt man traditionell weit weniger Aufmerksamkeit als der zumindest vor 1864 doch freiwillig erfolgten Hinwendung der Schleswiger zur deutschen Kultur.

Die Vergangenheitsbewältigung der Dänen – wenn man überhaupt einen so spezifisch deutschen Begriff verwenden kann – lief weitgehend auf Verdrängung hinaus. Statt verlorenen Gebieten und Territorien nachzutrauern, wurden sie regelrecht vergessen. Mit Fleiß und Konsequenz reduzierten die dänischen Historiker die Welt der dänischen Geschichte auf das Gebiet des bestehenden Kleinstaates. Die Bemühungen, eine freundliche Nachbarschaft mit den Schweden zu pflegen, führten bereits im 19. Jahrhundert zu einer umfassenden Bereinigung der respektiven Nationalgeschichten.[8] Diese Arbeit wurde auf dänischer Seite dadurch erleichtert, daß es den Historikern des demokratischen Nationalstaates nicht allzu schwer fiel, die Territorialpolitik des Absolutismus zu kritisieren. Vor allem aber hatte Schweden seine Rolle als Erbfeind ausgespielt. Deutschland übernahm nun als der damals aktuelle Gegner diesen Part.

Aber die Aufräumarbeiten der Historiker hatten auch andere Konsequenzen. Eine Geschichtsschreibung, die sich freiwillig auf das übriggebliebene Territorium beschränkte, zeichnete unweigerlich das einseitige Bild eines kleinen friedfertigen Staates. Raubzüge fremder Truppen in Jütland, die kurzzeitige holsteinische Übermacht im vierzehnten Jahrhundert, die Angriffe der Briten auf Kopenhagen und die Vorstöße der Preußen in den beiden schleswigschen Kriegen traten in den Vordergrund, während die Geschichte der dänischen Expansion in den Hintergrund geriet. Dänische Machtpolitik im Ostseeraum, in Schweden, Norwegen, Norddeutschland, England oder die Auftritte als Kolonialmacht in Indien, Afrika, im Nordatlantik und in der Karibik hatten im nationalen Kleinstaat ihre identitätsstiftende Funktion verloren.

Die Unbekümmertheit, mit der sich die nationale Geschichtsschreibung in Dänemark oft über solche unbequeme Kapitel der Vergangenheit hinweggesetzt hat, muß einen deutschen Beobachter verblüffen angesichts der in seinem Land verbreiteten Bemühungen, die düsteren Seiten der jüngeren deutschen Geschichte aufzuarbeiten oder die Geschichten eines „anderen“ Deutschlands wiederzuentdecken. Zwar ist die Forderung nach historischer Aufarbeitung der jüngsten Vergangenheit aus erklärlichen Gründen etwas spezifisch Deutsches. Aber auch den Dänen stellen sich im Umgang mit der eigenen nationalen Geschichte Fragen, die nicht übergangen werden dürfen. Sicherlich herrscht in der Geschichtsschreibung beider Länder nicht mehr die alte Selbstgerechtigkeit. Dennoch muß festgehalten werden, daß es den Dänen weiterhin schwerfällt, ihre Nationalgeschichte kritisch zu betrachten. Deutschland hat in bezug auf den Umgang mit der eigenen Vergangenheit den Vorteil gehabt, daß die verheerenden Folgen der übersteigerten nationalistischen Ideologie dazu zwangen, das Phänomen des Nationalismus kritisch zu beleuchten.

Die Dänen dagegen leben in gewisser Weise noch immer in einem Zustand nationaler Unschuld, in dem nationale Dogmen für bare Münze genommen, nationalistische Symbole und Lieder unreflektiert benutzt werden und die nationale Geschichte in der Manier eines Sportreporters beim Fußballänderspiel in der Wir-Form erzählt werden kann. Es ist bezeichnend, daß es in Deutschland eine Auseinandersetzung über den Gebrauch des Wortes *Wieder*vereinigung im Zusammenhang mit der Vereinigung der beiden deutschen Staaten gegeben hat, während derselbe Begriff in der dänischen Geschichte einen Ehrenplatz als Bezeichnung für die Eingliederung Nordschleswigs im Jahre 1920 einnimmt. Niemand hat sich darüber Gedanken gemacht, daß es hier genaugenommen auch keine *Wieder*vereinigung gab, weil Nordschleswig zuvor nie ein integrierter Teil des dänischen Nationalstaates gewesen war. Ein anderes Beispiel der nationalen Unschuld der Dänen ist der exzessive Gebrauch der dänischen Flagge – gleichzeitig auch ein Beispiel dafür, daß es keine Trennung zwischen Staat und Volk gibt. Manche Dänen pflegen ihren Dannebrog sogar an den Weihnachtsbaum zu hängen.

In Dänemark wurde das, was im 19. Jahrhundert weitgehend aus Schwäche heraus entstanden war – der Nationalstaat im Kleinformat –, zur glorreichen Krönung der Geschichte stilisiert. Intensiv wurde an einer Kleinstaat-Ideologie unter dem Motto "small is beautiful" gestrickt, und zwar mit erheblichem Erfolg. Diese Haltung ist ein beherrschendes Charakteristikum der dänischen Gesellschaft. In anderen europäischen Kleinstaaten mag man sich melancholische Gedanken über verlorengegangenen Glanz wie in Österreich oder über geistige Enge und Provinzialismus wie in der Schweiz machen. In Dänemark findet man solche Überlegungen nur äußerst selten, im Gegenteil gelten hier Kleinheit und Provinzialismus als Tugenden. Das dänische „Mittelmaß" ist sprichwörtlich. Als das gemeinsame Singen von Vaterlandsliedern im 19. Jahrhundert zu einer der wichtigten Ausdrucksformen der nationalen Überzeugung wurde, besangen die Texte immer wieder das Kleine und Gewöhnliche. Sie beschworen ihre Landsleute, auf dem Boden der Realität zu bleiben und nicht von etwas Größerem und Besserem zu träumen. In einem Land, das keine außergewöhnlichen Naturszenarien zu bieten hat, wurde genau dieses Merkmal idyllisiert und das Aufsuchen landschaftlicher Reize in der Fremde mit Argwohn betrachtet. Ein gutes Beispiel bietet die Malerei, deren nationale Schule sich explizit dafür einsetzte, sich vornehmlich auf dänische Motive zu begrenzen. Warum sollte ein Maler in den Abruzzen, in Neapel oder in der römischen Campania seine Bilder malen, wenn es Buchenwälder, Kornfelder und anmutige Küsten genug in seinem Vaterland gab? Überall in der Gesellschaft wurde die Nabelschau gefördert, das Fremde konnte nur wenig beeindrucken. Wenn man sich von außen inspirieren ließ, gab man es ungern zu, und auch heute noch wird derjenige mit einer gewissen Portion Mißtrauen und Unwillen betrachtet, der über Vorzüge der

Fremde berichtet. Die Dänen wollen nicht wahrhaben, daß auch andere Völker Fähigkeiten besitzen, die möglicherweise sogar die der Dänen übertreffen. Zur dänischen Liebe zum Mittelmaß gehört schließlich, auch außergewöhnliche Begabungen und Leistungen von eigenen Landsleuten nicht zu würdigen. Viele Dänen mußten erkennen, daß der Prophet im eigenen Lande nicht verstanden oder anerkannt wird. Zumindest nicht zu Lebzeiten.

Die Idealisierung des Mittelmaßes läßt sich wohl zu einem guten Teil aus der Enge und Beschränktheit des Kleinstaates erklären, sie wurzelt aber auch in der bäuerlichen Prägung der dänischen Kultur und Gesellschaft. Das Bodenständige und eine wenig intellektuelle, zuweilen sogar antiintellektuelle Grundhaltung haben sich erhalten, obwohl die Dominanz der Landwirtschaft längst gebrochen ist. Darin liegt zugleich eine wichtige Voraussetzung für die demokratische Kultur in Dänemark. Weder kulturelle noch ökonomische Eliten waren in der Lage, die gesellschaftliche Entwicklung entscheidend zu bestimmen. Sie waren vielmehr gezwungen, sich eine Basis in der breiten Bevölkerung zu suchen. Dadurch bildete sich ein politisches System heraus, das stärker zur Integration als zur Ausgrenzung neigte. Zu ernsthaften Zerreißproben oder einem zugespitzten Klassenkampf ist es in der jüngeren dänischen Geschichte nicht gekommen. Im Gegenteil, die Politik war in der Regel von Pragmatismus und Reformwillen gekennzeichnet. Der Integrationsprozeß konnte sich über viele Jahre hinziehen, aber wenn die Zeit reif war, zeigten sich die herrschenden politischen Kräfte bereit, neue gesellschaftliche Gruppen in das politische System zu integrieren. So wurden um die Jahrhundertwende zunächst die Bauern und bald darauf die Arbeiter an der Ausübung der politischen Macht beteiligt.

Vor diesem Hintergrund ist es auch zu erklären, daß die dänische Demokratie von einem großem Maß an gesamtgesellschaftlichem Konsens über Parteigrenzen hinweg gekennzeichnet ist. Dies spiegelt sich auch in der Parteienlandschaft wider. Es mag fremden Beobachtern auffallen, wie viele Parteien im dänischen Folketing repräsentiert sind, aber dies als Zeichen eines ausgedehnten Links-rechts-Spektrums zu werten, wäre verfehlt. Seit Jahren sind Mehrheitsregierungen eine seltene Ausnahme, Gesetze werden in der Regel mit überwältigender parlamentarischer Mehrheit verabschiedet, sind Ergebnisse einer auf Kompromisse und Konsens ausgerichteten Politik. Dabei gehen die Dänen mit Vorliebe dem Streit um Grundsätze aus dem Wege, und selbst noch so hitzige Kontroversen werden meistens mit einem „Im Grunde sind wir uns doch einig“ beendet. Diese Neigung läßt sich nicht nur im Parlament, sondern in der gesamten Gesellschaft beobachten. Ein Beispiel, das die Unterschiede zu Deutschland in dieser Hinsicht verdeutlicht, könnte der in den deutschen Familien seit den 1960er Jahren so heftig ausgetragene Generationenkonflikt sein. In Dänemark gab es einen solchen Konflikt zwar ebenfalls, aber er verlief doch wesentlich undramatischer – wohl nicht zuletzt, weil die Dimension der Auseinandersetzung über ein brisantes und drükkendes historisches Erbe fehlte. Aber die ältere Generation zeigte sich auch aufgeschlossener gegenüber den Anliegen der Jugend, und die jüngeren Leute waren in ihrer überwiegenden Mehrheit weniger radikal.

In der Nachkriegszeit hat die politische Kultur Dänemarks und die seiner skandinavischen Nachbarn viele Deutsche angezogen, und zwar weniger aufgrund überkommener verwandtschaftlicher Gefühle als aufgrund der Fähigkeit, einen parteiübergreifenden gesellschaftlichen Konsens herzustellen. Nicht nur das inzwischen etwas verblaßte Ideal des Wohlfahrtsstaates, sondern das gesamte Klima in einer Gesellschaft, in der politische Auseinandersetzungen nicht in ideologische Grabenkämpfe münden und in der politische Gewalt und Extremismus kaum in Erscheinung getreten sind, haben Sympathien für die dänische Gesellschaft geweckt und in gewisser Weise auch positive Vorurteile gegenüber dem Kleinstaat bestätigt.

Insbesondere in der Phase der Nationsbildung hatte der Kleinstaat unbestreitbare Vorteile. Homogenisierungs- und Integrationsprozesse ließen sich in einem engbegrenzten Raum viel leichter erfolgreich abschließen als in großen Staaten. Damals zogen sich die Dänen in ihre eigene Welt zurück. Mit Recht steht der Spruch „Was nach Außen verlorengeht, muß nach Innen gewonnen werden" – ursprünglich auf die Bemühungen gemünzt, die jütländische Heide urbar zu machen – wie ein Leitmotiv über der Entwicklung der folgenden Jahrzehnte. Aber die Konzentration auf das eigene Land beschränkte sich nicht allein auf den geistigen und ökonomischen Wiederaufbau. Die Besinnung der Dänen auf sich selbst bestimmte von nun an auch das Verhältnis zu den Nachbarn. Während Kleinstaaten wie Belgien oder die Niederlande nach dem Zweiten Weltkrieg durch eine enge Zusammenarbeit mit den Deutschen Sicherheit vor und friedliche Koexistenz mit Deutschland zu erreichen suchten, blieb Dänemark den Integrationsbestrebungen fern. Nur widerstrebend schloß sich Dänemark der NATO und später der EG an. Für die Bündnispolitik spielte die Haltung Norwegens eine große Rolle, der Eintritt in die EG war in erster Linie dadurch motiviert, daß sich England und damit der damals wichtigste Exportmarkt anschließen wollte. Es kann daher kaum überraschen, daß die Dänen wenig enthusiastische Europäer geblieben sind.

In der Beurteilung der westdeutschen Nachbarn neigten die Dänen auch in der Nachkriegszeit dazu, nur das zur Kenntnis zu nehmen, was die eigenen negativen Vorurteile bestätigte, und dies hat sich allen Veränderungen in Deutschland zum Trotz seither kaum geändert. Daß es schwerfiel, den Deutschen nach den von ihnen angerichteten Verheerungen zu vertrauen, ist verständlich. Aber es muß auch darauf hingewiesen werden, daß die Dänen in ihrem Urteil eine nicht zu übersehende Selbstgefälligkeit an den Tag legten.

Vor allem an die Demokratiefähigkeit der Deutschen wollten die Dänen nicht recht glauben. Schon der Aufbau einer demokratischen Gesellschaft in der Bundesrepublik wurde mit großer Skepsis betrachtet, und auch später, als die Machtbeteiligung der SPD den Eindruck von einer gewissen Annäherung der Gesellschaftsstrukturen vermittelte, blieben der dänischen Konsensusdemokratie die deutsche politische Kultur und insbesondere die deutsche Streitkultur im Grunde fremd. Der politische Terrorismus, Schlachten zwischen Demonstranten und Polizisten oder extremistische Parolen ließen die meisten Dänen vermuten, daß sich die beiden Nachbarn sehr viel stärker voneinander unterschieden, als es tatsächlich der Fall war. Übrigens versuchten die Sympathisanten der deutschen extremen Linken in Dänemark nicht ohne Erfolg, durch Anprangern von Polizeigewalt, Berufsverbot und staatlicher Notstandsgesetzgebung in der Bundesrepublik dem Bild vom bösen Deutschen zu einer Renaissance zu verhelfen und damit Stimmung gegen den EG-Beitritt Dänemarks zu machen. Ängste und Unsicherheiten weckte aber auch immer wieder die Größe Deutschlands als solche, zuerst in ökonomischer Hinsicht und seit dem Fall der Mauer auch wieder bezogen auf die Bevölkerungszahl. Da hilft es nur wenig, daß die Bundesrepublik die alte Arroganz und die Machtdemonstrationen, die Deutschland in Europa und besonders auch gegenüber dem kleinen Nachbarn bis zum Untergang des Dritten Reiches an den Tag legte, längst abgestreift hat. Ein Gefühl von Ebenbürtigkeit kann offenbar nicht aufkommen.

Im Aufbau der demokratischen Systeme gibt es viele Unterschiede, die nicht zuletzt aus dem unterschiedlichen Umfang der Staaten herrühren. So sind in Dänemark zum Beispiel die administrativen Einheiten kleiner, auf der anderen Seite ist der Staat straff zentralistisch organisiert. Die größere Nähe zum Bürger galt Staatstheoretikern schon immer als ein Vorzug des Kleinstaates, sie erleichtert aber zugleich die Kontrolle und Überwachung der Bevölkerung. Während in der Bundesrepublik etwa die Volkszählung auf massiven Widerstand stieß, ist in Dänemark die Erfassung der Bevölkerung durch den Staat schon lange Realität. Bereits in den 1970er Jahren wurden alle dänischen Staatsbürger mit einer Personenkennziffer versehen, was ein beträchtliches Maß an Vernetzung und Nutzung persönlicher Daten ermöglicht. Widerspruch dagegen ist kaum erhoben worden. In Dänemark ist der Glaube an den guten Staat nahezu ungebrochen, und man ist ohne weiteres bereit, dem Staat viel Spielraum in seiner Kontrolltätigkeit einzuräumen, weil die ja selbstverständlich zum Wohle der Gesellschaft geschieht. Jedenfalls ist dieses Grundvertrauen in den Staat nie durch schlechte Erfahrungen in der Vergangenheit getrübt worden.

Abschließend seien noch einige Faktoren genannt, die die Beziehungen zwischen Deutschland und Dänemark mitbestimmten, die aber über die engere bilaterale Perspektive hinausgehen. Das gilt vor allem für die recht unterschiedlichen geographischen Orientierungen der beiden Staaten. Bekanntlich hat Deutschland von allen europäischen Staaten die meisten Nachbarn, und unter ihnen ist Dänemark nicht der wichtigste. Der Norden Deutschlands war und ist Peripherie. Weder die Bevölkerungsdichte noch die ökonomische Potenz dieser Region machen den Norden zu einer wichtigen Größe im deutschen Staat. Der ohnehin kleine Nachbar Dänemark grenzt somit an Gebiete von untergeordneter Bedeutung. Deutschland war in seiner Geschichte zudem immer vorwiegend kontinental in seiner Orientierung; der Norden und Dänemark spielten nur vorübergehend und für sehr kurze Zeitabschnitte – zum Beispiel während des Dreißigjährigen Krieges und in der Phase des Einigungsprozesses im 19. Jahrhundert – eine nennenswerte Rolle für das Geschehen in ganz Deutschland. Demgegenüber verblieb Dänemark meistens am Rande der europäischen politischen Bühne, und viele europäische Kulturströmungen erreichten das Land lediglich in Gestalt abgeschwächter Nachwirkungen. Ökonomisch und insbesondere kulturell hatten die Verbindungen südwärts lange Zeit großes Gewicht, aber politisch war Dänemark vor allem im Norden des Kontinents beschäftigt.

Im Unterschied zu Deutschland prägte Dänemark seine Lage am Meer. Der heutige dänische Staat ist das Überbleibsel eines viel umfangreicheren Reiches, das durch Seeverbindungen zusammengehalten wurde. Dies erklärt zum Beispiel auch die periphere Lage der Hauptstadt. Bis zum Ende des 18. Jahrhunderts war Kopenhagen der zentrale Ort für die verschiedenen Teile des Reiches, geriet aber mit dem Verlust von Territorien immer stärker an den Rand des dänischen Staates. Diese etwas trivial erscheinende Feststellung eines Unterschiedes zwischen Dänemark und Deutschland ist deshalb angebracht, weil die geographische Lage Dänemarks sowohl bestimmte Grundzüge der dänischen Außenpolitik als auch der dänischen Mentalität verständlicher macht. Die Kontrolle über die Meeresengen war stets von größter Bedeutung für die politisch-strategische Machtposition der Monarchie und wurde für den Kleinstaat schließlich zu einer Art Lebensversicherung, weil keine Großmacht mit Billigung der anderen diese Kontrolle hätte übernehmen können. Mindestens ebenso wichtig waren die Wasserwege vor allem als Handels- und Verbindungswege. Die Weltsicht der Dänen wurde auch von der Erfahrung geprägt, daß es leicht war, auch mit ferneren Ländern Kontakt aufzunehmen. Auch heute noch fällt deutschen Besuchern auf, daß der Horizont in Dänemark zugleich enger und weiter ist als in Deutschland. Die Nachrichten in der Presse, im Radio und im Fernsehen drehen sich innenpolitisch um Kleinigkeiten, die in Deutschland höchstens die Lokalspalten erreichen würden. Dagegen sind die Nachrichten aus der großen Welt – und besonders aus der anglo-amerikanischen – oft umfassender und ausführlicher.

Daran wird deutlich, wie gründlich die Dänen im Laufe ihres Nationsbildungsprozesses insbesondere die engen kulturellen Verbindungen zu Deutschland aus früheren Zeiten durch eine starke Bindung an die anglo-amerikanische Welt ersetzt haben. Die englische Sprache ist überall präsent und schlägt sich im Dänischen sehr viel stärker nieder als im Deutschen. Entsprechend weniger präsent ist das Deutsche – ein Trend, der sich auch im schwachen Anteil von Übersetzungen deutscher Literatur ausdrückt. Bis heute ist die Dominanz der anglo-amerikanischen Kultur gerade in den elektronischen Medien nicht zu übersehen. Obwohl Deutschland in den letzten Jahren wieder zum wichtigsten Handelspartner Dänemarks geworden und das Interesse für Deutschland im Zuge der Wiedervereinigung spürbar gewachsen ist, hat die deutsche Kultur nur noch mäßigen Einfluß auf die dänische Gesellschaft. Wieviel schwieriger es für Dänemark gewesen ist, sich aus der politischen Abhängigkeit von Deutschland zu lösen, werden einige Kapitel dieser Studie zeigen.

DÄNEMARK ALS FORTSETZUNG DEUTSCHLANDS? DEUTSCHE UND DÄNEN IM AUSGEHENDEN 18. UND BEGINNENDEN 19. JAHRHUNDERT

Jahrhundertelang kamen Reisende nur selten nach Nordeuropa. Die Länder im Norden boten der europäischen Kulturelite keine besonderen Attraktionen. Sie erschienen aber auch nicht exotisch oder interessant genug, und so blieben sie weitgehend unbekannt und isoliert. Auch die Deutschen zeigten nur begrenztes Interesse für diese Länder, wenn man davon absieht, daß zahlreiche Handwerker, Kaufleute, Beamte und Adlige ihr Auskommen in den Königreichen des Nordens suchten. Viele wurden sogar eingeladen, um den materiellen oder kulturellen Standard zu heben.

Vom Zusammenbruch der Hanse bis zum Dreißigjährigen Krieg waren die Verbindungen zwischen den deutschen Staaten und der dänischen Monarchie bescheiden. Zwischen Dänemark-Norwegen und Schweden tobte der Kampf um die Vormachtstellung in Skandinavien und Nordeuropa und verstärkte die isolationistischen Tendenzen Nordeuropas. Es bestanden jedoch weiterhin Kontakte vor allem zu Deutschland, von wo aus Nachrichten und Kulturströmungen – mehr oder weniger verspätet – in Skandinavien eintrafen. Nähe zur deutschen Kultur ließ sich unter anderem in der Reformation feststellen; sie erreichte in kurzer Zeit Dänemark und wurde im Jahre 1536 durchgesetzt.

Der Religionskrieg in Deutschland änderte schlagartig das Bild vom isolierten, zurückgezogenen Norden. Norddeutschland war ein Objekt der dänisch-schwedischen Rivalität geworden, und mit dem Hilferuf der deutschen Protestanten bekamen die Könige des hohen Nordens die Chance, in das Geschehen auf der deutschen Bühne einzugreifen. Zuerst trat Christian IV. von Dänemark gegen die kaisertreuen Truppen an, aber sein Versuch, sich schützend vor die deutschen Glaubensbrüder zu stellen, endete im Jahre 1626 in der Katastrophe von Lutter am Barenberge. Danach übernahm der Feind Dänemarks, Schweden, diese Rolle, und die militärischen Erfolge Gustav Adolfs waren für Dänemark verheerend. Das Kräfteverhältnis zwischen den nordischen Völkern verschob sich plötzlich zugunsten Schwedens. Dänemark war zum ersten Mal die schwächere Macht in dem fortdauernden Konflikt. In den folgenden Kriegen mit Schweden mußte Dänemark-Norwegen schwere Verluste hinnehmen. Schweden erzwang schließlich im Frieden von Roskilde im Jahre 1658 die Abtretung der alten dänischen Kerngebiete im heutigen Südschweden.

Nach der Niederlage wurde im Jahre 1660 dem Adel die Macht entzogen und der Absolutismus eingeführt. Wie sonst nirgendwo in Europa wurde er sogar fünf Jahre später in einem Königsgesetz festgeschrieben, das dem König umfassende Macht verlieh.[9] Seine neue Macht stützte der Monarch auf eine Allianz mit dem Bürgertum, aber die neue Machtfülle des Königs war auch ein Indiz der Schwäche aller Klassen der Gesellschaft. Nach der inneren Neuordnung versuchte die Monarchie Schweden erneut zurückzudrängen. Der mächtig gewordene Nachbar hatte inzwischen seine Stellung in Norddeutschland ausgebaut. Dänemark fürchtete eingeschlossen zu werden. Der Versuch, die Einkreisung zu durchbrechen, rückte Norddeutschland stärker ins Blickfeld dänischer Politik. Zugleich bemühte sich der König um einen „Ersatz“ für das reiche Schonen, das an Schweden verlorengegangen war. Hamburg erschien ihm eine angemessene Kompensation. Die Bemühungen, die blühende Hansestadt zu erobern, kulminierten in der Belagerung im Jahre 1688 – ein Vorstoß, der mit dem Angriff Ludwigs XIV. auf Straßburg verglichen wurde. Im Gegensatz zum Sonnenkönig war den Dänen jedoch kein Erfolg beschieden.

Auch die alte Führungsrolle in Nordeuropa konnte nie wieder zurückgewonnen werden. Die Feindseligkeiten unter den nordischen Völkern dauerten noch Jahrzehnte. Zwar hatten die Kriege keine neuen Territorialverluste für Dänemark zur Folge, die heißersehnte Revanche blieb jedoch ebenfalls aus. Seit Ende des großen nordischen Koalitionskrieges gegen Schweden im Jahre 1720 stellte sich die Monarchie schließlich darauf ein, das verbliebene Territorium zu konsolidieren. Zu dieser Zeit besaß der König außer Dänemark, Norwegen und den Herzogtümern Schleswig und Holstein auch die nordatlantischen Inseln und einige kleinere Kolonien in Afrika sowie in Ost- und Westindien. Auch Oldenburg gehörte im 18. Jahrhundert zeitweilig der dänischen Krone.

Dänemark konnte sich machtpolitisch in Norddeutschland behaupten, umgekehrt nahm aber der deutsche Einfluß im Absolutismus deutlich zu. Aus Deutschland kam beispielsweise der Pietismus, der sich Anfang des 18. Jahrhunderts vor allem bei Hofe durchsetzte. Nur der Moralist und Dichter Ludvig Holberg trat der neuen Strömung entschieden entgegen. Seine von Molière beeinflußten Komödien legten die Fundamente des dänischen Theaters. Zugleich gilt Holberg trotz seines von Frankreich inspirierten Rationalismus als erster Repräsentant einer eigenständigen dänischen Kultur.

Die Thronbesteigung Friedrichs V. im Jahre 1746 kündigte eine neue Epoche an. Wie es zu dieser Zeit üblich war, vertraute der dänische König auf fremde Kompetenz. Friedrich V. hatte eine glückliche Hand. Vor allem die Berufung des Hannoveraners J. H. E. Bernstorff zum Staatsminister im Jahre 1750 erwies sich als kluge Entscheidung.[10] Bernstorff prägte während zweier Jahrzehnte die dänische Monarchie. Nicht zuletzt seine geschickte Außenpolitik fand in ganz Europa Anerkennung und Bewunderung. In seiner Amtszeit erlebte das Reich durch eine konsequente Neutralitätspolitik, die Dänemark von den Kriegen der Großmächte fernhielt, friedliche Jahre.

Bernstorff war bemüht, der kulturellen Entwicklung Dänemarks neue Impulse zu geben. Durch die Berufung von Kapazitäten aus dem Ausland sollte das Reich aus der provinziellen Isolation geführt werden. Diese Politik führte zu einer Kulmination des deutschen Einflusses im Lande. Unter den Gebildeten Dänemarks war die deutsche Sprache die gängige Umgangssprache, und die Welle von eingewanderten Deutschen verstärkte die deutsche Dominanz auf der kulturellen Ebene.

Bernstorff versprach sich von einer Stärkung des kulturellen Lebens nicht zuletzt eine rasche Verbesserung des Ansehens Dänemarks im Ausland. Dort wußte man über die dänische Monarchie entweder gar nichts, oder man hatte nur negative Vorstellungen über das Königreich, was noch schlimmer war. Um dieses Bild zu verändern, setzte Bernstorff auf den „Import" bekannter Kulturpersönlichkeiten oder kompetenter Fachleute. Dazu zählte der prominente Dichter Klopstock, der sich mit finanzieller Unterstützung des dänischen Königs in Kopenhagen niederließ. Klopstock gewann einen gewissen Einfluß auf die dänische Literatur, aber er gehörte zu denjenigen Fremden, die keine Zeit darauf verwandten, die dänische Sprache zu lernen oder sich eingehender mit Land und Leuten zu befassen. Eine solche Einstellung behagte vielen Dänen nicht, und die ohnehin argwöhnisch beäugte Präsenz der Ausländer wurde durch ein solches Verhalten weiter diskreditiert. Seit Einführung des Absolutismus hatte der König immer mehr fremde – und ganz überwiegend deutsche – Spezialisten in sein Reich geholt, wo sie in Administration, Regierung und Kultur leitende Posten bekamen. Die Deutschen bildeten um die Mitte des Jahrhunderts ein auffälliges Element in der Residenz. Gerüchte von phantastischen Besoldungen durch die dänische Krone, die immer mehr fremde Abenteurer in das Land lockten, verstärkten die Kritik am wachsenden Zustrom von Ausländern von seiten der einheimischen Bevölkerung. Viel zu oft übersahen die Kritiker, daß sich die Eingereisten um die dänische Kultur große Verdienste erwarben. Auch im nachhinein wurde die Einwanderung meist nur negativ beurteilt. Aus einer Zeit, wo der Haß auf alles, was aus Deutschland kam, Bestandteil des dänischen Nationalgefühls geworden war, stammt diese unfreundliche Beschreibung: „Wenn man für diesen Zweck sich ein Bild der geistigen Physiognomie Kopenhagens zu machen versucht, bekommt man ein seltsames und nicht sehr erfreuliches Resultat. Wohin man sich in Dänemarks Hauptstadt wendet, wimmelt es von fremden Gesichtern und Namen. Man findet sie unter den Handwerkern, unter den Fabrikanten, als Schöngeister im gesellschaftlichen Leben, in den Uniformen des Heeres, auf den Kathedern der Universität und auf den Ministersesseln. Und fast alle diese fremden Gesichter zeigen einen bestimmten Typus und reden eine bestimmte Sprache: Deutsch."[11]

Eine gute Gelegenheit für den dänischen König, sich als Mäzen und Gönner von Kunst und Wissenschaft zu profilieren, bot die Ausrüstung und Finanzierung einer großen Expedition nach Arabia felix (1761–67). Der Plan, den fernen Jemen bereisen zu lassen, stammte ursprünglich von dem Göttinger Professor Michaelis, die meisten Teilnehmer waren Deutsche. Durch seine großzügige Unterstützung erntete der dänische König großes Lob aus den gebildeten Kreisen Europas. Die Reise verlief nicht nach Plan, und es war schließlich das große Engagement des einzig Überlebenden, des Dithmarschers Carsten Niebuhr, welches das Projekt vor einem vollkommenen Fiasko bewahrte. Die Früchte der Reise sollten erst viel später reifen. Niebuhrs genaue Abschrift der Texte in den Ruinen von Persepolis ermöglichte die Entzifferung der Keilschrift.[12] Für die patriotischen Kritiker in Dänemark war die Expedition jedoch ein weiterer Beweis dafür, daß die Finanzen des Reichs zugunsten fremder Leute und für fragwürdige Zwecke verschwendet wurden.

Die Bestrebungen Bernstorffs, das Renommee des Landes zu verbessern, betraf auch die Geschichtsschreibung. Einige Historiker wurden ins Land geholt, um dem Ausland die einzigartige Geschichte Dänemarks zugänglich zu machen. Das Unternehmen wurde ein Erfolg, der alle Erwartungen übertraf. Dies war vor allem dem Umstand zu verdanken, daß Europa zu dieser Zeit die germanischen und gälischen Kulturen als Parallele zur klassischen griechisch-römischen Kultur entdeckte. Der Schweizer Historiker Paul Henri Mallet publizierte seit dem Jahre 1755 seine sechsbändige ›Histoire de Dannemarc‹, die die nordische Geschichte zum ersten Mal einem größeren Publikum bekannt machte. Mallet stützte sein Werk auf Quellen, die bereits hundert Jahre zuvor von dänischen Historikern während der sogenannten „skandinavischen Renaissance" zusammengetragen worden waren. In der Mitte des 17. Jahrhunderts kamen die isländischen Sagahandschriften nach Kopenhagen, Ole Worm schuf die Grundlage für die wissenschaftliche Erforschung der Runenschrift, die dänischen Sagen und die mittelalterliche Geschichte Dänemarks wurden im Werk von Saxo Grammaticus herausgegeben,[13] alles wichtige Bausteine für eine neue Sicht der Vergangenheit.

Mallet entwarf in Anlehnung an die Ideen Montesquieus ein Bild von den skandinavischen Völkern als «la ressource de la liberté de l'Europe». Die Kraft der „jungen" Völker des Nordens beruhte nach seiner Auffassung auf den harten, durch das ungünstige Klima diktierten Lebensbedingungen. Die von Mallet im zweiten Band, ›Monuments de la mythologie et de la poésie des Celtes et particulierement des ancients Scandinaves‹, unterlassene Trennung zwischen Kelten und nordischen Völker beförderte das Aufkommen der Idee von einer mächtigen nordisch-germanisch-keltischen Kultur und Mythologie als Gegenwelt zur griechisch-römischen Tradition. Die Vorstellung einer solchen germanisch-keltischen Synthese war besonders folgenschwer, da die deutsche Übersetzung von Mallet aus dem Jahre 1765 in der gebildeten Öffentlichkeit zu einer Zeit rezipiert wurde, in der Macphersons fünf Jahre ältere geniale Fälschung einer keltischen Urliteratur, ›Fragments of Ancient Poetry‹, in aller Munde war. Das Werk von Mallet erfuhr denn auch eine begeisterte Rezeption in Deutschland, und Herders Rezension enthielt bereits die entscheidenden Ingredienzen des deutschen Traums vom Norden und die Vision einer Verbindung von altdeutscher und altnordischer Kultur. Herder zeichnete das Bild einer potentiellen Interessengemeinschaft: Er fühlte, „daß unsre alten Germanier Brüder der tapfern Dänen, an Religion, Gesetzen, Sitten und Gewohnheiten, gewesen sind", und sah das Buch als „eine Rüstkammer eines neuen Deutschen Genies [...], das sich auf den Flügeln der celtischen Einbildungskraft in neue Wolken erhebt und Gedichte schaffet, die uns immer angemessener wären, als die Mythologie der Römer".[14] Die Übersetzung der ›Historie de Dannemarc‹ inspirierte auch die deutsche Literatur. Gerstenberg, ein Schüler des Mallet-Übersetzers, begründete im Jahre 1766 die Bardenpoesie.

Bernstorffs Absicht, ein positives Bild von Dänemark zu verbreiten, hatte Erfolg. Die Kenntnisse über die Monarchie waren besser geworden, und vor allem in Deutschland wuchs das Interesse an der Geschichte Dänemarks. Johann Elias Schlegel, der in Dänemark arbeitete, und der Hallenser Ludwig Albrecht Gebhardi schrieben beide gleichzeitig eine dänische Geschichte.[15] Die neue historische Schule in Göttingen, darunter Achenwall, Schlözer und Spittler, nahm nun auch den nördlichen Nachbar ernst, und es mußte Bernstorff und seine Leute freuen, wenn der bekannte Geograph Büsching in seinen ›Nachrichten von dem Zustande der Wissenschaften und Künste in den Königlich dänischen Reichen und Landen‹ die dänische Monarchie als Land der Kultur charakterisierte.[16] Unter den Fremden, die sich auf einen Dialog mit der dänischen Kultur einließen, gaben manche dem dänischen Kulturleben wichtige neue Anregungen, und etliche beteiligten sich am Aufbau einer dänischen Öffentlichkeit. J.F. Schlegel etwa erntete für seine deutschsprachige Geschichte Dänemarks viel Kritik. Gleichzeitig aber hatte er allmählich Dänisch gelernt und gab ein moralisches Wochenblatt heraus – damit war er einer der Pioniere einer dänischen Presse.[17]

Das Vertrauen in fremde Spezialisten entsprach den zeitgenössischen Idealen der Aufklärung, und es galt das Prinzip ›Das Volk worunter der Mensch lebt als Bürger, das ist sein Vaterland‹, wie es eine bedeutende Schrift formulierte.[18] Der Verfasser Tyge Rothe, Sohn eines eingewanderten Deutschen, war kurz zuvor von einer großen Auslandsreise zurückgekehrt, auf der er als königlicher Reisestipendiat Deutschland, die Schweiz und Frankreich besucht hatte.[19] Rothes Definition ist als allgemein verbreitete Überzeugung der Aufklärung an sich wenig aufsehenerregend, aber sie stand am Anfang eines Prozesses, der die dänische Monarchie im Verlauf weniger Jahrzehnte verändern sollte. In der dänischen Elite, die sich häufig übergangen fühlte, wuchsen Widerstand und Unmut. Die Kritik richtete sich gegen den deutschen Einfluß im Lande und besonders gegen die Vernachlässigung der dänischen Sprache, die von den deutschen Einwanderern kaum verstanden und noch seltener gesprochen wurde. Von einem „Nationalismus“ kann zu dieser Zeit jedoch noch keine Rede sein. Die dänische Elite forderte eine patriotische Haltung aller Bürger und damit auch, daß alle Sprache und Gebräuche der Dänen kannten und annahmen. Nach dieser Definition war das Land offen für alle, die sich als Bürger Dänemarks verstanden. Auch der damalige Wortführer eines dänischen Patriotismus, Sneedorff, war mit deutschen Persönlichkeiten wie Basedow oder Johann Heinrich Schlegel eng befreundet. Die Essenz dieses Patriotismus war der auf

Klopstock gemünzte Ausspruch: „Nicht die Völker, unter denen große Genies geboren sind, sondern die, von denen sie geachtet und belohnt werden, haben das Recht, sie unter ihre Mitbürger zu rechnen."[20]

Wichtige Voraussetzungen für die Entstehung einer dänischen Identität, eines dänischen Patriotismus sind in dieser Zeit zu finden. Die Bürger entwickelten ein gesteigertes Selbstbewußtsein und, obwohl die Politik der Regierung der Praxis vieler anderer entsprach, entstanden in der dänischen Monarchie besondere Spannungen.[21] Nationale Ideen erhielten Auftrieb, genährt vor allem durch die fremde Sprache der Zugereisten und den sozialen Neid der Einheimischen. Interessant ist die Tatsache, daß das zunehmende dänische Selbstbewußtsein in wachsendem Maße Anziehungskraft auf die Eingereisten ausüben konnte und daß gerade sie oft einen besonderen Eifer an den Tag legten, wenn es um die dänische Selbstbehauptung ging. Es fällt auf, daß ein großer Teil der tragenden Kräfte der dänischen nationalen Bewegung deutscher Abstammung war. Hervorragende Repräsentanten eines dänischen Bewußtseins in Politik und Kultur trugen unverkennbar deutsche Namen wie z. B. Wiedewelt, Lehmann, Tscherning, Weyse, Kuhlau, Wegener, Regenburg, Krieger oder Sibbern.

Im Januar 1766 starb Friedrich V. Die Repräsentanten seiner Regierung, die den fremden Einfluß am auffälligsten verkörperten, wurden nun heftig angegriffen. Einer nach dem anderen mußte gehen. Auch Bernstorff verließ schließlich Kopenhagen und zog sich wie andere Mitglieder des alten Führungskreises nach Holstein zurück. Im Frühjahr 1767 tauchte die Schrift ›Brev om Kierlighed til Fædrelandet‹ auf,[22] deren Inhalt deutlich machte, wie schnell und einschneidend die Stimmung umgeschlagen war. Nur acht Jahre nach Rothes Plädoyer für die Einwanderung wurde darin eine neue Botschaft verkündet: Das Vaterland lasse sich nicht als das Land definieren, wo der Mensch seiner Tätigkeit nachgehe, sondern wo er geboren sei. Außerdem wies die Schrift auch Rothes Auffassung zurück, daß die Liebe zum Vaterland in der Volksmasse bereits vorhanden sei. Sie mußte, so die Überzeugung des Autors, erst erzeugt werden. Damit die Bauern ihr Vaterland lieben könnten, müßten sie zunächst aus ihrer Abhängigkeit befreit und Landbesitzer werden. Der Verfasser, wiederum ein junger Däne, der gerade aus dem Ausland zurückgekehrt war, hieß Eiler Hagerup, war Sohn des Bischofs in Trondheim und wurde von Kreisen protegiert, die die Politik von Bernstorff ablehnten.[23] Hagerups Ansichten eigneten sich für den Machtkampf, der sich in diesen Jahren abspielte. Die neuen Männer konnten sich aber nicht sofort durchsetzen, und es kam zunächst zu einem kurzen, aber bedeutsamen Zwischenspiel.

Nach einem kometenhaften Aufstieg eroberte der königliche Arzt Johann Friedrich Struensee die reale Macht im Staat. Struensee, Sohn eines angesehenen und hochrangigen Geistlichen, war aus dem dänischen Altona in die Hauptstadt übergesiedelt. Dort gewann er schnell großen Einfluß auf den zunehmend geisteskranken König und begann eine Liaison mit der jungen und unglücklich verheirateten Königin Caroline Mathilde. Durch die intime Verbindung zum Königspaar konnte Struensee seine Gegner zunächst ausschalten. Im Sommer 1771 trat er, inzwischen zum Grafen ernannt, in der Öffentlichkeit als der eigentliche Alleinherrscher auf. Zu diesem Zeitpunkt hatte Struensee bereits seinen Einfluß genutzt. Die Aufhebung der Zensur 1770 etwa ging auf seine Initiative zurück. Struensee entpuppte sich als ein rücksichtsloser Reformator, der in kürzester Zeit Land und Volk mit Gesetzen und Verordnungen überflutete. Nicht zuletzt die Gegner Struensees nutzten die neuerworbene Pressefreiheit und setzten sie gegen Struensee ein. Auch das Verhältnis zwischen Fremden und Einheimischen, zwischen Deutschen und Dänen, wurde in zahlreichen Publikationen problematisiert. Im Oktober 1771 wurde die Freiheit schon wieder eingeschränkt, weil die Regierung und der Absolutismus heftig kritisiert worden waren.[24] Struensees weitreichende und oft revolutionäre Reformen brachten manche durchaus vernünftige und wohlgemeinte Veränderungen, aber seine Durchsetzungsfähigkeit war begrenzt. Auch war er viel zu ungeduldig in seiner Gesetzgebung. Als Außenseiter war seine Position in der Gesellschaft unsicher, er hatte von Anfang an viele Feinde und schuf sich immer wieder neue. Er legte in vielen Belangen eine abgrundtiefe Mißachtung des historisch Gewachsenen an den Tag und zeigte keinerlei Verständnis für die dänische Gesellschaft. Struensees Arroganz drückte sich auch darin aus, daß er, der selber kaum Dänisch verstand, alle Bestimmungen und offiziellen Erklärungen in deutscher Sprache abfassen ließ.

Eine Palastrevolution brachte den Emporkömmling im Januar 1772 zu Fall. Unter den Verschwörern waren sowohl Dänen als auch Deutsche. Struensee und sein engster Mitarbeiter Brandt wurden kurz darauf in Kopenhagen öffentlich hingerichtet, die junge Königin wurde auf Lebenszeit ins Exil nach Celle gebracht. Der Sturz des Diktators war also keine „nationale" Manifestation der Dänen, aber es folgte eine Verschärfung der Gegensätze zwischen Deutschen und Dänen.

In der neuen Regierung saßen zum ersten Mal seit Einführung des Absolutismus nur Minister, die in der dänischen Monarchie geboren waren. Die führende Rolle übernahm der bürgerliche, konservative Ove Høegh-Guldberg, einer der bekanntesten Vertreter der dänischen Elite und Befürworter einer patriotischen Politik. Sein Ziel war es, die dänische Sprache aufzuwerten und den fremden Einfluß einzudämmen. Bereits einen Monat nach dem Sturz Struensees wurde Dänisch als Regierungs- und Verwaltungssprache in dänischen und norwegischen Angelegenheiten sowie als Kommandosprache in der Armee festgeschrieben. Damit erfüllte sich ein Wunsch vieler Dänen. Der Historiker P.F. Suhm, der übrigens selbst in Holstein geboren war, schrieb wenige Tagen nach Struensees Verhaftung an den König: „Laßt uns wieder in deinen eigenen Befehlen unsere eigene Sprache hören, du bist ja dänisch, und ich weiß, daß du Dänisch kannst; laß die fremde Sprache ein Kennzeichen des niedrigen Verräters sein, der zu träge war, unsere Sprache zu lernen, zu spöttisch auf uns herabsah, um sich so weit herabzulassen."[25]

Es wäre verfehlt, die Politik der neuen Regierung als national zu bezeichnen. Guldberg wollte zwar die Rolle der Dänen und der dänischen Sprache stärken, aber das Ideal war nicht ein Nationalstaat, sondern ein Gesamtstaat, in der alle Untertanen seiner dänischen Majestät zur Geltung kommen konnten. Im Jahre 1773 wurde ein altes Ziel dänischer Politik in Norddeutschland erreicht: Die Besitztümer des Königs in Holstein wurden nach einer Flurbereinigung zusammengelegt. Im Gegenzug wurde das Herzogtum Oldenburg aufgegeben. Damit war Holstein das dritte Glied des Staates geworden. Dies spiegelte sich deutlich in der Staatsideologie ab. „La Patria", der Gesamtstaat, wurde in Allegorien mit den drei gleichberechtigten Kindern Dänemark, Norwegen und Holstein abgebildet. Programmatisch war auch der Titel eines neuen Schulbuches aus dem Jahre 1777, ›Store og gode Handlinger af Danske, Norske og Holstenere‹,[26] von Ove Malling, in dem die gesamtstaatliche Ideologie, das Zusammenleben verschiedener Völker im absolutistischen Staat, propagiert wurde. Das Vaterland war nicht Dänemark oder Norwegen oder Deutschland, sondern der Gesamtstaat.[27]

Die Regierung konnte die von Eiler Hagerup schon früher propagierte Linie in ein Gesetzeswerk umsetzen. Die Einwanderung aus dem Ausland wurde mit dem Indigenatsgesetz im Jahre 1776 gestoppt. Nur eingeborene Untertanen der dänischen Majestät konnten künftig Ämter im Königreich übernehmen. Das Gesetz wurde mit feierlichen Zeremonien verabschiedet und fand Zustimmung überall in der Monarchie. Auch die deutschen Untertanen, die Holsteiner, die bereits eine herausragende Rolle im Staat spielten, versprachen sich Vorteile davon. Nur vereinzelte Kritiker aus der Umgebung des Bernstorff-Kreises meldeten sich zu Wort. Der alte Aufklärer Tyge Rothe warnte, daß „das Ungeheuer, der National-Stolz“, sich der Geister bemächtigen könnte.[28] Das Indigenatsgesetz war ein in Europa einmaliges Phänomen, und daher fehlte es nicht an Kritik und Skepsis im Ausland. Aber auch dort gab es Befürworter, darunter Gottlieb Benedict von Schirach, ordentlicher Professor der Politik und Moral in Helmstedt. Er rechtfertigte in einer umfassenden Schrift das dänische Indigenatsgesetz.[29] Schirach zeigte sich über die Verhältnisse in Dänemark gut orientiert, kannte die wichtigsten Standardwerke über die dänische Geschichte. Seine Mühen lohnten sich, seine Schrift ebnete ihm den Weg für eine Karriere in der dänischen Monarchie – dem Indigenatsgesetz zum Trotz.

Auch der Zoologe Johann Christian Fabricius, der in Kiel und Kopenhagen tätig war, verteidigte die dänische Politik in seiner in Hamburg und Kiel im Jahre 1781 herausgegebenen Schrift ›Von der Volksvermehrung insonderheit in Dänemark‹. Hier finden sich scharfe Angriffe gegen den fremden Einfluß. Der Verfasser wollte das Land zwar nicht hermetisch absperren, aber die Zugereisten sollten keine Bevorzugung erwarten: „Auch Fremde werden willkommen seyn, sich unter uns niederzulassen. Sie vermehren unsere Volksmenge, und den Umlauf des Geldes, und sie geniessen dagegen den vollkommenen Schutz unserer Gesetze und die völlige Freyheit der übrigen Einwohner. Mehr müssen sie aber auch nicht fordern. Die eigentlichen Bedienungen des Landes sind blos für die Eingebohrnen, die das Land kennen, und die zugleich Theil am Wohl des Landes nehmen. Wir haben zu lange und zu sehr die Einrichtungen und oft die Unterdrückungen der Fremden gefühlt. Wir haben sie als die Häupter der mehresten Collegien unsers Landes gesehen, und ihnen insonderheit schreibt Dännemark einen Theil seiner itzigen Schwäche zu.“[30]

Fabricius rechtfertigte die Maßnahmen, indem er berichtete, wie die Fremden sich bereichert, wie sie durch Protektion die besten Stellen bekommen hatten und qualifizierte Dänen übergangen worden waren. Den Fremden wurden auch fehlende Kenntnisse über Staat und Gesellschaft vorgeworfen.[31] Für Fabricius läutete das Indigenatsgesetz eine neue hoffnungsvolle Zukunft für die ganze Nation ein, von der alle Einwohner des Gesamtstaates profitieren sollten: „Endlich sind wir Gottlob durch das neue Indigenatsrecht wieder eine Nation geworden. Eine Verordnung, die den wohlthätigsten, den ausgebreitesten Einfluß auf unsere Einwohner haben muß. [...] Die Nation selbst wird uns Männern von Werth von Verdienst in allen Fächern unter gehörigen Umständen liefern [...] Es fehlt der Nation nicht an Munterkeit und Genie, es fehlte ihr nur an Aufmunterung und Gelegenheit. Viel stilles Verdienst ist bey uns vom Deutschen und Französischen Winde verweht worden, welches itzt vermuthlich einen festen Standpunkt erhalten wird."[32]

Die Regierung von Høegh-Guldberg leitete mit ihrer Gesamtstaatsideologie und dem Indigenatsgesetz eine neue Entwicklung in der Monarchie ein. Ihre Politik zeigte eine größere Offenheit der Staatsmacht gegenüber dem Bürger, konnte aber keine dauerhafte Harmonie herstellen. Die Ereignisse in der zweiten Hälfte des 18. Jahrhunderts hatten das Selbstbewußtsein des dänischen Bürgertums gestärkt, das wachsende Bewußtsein von einer eigenständigen dänischen Kultur hatte aber auch bereits den Grund für eine auf die Dänen beschränkte nationale Identität gelegt. Die Dänen fühlten sich als das „staatstragende" Volk im Gesamtstaat und sahen sich weiterhin mit der starken Präsenz deutscher Führungskräfte konfrontiert. Das Fremde, das Deutsche, blieb in Kopenhagen mit dem Dänischen gleichgestellt. Auch in der Kultur blieb der deutsche Einfluß tonangebend. Unter der Oberfläche lauerte so ein Potential von Fremdenhaß und antideutschen Gefühlen, das leicht mobilisiert werden konnte. Und auch in den anderen Teilen des Gesamtstaates gab es Ansätze zur Entwicklung einer eigenen Identität. Sowohl in Norwegen als auch in Holstein läßt sich eine solche Entwicklung nachweisen. In Holstein bildete sich nach der Rückkehr Bernstorffs ein Kreis von Adligen aus den Familien Reventlow, Stolberg und Bernstorff, der ein deutsches Bewußtsein pflegte. Von diesen Adelszirkeln sollten später wichtige Impulse für den Schleswig-Holsteinismus ausgehen.

Nachdem Høegh-Guldberg 1784 gestürzt worden war, avancierte Andreas Peter Bernstorff zum wichtigsten Mann in der dänischen Politik. Der Neffe des großen Staatsministers lenkte mit Geschick die dänische Außenpolitik in den schwierigen Jahren bis zu seinem Tod 1797. Im Zeitalter der Revolutionskriege änderten sich die außenpolitischen Rahmenbedingungen. Die dänische Regierung bemühte sich besonders um den Schutz des blühenden Handels, der durch internationale Konflikte empfindlich getroffen werden konnte. So auch durch die aufkommenden Spannungen zwischen Großbritannien und Frankreich. Die dänischen Sympathien waren zweifellos auf britischer Seite, aber gerade mit den Briten bahnte sich ein Konflikt über die von den Dänen gewählte Neutralität an. Dänemark forderte gemäß den

Prinzipien der Neutralität freie Fahrt überallhin und freien Handel mit frei gewählten Partnern. Die Briten aber waren mißtrauisch. Sie wollten jedes Schiff auf Konterbande kontrollieren. Verärgert über die steife britische Haltung schloß sich die dänische Regierung der Nordischen Koalition zum Schutz des neutralen Handels an. Die anderen Mitgliedsstaaten dieses im November 1800 geschlossenen Bündnisses waren Schweden, Preußen und Rußland als treibende Kraft. Schon im folgenden Frühling kam es zum Konflikt mit Großbritannien. Ende März des Jahres 1801 näherte sich eine britische Flotte Dänemark, und am 2. April begann eine große Seeschlacht auf der Kopenhagener Reede. Dank einer Kriegslist gelang es Admiral Nelson, die Dänen zur Kapitulation zu zwingen. Barthold Georg Niebuhr, der als dänischer Beamter die Schlacht aus der Nähe verfolgte, berichtete am nächsten Tag mit patriotischem Stolz über die heroische Verteidigung Kopenhagens: „Es ist eine Schlacht die völlig mit Thermopylä verglichen werden muß. Aber auch Thermopylä öffnete Griechenland der Verwüstung.“[33]

Dieser Vergleich war keineswegs unangebracht. Bald schon stellte sich heraus, daß der Überfall der Anfang vom Ende der alten dänischen Monarchie war. Es half den Dänen nur wenig, daß ihnen aus ganz Europa eine Welle der Sympathie entgegenkam. Verbittert und enttäuscht wandte sich Dänemark nun Napoleon zu. Im Jahre 1807 kamen die Briten zurück und richteten mit einem Bombardement schwere Schäden in Kopenhagen an. Sie forderten und erreichten die Auslieferung der Flotte, der ganze Stolz des Reiches. Der Krieg hatte katastrophale Auswirkungen für die Monarchie. Vor allem Norwegen mußte dafür bezahlen, daß die britische Flotte die Kontakte zwischen beiden Teilen des Staates unterbrach. Eine schwere Hungersnot traf die Norweger. Zugleich illustrierten die Ereignisse in brutaler Weise die Machtlosigkeit des Kleinstaates im Krieg zwischen den Großmächten. Die Verbitterung gegenüber Großbritannien war so groß, daß die Dänen den Zeitpunkt für einen politisch gebotenen Seitenwechsel verpaßten. Als Napoleon endlich besiegt war, standen nur noch der dänische und der sächsische König auf der Seite des französischen Kaisers.

In diesem Krieg war es für die dänische Monarchie um den Erhalt des Staates gegangen. Dies sollte sich nach der Niederlage bestätigen. Die Schweden, die einen ehemaligen napoleonischen Offizier zum König gewählt hatten und erst im letzten Moment gegen Frankreich Partei ergriffen hatten, wollten jetzt belohnt werden und endlich die lang ersehnte Beute, Norwegen, einstreichen. Beim Friedensschluß in

Kiel im Jahre 1814 trat der dänische König Norwegen an Schweden ab. Das war ein schwerer Verlust für den Staat, und weder in Dänemark noch in Norwegen war man mit diesem Ergebnis zufrieden. Die Norweger hatten von ihrer Selbständigkeit geträumt, eine schwedische Herrschaft wollten sie auf keinen Fall tolerieren. So sah es auch Henrik Steffens, der als gebürtiger Norweger am deutschen Freiheitskrieg von 1813 auf preußischer Seite aktiv teilgenommen hatte. Er deutete die Auslieferung Norwegens als Zusammenbruch der alten Machtverhältnisse in Skandinavien und lehnte zugleich die Idee einer nordischen Union aufgrund der historischen Gegensätze ab: „Aber wie viel tiefer ist die Trennung hier gegründet, als sie in Deutschland, wie viel ferner liegt geschichtlich die Idee einer skandinavischen Gesinnung, als die einer deutschen?“[34]

Der Wiener Kongreß rechnete mit den Ideen der Französischen Revolution ab und errichtete wieder ein Staatensystem, in dem Forderungen nach Volkssouveränität oder nach Nationalstaaten keinen Platz hatten. Die Rekonstruktion der alten Welt wurde mit dem altbekannten Handel mit Provinzen und Landschaften vollzogen. Die dänische Monarchie erhielt als Kompensation für Norwegen das Herzogtum Lauenburg an der Elbe zugesprochen; dazu kamen die schwedischen Besitztümer in Vorpommern, die gegen Bargeld bald wieder an Preußen abgetreten wurden. Lauenburg sicherte dem Staat ein vergleichbares Einkommen wie Norwegen, jedoch hatten die Beziehungen zu diesem kleinen Herzogtum keine Tradition. Mit Norwegen verlor die dänische Monarchie aber vor allem an Status und politischen Gewicht.

Nach dem Wiener Kongreß war die dänische Monarchie kein homogenes Staatsgebilde nach heutigem Verständnis, dennoch war diese Heterogenität im damaligen europäischen Staatensystem keineswegs außergewöhnlich. Die Monarchie vereinte Landschaften, die traditionell in enger Verbindung mit dem dänischen Königshaus standen, und es war nicht einmal aufsehenerregend, daß Holstein – das der dänische König nach dem Zusammenbruch des Heiligen Römischen Reiches Deutscher Nation seinem Reich einverleibt hatte – und Lauenburg gleichzeitig Mitglieder im Deutschen Bund waren. Diese Konstellation machte den dänischen König zum Mitglied der Bundesversammlungen, in denen auch die britischen und niederländischen Monarchen ihren Platz hatten. Der dänische Gesamtstaat war mit einer Reihe von Integrationsproblemen konfrontiert, die aber kaum größer schienen als diejenigen, die andere europäische Staaten nach dem Jahre 1815 zu lösen hatten. Auch von den Mitgliedsstaaten des Deutschen Bundes hatten viele umfassende Territorialgewinne gemacht. Angesichts der Tradition des dänischen Staates erschien die bevorstehende Integration durchaus als ein Problem, das bewältigt werden konnte.

Rückblickend kann man sagen, daß die Nationalitätenfrage eine ständige latente Bedrohung für den Staat darstellte, jedoch gab es damals kaum jemanden, der die drohenden Gefahren, die hieraus erwuchsen, wahrgenommen hätte. Die Abtretung Norwegens hatte die Zusammensetzung der Bevölkerung vereinfacht. Zugleich war das deutsche Element gestärkt worden, aber dieses Problem beschäftigte den absolutistischen Staat, der nationale Fragen nicht kannte, wenig. Die Staatsraison sah keine Sonderbehandlung einzelner Teile der Bevölkerung vor. Dies spiegelte sich auch in der Zusammensetzung der Regierung und der Administration wider. Der König hatte immer viele Deutsche unter seinen Ratgebern, die sich vor allem aus den holsteinischen Adelskreisen rekrutierten. In der Verwaltung waren wichtige Funktionen mit deutschen Untertanen des Königs besetzt, und gerade das administrative Nervenzentrum des zentralistischen Gesamtstaates war lange Zeit ein gutes Beispiel dafür, wie Deutsche und Dänen harmonieren konnten. Die beiden Sprachen waren gleichgestellt, und in den Büros, in denen Anliegen der deutschen Landesteile behandelt wurden, waren deutsche Mitarbeiter in der Mehrheit, dort, wo dänische Angelegenheiten geregelt wurden, Dänen. Der Direktor eines Kollegiums, das sowohl dänische als auch deutsche Verwaltungsstellen umfaßte, sprach die Beamten in ihrer jeweiligen Muttersprache an.[35]

Die Beamten waren durch persönliche Loyalität an den König gebunden, und dieser Nexus war wichtiger als nationale oder regionale Bindungen. Die Briefe Barthold Georg Niebuhrs vom Anfang des 19. Jahrhunderts geben ein eindrucksvolles Zeugnis von dieser Loyalität. Der gebürtige Dithmarscher war deutscher Untertan des dänischen Königs und arbeitete sich schnell in der Administration in Kopenhagen empor. Niebuhrs Karriere war nicht unbedingt repräsentativ, aber sein Patriotismus ist beispielhaft für eine Zeit, die nicht von der Beschränktheit nationaler Sichtweisen geprägt war. „Mein Hauptgeschäft muß es sein des Dänischen so vollkommen Meister zu werden, daß es ohne irgend eine fremde Teintüre aus meiner Feder komme, und dies ist nicht leicht. Male [seine Frau; SBF] mag es nicht recht ertragen daß ich mir darum so viel Mühe gebe, und ist besorgt daß es dem Deutschen zu viel Abbruch tun möge. Ohne Gefahr ist dies nicht; indessen darf ich darum doch nicht vergessen daß jetzt die

Dänische Sprache meine Hauptsprache ist und sein muß",[36] schrieb er kurz nach seiner Ankunft in Kopenhagen.

Einige Jahre später, nachdem Niebuhr eine attraktive Stellung in der preußischen Administration angenommen hatte, philosophierte er über die Rolle der Nationalität im Absolutismus. Die Möglichkeit, einen Staat zu wählen, ohne dadurch die alten Bindungen zu verlieren, formulierte Niebuhr in einer Weise, die wenige Jahrzehnte später – im Kontext des aufkommenden Nationalismus – undenkbar gewesen wäre: „Jeder freie Mann kann ohne Vorwurf von den verschiedenen Staaten eines großen Volkes sich einen andern wählen, als den, worin er gebohren ist. So habe ich gewählt, und segne die Fügung, der ich das stolze Glück verdanke, ein Preuße zu seyn. Aber die Gefühle für das Vaterland der Geburt können nur in einem verwilderten Gemüt verschwinden. Wer unverdorben ist, wird an das Vaterland, von dem er sich trennte, mit nicht geringerer Liebe denken als der Einheimische; er wird mit noch tieferer Wehmut Leiden, Kränkungen und Demüthigungen mitempfinden, die ihn nicht mehr persönlich treffen; und gewiß mit einem weit schmerzlicheren Gefühle den Anblick von Fehlern und Verirrungen ertragen, durch deren Folgen er selbst nicht leidet, und weit entfernt, ihn einem gefühllosen Publikum aufzudecken, wird er ihn, wie eine Familienbeschämung, selbst im vertrauten Gespräche vielmehr zu verhüllen und zu vergessen suchen."[37]

Barthold Georg Niebuhr stellte sich in seinen Briefen in eine Tradition, die bereits die ersten Risse bekommen hatte. Mit patriotischem Stolz registrierte er den Mut der Flotte in der Schlacht bei Kopenhagen, ein Ereignis, das die Entwicklung eines nationalen Bewußtseins in der dänischen Bevölkerung weiter vorantrieb. Es war eine unruhige Zeit. Der Dichter Jens Baggesen huldigte zum Beispiel dem Kosmopolitismus und erklärte im Jahre 1802: „Ich fühle immer mehr, daß ich nichts echt Nationales besitze; ich bin im Grunde genauso wenig Däne, wie ich Deutscher oder Franzose bin; ich bin nach meiner Natur Europäer in des Wortes vollster Bedeutung."[38] Im selben Jahr formulierte dagegen der Historiker Laurids Engelstoft seine Gedanken über eine Nationalerziehung, die deutlich von französischen Ideen beeinflußt waren. Sechs Jahre später faßte er seine Ideen neu zusammen in einer Schrift, die unter anderem die entscheidende Bedeutung der Muttersprache für die Ausbildung eines nationalen Bewußtseins hervorhob. Engelstoft machte seine Landsleute bei dieser Gelegenheit auch mit den Gedanken Herders bekannt. Engelstoft zeigt eine Entwicklung auf, in der die Liebe zum Vaterland die Bindung an den König ablöste – ein Prozeß, der zur Voraussetzung für die Organisation und die nationale Mobilisierung der breiten Bevölkerung werden sollte.[39]

In Engelstofts Denken war der deutsche Einfluß in Gestalt der Rezeption von Herders Ideen nicht zu übersehen. Die engen kulturellen Verbindungen nach Deutschland waren überhaupt während der Kriegszeit am Anfang des Jahrhunderts von großer Bedeutung. Sicherlich hing es damit zusammen, daß Dänemark genau wie Deutschland von Katastrophen erschüttert wurde, die ein vergleichbares geistiges Klima, eine Atmosphäre des Schocks und gleichzeitig des Willen zur Wiedergeburt erzeugten: in Deutschland nach der Schlacht von Jena und später in den Freiheitskriegen von 1813, in Dänemark nach den Katastrophen von 1807 und 1814. Von Bedeutung war aber auch, daß die patriotische Empörung sich zunächst gegen die Briten richtete. Die Briten wurden für kurze Zeit Zielscheibe nationaler Antipathien. In Dänemark wurde zunächst ein Neuanfang in der Geschichte gesucht, in dem die Wiederentdeckung der nordischen Mythologie eine große Rolle spielte. Der nationalromantische Dichter Adam Oehlenschläger holte seine Vorbilder aus der nordischen Geschichte und geriet dadurch in eine Auseinandersetzung mit Goethe, und auch N.F.S. Grundtvig suchte mit seiner ›Nordens Mythologi‹ aus dem Jahre 1808 Halt in der nordischen Sagenwelt.

Der große Stellenwert der Kontakte zu Deutschland zeigte sich in dieser Zeit in der großen Resonanz, die Henrik Steffens Vorlesungen in Kopenhagen im Jahre 1803 fanden. Der von Deutschland grenzenlos begeisterte Steffens brachte dem dänischen Publikum unter anderm die deutschen Romantiker nahe. Seine Ausführungen hinterließen einen dauerhaften Eindruck bei seinen Zeitgenossen. Einige seiner Zuhörer wurden tief und nachhaltig von den dort vorgetragenen Ideen beeinflußt. So auch der spätere Vordenker des dänischen Nationalismus, N.F.S. Grundtvig, der von Steffens unter anderem den Gedanken aufgriff, „daß jedes Volk in seiner Wesensart eine eigene Prägung besitze, Träger einer nur ihm eignenden Geistigkeit sei, die es zu entwickeln gelte". Dieser Gedanke wurde ein wichtiger Bestandteil der Lehre Grundtvigs vom sogenannten „Volkstum".[40] Das Zitat zeigt, daß Fichtes Philosophie in dänischen Kreisen auf fruchtbaren Boden fiel, aber sie wurde bald in einer eigenen nationalen Richtung gedeutet. Steffens vermochte die Kulturelite für die neuen Ideen der Romantik zu begeistern, konnte sie jedoch nicht für seine zugleich propagierte Überzeugung von einer besonderen deutschen Mission gewinnen. Steffens glaubte an eine solche Mission der

Deutschen, die er aus der Mittellage Deutschlands in Europa ableitete und die seiner Meinung nach auch Skandinavien berührte. In seinen Erinnerungen heißt es: „Deutschland ist [...] berufen, alle kultivierten Völker des Festlandes zu befreien, nicht dadurch, daß es seine Eigenthümlichkeit fremden Völkern aufzudringen suchte, vielmehr dadurch, daß es ein jedes Volk nach sich selbst und nach seiner besonderen Geschichte hinwies. Nur so konnte ein tieferes Verständnis möglich werden, und die Völker, zu eigener Persönlichkeit heranwachsend, jenes wechselseitige Gespräch anfangen, welches die Mißverständnisse der Zeit lösen wird, und auf dessen herannahen alle tieferen Geister der Zeit warten.“[41] Solche Gedanken hatten in dieser Periode Konjunktur. Auch viele Deutsche dachten dem nordischen Nachbarn einen Platz in einer oft recht phantastisch anmutenden zukünftigen Weltordnung zu. Es wäre sicher nicht richtig, dies einzig als Ausdruck von Arroganz oder Größenwahn zu interpretieren, oft war der Ausgangspunkt eher ein Gefühl von Verwandtschaft. Früh fingen die Deutschen jedoch an, sich weniger glücklich auszudrücken. So beispielsweise auch der Turnvater und eifrige Nationalist F. L. Jahn, der schon im Jahre 1809 die Möglichkeit einer Trennung von Dänemark und Norwegen in Erwägung zog. Er wollte den Dänen eine zweitrangige Rolle geben: „Die Natur will die Dänen einmal nicht zum Weltherrschervolke, nur zum Fischer-, Viehzüchter-, Seefrachtfahrer- und Bundesvolk Deutschlands.“[42]

In einer Gesellschaft, die selbst Voraussetzungen für eine eigenständige nationale Entwicklung besaß und diese auch weitertreiben wollte, stießen solche Gedanken auf wenig Sympathie, ob sie nun von Steffens oder einem Deutschen stammten. Früh entstand in Dänemark die Angst, vereinnahmt zu werden. Die Vorlesungen von Steffens leiteten so trotz aller deutscher Vorbilder eine neue Etappe in der Herausbildung eines dänischen Nationalbewußtseins ein. Ausgehend von dem Gedanken, daß jede Nation ihren eigenen Geist und ihre eigene Aufgabe in der Welt hatte, entwickelte sich eine Ideologie, die sich vor allem von Deutschland abgrenzte. Mit seinem Engagement erreichte Steffens eher das Gegenteil von dem, was er sich vorgestellt hatte – ein Effekt, der in den deutsch-dänischen Beziehungen häufig anzutreffen ist.

REISEBESCHREIBUNGEN, FREMDBILDER UND STEREOTYPEN

In der zweiten Hälfte des 18. Jahrhunderts war der deutsche Einschlag im dänischen Staat und im kulturellen Leben der dänischen Monarchie so groß, daß Johann Gottfried Herder Dänemark mit einigem Recht Dänemark als Fortsetzung Deutschlands bezeichnen konnte. Trotz der weitgehenden dänischen Identitätsbildung behauptete die deutsche Sprache und Kultur ihre bedeutende Rolle, und vor allem unter den Deutschen hielt das Empfinden, Verwandte der Dänen zu sein, lange an. Noch um die Mitte des 19. Jahrhunderts meinte Marcus Niebuhr: „Und nahe verwandt sind wir wahrlich. Wie leise sind die Uebergänge in Sprache, Sitten, physischer Gestaltung! Wie leicht wird der Deutsche Däne und der Däne Deutscher.“[43]

Die Tatsache, daß Deutsch bis in das 19. Jahrhundert hinein Umgangssprache der Gebildeten war, erleichterte den Deutschen den Aufenthalt in Dänemark und den Zugang zur dänischen Gesellschaft. Gleichzeitig erreichte die deutsche Rezeption nordischer Kultur einen Höhepunkt. Die führenden Dichter Dänemarks waren auch in Deutschland bekannt und geschätzt. Friedrich Schlegel meinte sogar, daß keine andere Nation nächst der deutschen so ausgezeichnete Dichter hervorgebracht habe wie die dänische.[44] Im Jahre 1828 sah Willibald Alexis sich veranlaßt zu betonen, daß die verbreitete Auffassung, Deutsch und Dänisch „wäre bei den Dichtern gleich geläufig, sie wären mit beiden geboren oder doch auferzogen“, doch etwas übertrieben war.[45] Dennoch hatten deutsche Besucher in Dänemark selten das Gefühl, den eigenen Kulturraum verlassen zu haben: „Was die Sprache betrifft, so hört man in Kopenhagen beinahe eben so viel Deutsch als Dänisch reden. Unter der niederen Volksclasse ist freilich das deutsche größtentheils unbekannt; da hingegen der gebildete Theil der Einwohner beinahe ebenso gut Deutsch als Dänisch redet.“[46] Außerhalb Kopenhagens, wo Angehörige der kulturellen Elite weit seltener anzutreffen waren, ließ sich noch leichter feststellen, wie eng das Vorhandensein von Deutschkenntnissen an die Zugehörigkeit zu den besseren, gebildeten Kreisen gebunden war: „Wer in den nördlichen Gegenden des Herzogthums Schleswig, und im größten Theil von Jütland, in der Regel nicht hölzerne Schuhe trägt; oder wer mit beschlagenen Geschirren fährt, oder ein Verdeck auf dem Wagen hat; oder auf einen englischen Sattel reitet, wer ein Geistlicher, ein ansehnlicher königlicher Beamter, oder wer modern gekleidet ist, den kann man deutsch anreden, der versteht die deutsche Sprache. – Alle übrigen sprechen dänisch."[47]

Das Gefühl von Vertrautheit wird in fast allen deutschen Reisebeschreibungen über Dänemark sichtbar. Johann Gottfried Seume sprach für viele seiner Landsleute, wenn er schrieb: „In Kopenhagen glaubt man schon, halb im Vaterlande zu sein."[48] Die Erlebnisse in Dänemark, wo die Reisenden überwiegend mit dem Teil der Gesellschaft zusammentrafen, der in Lebensart und Weltanschauung mit entsprechenden Gruppen in den deutschen Kleinstaaten und Residenzstädten vergleichbar war, unterschieden sich kaum von dem, was einem Thüringer in Baden oder im Münsterland aufgefallen wäre. Der Charakter der damaligen europäischen Staatenwelt mit ihren vielen eigenständigen Landschaften, ihren gleitenden Übergängen und den nach Fürstenbesitz gegliederten Staaten ermöglichte dem Reisenden ganz andere Wahrnehmungen als nach Entstehung der Nationalstaaten. Auch die dänische Monarchie war ein Staat von Landschaften, die durch den gemeinsamen Landesherrn zusammengehalten wurden. Deutsche Besucher durchquerten bei ihren Reisen nach Dänemark häufig zunächst Holstein und Schleswig. Die beiden Herzogtümer ermöglichten einen fließenden Übergang zwischen beiden Kulturen. Ein Besucher sprach dementsprechend von Holstein als dem dänischen Deutschland und Schleswig als dem deutschen Dänemark.[49]

Viele Berichterstatter hatten einen Blick für die Nuancen und vermochten ein Bild ohne auffällige Vorurteile zu zeichnen. Es entsprach dem Interesse der dänischen Kulturelite für Deutschland, daß deutsche Gäste mit Offenheit und Neugier begrüßt wurde. Vergleichbar waren die Berichte vieler Dänen aus Deutschland. Ein seltenes Beispiel jener Unbefangenheit Deutschland gegenüber und der wohl einzige „Klassiker" der dänischer Literatur, in der eine Reise durch Deutschland literarisch verarbeitet wird, ist Jens Baggesens ›Labyrinten‹.[50] Erst mit dem Aufkommen der nationalen Auseinandersetzungen und der Thematisierung der schleswigschen Frage im zweiten Drittel des 19. Jahrhunderts änderten sich die gegenseitigen Einschätzungen allmählich. In den 1840er Jahren schlichen sich öfters nationale Streitfragen in die Berichte ein, und bis dahin kaum zu findende Vorurteile machten sich bemerkbar. Nun begann man auch in stärkerem Maße mit Stereotypen zu arbeiten – ein weiteres Indiz dafür, daß sich das Klima zwischen beiden Völkern durch die zunehmenden nationalen Emotionen auf beiden Seiten verschlechtert hatte. Die Errichtung des dänischen Nationalstaates nach dem verlorenen Krieg von 1864 beseitigte schließlich auch die traditionell gleitenden Übergänge und schuf eine moderne Grenze zwischen zwei sich entfremdenen Kulturen.

Die Entwicklung von der Verwandtschaft zu Feindschaft läßt sich aus den deutschen Reiseberichten der ersten Hälfte des 19. Jahrhunderts deutlich herauslesen. Sie sind nicht nur wegen ihres seismographischen Charakters interessant, sie liefern zugleich einen Einblick in das Entstehen von Fremdbildern, die auch die späteren Beziehungen der beiden Völker beeinflussen sollten. Die um sich greifende dänische Skepsis gegenüber Deutschland färbte nach und nach auf die Eindrücke der deutschen Reisenden ab. Sie reagierten zunehmend befremdet und verunsichert. Noch an der Schwelle des nationalen Streites behauptete der Mecklenburger Christian Dehn: „Die Dänen sind deutschen Stammes, mit eigenthümlicher, der deutschen verwandte Sprache.“[51] Nur sechs Jahre später faßte Eduard Boas seine Eindrücke ganz anders zusammen: „Dänemark kommt mir immer wie die Zunge der Waage vor, welche zwischen Schweden und Deutschland schwankt, sich stets nach der Seite senkend, wo das schwerste Gewicht liegt. Darum neigt es sich in literarischer Beziehung zu uns, in politischer zum andern Nachbarvolke hinüber.“[52] Diese Beobachtung wäre wenige Jahrzehnte vorher kaum vorstellbar gewesen, nun aber hielt Boas in seiner Formulierung die Identitätskrise fest, die Dänemark Mitte des Jahrhunderts durchlebte, als die Nationalisten das Land vom deutschen Einfluß zu befreien und auf eine Verbrüderung mit den anderen Skandinaviern einzustimmen versuchten.

Die Reise nach Dänemark: Das jütländische Abseits

Für Johann Georg Kohl war, wie für die meisten Reisenden nach Norden, die an die dänische Monarchie grenzende Hansestadt Hamburg der Ausgangspunkt. Er beschrieb zu Beginn seines ausführlichen Berichts über Dänemark und die Herzogtümer die Bedeutung der Hansestadt für Wirtschaft und Handel in Nordeuropa. Dieser Ansatz ist zugleich naheliegend und doch einzigartig. Die Verbindungen zwischen Hamburg und Dänemark werden in der Geschichte der Beziehungen zwischen Deutschland und Dänemark in der Regel ausgeblendet. Hamburgs außergewöhnliche wirtschaftliche Expansion Anfang des 19. Jahrhunderts verschob die ökonomischen Kräfteverhältnisse in Nordeuropa. Dänemark – und ganz besonders die Herzogtümer und Jütland – gerieten in eine Lage, die sie abhängig von der Hansestadt machte und ihnen gleichzeitig viele Vorteile brachte. Kohl ahnte die große Bedeutung dieser Verbindung, berichtete aber auch, daß es schwierig sei, sie in konkreten Zahlen und Mengen zu messen. Er räumt den Beziehungen der dänischen Monarchie zu Hamburg in seinem Reisebericht eine Schlüsselstellung ein: Kohl betrachtet die dänische Monarchie als einen Staat zwischen zwei Polen, zwischen Kopenhagen und Hamburg.

Mit dieser Perspektive gelang es Kohl, ein wichtiges Moment der Spannungen im dänischen Staat in der Zeit zwischen 1814 und 1864 zu erfassen. In der Ökonomie der Monarchie spielte Hamburg tatsächlich eine herausragende Rolle. Unter den Dänen wurden zunehmend Klagen über die Hegemonie der Hanseaten laut, ähnlich wie sie aus dem deutschen Binnenland zu hören waren. Die Hansestadt profitierte nicht nur von ihrer günstigen Lage, sondern auch von ihrer Funktion als zentraler Exporthafen der Briten auf dem Kontinent. Die Kapital- und Handelskonzentration an der Alster war für Dänemark um so irritierender, als auch Altona, die zweitgrößte Stadt der dänischen Monarchie, als Rivalin von der hamburgischen Expansion profitierte und die Ballung ökonomischer Potenz an der Südgrenze des Staates noch verstärkte. Über Hamburg flossen Kolonialwaren und Industrieerzeugnisse nach Dänemark, die Stadt wurde ein wichtiger Absatzmarkt für landwirtschaftliche Produkte und frühindustrielle Waren aus Jütland und den Herzogtümern. Die Handelshäuser lieferten außerdem das Kapital, das Bauern und Hersteller verschiedener Waren dringend benötigten. Die hanseatische Währung war geschätztes Zahlungsmittel in großen Teilen Dänemarks.

Jüten, Schleswiger und Holsteiner betrachteten die hamburgische Führungsrolle in der Wirtschaft überwiegend als Grundlage vorteilhafter Geschäfte. In Kopenhagen dagegen reagierten vor allem die Kaufleute mit wachsender Beunruhigung auf das zunehmende Gewicht der Hansestadt. Gefördert wurde das Unbehagen durch die mißliche Lage des Handels in der Hauptstadt sowie deren peripherer Lage. Man argwöhnte, Hamburg könnte zum Zentrum der westlichen Teile des Staates werden. In einer Zeit zunehmender nationaler Spannungen nahm man solche bedrohlichen Tendenzen sehr ernst. Die Zeitungen berichteten häufig verärgert über gute Geschäfte der hamburgischen Probenreuter und den erfolgreichen, hochentwickelten hanseatischen Zwischenhandel. Solche Erscheinungen vertrugen sich nicht mit den Interessen der Kaufleute in Kopenhagen und standen auch in Widerspruch zu den Vorstellungen von einer nationalstaatlichen Ökonomie. Die heftige und oft bösartige Kritik an Hamburg nahm in der dänischen Öffentlichkeit eine nationalistische Färbung an, die sie von den auch in Deutschland verbreiteten Angriffen auf die hamburgische „Handelstyrannei“ oder auf die Rolle der Stadt als „Commissionar der Welt“ unterschied.

Bis weit in das 20. Jahrhundert hinein wurde Dänemark oft mit Kopenhagen gleichgesetzt, so daß die meisten Gäste den schnellsten Weg nach Kopenhagen suchten – von Hamburg über Kiel und weiter auf See zur Residenzstadt. Das übrige Land blieb unbekannt, wobei nicht zuletzt die schlechte Infrastruktur ein großes Hindernis bildete. Jütland war noch in der Mitte des 19. Jahrhunderts eine *terra incognita*, die weder das Interesse der Ausländer noch das der Inselbewohner auf sich ziehen konnte. Über das „dunkle“ Jütland wurde vieles erzählt, aber einen Anziehungseffekt übte das kaum aus. Wie die Deutschen lieber die Strapazen einer Reise zum Nordkap auf sich nahmen, so fanden die Ostdänen öfter den Weg nach Frankreich oder Deutschland. Jütland blieb „eine Art von Klein-Sibirien“, wo man die fast achthundert Jahre alten Schilderungen Adam von Bremens bestätigt fand. Trotzdem meinte Kohl: „Es geht Jütland wie Sibirien, wie der Lüneburger Haide und andern Ländern, die besser sind als ihr Ruf.“[53]

Jeder Bericht hob die schlechten Wege auf der Halbinsel hervor. Der hamburgische Ökonom und Publizist J. G. Büsch beschwerte sich Ende des 18. Jahrhunderts: „In Jütland und in Fünen ändert sich alles. Das Postgeld ist zwar nur halb so groß [...] aber die Wägen sind so klein und enge, daß sie höchstens zwei Personen, die hinter einander sitzen müssen, mit einem Coffer aufnehmen können. Hat man mehr Gepäck, so muß man einen zweiten Waagen nehmen, welches den Vortheil des wohlfeilen Postgeldes ganz wieder wegnimmt“,[54] und Carl von Essen stimmte ihm 1799 zu: „In keinem Lande findet man weniger Wegweiser [...] Ein schmaleres Wagengleises giebts in Europa nicht, als in Schleswig und Jütland, und nirgends findet man mehr lahme und beinschädige Pferde, als in diesen Ländern. Daran ist lediglich das schmale Gleis der Wagen Schuld, wodurch jedes Zugpferd lebenslang verurtheilt ist, mit zwei Beinen in einer tiefen Radfurche, und mit zwei auf dem höheren Weg zu gehen.“[55]

Die Jütländische Halbinsel war weitgehend zurückgeblieben. Die Heidestrecken im Westen des Landes waren arme Gegenden. Eine große Zahl der Einwohner wanderte aus. Im Sommer gingen viele

Jüten nach Schleswig und nach Friesland, wo ihre Arbeitskraft gefragt war.[56] Wirtschaftlich waren vor allem die Einwohner Westjütlands nach Süden ausgerichtet. Seit Jahrhunderten wurden große Mengen von Vieh nach Holstein gebracht und weiter nach Hamburg geleitet. Auch die blühende Produktion von schwarzen Töpfen fand guten Absatz in Norddeutschland. Die Schleswiger und besonders die Holsteiner waren in der ersten Hälfte des Jahrhunderts den Jüten in der Landwirtschaft weit voraus, und sie fühlten sich angesichts ihres Wohlstands überlegen. Von Jütland sprach man „wie im Erzherzogtum Oestreich und Mähren von Gallizien, und [man] bedauert die Leute, die noch weiter über die Königsau hinausziehen müssen". In Hadersleben machten die hamburgischen Kaufleute und Handelsreisenden ein letztes Mal halt, bevor sie über die Königsau weiterzogen. Hier fanden sie das letzte Wirtshaus auf der Cimbrischen Halbinsel, in dem man gut essen und trinken konnte.[57] Symbol der jütländischen Rückständigkeit waren die hölzernen Schuhe und die schwarzen Töpfe – beides Produkte der Hausindustrie –, und die Norddeutschen dichteten spöttisch:

Kennst du das Land
Wo man aus Holz die Schuhe macht
Wo man aus Morast Töpfe brennt
Wo man den Teufel Fannen nennt

Die Verbreitung der hölzernen Schuhe galt auch den Kopenhagenern als Zeichen jütischer Rückständigkeit, aber man wußte auch um ihre Vorteile. Der rationalistisch denkende von Essen hob die ökonomische Bedeutung hervor: „Der gemeine Mann geht hier in hölzernen Schuhen, und behält trockene Füße. Der wohlhabende trägt Stiefel, die Wasser ziehen und hat Flüsse. [...] In Holstein, Schleswig und Jütland bleiben noch viel tausend Häute zum auswärtigen Absatz übrig. Das Land hat diesen Gewinn nur den hölzernen Schuhen zu danken."[58]

Seit dem Jahre 1830 setzte eine merkliche Verbesserung der Verhältnisse in Jütland ein. Eine Dampfschiffverbindung zwischen Aarhus und Kopenhagen weckte langsam das Interesse der Hauptstadtbewohner für die jütischen Landschaften. J. G. Kohl benutzte das Bild eines schlafenden Riesen und bemerkte, daß die Tatkraft der Jüten überall Aufsehen erregte. Die Jüten waren ärmer, aber auch genügsamer, rühriger und fleißiger als die Inseldänen, und sie brachten einen frischen Wind in die Wirtschaft. Auch in Kopenhagen tauchten erfolgreiche jütische Geschäftsmänner auf.[59] Der Vater des Philosophen Sören Kierkegaard etwa war ein Westjüte, der im Wollhandel gute Geschäfte machte.

Neue Entwicklungen waren auch im Handel zu beobachten. Zunächst dominierten weiterhin die unverarbeiteten Produkte, die in wachsender Zahl aus Jütland nach Hamburg gingen. Lange Zeit hatten die Jüten gegen den schlechten Ruf ihrer Waren zu kämpfen. Ein hamburgischer Handelsgeograph meinte, daß Butter aus Jütland und Schleswig „sich durch einen eigenthümlichen widrigen Geschmack, wahrscheinlich eine Folge der ungleichen und schlechten Behandlung derselben“ auszeichnete.[60] Immerhin war eine Aufwärtsbewegung in Gang gekommen, und die Exporte aus Jütland konnten die Ansprüche der Einkäufer bald erfüllen.

Seit Kohls Reise kamen lange Zeit keine deutschen Entdecker mehr in den Norden der Cimbrischen Halbinsel. Erst während des Krieges von 1864, als Jütland von preußischen Truppen besetzt wurde, kamen erneut Nachrichten aus der Provinz. Der preußische Offizier Edmund von Wittken faßte seine Eindrücke in einem Buch zusammen, in dem er Jütland als „vergessene“ Landschaft charakterisierte: „Im Allgemeinen leben die Jüten ziemlich abgeschlossen von der Welt, und nur die Bewohner der ostjütischen Küstenstädte stehen in einem engeren Verkehr mit den Inselbewohnern. Selten trifft man einen Jüten, der weiter gewesen ist, als nach Kopenhagen oder nach Hamburg. Ist einer einmal weiter nach Deutschland gekommen, so hat er in der Regel die sächsische Schweiz besucht.“[61]

Auch ein anderer, prominenterer Preuße machte während der Besetzung eine Reise nach Jütland. Theodor Fontane reiste einige Wochen in der Provinz herum. Er beklagte die unzureichende Besiedlung und die großen ungenutzten Heideflächen, war aber voller Bewunderung für die Landbevölkerung. Er schrieb sogar: „Die dänische Rasse steht unbedingt höher, das *nord*germanische, wie es sich in Niedersachsen, Friesen, Angelnland, bei den Jüten und Dänen zeigt, steht allerdings als Rasse auf höherer Stufe als das lausitzisch-schlesisch-polackische. Auch unsere Märker können durchaus nicht dagegen an. Was wahr ist muß wahr bleiben. Das Menschentum tritt einem in diesen großen kräftigen, blonden Gestalten edler und schöner entgegen, als es bei den Stämmen der Fall ist, die die Mehrzahl unserer Provinzen bewohnen. Sie sind eigentlich alle häßlich, die Westfalen stehen diesen Jüten und Dänen vielleicht am nächsten, aber sie sind roher und gröber. All’ dies Lob trifft aber bloß die bäuerliche Volksmasse; die Gebildeten taugen nicht und sehen auch nicht gut aus.“[62] Fontanes Lamento über die öde Heide wurde von vielen

Dänen geteilt, und gerade in der Zeit nach 1864 wurde die Kolonisierung der jütischen Heide zum bedeutendsten Symbol des dänischen Willens, sich nach der Niederlage wiederaufzurichten.

Kopenhagen – Hauptstadt der Monarchie

Eine der wichtigsten Landstraßen des Staates lief von Hamburg quer durch Holstein nach Kiel. Von hier aus konnte man mit Schiff nach Kopenhagen reisen – im Jahre 1819 wurde eine Dampfschiffverbindung in Betrieb genommen. Vorher war die Seereise im allgemeinen unsicher und auch gefährlich, aber der Reisende konnte trotzdem viel Zeit sparen, weil die Reise über die Landstraße, die über Fünen und Seeland führte, lange dauerte und strapaziös war. In der holsteinischen Universitätsstadt machten viele Reisende ihre ersten Erfahrungen mit der See. Dem Besucher im dänischen Inselreich fiel auf, wie sehr das Meer das Leben der Dänen bestimmte: „In Dänemark geht die See über alles und kein europäisches Volk, die Griechen ausgenommen, ist so mit dem Meer verbunden wie die Dänen. Sie sehnen sich daher, wenn sie im Innern von Deutschland reisen, nach ihre Seeluft, nach ihrer Meeresfläche zurück.“[63] Dieses Bild festigte sich während der Seereise nach Kopenhagen. Für viele Reisende war die Überfahrt ein nicht sehr angenehmes Erlebnis. Der Göttinger Geologie-Professor Hausmann erlebte einen Sturm, der ihn fast ebensosehr aufwühlte wie die nachfolgende Windstille. Stundenlang lag das Schiff vor der Steilküste von Mön. Sein geologischer Kennerblick heftete sich voll Neugier an dieses beeindruckende Phänomen, ohne daß er die Chance bekam, die Kreideformationen näher zu untersuchen.[64]

Nach der häufig Übel verursachenden und Schrecken erregenden Seereise oder der mühsamen Fahrt über Land kam der Reisende in Kopenhagen an. Die Haupt- und Residenzstadt bot vom ersten Augenblick an ein Konzentrat des Gesamtstaates. Der dänische Zentralismus hatte längst alles, was Rang und Namen hatte, in der Stadt versammelt. Die Stadt war Residenz des Königs, Verwaltungszentrum, die wichtigste Festung und der einzige Kriegshafen. Hier waren die älteste Universität (die einzige andere lag in Kiel) und alle sonstigen höheren Ausbildungseinrichtungen sowie Polytechnikum, Veterinärausbildung, Forstwissenschaft, Gewerbeschulen und die Schulen des Militärs angesiedelt. Die Stadt besaß alle staatlichen Kunstsammlungen und Museen des Landes und war dazu noch die bedeutendste

Gewerbe- und Handelsstadt der ganzen Monarchie. Zumindest in bezug auf ihre überragende Stellung im dänischen Königreich war Kopenhagen mit Paris zu vergleichen. Die überwältigende Ansammlung von Institutionen und Prominenz machte Kopenhagen zum unumstrittenen Zentrum des Reiches. Die Hauptstadt war durch die Gebietsverluste zwar immer stärker in die Peripherie gerückt, aber sie fungierte dank dem versteinerten Zentralismus weiterhin als zentraler Ort in einem Reich, das vor allem durch Wasserwege verbunden war. Trotz des Verlustes von Norwegen bildeten die Länder des Königreichs immer noch ein kleines Imperium. Dies war in den deutschen Teilen des Reiches am wenigsten zu spüren. Wesentlich größere Ausstrahlungskraft besaß die dänische Metropole auf die anderen Staaten Nordeuropas.[65] Die alte dänische Vormachtstellung in Nordeuropa gehörte längst der Vergangenheit an, aber kulturell beeinflußte Dänemark in mancher Hinsicht Schweden und vor allem Norwegen so deutlich wie Deutschland Dänemark. Neue Ideen und Modeströmungen aus Deutschland erreichten Dänemark zuerst. Die Schweden hatten erst spät begonnen, eigene Kontakte aufzubauen, und Norwegen hielt auch nach 1814 enge kulturelle Verbindungen zu Dänemark aufrecht. Der deutsche Besucher konnte die herausragende Rolle Kopenhagens als Vermittler zwischen Süd und Nord unter anderem an der Flut von Übersetzungen fremder Literatur ermessen.[66]

In der ersten Hälfte des 19. Jahrhunderts war Dänemark noch nicht in der kulturellen Enge des Nationalstaates befangen. Das Geistesleben zeichnete sich viel eher durch eine gewisse kosmopolitische Prägung aus. Der bedeutende Publizist J.F. Schouw schrieb im Jahre 1832: „Ein Engländer, ein Franzose, ein Deutscher, dessen Literatur als Folge der Größe der Nationen einen großen Umfang hat, könnte vielleicht zu der wohl falschen Auffassung neigen, daß es ausreiche, die jeweils eigene zu lesen, bei einem Däne würde so etwas eine einseitige Vaterlandsliebe verraten."[67] Traditionell war der Staat nach außen gerichtet, unterhielt vielfältige Kontakte mit fremden Völkern und exotischen Ländern. Es gab eine Offenheit gegenüber fremden Kulturen, die in manchen deutschen Kleinstaaten kaum zu finden war. Seit Jahrhunderten waren viele Völker unter dem Zepter des dänischen Monarchen vereint, und ein Staatsdenken, das weiträumig ausgerichtet war, hatte Tradition.

Die Offenheit nach außen, die Seeverbindungen und die, wenn auch bescheidenen, kolonialen Beziehungen faszinierten die deutschen Gäste. Johann Gottfried Seume schrieb noch im Jahre 1805, daß die Dänen nach den Briten die größten Seefahrer seien, „fast alle Tage kommen Schiffe aus allen Weltgegenden an, und meistens dänische". Im Hafen von Kopenhagen wurden allerhand Luxuswaren aus Übersee gelöscht, für die Kaufleute war ein Schildkrötenschmaus mit erlesenen Weinen nichts Außergewöhnliches.[68] Mehr noch als die Handelsflotte interessierte alle deutschen Besucher die Kriegsflotte. Aus deutscher Sicht war sie noch in der Mitte des 19. Jahrhunderts eine der größten Attraktionen Dänemarks. Nach dem britischen Raub der Flotte im Jahre 1807 war die mit großen Anstrengungen neu aufgebaute Marine zwar kein internationaler Machtfaktor mehr; die Gäste aber, die die prächtigen Schiffe sahen, konnten sich häufig nicht des Gedankens erwehren, daß die Dänen – die ja Teil der germanischen Stämme waren – in der Flotte eine Waffe besaßen, die Deutschland fehlte.

Schon im Jahre 1792 schilderte von Ramdohr ausführlichst, wie ein Schiff auf Holmen, dem Zentrum der dänischen Marine, vom Stapel gelassen wurde, und mit großem Interesse besichtigte er ein Kriegsschiff im Hafen.[69] Willibald Alexis war der Zugang zur Flotte versperrt; kein Fremder durfte sie sehen, sie wurde wie ein Staatsgeheimnis behandelt.[70] Ein Jahrzehnt später gelang es dem Mecklenburger Christian Dehn, der sich als Holsteiner aus Itzehoe vorgestellt hatte, den Stolz der Dänen aus der Nähe zu studieren. Seine ausführliche Beschreibung hob die schweren Verluste hervor: Anstelle der vormals achtzehn Linienschiffe und fünfzehn Fregatten bildeten nunmehr sechs Linienschiffe und sieben Fregatten den Kern der Flotte. Beeindruckt war Dehn dennoch, auch von der Stärke der Mannschaft. 2600 Mann gehörten zur Flotte, dazu kamen 36000 Matrosen, die das Land ohne königliche Genehmigung nicht verlassen durften.[71] Der Wiederaufbau der Flotte wurde nach dem Krieg mit Großbritannien, nicht zuletzt wegen ihres symbolischen Wertes, zu einem nationalen Anliegen, obwohl er enorme Kosten verursachte und die strategische Bedeutung der dänischen Marine nur noch gering einzuschätzen war. Diese Anstrengungen nötigten dem Besucher Kohl tiefen Respekt ab, und er stellte sich der Frage, ob es in der Geschichte der Marine ein weiteres Beispiel dafür gäbe, daß ein kleines Volk, das seine große Flotte so plötzlich verloren hatte, in nur kurzer Zeit wieder eine neue hatte aufbauen können.[72]

Keine andere Sehenswürdigkeit in der Hauptstadt strahlte solche Anziehungskraft aus wie die Flotte, aber es gab noch einige weitere Ziele, die kaum ein Reisender ausließ. Und fast stereotyp wiederholten sich die Beschreibungen. „Du reist nach Kopenhagen; du wirst dort zwei Dinge finden, wie sie die Welt nicht zum Zweitenmal besitzt: das

Thorwaldsen-Museum und das Museum für nordische Alterthümer", war die Empfehlung eines Bekannten, die Theodor Fontane mitbrachte.[73] Der Bildhauer Bertel Thorwaldsen galt seinen Zeitgenossen als der größte Sohn Dänemarks. Er hatte fast sein ganzes Leben in Rom verbracht und war erst als alter Mann acht Jahre vor seinem Tod zurückgekehrt. In Kopenhagen wurde er als Volksheld begrüßt. Sein internationaler Ruf hatte dem dänischen Selbstbewußtsein in den schwierigen Zeiten nach 1814 gut getan, und so avancierte Thorwaldsen zur nationalen Integrationsfigur. Die Errichtung eines Museums für seine Werke wurde geradezu als nationale Aufgabe begriffen, das Museum wurde in bester Lage im Zentrum Kopenhagens plaziert. Es sollte nicht zuletzt den Anspruch der dänischen Hauptstadt als skandinavische Kulturmetropole manifestieren. Der strenge Klassizismus Thorwaldsens übte eine außergewöhnliche Faszination auf seine Zeit aus – vor allem in Deutschland, wie Fontane bestätigte. Der Besuch der Ausstellung hatte eine Wirkung auf sein Gemüt, die einem Rausch gleichkam. Danach hatte Fontane „Mühe, [sich] in der Welt da draußen zurechtzufinden".[74]

Noch wichtiger war Kopenhagens Bedeutung als Zentrum für das Studium des nordischen Altertums. Das Fundament für diese Position war bereits im 18. Jahrhundert gelegt worden, wie Christian Ludwig Lenz nach seinem Besuch im Jahre 1796 betonte. Er selbst hatte sich aus Begeisterung für das nordische Altertum jahrelang mit der dänischen Sprache beschäftigt.[75] Entscheidend gefestigt wurde hier die dänische Vorreiterrolle jedoch erst im Jahre 1807, als das erste Museum für die neue Wissenschaft errichtet wurde. Die Beschäftigung mit dem nordischen Altertum und besonders die Sammlung und Systematisierung archäologischer Funde „bleibt ein Wunder, und den gelehrten Dänen dieses Jahrhunderts bleibt der Ruhm, eine Gattung der interessantesten und merkwürdigsten Dokumente der Geschichte aufgespürt und den Versuch ihrer Vervollständigung und Entzifferung ihres Inhalts gemacht zu haben", kommentierte Kohl.[76] Das Museum besaß einzigartige Sammlungen, auf die sich die junge Wissenschaft stützen konnte. Der Aufbau des Museums und die Arbeit der Forscher wurde durch die vielen, gut erhaltenen Fundstücke in der Monarchie erleichtert. Zugleich brachte der Zentralismus des dänischen Staates der neuen Wissenschaft erhebliche Vorteile, denn alle Funde wurden nach Kopenhagen gebracht. Auf diese Weise entstand eine zentrale Sammlung, die andere europäische Staaten erst viel später schaffen konnten. Der hervorragende Altertumsforscher Worsaae äußerte sich aufgrund der dänischen Errungenschaften sehr kritisch über die Zersplitterung der deutschen Staatenwelt, weil diese eine ähnliche Entwicklung ausschloß.[77]

Das neue Museum legte den Grundstein für das früh erwachende und sehr breite Geschichtsinteresse der Dänen. Ein historisches Nationalmuseum ließ sich nicht zuletzt für die Verbreitung nationalen Gedankengutes nutzen, Nationalgeschichte wurde auch in Dänemark ein Motor der Nationalbewegung. In einer Zeit, in der die Berufung auf das „Ursprüngliche" eine entscheidende Rolle spielte, förderten die Kopenhagener Sammlungen zunächst die Entwicklung einer patriotischen Vaterlandsliebe und stützten später die nationalideologische Überzeugung, daß die Dänen anderen Völkern überlegen seien.

Mit ihrer massiven Konzentration von Elite und staatlichen Einrichtungen hinterließ die Hauptstadt der Monarchie meistens einen guten Eindruck bei den ausländischen Besuchern. Weniger beeindruckt waren sie vom kulturellen Leben in Kopenhagen, auf das die Kopenhagener selbst so stolz waren. Nüchtern betrachtet, unterschied es sich nicht großartig von dem, was größere deutsche Residenzstädte zu bieten hatten. Und auch das Stadtbild wurde als wenig aufregend empfunden. J.G. Kohl etwa lieferte die desillusionierende Beschreibung: „Man möchte sagen, der Zustand des Volkes und der Anblick seiner Hauptstadt correspondire vielfach mit der Beschaffenheit und Natur des Landes, das wenig Originalität darbietet und durch großartige Scenen weniger frappiert, als durch anmuthige Landschaften wohlgefällt."[78] Individuelles, Einzigartiges war selten zu finden, und über die Häuser Kopenhagens heißt es: „Für einen Maler städtischer Ansichten wäre hier nicht viel zu tun weil alles nicht mißfällig, aber im Ganzen wenig originell und pittoresk aussieht."[79]

Aus dem großen Raum, den die Hauptstadt in sämtlichen Reisebeschreibungen einnahm, wird deutlich, daß die deutschen Besucher meinten, daß „Kopenhagen eigentlich der Dänische Staat ist".[80] Das umliegende idyllische Nordseeland mit seiner parkartigen Landschaft, mit seinen Schlössern, Seen und Buchenwäldern am Öresund geriet in den Augen der Gäste – genau wie für die hauptstädtische Elite – zur dänischen Landschaft *par excellence*. Gerade zu einer Zeit des nationalen Erwachens wurde diese „typische" Landschaft in der Malerei immer wieder festgehalten. Auch den Poeten dienten die ranken Buchen am blauen Sunde zur Verklärung des Vaterlandes. Den Lesern wurden wieder und wieder Beschreibungen von Buchenlaub, Buchenbäumen, Buchenhainen und Buchenhügeln präsentiert, und eifrige Nationalisten scheuten sich nicht zu behaupten, daß die dänischen Buchenwälder viel schöner als die holsteinischen seien.[81]

Viele Gäste waren weniger eingenommen von der Schönheit der nordseeländischen Landschaft. Sie kamen oft zu dem Urteil, daß es diesem Landstrich an Charakter und Größe fehle. Es ist wohl kaum überraschend, daß Kohl, dieser scharfsichtigste deutsche Beobachter in Dänemark, in der Mitte des 19. Jahrhunderts seine Eindrücke von Dänemark in dem Begriff Mittelmäßigkeit zusammenfaßte.

Stereotypen über Dänemark und die Dänen

Dänemark stellte sich den deutschen Besuchern in der ersten Hälfte des 19. Jahrhunderts kaum als etwas Fremdes dar; im Gegenteil, die meisten nahmen eher Ähnlichkeiten als auffällige Unterschiede wahr. Dieser Eindruck spiegelte den traditionellen deutschen Einfluß im Lande ebenso wider wie den Umstand, daß die Monarchie auch deutsche Bürger beheimatete. Eine besondere dänische Prägung fiel den deutschen Beobachtern kaum auf. Das änderte sich mit dem Aufkommen nationalistischer Ideen in der Mitte des Jahrhunderts. Zunehmend bemühten sich die Besucher, mit Hilfe von Stereotypen dänische Eigenart zu illustrieren. Diese Stereotypen sind allerdings überwiegend von einer positiven Grundhaltung durchzogen. Es fehlte in der Regel an Aversionen gegen die Natur der Menschen oder an abschätzigen Bemerkungen über Klang oder Farbe der Sprache, wie sie etwa bei vielen deutschen Reisenden in den Niederlanden zu finden waren.[82] Dänemark und die Dänen wurden meistens freundlich geschildert, und es scheint, daß der Bruch zwischen Deutschen und Dänen den Deutschen viel unnatürlicher vorkam als der Mehrzahl der Dänen.

Christian Lenz etwa beschrieb im Jahre 1796 die Dänen und ihre Sprache mit großer Sympathie: „Die dänische Sprache ist meinem, freylich ganz und unbedeutenden Gefühle nach die weichlichste unter allen den Schwestern der teutschen und Töchtern der lateinischen. In ihrer Landessprache zeigt sich deutlich und ächt, als in einem vollkommenen Spiegel, der Geist, die Denkart der wahrhaft achtungs- und recht eigentlich liebenswürdigen dänischen Nation: dieses friedfertigen, kühl-vernünftigen und gemäßigten, wohlwollenden und menschenfreundlichen, äußerst sanften biegsamen und zart empfindenden Volksstamme."[83] Diese überschwengliche Beschreibung fand zwar nicht in jeder Hinsicht die ungeteilte Zustimmung anderer Besucher, aber die Sprache wurde von den allermeisten als wohlklingend oder sogar poetisch charakterisiert. Der Mecklenburger Christian

Dehn lieferte nach seinem Besuch auf Seeland an der Schwelle der nationalen Konflikte ebenfalls eine positive Beschreibung des Nachbarvolkes. Die Dänen, „einst unersättliche Eroberer, sind auch jetzt noch tapfer, muthig und unerschrocken, besonders zur See, dabei friedliebend, heiter und offen im Umgange, gastfrei und zuvorkommend gegen den Fremden, wenig unternehmend, aber arbeitsam, thätig und ausdauernd, und bei gehörigem Antriebe zu Allem geschickt".[84] Den Seeländern wurde große Liebenswürdigkeit bescheinigt, und alles Gerede über dänisches Mißtrauen und Zurückhaltung gegenüber Fremden wies Dehn als unwahr zurück. Nur Briten und Schweden treffe ein solches Verhalten, was Dehn angesichts der jüngsten Vergangenheit nicht weiter verwunderlich erschien.

Dehn ordnete den Dänen auch eine stereotype Charaktereigenschaft zu: ein kühles Temperament. Es „gestattet ihnen selten enthusiastisch zu werden, sie bewahren vielmehr stets im Gemüthe ein Gleichgewicht, welches der Nation ein charakterisches Gepräge aufdrückt".[85] Eduard Boas stellte einen anderen vermeintlich typischen Zug des dänischen Charakters durch einen Vergleich mit den Schweden heraus: „Wenn ein Schwede lacht, sieht er immer noch ernsthafter aus, als ein Däne, der verdrießlich ist. [...] Jenseits des Sundes geschehen alle Demonstrationen mit finsterm Zorn, diesseits mit schlagendem Witz. Darüben wenden sie Bomben an, hier wirft man lichte Raketen in die cimmerische Nacht. Die Schweden haben viel Preßfreiheit und wenig Humor; die Dänen haben viel Humor und wenig Preßfreiheit. Jene besitzen ein cholerisch-melancholisches, diese ein sanguinisch-phlegmatisches Volkstemperament."[86] Der dänische Humor gehört übrigens auch heutzutage zu den Eigenschaften, die sich die Dänen mit Vorliebe selbst zuschreiben, wenn sie sich von ihren Nachbarn abgrenzen wollen.

Sehr früh registrierten die deutschen Beobachter den nationalen Eifer der Dänen. Es fiel vielen Besuchern auf, daß ihre dänischen Gastgeber in überheblichem Ton über die eigene Nation und deren Errungenschaften sprachen, von der Heimat und den Gebräuchen ihrer deutschen Gäste aber wenig hielten. Die Irritation über derartige Erfahrungen hinterließ Spuren. Dazu kamen die politischen Auseinandersetzungen über Schleswig und die beiden Kriege in der Mitte des Jahrhunderts. Vor allem die Niederlage Dänemarks im Jahre 1864 führte zu einer unverkennbaren Ernüchterung, was die alte deutsche Wertschätzung der Dänen anging. Theodor Fontane etwa war von den großen Fähigkeiten der Dänen bis zu diesem Zeitpunkt zutiefst überzeugt gewesen. Nun änderte er seine Meinung vollständig und wurde sehr kritisch: „Die Inferiorität, die bei den Dänen sich zeigt, ist ihr Mangel an *jeglicher Schulung*. Das Volk ist träge, apatisch, indolent, und die oberen Klassen, denen es in ihren eigenen Angelegenheiten an großer Rührigkeit nicht fehlt, sind viel zu hochmütig und egoistisch (darin den Engländern nah verwandt), als daß sie sich's sollten (anlegen) sein lassen, die Masse des Volks seiner Indolenz zu entreißen."[87] Ein Beispiel für die vermeintliche dänische Indolenz fand Fontane im Auftreten der Armee. In diesem Punkt sah er sich inzwischen durch frühere Berichte deutscher Besucher bestätigt, die nie recht an die Qualitäten der dänischen Soldaten geglaubt hatten. Fontane fand die Soldaten undiszipliniert und langsam, und wie andere Beobachter hob er hervor, daß eine Parade dänischer Truppen mit einer der Preußen nicht zu vergleichen sei.[88] Fontane bemerkte eine Rückständigkeit, die er jedoch nicht als unüberwindlich ansah: „Der geistige Boden ist gut, und wie es mir bei verschiedenen Begegnungen vorgekommen ist, auch empfänglich; aber es hat bisher an den Säemännern gefehlt, die gewillt gewesen wären, das Korn auszustreuen."[89]

Die Beschreibungen von Eigenschaften lassen sich nicht von der politischen Entwicklung in beiden Staaten trennen; sie belegen vielmehr das oft vergessene Faktum, daß Fremdbilder und Stereotypen nicht ewig gültig sind, sondern durchaus Veränderungen erfahren können. Nichtsdestoweniger halten sich manche Bilder hartnäckig über Jahrzehnte oder gar Jahrhunderte hinweg. Dies gilt etwa für die Beobachtung, daß in der dänischen Gesellschaft ein auffällig großes Maß an Freiheit und sozialer Gleichheit, an Harmonie und Toleranz herrscht. Seume, der gewiß selten die gesellschaftlichen Zustände lobte, erschien in Dänemark „alles sehr freundlich und so liberal, als man es irgendwo nur erwarten darf. Auch herrscht hier ohne viel Geld ein Grad von Wohlstand, der dem Zuschauer wohltut". Als Beleg für die außergewöhnliche Milde der Regierung führte er an, daß der Verbrecher, der zwei kostbare goldene Hörner aus der frühen dänischen Geschichte gestohlen und umgeschmolzen hatte, lediglich mit Zuchthaus und nicht mit dem Tod bestraft wurde.[90] Der Absolutismus in Dänemark wurde in dieser Hinsicht bereits im 18. Jahrhundert günstig beurteilt, ihm blieb in der Regel das Schimpfwort Tyrannei erspart. Im Gegenteil, viele Besucher vermittelten das Bild eines harmonischen, fürsorglichen, großmütigen Staates: „Die Regierung ist väterlich milde, der König und seine Familie sind wie selten geliebt. Man erzählt, während der demagogischen Unglückszeiten sei ein deutscher Gelehrter aus Kiel in einem fremden Staate wegen freier Reden angehalten worden. Sein angeborener Fürst bewirkte seine Freilassung und äußerte auf die gegen ihn erhobenen Klagen wegen schwerer Aeußerungen: ‚Mein Gott, er hat gedacht er wäre unter uns.'"[91]

Besonders häufig hervorgehoben wurde das Fehlen von sozialen Schranken, die „völlige Standesgleichheit, worüber der Däne sich glücklich preist".[92] Bei Carl von Essen etwa heißt es: „Ich kenne kein Land in Europa, wo der Landmann geachteter wäre, als hier. Der Sohn des Kanzellenraths wird Müller, der Sohn des Predigers Bauer, und der Sohn des Bauern, wenn er Geschick hat, Bürgermeister, Artzt, Staatsrath. Keine Regierung behandelt diesen Gegenstand weiser, als die dänische, und nirgend denkt Jedermann hierüber aufgeklärter und richtiger als in Dänemark."[93] Auch Professor Hausmann notierte, daß in der Gesellschaft von Kopenhagen keine „ängstliche Separation der Stände" zu beobachten sei.[94]

Die Bauernbefreiung im Jahre 1788 förderte diese Entwicklung und bestätigte zugleich die Idee von einer besonders freien und auf Ausgleich bedachten Gesellschaft, in der sich selbst der Adel durch Weitsicht auszeichnete: „Ich lernte manche treffliche Menschen unter dem dänischen Adel, der im Ganzen wohl zu dem vernünftigsten in Europa gehört, und sich in der Zeit zu schicken weiss, kennen; und habe Grund, von mehreren Gutsbesitzern zu vermuthen, daß sie aus reiner Güte und uneigennützigem Wohlwollen die Freyheit und das Glück ihrer Bauern befördern."[95]

VOM WIENER KONGRESS BIS ZUR SCHLACHT BEI DÜPPEL (1814–1864)

Das deutsche Interesse für Dänemark: Romantische Träume und politische Völkerverbrüderung

In der ersten Hälfte des 19. Jahrhunderts erlebte das deutsche Interesse an Dänemark eine später nie wieder erreichte Intensität. Das Land und seine Bevölkerung gehörten zur geistigen Welt der Deutschen. Die romantische Entdeckung der Vergangenheit ließ ein Szenario entstehen, in dem die germanischen Völker mit ihren jeweils eigenen Qualitäten und Vorzügen eine große Familie bildeten. Mit der Beschwörung einer Verwandtschaft zwischen Germanen und nordischen Völkern verbanden die Vordenker des Germanismus von Anfang an machtpolitische Überlegungen. In Erwartung eines bevorstehenden Kampfes zwischen den großen Volksgruppen – Germanen, Slawen und Romanen – wollten sie rechtzeitig die Weichen für eine germanische Allianz stellen.

Grundlage der deutschen Rezeption dänischer Kultur war das nordische Altertum. Insbesondere Sprachforscher, Literaten und Personen mit engen Verbindungen zum Norden befaßten sich mit dieser Epoche der Frühgeschichte. Sie standen unter dem Einfluß romantischer Ideen, suchten das Ursprüngliche, die Urkräfte des Volkes – Vorstellungen, die eine erhebliche Bedeutung für die entstehende Nationalideologie bekamen. Die Deutschen, auf der Suche nach einer eigenen, tief in der Vergangenheit wurzelnden Identität, orientierten sich beim Aufbau des Bildes von der germanischen Vergangenheit an den Überlieferungen der nordischen Nachbarn. Grabhügel, Grabbeigaben und vor allem schriftliche Überlieferungen von höchster Qualität wie die isländische Saga-Handschriften hüllten den Norden in einen geheimnisvollen Schleier, hinter dem sich eine goldene Zeit germanischer Frühkultur und eine faszinierende Götterwelt erahnen ließen. In den Augen deutscher Forscher repräsentierten die Länder Skandinaviens, die nie von außen erobert worden waren, die germanische Kultur in ihrer reinsten Form. Joseph Görres hob hervor, daß „die noch bestehende nordische Poesie [...] sich selbständiger als eine in der Welt gebildet“ habe. Dies lag nach seiner Ansicht vor allem daran, daß „die deutschen Völkerschaften im Süden, Gothen und die turanischen im Osten eine feste Mauer um den Norden her gezogen [haben], und während die Gallier das Kapitol bestürmten, ist nie eine südliche Macht bis zu Sigtuna vorgedrungen“.[96]

Auf mehreren Gebieten waren die geistigen Beziehungen zunächst von gegenseitiger Inspiration geprägt. Im Jahre 1811 gab Wilhelm Grimm eine Sammlung alter dänischer Volkslieder, Balladen und Märchen heraus,[97] und als sein Bruder wenige Jahre später seine ›Deutsche Sagen‹ drucken ließ, folgte eine Ausgabe dänischer Sagen in Dänemark durch J.M. Thiele.[98] Die Begeisterung der Germanisten über die nordische Ursprünglichkeit war zunächst rein wissenschaftlicher Natur, gewann aber im Zuge der auch die Forscher erfassenden nationalen Begeisterung eine politische Dimension. Mit der zunehmenden nationalen Orientierung der Wissenschaftler lieferten insbesondere Geschichte, Archäologie und Philologie in wachsendem Maße Argumente für den nationalen Kampf. Auch die Völkerkunde wurde von dieser Entwicklung erfaßt.[99] Die Entdeckung der deutsch-nordischen Vergangenheit als eine Art neue „Klassik“ gab der deutschen Nationalbewegung wichtige Impulse. Mit dem Hinweis auf die glorreiche germanische Vergangenheit versuchte man die traditionelle Unterlegenheit gegenüber der romanischen Welt zu kompensieren. Dasselbe geschah in Dänemark. Im Zuge der Verschärfung der nationalen Spannungen wurden die Kontakte zwischen den Forschern beider Länder getrübt, die Sammlung von Sagen, Liedern und anderen Fragmenten der Vergangenheit wurde völlig in den Dienst der nationalen Ideologie gestellt.

Die deutschen Altertumsforscher waren derart begeistert von der Welt des Nordens, daß sie sich niemals fragten, wie weit es überhaupt möglich war, aus dem nordischen Altertum Schlußfolgerungen für die deutsche Vergangenheit zu ziehen. Mindestens ebenso problematisch war, daß sie aus der vermeintlich uralten Ähnlichkeit der germanischen und der nordischen Kultur gemeinsame politische Interessen ableiteten.

Jacob Grimm und das nordische Altertum

Dieses methodologische Problem der deutschen Altertumsforschung findet sich auch bei Jacob Grimm, dem bedeutendsten Forscher auf diesem Gebiet. Er propagierte eine Verlagerung des Forschungsinteresses der Deutschen von Süden nach Norden: „Für den deutschen Forscher ist Skandinavien klassischer Grund und Boden, wie Italien für jeden, der die Spuren der alten Römer verfolgt. Grabhügel und Runensteine ragen aus der Erde, mächtiger zieht noch die Sprache an, die vom Andrang fremder Wissenschaft später als unsere deutsche berührt, in vielen ihrer innersten Verhältnisse unangetasteter geblieben ist. Ein kaum noch begonnenes und noch lange fortzusetzendes Studium des nordischen, sowohl toten als lebendigen Sprachstandes wird uns über Tugenden und Mängel unsers eignen aufklären [...].“[100] Die Arbeit Grimms verschaffte der nordischen Tradition einen wichtigen Platz bei der Begründung der modernen Germanistik. Werke wie ›Deutsche Reichsalterthümer‹, ›Deutsche Grammatik‹ und ›Deutsche Mythologie‹ waren von der romantischen Auffassung durchzogen, „daß die skandinavische Ueberlieferung der Ausdruck eines Volkstum sei, dem die Deutschen in gleicher Weise angehören wie die Skandinavier selbst“.[101]

Gegen diese Sichtweise legten dänische Wissenschaftler Widerspruch ein. Der dänische Sprachwissenschaftler Rasmus Rask setzte sich schon im zweiten und dritten Jahrzehnt des 19. Jahrhunderts für die Anerkennung der nordischen Sprachen als einer selbständigen Sprachfamilie ein und kritisierte die Gleichsetzung von „Deutsch“ und „Germanisch“ in der deutschen Wissenschaft.[102] Ähnlich kritisch beurteilte der Archäologe die deutsche Wissenschaftsentwicklung: „Bald sah man jedoch ein, daß diese schriftlichen Nachrichten an sich allein noch kein klares Bild von der Vorzeit des deutschen Volkes würden geben können, und daß man oftmals genötigt sei, das Mangelnde durch Nachrichten zu ergänzen, welche andre, obzwar verwandte Völker betrafen. In Grimms deutscher Mythologie ist zum Beispiel das skandinavische Element so überwiegend, daß, wenn man dieses wegnimmt, das Meiste der Einkleidung verschwindet und fast nur die Namen der Götter übrig bleiben. Zwar hatten die alten Skandinavier und Deutsche als ein Volk, das von einem und demselben Hauptstamme ausging, verschiedene religiöse Vorstellungen gemein sowie sie überhaupt viele übereinstimmende Gebräuche und Einrichtungen hatten, aber es bleibt doch immer eine mißliche Sache, so unbedingt von dem einen Volk auf das andre zu schließen.“[103]

Hier kommen die Differenzen zum Ausdruck, die zwischen den Altertumsforschern damals bestanden und die ihre Wirkung auf die nationalbewegten Kreise nicht verfehlten. Diese reagierten zu dieser Zeit sehr empfindlich auf die Aussagen der Altertumsforschung. Die Skandinavier – vor allem aber die Dänen – verbaten sich jedwede Art der Vereinnahmung ihrer Überlieferung für großgermanische Ideen. Diese abweisende Reaktion kam für viele Deutsche unerwartet und überraschend. J.K. Kohl stellte fest, daß die Altertumsforscher zu den eifrigsten Deutschenhassern gehörten „wie bei uns eben die Deutschthümler auch die vorzüglichsten Franzosenfresser und Welschenhasser sind“, und einigermaßen verblüfft registrierte er, daß die Skandinavier nicht von einem gemeinsamen Erbe in Gestalt der nordischen Mythologie hören wollten. „Das kräftige Heroenzeitalter [...] wollen nur sie allein durchlebt haben und sie sprechen uns ein solches heidnisches Heroenzeitalter völlig ab. Ja, sie werfen sogar unsern Stammväter einen großen Mangel an Einbildungskraft und Religiosität vor, daß sie nicht im Stande gewesen waren, eine eigne poetische Mythologie zu erzeugen.“[104] „Nordens Aand“ und „Nordens Olden“ und andere nordische Begriffe sollten den Deutschen, wenn es nach den Nordländern ging, nicht gehören.

Solche Berührungsängste wuchsen mit dem sich zuspitzenden Konflikt um Schleswig in den 1840er Jahren. Fanatische dänische Nationalisten forderten lautstark Abgrenzung und Trennung von der deutschen Kultur. Symptomatisch war die Reaktion auf die Bitte Johann Mathias Firmenichs um einen dänischen Beitrag für seinen Sammelband über die deutschen Mundarten in Dichtungen, Sagen, Märchen und Volksliedern. Diese Sammlung hatte sich nach und nach zu einem alle germanischen Länder umfassenden Werk namens ›Germaniens Völkerstimmen‹ entwickelt. Firmenichs Initiative wurde als Ausdruck deutscher Bemühungen gesehen, Dänemark der germanischen Welt einzuverleiben.[105]

Den Streit über das Erbrecht am nordischen Altertum durchzog das Paradoxon, daß die Entdeckung der germanisch-nordischen Frühgeschichte in Deutschland die Vorstellungen von einer Verwandtschaft zwischen Deutschen und Nordeuropäern erzeugte, während sich in Dänemark die Überzeugung festigte, daß der Gegensatz zwischen beiden Völkern unüberbrückbar sei. Jacob Grimm stand immer im Mittelpunkt dieser Entwicklung. Er hatte als einer der ersten den Wert der Altertumsforschung erkannt, aber er stand auch in erster Reihe, als die Wissenschaft politisiert wurde. Seine Korrespondenz mit Freunden und Kollegen in den skandinavischen Ländern dokumentiert die zunehmende Rolle nationalistischer Emotionen und den – in einigen Fällen – daraus folgenden Abbruch der Beziehungen.

Nach Auffassung Grimms waren wissenschaftliche Untersuchungen zugleich politische Handlungen, und je mehr der Streit sich verschärfte, desto schwieriger wurde es, Politik und Wissenschaft voneinander zu trennen. Aller Begeisterung für die Kultur des Nordens zum Trotz wollte Grimm das Nordische nicht als Ideal oder Vorbild hinstellen. Die Skandinavier waren seiner Meinung nach im Vergleich mit der mächtigen deutschen Kultur eher unterentwickelt: „Nähe und Verwandtschaft erklären es, warum Deutschland vielfach auf Skandinavien einwirkte, und nach dem Wechsel der Zeiten hat die dortige Eigentümlichkeit sich davon angezogen oder beleidigt gefunden [...] Unter den nordischen Völkern sind Wissenschaft und Kunst nicht anders als auf deutschen Fuß gefördert [worden], und wenn unsere Einwirkung dort größer scheint, als die französische bei uns, ist das naturgemäß."[106]

Der Streit zwischen Jacob Grimm und seinen nordischen Kollegen kulminierte während der nationalen Auseinandersetzungen um Schleswig.[107] Daß hervorragende Kulturpersönlichkeiten auf beiden Seiten offen als Befürworter eines kompromißlosen nationalen Kurses hervortraten, vertiefte den Bruch noch weiter. Der nationale Eifer vergrößerte die gegenseitigen Fremdbilder und ließ undifferenzierte Vorstellungen über den Gegner das Terrain erobern. Bis zu dieser Zeit waren deutsche Kontakte zu Dänemark durch mehr oder weniger zufällige persönliche, dynastische oder wissenschaftliche Beziehungen geprägt gewesen. Erst mit dem Aufkommen der Nationalbewegung rückte Dänemark stärker ins Blickfeld der Deutschen, auch in Staaten und Städten, in denen man früher kein Interesse für den Norden gezeigt hatte. Diese Entwicklung läßt sich in der Phase des frühen Nationalismus gut beobachten.

Zuerst bildeten sich einzelne Zentren, in denen das Interesse für Schleswig besonders stark war. Die Entstehung solcher Zentren ging zunächst auf die persönlichen Bemühungen einzelner Persönlichkeiten zurück. Viele von ihnen hatten ihre Wurzeln in den Herzogtümern. Nach Verlassen der Heimat suchten sie ihre politischen Ideen über die schleswigsche Frage in ihren neuen Wohnorten bekannt zu machen. Ein hervorragendes Beispiel solcher Aktivitäten war im fernen Baden zu finden. Die Universität Heidelberg entwickelte sich zum Mittelpunkt der schleswig-holsteinischen Propaganda. Von Heidelberg aus wurden Pamphlete, Adressen und Zeitungsartikel verbreitet, die den Forderungen der Norddeutschen Nachdruck verleihen sollten. Bald setzten sich auch Personen aus anderen Gegenden Deutschlands für die Deutschen in den Herzogtümern ein. Unter den Fürsprechern in Baden befanden sich zum Beispiel Georg Gottfried Gervinus[108] und der Heidelberger Historiker Ludwig Häußer. Häußers populärwissenschaftliche Darstellung über die schleswigsche Frage aus dem Jahre 1846 war ein unübersehbares Zeichen dafür, daß die nationalistische Propaganda inzwischen auf höchsten Touren lief und eine kompromißlose und haßerfüllte Haltung predigte.[109]

Im Laufe der 1840er Jahre verschrieb sich die deutsche Wissenschaft der nationalen Sache. Historiker und Germanisten engagierten sich in vorderster Front, und gerade unter den Historikern gab es viele Schleswig-Holsteiner. Eine Reihe der prominentesten Repräsentanten der Geschichtsforschung – besonders Droysen, Dahlmann und Waitz – sorgten für die Verbreitung des Standpunktes der Schleswig-Holsteiner. Auf dem ersten Germanistentag in Frankfurt am Main im September 1846 erreichte diese Verschmelzung von Wissenschaft und Politik ihren vorläufigen Höhepunkt. Die Teilnehmer nahmen offen Stellung zur Lage im dänischen Gesamtstaat und scheuten sich nicht zu behaupten, daß ihre Versammlung den politischen Willen des ganzen deutschen Volkes zum Ausdruck bringe.

Dies wurde schon bei der Eröffnung am 24. 9. 1846 deutlich. Jacob Grimm, im alten Kaisersaal des Frankfurter Römer zum Vorsitzenden gewählt, hielt eine programmatische Rede, in der er fragte „Was ist ein Volk?“ und antwortete „Ein Volk ist der Inbegriff von Menschen, welche dieselbe Sprache reden“.[110] Alle folgenden Redner nahmen Stellung zur schleswigschen Frage, politische Äußerungen, mit denen sich der Kongreß haarscharf auf der Grenze zu dem bewegte, was im Vormärz so eben noch erlaubt war. W. H. Beseler, einer der Hintermänner des Sprachenkampfes in den Herzogtümern, Welcker und der Schleswiger Professor Michelsen aus Jena ergriffen das Wort. Meistens wurden bekannte Standpunkte wiederholt, und man versuchte den deutschen Anspruch auf Schleswig mit Hinweis auf die ältesten auffindbaren Dokumente zu begründen. Handschriften und königliche Erklärungen wurden als endgültige und unantastbare Beweise einer rechtlichen Kontinuität gewertet, ohne daß man danach fragte, ob sie für die Gegenwart tatsächlich von Relevanz waren.

Unter den Themen, die in Frankfurt erörtert wurden, war auch eines, das die Dänen in besonders große Aufregung versetzte. Es war die umstrittene Behauptung Jacob Grimms, daß nicht nur Schleswig, sondern die ganze Cimbrische Halbinsel ursprünglich deutsch gewesen sei.[111] Als Angeln und Sachsen, so Grimm, im fünften Jahrhundert nach England auswanderten, seien die Dänen in dieses Gebiet eingedrungen und hätten sich immer weiter nach Süden ausgebreitet. Grimm meinte nachweisen zu können, daß „tief in Jütland die Volkssprache germanisch war und später dänisch geworden ist“.[112] Mit Nachdruck wiederholte Jacob Grimm diese These während des Krieges von 1848. Im April jenes Jahres schrieb er in der ›Vossischen

Zeitung‹: „Schleswig sei kein ursprünglich dänisches Land, in dem die Deutsche Gäste sind [...] sondern ein ursprünglich deutsches, in welches umgekehrt die Dänen sich eingedrängt haben."[113] Der Chronikschreiber Beda lieferte Grimm den entscheidenden Beweis, da er Sachsen, Angeln und Jüten in einem Atemzug nannte. Daraus folgerte Grimm, daß auch die Jüten Germanen sein müßten, denn, so der Germanist: „Es läßt sich gar nicht denken, daß die Germanen unter sich fremde Völker geduldet hätten."[114]

Auch in der Frankfurter Paulskirche bediente sich Jacob Grimm in der Debatte am 9. 6. 1848 dieser Argumentation. Die Jüten hätten sich bereits früh der dänischen Invasion unterworfen, die Schleswiger dagegen wehrten sich jetzt gegen ein ähnliches Schicksal. Allein dieser gerechte Widerstand rechtfertigte seiner Meinung die Forderung nach einer Einverleibung des Herzogtums durch Deutschland. Offenbar war sich Grimm wenigstens der Tatsache bewußt, daß die Argumentation der deutschen Nationalbewegung dennoch nicht unproblematisch sei. So griff er zu einem grundsätzlichen Argument, das keine Deutungen mehr zuließ. In Gervinus' ›Deutscher Zeitung‹ schrieb er: „Wir wissen sehr wohl, daß wir juristisch, staatsrechtlich kein Recht auf Schleswig in diesem Sinne geltend machen können. Aber es gibt im Laufe der Geschichte noch ein höhres Recht als das juristisch staatsrechtliche [...] ein Recht, das sich [...] früher oder später eine Geltung verschafft durch seine eigene innere treibende und drängende Kraft; ein Recht das eine *Notwendigkeit* ist. Das ist das Recht [...] der natürlichen, angeborenen Zusammengehörigkeit nach Völkern und Stammen."[115]

Ludwig Häußer hatte schon im Jahre 1846 die These Grimms vom deutschen Ursprung Jütlands in sein Buch über die schleswigsche Frage eingearbeitet. Wieder und wieder sprach er vom deutschen Charakter Holsteins, Schleswigs und Jütlands, ohne dafür einen einzigen Beweis vorzulegen.[116] Häußer läßt sich in der Behandlung der schleswigschen Frage leicht der Kategorie deutscher Nationalisten zuordnen, die sich in starken Minderwertigkeitskomplexen gegenüber den Großmächten äußerten. Die dänische Politik verglich er mit der von Ludwig XIV. und fragte: „Sollen wir abermals über ein Blatt in unsrer Geschichte erröthen, abermals die Theilung Polens an dem eigenen Boden und Volke erleben müssen? [...] Sollten wir ein Land verlieren, das unsre Meere schützt, dessen Häfen unsre Schiffe decken, dessen Bewohner – ein geborenes Seevolk – dereinst unsre deutsche Flotte bemannen können? [...] Wäre die Sache auch *rechtlich* nicht so klar, wie sie es in Wahrheit ist, schon die *Politik der Selbst-*

erhaltung müßte uns zwingen, mit aller Kraft diesem Angriff auf das ganze deutsche Vaterland entgegenzutreten."[117] Häußer sprach zugleich von „deutschen Rechten, deutschen Ehren, deutschen Interessen", die gegen „eines der kleinsten Reiche in Europa" durchgesetzt werden müßten,[118] und mit dem Hinweis, daß die Dänen keine Mittel scheuten, die Deutschen ihrer Sprache, ihrer Rechte und ihrer Selbständigkeit zu berauben, verband er die furchterregende Prophezeiung: „Gelänge es dem Dänenthum auch nur ein Dorf dänisch zu machen, so wäre das Los über Deutschland geworfen; man könnte unser Volk in die Todtenliste europäischer Nationen eintragen."[119]

Wenn Grimm, Häußer und viele andere das Vordringen der Dänen zur Bedrohung eines deutschen Stammes hochstilisierten, formulierten sie zugleich eine Haltung, die unter umgekehrten Vorzeichen bei den Dänen allgemeine Zustimmung fand. Die Nationalbewegungen entdeckten in der vermeintlichen Bedrohung ein Instrument der Mobilisierung. In Deutschland übernahm der politische Germanismus die Initiative. Es ist keineswegs überraschend, daß sich gerade die Sprachforscher der ideologischen Barrikaden bedienten, speiste sich doch der nationale Konflikt aus einem Sprachkampf. Auf der anderen Seite hätten aber die übergeordneten Ziele der deutschen Germanisten – vor allem die Vision einer großgermanischen Föderation – größere Kompromißbereitschaft hervorbringen müssen. Dies war aber nicht der Fall, obwohl die wenigsten so radikale Forderungen wie Jacob Grimm erhoben, der anders als Dahlmann und andere nicht nur ganz Schleswig unter die Flügel des deutschen Adlers bringen wollte, sondern ganz Jütland als altes deutsches Land beanspruchte.

Der Admiralstaat: Allianzträume und machtpolitische Ambitionen

In den 1840er Jahren gewann die dänische Flotte für die deutsche Politik zunehmend an Bedeutung. Vor allem der Flotte wegen wollten deutsche Nationalisten Dänemark gern als Teil eines großgermanischen Bundes sehen, in dem Dänemark die Rolle eines „Admiralstaates" spielen sollte. Im Jahre 1841 publizierte Friedrich List ›Das nationale System der politischen Oekonomie‹, in dem er sowohl Dänemark als auch den Niederlanden eine Rolle innerhalb eines künftigen germanischen Bundes zudachte. Der maritime Charakter der beiden Staaten, ihre Flottenmacht und ihre Kolonien machten sie als Bündnispartner attraktiv. List meinte, daß sich beide Staaten im Widerspruch zu ihren natürlichen Voraussetzungen als selbständige Nationen zu behaupten versuchten. Er war fest davon überzeugt, daß sie bald die Vorteile einer engen Verbindung mit der germanischen Nation, der sie ja im Grunde selbst angehörten, erkennen würden.[120]

Diesen Bemerkungen Friedrich Lists folgte im September desselben Jahres ein Artikel der ›Augsburger Allgemeinen Zeitung‹, in dem die Notwendigkeit eines deutschen Seehandels im Rahmen eines Zollvereins und das Bedürfnis nach einer schlagkräftigen Flotte zum Schutz des Handels herausgestellt wurde. Wieder einmal rückte die dänische Monarchie in den Blickpunkt. Jener Staat, den die Kosten für den Wiederaufbau der Flotte ökonomisch auf das äußerste strapazierten, könnte zu seinem eigenen Vorteil einen Platz in der politischen und wirtschaftlichen Entwicklung der deutschen Staaten finden. Es war hier sogar die Rede von einer dänischen „Pseudounabhängigkeit", die die Monarchie gegen die Großmächte nicht würde verteidigen können.[121] Im folgenden Frühling tauchte das Thema auch in der ›Deutschen Vierteljahrschrift‹ auf. Der Verfasser beschäftigte sich insbesondere mit der Möglichkeit einer deutsch-dänischen Allianz.[122] Nach seiner Einschätzung war diese Frage durch das zunehmende Werben der Skandinavisten in Dänemark sehr aktuell. Ein möglicher Zusammenschluß der Nordländer widersprach nach seiner Überzeugung nicht nur den Optionen eines zukünftigen deutschen Machtstaates. Auch Dänemark würde keine Vorteile davon haben. Der Autor vertrat eine Art „Magnettheorie", nach der ein schwacher dänischer Staat früher oder später unter den Einfluß Deutschlands geraten mußte. Es sei fast undenkbar, „daß ein Land wie Dänemark der Attraktionskraft von einem Staatenbunde widerstehen sollte, der allmählig über 40 Millionen Menschen homogener Volksstämme umfassen wird".[123]

Der Artikel enthielt einige Überlegungen, die schon wenige Jahre später Realität werden sollten. So prophezeite der Verfasser mit Recht, daß eine zukünftige deutsche Großmacht die Bedingungen der Existenz Dänemarks wesentlich bestimmen und das Land in eine Lage bringen würde, in der nur wenige Freiheiten für eine eigenständige (Außen-)Politik übrigbleiben würden.[124] Solche Gedanken fanden bei den dänischen Liberalen natürlich keine Zustimmung. Der Artikel provozierte sofort heftige Angriffe, in denen die Skandinavisten die Zugehörigkeit Dänemarks zum Norden ebenso nachdrücklich betonten wie den Gegensatz zu Deutschland.[125] Die Pläne für Dänemark als „Admiralstaat" eines germanischen Großreichs förderten die deutsch-dänische Verständigung nicht. Sie wurden vielmehr bald zu einer wichtigen Waffe im Kampf der dänischen Nationalisten gegen die Aufrechterhaltung einer engen Verbindung mit Deutschland.

In Deutschland dagegen war die Vorstellung eines dänischen Admiralstaates nach wie vor von Bedeutung. Die Allianzträume waren eng mit der Idee von einer Stammesverwandtschaft und einer gemeinsamen germanischen Vergangenheit verknüpft, aber sie nährten sich auch aus dem Bedürfnis, Verbündete zu finden für den befürchteten Kampf mit den rivalisierenden Großmächten. Sowohl in Skandinavien als auch in Deutschland beschäftigten sich viele Publizisten mit den Machtkonstellationen der internationalen Politik, und auf beiden Seiten war man sich im klaren darüber, daß man weder einer „Macht" angehörte noch selbst „Macht" besaß. Die Propagandisten einer deutsch-skandinavischen Interessengemeinschaft setzten vor allem auf den Haß gegen das reaktionäre Rußland, dessen Politik in Deutschland wie in Skandinavien als ständige Bedrohung wahrgenommen wurde. Die Aversionen gegen das Zarenreich teilten die Liberalen in ganz Europa. Ernst Moritz Arndt etwa, ein früher Anhänger eines deutsch-nordischen Zusammenschlusses, bewunderte Skandinavien und nährte zugleich einen fanatischen Haß gegen Frankreich und Rußland. In seinem ›Versuch einer vergleichenden Völkergeschichte‹ aus dem Jahre 1843 träumte er von einem deutschen Machtstaat, der – mit Skandinavien verbündet – einen Expansionskrieg im Osten beginnen könnte. Die Russen sah er von einem mächtigen Heer bereits zum Rückzug gezwungen:

„Rusland ist uns und den Skandinaven zu nah gerückt. Es hat die natürlichste Neigung immer weiter in den Westen hinein. Aber wenn Deutschland und der skandinavische Norden einig sind, kann es ohne Gefahr keinen Schritt vorwärts tun, sondern muß sogar zittern, daß es uns einfallen könnte, es einige hundert Meilen gegen Osten hin in seine alten Grenzen wieder zurück zu werfen. Wir müssen alsdann unsere skandinavischen Bundesgenossen gegen die Moskowiter aufbieten: eine Flotte von 50 bis 60 großen und 300 bis 400 kleinen Kriegsschiffen und nordische und deutsche Matrosen und ein nordisches Heer von 100000 Mann in Finnland und Livland und wir mit unsern Preußen in Kurland und Litauen – was hätten wir da zu sagen? Gen Norden, gen unsern Norden also müssen wir schauen. Die verständigen und edleren Dänen und Schweden schauen auf uns. Sie [sind] durch alle natürlichsten Vorteile und Bande, durch Lage, Bildung, Verwandtschaft, Religion, durch den gemeinsamen Feind, der unser beider Grenzen belauert und den Germanen die ganze Ostsee entreißen möchte, unsere geborenen Bundesgenossen."[126]

Immer wieder wurde der militärische Wert der Seemacht des Nordens in die Waagschale geworfen, wenn es darum ging, die Attraktivität eines solchen Bündnisses zu begründen. Auch der skandinavienbegeisterte Dichter Theodor Mügge dachte in solchen Bahnen: „Wir haben keine Flotte, allein die nordischen Staaten besitzen große Kriegsschiffe in Menge, die ihnen jetzt sehr unnütz und eine kostspielige Last sind, im Fall eines Krieges mit Rußland aber, vereint, wohl im Stande wären die russischen Kriegsflotten zu schlagen und zu vernichten. Dänemark und Schweden können zwanzig Linienschiffe, ebenso viele schwere Fregatten, eine große Zahl leichter Kriegsschiffe und eine Ruderflotille aufstellen, die mit der norwegischen vereint achthundert Bomben und Kanonenschaluppen zählt. Die nordischen Staaten vermögen dazu leicht hunderttausend Seeleute aufzubringen; ihre Kriegsflotten sind mit 50000 Matrosen bemannt."[127]

Die deutschen Nationalisten sahen keinen Widerspruch in der kompromißlosen Verfolgung nationaler Ziele in Schleswig auf der einen und den Träumen von einer Allianz mit den Verwandten auf der anderen Seite. Auch Jacob Grimm war in diesem Dilemma von germanischer Verbrüderung und deutschem Nationalismus gefangen. Noch unter dem Eindruck des eskalierenden Konfliktes versuchte er einen alten Freund in Dänemark von der Notwendigkeit eines großgermanischen Bundes zu überzeugen: „In den großen und kleinen Inseln soll Skandinavien walten und blühen. Schließt es sich brüderlich an Deutschland und ziehen wir die Niederlande, vielleicht später die russischen Ostseeprovinzen in den Bund, so werden wir Slawen und Romanen trotzen. Schelten Sie das Träume, die Sie lieber unerfüllt sehen, so hat ja oft das sterbliche Geschlecht nicht gewußt, was zu seinen Besten gereicht. Skandinavien könnte dann eine würdigere Rolle spielen als im vorigen Jahrhundert und in der ersten Hälfte unseres."[128]

Jacob Grimm und seine Gesinnungsgenossen verstanden nicht oder wollten nicht verstehen, daß die skandinavischen Länder kein Interesse daran haben konnten, mit einem Großdeutschland verschmolzen zu werden. Auch begriffen sie den Charakter der nationalen Bewegung bei den nordischen Nachbarn nicht und vor allem nicht, daß es sich in Dänemark um eine Bewegung handelte, die sich fast zwangsläufig gerade gegen deutschen Einfluß und deutsche Dominanz konstituierte. Selbst zahlreiche Persönlichkeiten, die durch familiäre oder persönliche Bindungen besonders enge Kontakte zu Dänemark pflegten, waren unfähig, die Tiefe der nationalen Gegensätze zu erkennen. Sie hielten an der Überzeugung fest, daß sich die dänischen und deutschen Interessen letzten Endes deckten, und waren sicher, daß die engen Bande zwischen beiden Nationen nicht zerreißen könnten. Der preußische Generalfeldmarschall Graf Helmuth von Moltke, dessen Vater ein hoher Offizier in der dänischen Armee war, schrieb im Jahre 1848 an seinen Bruder Adolf: „Ob der Prinz von Hessen oder der Prinz von Augustenburg den dänischen Thron besteigt, ist die untergeordnete Frage, wo es sich um die Fortdauer der dänischen Monarchie handelt. Dabei kann ich mich von der Überzeugung nicht trennen, daß ein inniger Anschluß an Deutschland die wahre Politik Dänemarks sein würde", und im Jahre 1864 hieß es: „Möchten doch auch in Dänemark die konservativen Elemente sich gegen den Druck der herrschenden Demokratie emanzipieren. Ein Dänemark, das nicht auf Kosten Deutschlands existieren will, wäre sofort der natürlichste Verbündete Deutschlands. Ich glaube gewiß, daß die selbständige Nationalität Dänemarks Schweden weit gefährlicher ist als Deutschland."[129]

Auch Marcus Niebuhr, der Sohn von Barthold Georg Niebuhr und Enkel Carsten Niebuhrs, fühlte sich den alten Bindungen verpflichtet. Er beschwor während des ersten schleswigschen Krieges in ›Die deutsche Seemacht und ein deutsch-skandinavischer Bund‹[130] ebenfalls eine deutsch-nordische Allianz. Dem guten Willen zum Trotz konnte Niebuhrs Vision einer vereinten deutsch-nordischen Flotte – es wäre die zweitgrößte der ganzen Welt gewesen – die Dänen nicht gewinnen. Ebenso erfolglos blieb Niebuhrs Rede von einer Germania, in der er den Deutschen in der Schweiz, in Elsaß-Lothringen, in Belgien und den Niederlanden einen Platz reservierte, aber zugleich betonte: „Die Verbindung mit Skandinavien muß der erste Schritt sein und ist, militärisch betrachtet, die wichtigste. Die anderen deutschen Länder zu gewinnen ist nur eine ferne Hoffnung, eine Verbindung mit Skandinavien liegt nahe." Die Dänen befanden sich aber zu dieser Zeit längst in einem Prozeß, der eine solche Eingliederung undenkbar erscheinen ließ.

Einer der hervorragendsten Kenner beider Nationen war der Historiker und Schleswig-Holsteiner F. C. Dahlmann,[131] zwischen 1812 und 1829 Professor an der Universität in Kiel und zugleich eine Schlüsselfigur der holsteinischen Politik. Mit der Behauptung eines „historischen Rechts" hatte er die Einverleibung Schleswigs gefordert und mit seiner Entdeckung des aus dem Jahre 1460 stammenden Satzes „dat se bliven ewich tosamende ungedeelt" einen wichtigen Beitrag zur Popularisierung des politischen Programmes der Schleswig-Holsteiner geleistet. Dahlmann kannte und betonte die Unterschiede zwischen Deutschen und Dänen, befürwortete aber gleichzeitig eine enge

Zusammenarbeit. Er repräsentierte in seiner Stellungnahme ohne Zweifel die Überzeugung vieler deutscher liberaler Wissenschaftler.

Dahlmann vertrat in seiner Rede auf dem Frankfurter Germanistentag 1846 die Auffassung, daß Dänemark außerhalb Deutschlands einzuordnen sei, daß es Teil einer germanischen Sonderentwicklung in Nordeuropa sei. Das dänische Volk sollte sich auf seine nordischen Wurzeln besinnen und sein Interesse an deutschen Gebieten aufgeben: „Was Dänemark angeht, so glaube ich, es wird, wenn geschieht was recht ist und was wir wünschen und erstreben, weit entfernt, Nachtheile davon zu haben, vielmehr wesentlichen Nutzen davon ziehen; es wird selbstbewußter und seines wahren Zieles sicherer werden. Nicht ohne Grund ist in dem altnordischen Königspalast der einfache Königsstuhl so gestellt, daß die nordischen Könige beständig geradeaus nach Norden blickten; der Blick des Sohns des Nordens soll zunächst nordwärts gerichtet sein."[132]

Diese Rückbesinnung auf den alten Norden würde den Weg zum eigentlichen Ziel frei machen: die Errichtung eines großen Bundes, wie es der Bestimmung der Germanen entsprach. Im Rahmen eines solchen Bundes sollte Deutschland die skandinavischen Völker gegen den expansiven Feind im Osten schützen, während die Flotte der Skandinavier den Deutschen Hilfe gegen die Handelsdespotie der Briten leisten sollte. Dahlmann unterstrich den gegenseitigen Charakter des Bundes, von deutscher Hegemonie war nicht die Rede. Gleichzeitig aber blieb er in der schleswigschen Frage unnachgiebig. Der Streit sollte nach deutschen Vorstellungen gelöst werden. Dies hielt Dahlmann insofern für unproblematisch, als nach seiner Auffassung die Einverleibung der Herzogtümer durch Deutschland nicht nur den Deutschen, „sondern auch den Dänen und dem gesammten Scandinavien" den größten Nutzen bringen würde.[133]

Dahlmanns Vorschlag, daß die Dänen sich auf ihre nordische Zugehörigkeit besinnen sollten, ließ sich schmerzlos mit dem Programm der dänischen Skandinavisten vereinbaren. Es bot jedoch keine wirkliche Lösung für die schleswigsche Frage, solange keine Einigkeit darüber bestand, wo die Grenze zwischen deutschen und dänischen Germanen verlaufen sollte. Die deutschen Nationalisten waren fest davon überzeugt, daß sie sich in der schleswigschen Frage durchsetzen und dann doch einen gemeinsamen Bund mit den Skandinaviern errichten könnten. Die Idee von einer Verwandtschaft zwischen Germanen und Skandinaviern hatte keinerlei Auswirkung auf die Haltung im aktuellen Konflikt. Man sah sich im Recht und wollte nicht nachgeben. Diese Haltung zerstörte aber jede Grundlage für das angestrebte

Bündnis. Die dänischen Nationalisten waren kein bißchen kompromißbereiter als die deutschen, mit dogmatischer Unbeirrbarkeit hielten sie an der Eidergrenze fest. Die Dänen hatten aber einen Vorteil, der ihre politischen Überzeugungen zielgerichteter und einseitiger machte. Sie wiesen die Ideen von einer großgermanischen Gemeinschaft strikt zurück und waren damit nicht im Dilemma zwischen augenblicklichen Forderungen und Zukunftsvisionen gefangen.

In Deutschland wollte man die Abgrenzung der Dänen nicht verstehen. Immer wieder wurden die Zeichen unmittelbarer Verwandtschaft und die gemeinsamen Interessen hochstilisiert, gegenläufige Faktoren in der Regel ausgeblendet. Die fehlende Sensibilität für die Widersprüchlichkeit der eigenen Positionen kam besonders dann zum Ausdruck, wenn dieselben Personen, die einen Bund oder sogar den engen Anschluß Dänemarks als Admiralstaat an Deutschland vorschlugen, gleichzeitig darauf beharrten, daß ganz Schleswig deutsch sei. Der Admiralstaatsgedanke blieb ein unerfüllter Wunschtraum der Deutschen. Seine Befürworter mußten mit Verbitterung konstatieren, daß die dänische Flotte im Krieg von 1848/49 die deutschen Landkriegserfolge zunichte machte und darüber hinaus mit einer erfolgreichen Blockade der deutschen Häfen der norddeutschen Wirtschaft empfindliche Verluste zufügen konnte.[134]

Die dänische Nationalideologie und der Skandinavismus

Nach Überzeugung Jacob Grimms verlief die europäische Entwicklung in Richtung auf eine Verbindung der großen Völkerstämme in Blöcken: „Vielleicht, bevor einige Menschenalter vergangen sind, werden sich nur drei europäische Völker die Herrschaft teilen: Romanen, Germanen, Slawen.“[135] Auf dem Weg dorthin sei mit verschiedenen Zwischenstadien zu rechnen, etwa mit der Bildung von Sammlungsbewegungen der Deutschen und der Skandinavier. Auch unter den Skandinavisten gab es Stimmen, die ein späteres Aufgehen in einem großgermanischen Bund befürworteten. In Dänemark aber stieß diese Ansicht auf fast einhellige Ablehnung. „Das ist, als ob die Nation hingeht und an Scheidung und neue Heirat denkt“, hieß es in einem Artikel über die nationale Bewegung in Dänemark.[136] Der Verfasser gab so dem Wunsch der Skandinavisten Ausdruck, die Verbindungen mit Deutschland endgültig abzubrechen und ein Bündnis mit den nördlichen Nachbarn anzubahnen. Das Aufkommen einer dänischen Nationalideologie ist in diesem Spannungsfeld zwischen Abgrenzung zu Deutschland und der Annäherung an Skandinavien zu sehen.

In der Entstehungsphase der dänischen Nationalideologie in den 1830er und 1840er Jahren war die politische Konstellation mit der Situation in vielen deutschen Staaten vergleichbar. Wie in Deutschland die Idee eines geeinten Deutschland hatte der dänische Skandinavismus seine stärksten Anhänger innerhalb der Wissenschaft und der liberalen Opposition. Die Widersacher der Bewegung waren unter den Befürwortern des alten Systems zu finden. Ihr Patriotismus und ihre in der Tradition wurzelnde Loyalität gegenüber dem Fürsten standen im Gegensatz zu den nationalen Ideen. Sie traten für die Aufrechterhaltung des dänischen Mehrvölkerstaates, die Interessen der Dynastie und eine Außenpolitik ein, die der überkommenen dänischen Staatsraison entsprach. Die Konservativen sahen die Idee der Nationalisten von einem geschlossenem dänischen Nationalstaat, den „Eiderstaat“, als völlig unvereinbar mit der Integrität des Staates und seiner dynastischen Tradition an. Aus ihrer Perspektive war der multiethnische Charakter des Staates völlig unproblematisch, da ja der Staat seit Jahrhunderten durch die Person des Königs zusammengehalten wurde. Der König war gleichermaßen König der Dänen, der Holsteiner und der Isländer wie zuvor auch der Norweger. Aufgrund dieser langen historischen Tradition mahnten die Vertreter der Gesamtstaatspolitik zur Vorsicht im Umgang mit dem Skandinavismus. So sprach sich der führende dänische Jurist, Anders Sandøe Ørsted, mit Hinweis auf die historischen Gegensätze gegen eine Union mit Schweden aus.[137] Die Repräsentanten der alten Ordnung – in Dänemark wie auch in den deutschen Klein- und Mittelstaaten – waren aber, trotz der Logik und Vernunft mancher ihrer Argumente, einer Gedankenwelt verhaftet, die den Realitäten nicht mehr entsprach. Sie fanden keine Mittel, die der multinationalen und weltbürgerlichen Tradition hätten neue Vitalität verleihen können, und standen der Lawine nationalistischer Abgrenzungsforderungen hilflos gegenüber. Ihre Ohnmacht wurde dadurch noch verstärkt, daß sie unfähig waren, auf das Verlangen nach demokratischen Reformen angemessen zu reagieren.

Dagegen profitierte der Nationalismus von der Verbindung seiner wichtigsten Vertreter mit den fortschrittlichen politischen Kräften. Seine Repräsentanten gehörten liberalen Kreisen an, die durchgreifende politische und gesellschaftliche Reformen auf ihre Fahnen schrieben. Seit Anfang der 1840er Jahre knüpften sie dieses politische Programm mit der Forderung nach einem Nationalstaat, und wie es auch in anderen Staaten Europas zu beobachten war, entfaltete gerade diese Forderung eine unwiderstehliche Attraktivität.

Weder die konservativen Kreise, die an den Staatsprinzipien des aufgeklärten Absolutismus festhielten, noch die Opposition, die sich hinter der Fahne des Nationalismus und des Skandinavismus formierte, wollten eine Verbrüderung mit den germanischen Stämmen Deutschlands. Die Anhänger des Gesamtstaates hatten jedoch keinerlei Absicht oder Interesse, eine weitere Annäherung der unterschiedlichen Kulturen zu bremsen oder gar zu unterbinden. Dagegen legten es die Skandinavisten bewußt darauf an, Distanz zur deutschen Kultur herzustellen und eine Unterbrechung der Beziehungen zu fordern. Ihre bedeutendste Zeitung begann zwischen „Ausland" und „Schweden–Norwegen" zu unterscheiden. Vertreter des Skandinavismus versuchten, wenn auch vergeblich, Altnordisch statt Latein in der Schule einzuführen und Schwedisch auf Kosten des Deutschen aufzuwerten. In der Lateinfrage übernahmen die dänischen Nationalisten die germanische Antithesis zur romanischen Welt, aber nicht um das Germanische, sondern das Nordische zu stärken. Besonders die dänischen Vertreter des Skandinavismus waren beflissen, die alten Feindschaften und Gegensätze zu den Deutschen wieder neu zu beleben. Es waren nach ihrer Auffassung die deutschen Untertanen der dänischen Majestät, die die Bildung eines Nationalstaates unmöglich machten. Ihre Bemühungen, diesen Standpunkt populär zu machen, waren ebenso erfolgreich wie ihr Bestreben, das Bild vom Erbfeind Deutschland öffentlich zu verbreiten.

Zugleich gelang es ihnen, den alten Mehrvölkerstaat mit seinen komplizierten internationalen Bindungen im Vergleich mit dem Ideal eines Nationalstaates, in dem jede Nation ungestört ihre Eigenart pflegen könnte, als rückständig darzustellen. Im schwarzweißen Bild der Nationalisten gab es nur Raum für eine Wahrheit und nach und nach auch nur für eine Nation. Zunächst schreckten noch viele Anhänger eines rein dänischen Dänemarks vor den Folgen eines radikalen Bruchs mit der Vergangenheit eines weitausgehenden Territorialstaates zurück. Noch herrschte eine beträchtliche Furcht davor, daß das Land auf einen kleinen, unbedeutenden Kleinstaat reduziert werden könnte. Einen Ausweg sahen die Skandinavisten in einem Zusammenschluß der nordischen Länder. Sie boten nicht nur Ersatz für die zwei deutschen Herzogtümer, Holstein und Lauenburg, auf die man zu verzichten bereit war, sondern auch ein homogenes und größeres Vaterland. Diese Vision war nicht zuletzt von großer psychologischer Bedeutung und erklärt zum Teil, warum es den Skandinavisten so leicht fiel, die Aussonderungspolitik zu betreiben.

Ihre erste große Blütezeit erlebten die skandinavischen Ideen zu Beginn des 19. Jahrhunderts. Damals verschafften sie sich vor allem in Literatenkreisen Geltung. Die Betonung des „Nordischen" als Gemeinsamkeit der skandinavischen Völker zeigte große Ähnlichkeit mit den Ideen der großen europäischen Einigungsbewegungen des italienischen Risorgimento und der deutschen Nationalbewegung. Die Entdeckung kultureller Gemeinsamkeiten fiel nicht schwerer als in Italien und kaum schwerer als in Deutschland. Belletristik und wissenschaftliche Literatur der skandinavischen Nachbarn konnten ohne sprachliche Probleme gelesen werden, dazu kam die Entdeckung des nordischen Altertums. Wie die Deutschen so sahen auch die Skandinaven ihre gemeinsame Zukunft aus dem Nebel der Vergangenheit wiederauferstehen.

Dänen und Schweden waren im politischen Skandinavismus besonders aktiv, sie versprachen sich davon die größten Vorteile. Wie in Deutschland waren es die Studenten, die die Initiative ergriffen. Trotz ihres angeblich kühlen Temperaments ließen sie sich vom revolutionären Pathos, der Vision der Einheit, der Beschwörung der nordischen Vergangenheit und der glorreichen Zukunft des Nordens mitreißen. Allen Ähnlichkeiten zum Trotz waren aber vorhandene Gegensätze schwer zu überbrücken. Der Skandinavismus entwickelte sich nicht zu einer politischen Massenbewegung, blieb letztendlich ein elitäres Phänomen, das die einzelnen Nationalismen nie zu verdrängen oder zu absorbieren vermochte. Es zeigte sich schon bald, daß weniger überkommene Ressentiments als vielmehr die unterschiedlichen politischen Ziele der einzelnen Staaten den politischen Skandinavismus zum Scheitern verurteilte.

Vor allem in der außenpolitischen Orientierung unterschieden sich die drei Staaten. Schweden war dem Osten zugewandt, und viele Schweden hofften, mit Hilfe eines skandinavischen Bündnisses Finnland von Rußland zurückerobern zu können. Auch die dänischen Skandinavisten beobachteten die reaktionäre Politik der östlichen Großmacht mit Mißtrauen, aber eine unmittelbare Bedrohung Dänemarks ging nicht von Rußland aus. Wenn Dänen sich von Zeit zu Zeit aggressiv gegen das Zarenreich äußerten, dann meistens, um schwedische Sympathien zu gewinnen und das Land für ein Bündnis gegen Deutschland zu begeistern. Grundtvig beispielsweise forderte während des Krimkrieges die Bildung eines skandinavischen Bundes und eine Allianz mit den beiden Westmächten, um gegen Rußland loszuschlagen.[138] In Dänemark hieß der Hauptfeind Deutschland. Die ständig zunehmende Fixierung auf die Feindschaft mit Deutschland brachte das Land jedoch in einen wachsenden Gegensatz zu den nordischen Brüdern. Schweden wünschte deutsche Hilfe gegen Rußland, die Norweger hatten keine Konflikte mit dem Deutschen Bund. Sie wollten sich zuerst von der schwedischen Herrschaft befreien. Nicht zuletzt deshalb waren sie weniger offen für skandinavische Ideen. Außerdem hatten sie nicht vergessen, daß sie in den skandinavischen Machtkämpfen immer leer ausgegangen waren.

Exemplarisch für die norwegische Sicht der Dinge ist die Stellungnahme des Historikers und Skandinavisten Peter A. Munch. Er vermutete im dänischen Skandinavismus vor allem eine Strategie, mit deren Hilfe die Dänen die anderen nordischen Völker einschwören wollten, Dänemark an der Eidergrenze Schützenhilfe zu leisten. Munch durchschaute den engen Zusammenhang zwischen der dänischen Agitation für Skandinavien und dem schwebenden Konflikt mit den Deutschen um Schleswig. Eine solche Instrumentalisierung der skandinavischen Idee wollte er nicht unterstützen. Vielmehr trat er für eine Verständigung aller germanischen Völker ein. Eine nordische Nationalität stand für ihn nicht im absoluten Gegensatz zur deutschen Nationalität, wie seine Kollegen in Dänemark meinten.[139] Eine Aussonderung der deutschen Elemente widersprach Munch zufolge schließlich auch der dänischen Bestimmung als Bindeglied zwischen der nordischen und deutschen Nationalität, „den Uebergang unmerklich zu machen und eine engere Verschmelzung zu ermöglichen".[140]

In der Praxis vermochte sich der Skandinavismus nicht als politische Einigungsideologie zu behaupten. Der Traum des Skandinavismus blieb eine luftige Illusion, eine konstruierte Welt von eingebildeten oder zumindest überbewerteten Ähnlichkeiten, die vorhandene Gegensätze ausblendete. In dieser Hinsicht unterschied er sich kaum vom deutschen Traum von einem Bündnis mit dem Norden.

Bis spät in die 1830er Jahre hinein herrschte weitgehende Einigkeit zwischen dänischen und deutschen Liberalen. So auch innerhalb der dänischen Monarchie. Die beiden Zentren oppositioneller Aktivität, Kopenhagen und Kiel, verfolgten dieselben Ziele. Der Kampf der politischen Opposition richtete sich auch im dänischen Königreich gegen den Absolutismus und beinhaltete die Forderungen nach demokratischen Reformen, der Einrichtung von Ständeversammlungen und einer Verfassung. Holsteinische und dänische Liberale standen in freundschaftlichem Kontakt, und als der Holsteiner Uwe Jens Lornsen im Jahre 1830 eine Verfassung verlangte, wurde sein Vorgehen in Kopenhagen durchaus begrüßt. Erst später wurde Lornsens Schritt in Dänemark verurteilt und als Auftakt zu den nationalen Streitigkeiten gesehen. Nach der Revolutionswelle von 1830 stimmte König Friedrich VI. zögernd der Einberufung der Stände in der Monarchie zu. Eigentlich war er schon seit Jahren dazu verpflichtet gewesen, wenigstens in Holstein eine solche Versammlung zu erlauben, aber erst jetzt ließ er vier ratgebende Ständeversammlungen einrichten. Die dänischen Inseln, Jütland, Schleswig und Holstein erhielten je eine Versammlung – eine Ordnung, die nicht zuletzt das innere Gleichgewicht sichern und die Opposition zersplittern sollte. Dies Kalkül ging nicht auf. Schon nach kurzer Zeit wurden die Stände zentrale Institutionen im Politisierungsprozeß.

Das nationale Element im deutsch-dänischen Verhältnis trat Anfang der 1840er Jahre ziemlich unvermittelt in Erscheinung. Einen entscheidenden Anstoß für das Aufkommen nationaler Gefühle gab die gespannte Lage zwischen Frankreich und dem Deutschen Bund im Jahre 1840. Nun plötzlich wurde vielen Dänen klar, daß die Monarchie durch die Mitgliedschaft des Königs im Deutschen Bund leicht in einen internationalen Konflikt hineingezogen werden konnte. Die Kopenhagener Liberalen sahen in der Zugehörigkeit Holsteins zum dänischen Staat eine ernsthafte Bedrohung für die Sicherheit Dänemarks. Dieses Risiko wurde in der Folgezeit eines der zentralen Themen in der nationalen Argumentation. Hinzu kamen Klagen über die Kosten der militärischen Verpflichtungen gegenüber dem Deutschen Bund.[141] Nunmehr verstand sich die liberale Opposition in Kopenhagen als *national*liberal. Sie wollte jede Bedrohung der dänischen Neutralität ausschließen und formulierte deshalb ein Programm, das einen Sprengsatz für den dänischen Gesamtstaat beinhaltete: die Eiderpolitik. Dieses Programm forderte eine Aussonderung der deutschen Provinzen Holstein und Lauenburg aus dem dänischen Staat und die Errichtung eines dänischen Nationalstaates, bestehend aus dem Königreich und dem Herzogtum Schleswig.

Dieser sonderbare dänische „Secessions-Nationalismus", der alle nichtdänischen oder „nichtnordischen" Provinzen freiwillig abzutreten bereit war, mußte zwangsläufig mit den Vorstellungen der Vertreter eines multiethnischen Gesamtstaates kollidieren. Von den Deutschen aber, so die Überlegungen der dänischen Nationalliberalen, könnte ein solcher Vorschlag durchaus akzeptiert werden. Er räumte Hindernisse aus, die sowohl den Deutschen als auch den Dänen den Weg zum Nationalstaat versperrten, denn er entließ die deutschen Teile des Staates aus dem Königreich. Gemeinsam mit ihren deutschen Brüdern könnten sie dann auf die Errichtung eines deutschen Nationalstaates hinarbeiten. Dieser Vorschlag stieß bei den Deutschen jedoch nicht auf Zustimmung, denn aus deutscher Sicht hatte der dänische Plan einen entscheidenden Haken. Eine Grenzziehung an der Eider war für die Deutschen völlig unakzeptabel, da eine solche Lösung ihrer Meinung nach den dänischen Nationalstaat viel zu weit in Richtung Süden verlagerte. Der Streit um Schleswig wurde nun zum zentralen Konfliktstoff, der die deutsch-dänischen Beziehungen in den folgenden hundert Jahren wesentlich bestimmen und trüben sollte.

Die Deutschen lehnten eine Grenzziehung an der Eider aus mehreren Gründen ab. Zum einen, argumentierten sie zu Recht, habe sich die Sprachgrenze längst über die Eider in das Herzogtum Schleswig hinein bewegt. Zum anderen beriefen sie sich genau wie die Dänen auf ein „historisches Recht“ nicht nur auf die deutschsprachigen Gebiete, sondern auf ganz Schleswig. Dies war „ein landschaftlich, territorial gebundener Nationalgedanke, unterbaut vor allem mit historischer und staatsrechtlicher Beweisführung, der Schleswig als Einheit sieht, der sich notfalls über Verschiedenheiten der Sprachen und Volkstümer, selbst über politische Willensbekundungen der Bevölkerung hinwegsetzt“.[142] Es gab – wie mit der Zeit immer deutlicher wurde – keine schlechtere Argumentation als die historische, wenn eine praktische Lösung des Grenzproblems gefunden werden sollte. Weder Deutsche noch Dänen waren bereit, auf ihre vermeintlichen historischen Ansprüche zu verzichten. Beide Seiten waren zutiefst davon überzeugt, im Recht zu sein, und die Unzahl von Pamphleten, die Argumente für den jeweiligen Standpunkt vorbrachten, zeigen, wie rechthaberisch beide Parteien vorgingen.

In den 1840er Jahren wurde die nationale Frage das beherrschende Thema in der Monarchie. Die Dänen formierten sich hinter der nationalliberalen Bewegung, die Deutschen wollten ein unabhängiges Schleswig-Holstein, das Mitglied des Deutschen Bundes sein sollte. Der alte schleswigsche Partikularismus wurde von den Bestrebungen der Nationalliberalen beider Seiten, die Schleswiger für die jeweilige Nationalideologie zu mobilisieren, langsam zerrieben. In diesem Prozeß zeigte sich der Nationalismus als “illiberal force”, der von der Überzeugung beseelt war, daß die Geschichte und nicht die nationale Selbstbestimmung der Völker das Sagen hatte.[143]

Der Streit um Schleswig hatte vor allem in Dänemark, aber auch in Deutschland große Bedeutung für den Verlauf des Nationsbildungsprozesses. Er diente in beiden Staaten zur Mobilisierung nationaler

Kräfte und der Herausbildung eines nationalen Bewußtseins. In Deutschland hatte die schleswigsche Frage insofern eine wichtige Funktion, als sie zum Thema nationalliberaler Gruppen in den meisten Klein- und Mittelstaaten wurde und so das Interesse auf ein gemeinsames nationales Anliegen lenkte. In Dänemark war ihre Bedeutung noch größer, weil es sich schließlich um eine Existenzfrage des Staates handelte. Die Schleswigfrage kann man mit gutem Recht als entscheidenden Katalysator im Prozeß der dänischen Nationsbildung bezeichnen. Die Kernprovinzen des alten Mehrvölkerstaates, die zusammen das Königreich bildeten, waren eindeutig Dänisch; es gab keine separatistischen Tendenzen, ganz zu schweigen von einer Anfälligkeit für fremde Nationalideologien. Trotzdem trug der historisch gewachsene Gesamtstaat keine Züge eines Nationalstaates, und die Dänen mußten – genau wie alle anderen Völker Westeuropas in der Epoche des Nationalismus – zuerst zu einer Nation geformt werden. In diesem Prozeß lieferte der Sprachenkampf in Schleswig wichtige Anstöße. Während deutsche Darstellungen oft den Eindruck eines dänischen Vordringens in Schleswig entstehen ließen, prägte sich der umgekehrte Eindruck tief in das dänische Bewußtsein ein. In Dänemark löste diese Wahrnehmung angesichts der Verluste der letzten Jahrzehnte existentielle Ängste aus. Der Staat, so meinte man, konnte nicht schon wieder einen territorialen Verlust hinnehmen. Es gab in diesen Jahren des öfteren Berichte aus Schleswig, die schilderten, wie weit die deutsche Sprache auf dem Lande in der letzten Generation bereits nach Norden vorgedrungen war. Sie hatte sich seit Jahrhunderten in Richtung Norden ausgebreitet, aber gerade in der ersten Hälfte des 19. Jahrhunderts ließ sich ein deutlicher Sprung nach Norden beobachten. Dieses Vordringen verstärkte natürlich noch das Klischee der Bedrohung: Jetzt, nachdem Dänemark fast alle Provinzen verloren hatte, sah man das Königreich selbst in Gefahr.

Besonders in der dänischen Hauptstadt, ohnehin die Hochburg der Nationalideologie, waren die Befürchtungen lebendig, auch die Jütische Halbinsel könnte verlorengehen. Seit Jahren waren die Kopenhagener besorgt über die regen Handelsverbindungen zwischen Jütland und Hamburg, die – wie sie meinten – die Jüten auch anfällig für den deutschen Einfluß machte. Die zunehmende Eindeutschung Schleswigs war für sie ein Stigma. Seit Mitte der 1840er Jahre war die Nationalbewegung für eine Unterbrechung der engen Kontakte zwischen Jütland und Norddeutschland. Diese Politik war im folgenden Jahrzehnt in einem Bereich zum Teil erfolgreich. Es gelang ihr, eine direkte Eisenbahnverbindung nach Hamburg zumindest jahrelang hinauszuzögern. Die dürftigen Kenntnisse, die die Kopenhagener Nationalliberalen über die westlichen Landesteile hatten, führte bei den meisten von ihnen zu einer Fehleinschätzung über die Loyalität der Jüten zur dänischen Nation. Den Jüten fehlte es nicht an nationalem Bewußtsein, sie konnten sich aber auch nicht für den Skandinavismus begeistern.[144] In Jütland dachte man zuerst an die eigenen materiellen Bedürfnisse, und in dieser Hinsicht konnte eine engere Anbindung an Skandinavien für die gewachsenen Handelsverbindungen nach Süden keinen auch nur halbwegs befriedigenden Ersatz bieten.

Der erste schleswigsche Krieg

Als König Christian VIII. im Januar 1848 zu Grabe getragen wurde, zeichnete sich das Ende des dänischen Absolutismus bereits ab. Neun Jahre lang hatte sich der König, der als junger Prinz Norwegen eine freie Verfassung gegeben hatte, zur Enttäuschung der Liberalen einer konstitutionellen Verfassung verweigert. Vor seinem Tod forderte er jedoch seinen Nachfolger auf, eine solche Reform einzuleiten. Kurz nach seiner Thronbesteigung ließ der neue König Friedrich VII. proklamieren, er würde eine Verfassung für den Gesamtstaat ausarbeiten lassen.

Eine solche Verfassung wollte aber weder die liberale Opposition in Kopenhagen noch die in Kiel. Die Kopenhagener wollten die Chance nutzen, sich von Holstein zu trennen, um einen Eiderstaat einzurichten. Die Schleswig-Holsteiner sahen sich in einem konstitutionellen Gesamtstaat einer dänischen Mehrheit ausgeliefert. In dieser gespannten Lage traf die Nachricht von der Revolution in Paris in der Monarchie ein. In Rendsburg versammelten sich am 18. März Deputierte aus den holsteinischen und schleswigschen Ständeversammlungen und verabschiedeten eine Erklärung, die vier Tage später dem König in Kopenhagen vorgelegt werden sollte. Sie forderten die Einberufung der Stände sowie eine Verfassung für die beiden Herzogtümer, die Aufnahme Schleswigs in den Deutschen Bund, Volksbewaffnung und Presse- und Versammlungsfreiheit. Die Berichte über dieses Treffen versetzten die Nationalliberalen in Kopenhagen in größte Aufregung. Am 20. März trafen sie sich im Casino und beschlossen, am nächsten Tag den König aufzusuchen und die Auflösung des Kabinetts sowie eine gemeinsame Verfassung für Dänemark und Schleswig zu verlangen. Eine große Volksmenge begleitete die Deputation auf dem Weg nach Christiansborg, so daß der König den Forderungen sogleich nachgab. Kurz darauf wurde eine neue Regierung gebildet und der Weg für eine Verfassung geebnet.

Drei Tage später teilte die neue Regierung den schleswig-holsteinischen Vertretern aus Rendsburg mit, daß es eine Verfassung für Holstein geben werde, Schleswig aber sollte mit Dänemark verbunden bleiben und nicht dem Deutschen Bund angehören. Daraufhin wurde in Kiel eine provisorische Regierung gebildet, die sich der Einheits- und Freiheitsbewegung der Deutschen anschließen und für die Aufnahme Schleswigs in den Deutschen Bund kämpfen wollte. Um den Eindruck der Legalität zu wahren, stellte sich die Regierung hinter den dänischen König. Sie ließ verbreiten, der Souverän sei von den Einwohnern Kopenhagens zu Zugeständnissen gezwungen worden, die deutlich zeigten, daß er in seiner Entscheidung nicht frei gewesen sei. Diese Argumentation diente vor allem dazu, die traditionell sehr königstreuen Schleswig-Holsteiner von der Gerechtigkeit der Sache zu überzeugen. Gleichzeitig ließ die provisorische schleswig-holsteinische Regierung die Festung Rendsburg besetzen. Entsetzt stellten die Kopenhagener fest, daß in den Herzogtümern ein Aufstand ausgebrochen war. Das dänische Heer wurde in Richtung Süden in Marsch gesetzt und errang einen ersten Erfolg.

Mit der Entscheidung der deutschen Staaten, eine Bundesexecution gegen Dänemark einzuleiten, weitete der Konflikt sich zu einem Kampf zwischen Dänemark und allen deutschen Staaten aus. Nachdem Holstein und auch Schleswig von deutschen Truppen besetzt worden waren, rückten die Preußen Anfang Mai 1848 über die Königsau vor und standen nun auf dänischem Gebiet. Dieser Schritt provozierte jedoch eine internationale Reaktion: Schweden und Rußland drohten mit einer Intervention zugunsten Dänemarks. Gleichzeitig blockierte die dänische Flotte seit April mit großem Erfolg alle deutschen Häfen. Ganz Norddeutschland war von einer wirtschaftlichen Krise bedroht. Die Preußen begriffen, daß es unmöglich war, einen Sieg zu erreichen, ohne daß andere Staaten eingreifen würden. Um die Lage zu entschärfen, nahmen sie Verhandlungen mit den Dänen auf. Im August 1848 wurde im schwedischen Malmö ein Waffenstillstand für sieben Monate geschlossen. Weitere Verhandlungen in London verliefen ergebnislos. Dänemark kündigte schließlich den Waffenstillstand auf, und im April 1849 wurde der Krieg fortgesetzt. Im Sommer gelang Dänemark bei Fredericia ein wichtiger Sieg. Preußen hatte inzwischen mit der Paulskirche gebrochen und nahm nun in Berlin wiederum diplomatische Verhandlungen mit den Dänen auf. Diese führten zu einem vorläufigen Friedensschluß, der im folgenden Jahr besiegelt wurde. Damit schied Preußen aus dem Krieg aus, aber von Frieden konnte keine Rede sein. In Deutschland und Schleswig-Holstein war man über das Einlenken der Preußen verbittert und wollte so einfach nicht aufgeben. Der Krieg wurde mit Hilfe anderer deutscher Staaten fortgesetzt. Die militärische Position Dänemarks verbesserte sich aber durch den preußischen Abzug erheblich. Die dänischen Truppen gewannen die Oberhand und brachten den Schleswig-Holsteinern im Sommer 1850 bei Isted eine entscheidende Niederlage bei. Im Herbst war der Krieg beendet.

Der Ausgang des Krieges wurde von vielen Dänen als Sieg empfunden, obwohl es eher der Wahrheit entsprach, daß alle Beteiligten eine Niederlage erlitten hatten. Um einen Friedensschluß mit Preußen zu erhalten, mußte Dänemark versprechen, die Eiderpolitik aufzugeben. Der Krieg hatte zwar den Gesamtstaat „gerettet“, aber tiefe Gräben zwischen Deutschen und Dänen aufgerissen. Die Schleswig-Holsteiner fühlten sich geschlagen und unterdrückt und wollten sich nicht mehr in einen Gesamtstaat integrieren lassen. Die dänischen Nationalliberalen hatten die Aussonderung Holsteins nicht erreichen können und mußten feststellen, daß der Einfluß des Auslandes auf die dänische Politik jetzt noch größer geworden war als zuvor.

Durch den schleswigschen Krieg geriet Dänemark in eine nicht unbedeutende Rolle in der deutschen Politik der Jahre 1848–1850. Die schleswig-holsteinischen Aktivisten hatten während der 40er Jahre die Aufmerksamkeit der nationalgesinnten Kräfte auf die ferne Provinz gelenkt, die Propaganda der aus Schleswig-Holstein stammenden Akademiker hatte auch schon Wirkung in anderen deutschen Staaten gezeigt. Als Bassermann am 12. Februar 1848 in der badischen zweiten Kammer die Forderung einer nationalen deutschen Repräsentation aufstellte, führte er als eines der zwingenden Argumente die Lage in Schleswig an. Dänemark, so Bassermann, versuchte „zwei Provinzen Deutschlands“ zu entfremden. Während der Sitzung im Vorparlament wurden die Teilnehmer aus den Herzogtümern gefeiert, und die begeisterten Kollegen stimmten dem Vorschlag zu, auch Delegierte aus Schleswig zur Teilnahme einzuladen. Später sah sich der Präsident jedoch gezwungen, der Abstimmung ihren bindenden Charakter abzusprechen, nachdem einige Anwesende darauf aufmerksam gemacht hatten, daß das Vorparlament eigentlich nicht legitimiert sei, politische Beschlüsse zu treffen, sondern ausschließlich die Wahlen vorbereiten dürfe.[145]

In der Paulskirche beobachtete man zunächst den Verlauf des

Krieges, ohne explizit Stellung zu beziehen. Nachdem die Drohungen Rußlands und Schwedens Preußen zum Rückzug veranlaßt hatten, wurde dieser Schritt am 9. 6. 1848 Gegenstand der ersten Schleswig-Debatte in der Paulskirche.[146] Die wichtigsten Vertreter der Herzogtümer gehörten dem nationalliberalen Flügel an. Dahlmann, Michelsen, Droysen und Waitz reichten Anfang Juni einen Antrag im völkerrechtlichen Ausschuß ein, in dem sie forderten, daß „die deutsche Nationalversammlung erklärt, daß die schleswig'sche Sache, als eine Angelegenheit der deutschen Nation, zu dem Bereich ihrer Wirksamkeit gehört, und verlangt, daß bei dem Abschluß des Friedens mit der Krone Dänemarks das Recht der Herzogtümer Schleswig und Holstein und die Ehre Deutschlands gewahrt werde".[147] Die Beschwörung der Ehre Deutschlands verlieh der Schleswig-Frage eine verhängnisvolle Bedeutung. Besonders Dahlmann appellierte in seiner pathetischen Rede an das Ehrgefühl der Abgeordneten und verband das Schicksal der Herzogtümer fest mit dem Schicksal Deutschlands. Schleswig müsse in den Deutschen Bund eingegliedert werden, und er bekannte: „Diese Verrückung des Gleichgewichts von Europa wollen wir haben und festhalten [..] bis der letzte Tropfen Blutes uns entströmt ist." Abschließend mahnte er seine Kollegen: „Wenn Sie in der schleswig-holsteinischen Sache versäumen, was gut und recht ist, so wird damit der deutschen Sache das Haupt abgeschlagen."[148] In der Debatte meldete sich auch Jacob Grimm mit seinen Theorien über den germanischen Ursprung der Jüten und über Schleswig als Heimat der Cimbern und Teutonen zu Wort.[149] Seine Expansionsgelüste teilte der Wiener Studentenführer Giskra, der in seiner Rede das Bild vom kleinen, schwachen Dänemark benutzte. Er berichtete außerdem von der angeblich barbarischen Kriegsführung der Dänen, die auch schon Michelsen als „terroristisch" bezeichnet hatte.[150] Vor allem aber die Schleswig-Holsteiner trugen mit ihren leidenschaftlichen Reden sicherlich entscheidend dazu bei, daß die Versammlung schließlich die schleswigsche Frage zur Frage der ganzen Nation erklärte.[151]

Preußen und Dänemark verhandelten zu dieser Zeit in Malmö über einen Waffenstillstand. Die Paulskirchenversammlung erfuhr nur wenig davon und reagierte deswegen erschüttert über das Ergebnis der Vereinbarungen. Am 5. 9. 1848 kam es dann zur sogenannten Sistierungsdebatte, in der das Parlament entscheiden sollte, ob es den Waffenstillstand anerkennen wollte oder ob der Krieg ohne Preußen weitergeführt werden sollte. Nun gewann der Konflikt mit Dänemark auch weitreichende Bedeutung für den weiteren Verlauf der deutschen Revolution. Die vorangegangene Stilisierung der schleswigschen Frage zum Prüfstein der deutschen Ehre und des Erfolgs der deutschen Revolution erschwerte nun ein Zurückstecken. Der eher konservative Schleswig-Holsteiner Dahlmann forderte, die Paulskirchenversammlung solle den Waffenstillstand ablehnen. Um die Abgeordneten auf seine Linie einzuschwören, zeichnete er bei dieser Gelegenheit erneut ein „aufreizendes Feindbild" von den Dänen.[152] Unter den Parlamentsmitgliedern befürchteten jetzt viele eine Intervention der Großmächte im Falle einer Fortsetzung des Krieges auf eigene Faust. Die Repräsentation der Linken wollten die revolutionären Fortschritte jedoch nicht durch eine Aufgabe der Herzogtümer gefährden. Besonders Robert Blum forderte Widerstand ohne Rücksicht auf die Folgen: Gäbe es keine Rettung für Schleswig-Holstein, so wäre „ein ehrenvoller Tod dort" das beste.[153]

Das Parlament sprach sich schließlich für die Fortsetzung des Krieges aus. Aber schon zwei Tage später wurden Zweifel an der Richtigkeit der Entscheidung angemeldet. Die Auffassung hatte Terrain gewonnen, daß die Entscheidung, den Krieg fortzusetzen, in eine Sackgasse führen könnte. Am 14. 9. begann eine dreitägige Debatte, in der eine neue und moderate Haltung an Boden gewann. Besonderes Gewicht kam diesmal dem Auftreten des Historikers Waitz zu, der bekannt gab, seine Meinung geändert zu haben. In seiner Rede suchte er Verständnis für die komplizierte Beziehung zwischen Deutschen und Dänen zu wecken.[154] Auch andere, darunter Ernst Moritz Arndt, gaben bekannt, daß sie ihre Haltung inzwischen revidiert hätten. Die Existenz einer dänischen Minderheit im nördlichen Schleswig wurde erst jetzt überhaupt angesprochen und sogleich von mehreren Rednern thematisiert.[155] Diesmal siegten die Moderaten in der Abstimmung. Mit 258 gegen 237 Stimmen wurde der Waffenstillstand angenommen.

Die Frankfurter Nationalversammlung ging zwar während dieser Verhandlungen einen Schritt in Richtung einer zurückhaltenden Stellungnahme zur schleswigschen Frage. Über Dänemark äußerten sich die Delegierten jedoch meistens sehr negativ. Vor allem die Kleinstaatlichkeit war Gegenstand der Angriffe. Die abschätzige Beurteilung des nördlichen Nachbarn war schon in den 40er Jahren in der deutschen Politik und Publizistik festzustellen gewesen – sie hatte sich bei den Germanistentagen in Frankfurt und Lübeck sowie bei Ludwig Häußer gezeigt, der höhnisch von „einem der kleinsten Reiche Europas" gesprochen hatte. Nun aber, als die von der Idee des „Machtstaates" faszinierten deutschen Liberalen auch die deutsche Kleinstaaterei heftig kritisierten, waren abfällige Bemerkungen über das kleine Dänemark an der Tagesordnung. Zwar war Dänemark im Vergleich mit vielen deutschen Staaten keineswegs besonders klein, aber in Erwartung der bevorstehenden deutschen Einheit und der damit erhofften Größe Deutschlands zählten objektive Tatbestände wenig. Auffällig oft wurde die geringe Größe Dänemarks von den Rednern in Frankfurt hervorgehoben. Meistens geschah dies wohl, um jeden Zweifel an einem deutschen Sieg auszuräumen. Häufig wurde in die Debatte geworfen, daß Deutschland allein um seiner Ehre willen siegen müsse, sei doch eine Niederlage gegen einen so unbedeutenden Gegner wie Dänemark nicht hinzunehmen. Die Nationalisten betonten, daß die Zeit vorbei sei, in der Deutschland der Willkür fremder Mächte ausgesetzt gewesen sei, und daß sich das neue Deutschland auch gegen „gierige" Kleinstaaten wie Dänemark, die sich nach dem Vorbild Ludwigs XIV. auf Kosten Deutschlands bereichern wollten, zu behaupten wisse.

Die Überheblichkeit gegenüber dem vermeintlich schwächeren Gegner hatte auch Auswirkungen auf die Begründungen der deutschen Ansprüche auf Schleswig. In juristisch durchaus umstrittenen Fragen beriefen sich viele Politiker einfach auf das Recht des vermeintlich Stärkeren, nämlich Deutschland. Nicht nur Bismarck und die Preußen dachten in den Kategorien eines deutschen Machtstaates und des Rechts des Stärkeren, wie man später auch in Dänemark allgemein glaubte, sondern auch bei den Nationalliberalen und unter den Linken in der Paulskirche waren solche Gedanken vielfach verbreitet.

Der Krieg um Schleswig reduzierte die gegenseitige Wahrnehmung auf eine einfache Schwarzweiß-Sichtweise. Er zeigte aber auch, daß die Behauptung der Nationalisten auf beiden Seiten, der Nationalstaat biete die Voraussetzung für eine glückliche Gesellschaft, nicht unbedingt Gültigkeit besaß. Der blutige Konflikt zeigte vielmehr, welche Schwierigkeiten es in der Abgrenzung von Nationen geben konnte. In Schleswig stellte sich das Problem, wo und ob die Grenze überhaupt zwischen zwei ineinander verwobenen Nationen gezogen werden konnte. Genausowenig wie deutsche und dänische Nationalisten eine Teilung des umstrittenen Gebietes hätten akzeptieren können, wollten sie etwas von einer besonderen schleswigschen Eigenart wissen. In Schleswig, wo sich deutsche und dänische Elemente in komplexer Weise mischten, hatte es lange Zeit eine schleswigsche Identität gegeben, die erst infolge der nationalen Auseinandersetzung verlorenging. Eine Teilung des Landes, die im nachhinein so logisch erscheint, war eine schwierige Sache, nicht nur wegen der nationalistischen Forderungen nach dem ganzen Land, sondern auch weil man nicht wußte, wie man eine Teilung hätte bewerkstelligen können. Das Instrument eines Referendums stand noch nicht zur Diskussion, da man sich kaum vorstellen konnte, gemeine Leute entscheiden zu lassen, welchen Fürst oder Staat sie bevorzugten. In Schleswig, wo selbst in einzelnen Gemeinden manche Dänisch, manche Deutsch sprachen, wäre es ohnehin äußerst schwierig gewesen, das Land durch Grenzziehungen zu einer für alle befriedigenden Lösung zu finden.

Zwischenkriegsjahre

In der Revolution von 1848 nahmen die Liberalen sowohl in Frankfurt als auch in Dänemark eine politische Schlüsselrolle ein. Beide liberalen Bewegungen waren eigentlich miteinander verwandt, aber ihre zunehmende nationale Färbung ließ Gemeinsamkeiten in den Hintergrund treten. Die nationalen Parolen führten nicht nur zur Entfremdung, sondern auch zu politischen Fehleinschätzungen. Wenn beispielsweise Karl Marx und Friedrich Engels offen ihre Unzufriedenheit mit dem kleinen reaktionären Staat Dänemark bekundeten, so urteilten sie wie viele deutsche Revolutionäre, die in der dänischen Politik nur eine Bedrohung ihrer eigenen politischen Zielsetzungen sahen. Jenes Bild vom reaktionären Dänemark vertrug sich aber schlecht mit der Tatsache, daß die Regierung in Kopenhagen eine liberale Politik durchsetzte, die den Vorstellungen des deutschen Liberalismus sehr nahekam. Auch wurden in Dänemark viele Errungenschaften der Revolution beibehalten, während in Deutschland die Revolution scheiterte.

In verfassungspolitischer Hinsicht war der Krieg kein Hindernis für die Durchsetzung des Liberalismus in Dänemark. Die nationale Begeisterung, die die ganze Gesellschaft erfüllte, beschleunigte den Prozeß der Politisierung. Im Juni 1849 wurde die neue Verfassung – gültig allein im Königreich – angenommen. Dies bedeutete einen großen Sieg der Liberalen, die jetzt eine machtpolitische Grundlage erhielten, von der aus sie den Aufbau eines dänischen Nationalstaates vorantreiben konnten. Der Ausgang des Krieges machte aber die Realisierung der außenpolitischen Ziele der nationalliberalen Revolution unmöglich, und so zogen sich die Nationalliberalen – auch der Druck Rußlands spielte dabei eine Rolle – nach 1850 aus der Regierung zurück. Dank ihrer prominenten Vertreter und ihrer einflußreichen Presse beherrschten sie jedoch weiterhin die öffentliche Meinung.

Die konservativen Politiker versuchten nun, dem deutsch-dänischen Zusammenleben eine neue Grundlage zu geben, indem sie auf einen konstitutionellen Gesamtstaat setzten. Die schleswigsche Frage hatte aber internationale Dimensionen bekommen und konnte nicht mehr als ausschließlich innere Angelegenheit der Monarchie behandelt werden. Im Dezember 1851 und Januar 1852 kam es zu Verhandlungen mit Preußen und Österreich, in denen die Regierung zu verstehen gab, daß sie Schleswig nicht enger an Dänemark binden würde als Holstein oder Lauenburg. Es sollte eine Verfassung ausgearbeitet werden, die der Dreigliedrigkeit der Monarchie Rechnung tragen würde. Sowohl der dänische Reichstag als auch die Stände der Herzogtümer sollten bei der Ausarbeitung mitwirken. Durch dieses Angebot konnte die Regierung verhindern, daß Schleswig und Holstein ein einheitliches politisch-administratives Gebiet innerhalb des Reiches bildeten, mußte aber zugleich hinnehmen, daß ihre Handlungsspielräume dadurch erheblich eingeengt wurden.

Danach versuchte die Regierung vergeblich, in Verhandlungen mit den Großmächten die Integrität der Monarchie durch internationale Garantien abzusichern. Mehr Erfolg hatte sie in der Frage der dänischen Thronfolge, als ein Nachfolger für den kinderlosen Friedrich VII. gefunden werden mußte. Im Londoner Vertrag vom 8. Mai 1852 wurde Prinz Christian von Glücksburg als Thronfolger international anerkannt. Die fehlende internationale Garantie der Integrität des Staates schwächte jedoch in den folgenden Jahren die dänische Position erheblich. Die Regierung mußte sich wohl oder übel mit Preußen und Österreich verständigen. Während der 1850er Jahre zogen sich komplizierte Verhandlungen über eine neue Gesamtstaats-Verfassung hin, und der dänischen nationalliberalen Opposition, den Schleswig-Holsteinern und den beiden deutschen Mächten gelang es, das Zustandekommen einer Lösung zu verhindern.

Die nationalliberale Bewegung hatte den nationalen Kampf ursprünglich wegen der Zugehörigkeit Holsteins zum Deutschen Bund vorangetrieben. Man hatte der Regierung vorgehalten, daß durch diese Bindung eine dänische Souveränität nicht herstellbar sei. Nach 1850, als die dänische Politik noch mehr Rücksicht auf die Haltung anderer Staaten nehmen mußte als zuvor, verhöhnten die Nationalliberalen die Regierung, als diese von „der europäischen Notwendigkeit" einer gesamtstaatlichen Lösung sprach. Die politische Verantwortungslosigkeit der Opposition machte Angriffe auf die Regierungspolitik erst möglich, zu der es kaum tragfähige Alternativen gab. Die Nationalliberalen steuerten einen Kurs der Nichteinmischung von außen auf die dänische Politik, der zwangsläufig zu einem neuen Konflikt führen mußte. Im führenden Organ der nationalliberalen Bewegung, ›Fædrelandet‹, wurde gegen die zurückhaltende Behandlung der schleswig-holsteinischen Rebellen Stimmung gemacht. Die Zeitung malte das Gespenst einer akuten Bedrohung der dänischen Kultur durch die deutsche Sprache an die Wand und propagierte das Eigenleben im nationalen Eiderstaat als einzige Rettung. Unter der Rubrik „Innenpolitik" befaßte sich die nationalliberale Presse in den 1850er Jahren ausschließlich mit Dänemark und Schleswig; das Fehlen jeglicher Berichterstattung über Holstein belegt überdeutlich den Willen zur Aussonderung.

Zu einer Zeit, in der die dänische Presse noch keine Auslandskorrespondenten kannte, wurden die Auslandsberichte der Zeitungen im wesentlichen durch das Ausschneiden und Zusammenschreiben von Berichten der internationalen Presse zusammengestellt. Berichte, die auf diese Weise entstanden, fanden nach dem Jahre 1848 einen festen Platz in den dänischen Zeitungen, vor allem in ›Fædrelandet‹. Diese wurde von Carl Ploug redigiert. Dieser eifrige Nationalist und Skandinavist verstand es, durch Zitate und Auszüge vor allem aus britischen Zeitungen und durch den Abdruck zahlreicher Leserbriefe, die die „Stimme des Volkes" repräsentieren sollten, den Eindruck zu erwecken, daß Dänemark und seine gerechte Sache weiterhin ernsthaft bedroht wären und daß man außerhalb Deutschlands bereit wäre, Partei für die nationalen dänischen Ziele zu ergreifen. Zusammen mit der immer wieder beschworenen Bruderschaft aller skandinavischen Völker trug diese einflußreiche Zeitung zweifellos dazu bei, eine völlige Fehleinschätzung der Lage zu verbreiten, die, als die nationalliberalen Politiker erneut an die Macht kamen, verhängnisvolle Konsequenzen haben sollte.

Seit den 1830er Jahren war die dänische Bewegung in Schleswig für eine Gleichberechtigung der Sprachen eingetreten, nach 1850 jedoch, als sich die Nationalliberalen als Sieger fühlten, glaubten sie, daß die dänische Politik nun alte Fehler in Schleswig wiedergutmachen müßte. Um Schleswig an Dänemark zu binden, setzte man auf eine offensive Dänisierungspolitik. Auch ›Fædrelandet‹ unterstützte diese Politik nach Kräften. Auf das Problem, daß es eine klare deutsche Mehrheit in Südschleswig gab, wurde keinerlei Rücksicht genommen. Die meisten Dänen wollten die deutsche Mehrheit genausowenig akzeptieren wie die Deutschen die große dänische Mehrheit im nördlichen Teil der Provinz.

Die dänischen Nationalliberalen waren fest entschlossen, Schleswig endgültig für Dänemark zu retten. Wichtigstes Instrument der Dänisierungspolitik wurde die Sprachpolitik, die mit dem Namen Regenburg verbunden ist. Dieser Beamte sorgte seit dem Jahre 1851 dafür, daß in 58 Gemeinden Mittelschleswigs die dänische Sprache als Hauptsprache in den Schulen eingeführt wurde. In der Kirche sollte in wöchentlichem Wechsel Deutsch und Dänisch gesprochen werden statt wie bisher ausschließlich Deutsch. Das sogenannte Sprachreskript von Regenburg, das von den nationalen Kreisen im fernen Kopenhagen unterstützt wurde, hatte katastrophale Folgen vor Ort. Es verstärkte unter den Schleswigern den Widerstand gegen Dänemark. Viele Unentschlossene oder Zweisprachige wandten sich jetzt aus Trotz der deutschen Sprache zu. Aber die repressive Sprachpolitik warf auch im Ausland kein gutes Licht auf Dänemark. Um die einhellige Empörung in Deutschland kümmerte man sich ohnehin nicht, aber auch die Kritik der Briten brachte die Dänen nicht von ihrem Kurs ab.

Die nationale Verblendung, die die Politik der Dänen in Schleswig charakterisierte, wurde, nachdem die Dänen sich nach der Niederlage von 1864 als Opfer darstellen konnten, schnell vergessen. Wie groß der Fanatismus der nationalen Eiferer tatsächlich gewesen ist, mag die Korrespondenz zwischen Regenburg und seinem Freund und Mentor, dem nationalliberalen Geheimarchivar Wegener, verdeutlichen. Wegener schrieb: „Tage wie diese kommen nie wieder: Gebrauche sie! Laß uns auf Muße und Speise und Schlaf und Gesundheit verzichten, aber laß uns die Zeit nutzen!!! Und ernte das in die Erde gesäte gute dänische Blut." Und Regenburg, dem Wegener versprochen hatte, seine Briefe zu verbrennen, antwortete in einem Ton, der seinen religiös gefärbten nationalen Eifer offenbarte. Würde man ihn nur machen lassen, wollte er das Land von Angeln bis zur Schlei bald zurückgewinnen.[156] Regenburgs Offensive wurde durch dänische Pfarrer unterstützt, die nun neue Gemeinden in Schleswig bekamen. Unter ihnen gab es nicht wenige, die sich auch dem nationalen Glauben verschrieben hatten und in dieser Missionsarbeit schon nach kurzer Zeit ihre Hauptaufgabe sahen. In einer Landschaft, in der sich Sprache und nationales Bekenntnis nicht immer deckten und wo die dänischen Kulturkolonisatoren die erschreckende Erfahrung machten, daß das alte dänische Land inzwischen von Abtrünnigen bewohnt war, verbreiteten sich Ansichten, die die Dimensionen der nationalen Besessenheit deutlich machen. So hieß es etwa, daß ein Schleswiger, gleichgültig ob er Deutsch oder Dänisch sprach und ungeachtet, zu welcher Nation er sich bekannte, Däne sei. Entscheidend sei die Abstammung und die Blutsgemeinschaft, die sich mit Hilfe der Überlieferung (Sagen, Sprichwörter, Sitten und Gebräuche) als eindeutig nordisch definieren ließen.[157]

Die nationale Ideologie blendete Vergleiche mit anderen Völkern allzu gerne aus. Sagen, Sprichwörter und Gebräuche, die als typische nationale Merkmale galten, waren häufig weit über die Grenzen der Nation hinaus bekannt. In der Wissenschaft kam es nicht selten vor, daß die Suche nach einer bestimmten „nationalen“ Schlußfolgerung die Untersuchungen in die Irre leitete. Auch die dänische Wissenschaft stellte sich in den Dienst der nationalen Ideologie. Die 1857/58 erschienene Darstellung des Historikers C.F. Allen über die Geschichte der Sprachen in Schleswig entsprach kaum wissenschaftlichen Kriterien, war aber von politischer Brisanz und hatte große öffentliche Wirkung.[158] Er hatte bei seinen Untersuchungen das Verbreitungsgebiet des Dänischen viel zu weit südlich verortet. Als in den 1890er Jahren die deutsche Sprache sich weiter nach Norden ausgedehnt hatte, erschien den Dänen der Verlust des Sprachgebietes dramatischer, als er tatsächlich war.[159]

„Uns fehlt nur ein Cavour“ – Die Renaissance des Skandinavismus

Als die Bemühungen der Regierung, eine konstitutionelle, gesamtstaatliche Verfassung auszuarbeiten, wegen der destruktiven Haltung der deutschen Mächte und der Holsteiner Ende der 1850er Jahre gescheitert waren, sahen sich die Nationalliberalen in ihrer Politik bestätigt. Sie waren nun wieder bereit die Regierung zu übernehmen, und der moderate C.C. Hall wurde Staatsminister. Die Regierungsübernahme der Nationalliberalen führte zu einer Neuauflage des Skandinavismus und zur Rückkehr zur Eiderpolitik, die die Aussonderung Holsteins wieder zu einem vorrangigen Ziel der dänischen Politik machte. Für die nationalliberale Bewegung waren Eiderpolitik und Skandinavismus untrennbar miteinander verbunden. Sie vertrat die Auffassung, daß Dänemark und das Herzogtum Schleswig sich von Holstein trennen mußten, um sich – Kultur und Geschichte entsprechend – Skandinavien zuwenden zu können. Andererseits hoffte man wie schon in den 1840er Jahren, die Eidergrenze mit skandinavischer Unterstützung politisch durchsetzen zu können. Eine skandinavische Allianz sollte die deutschen Mächte von einer neuerlichen Intervention abschrecken. Befördert wurde die Renaissance der Eiderpolitik und des Skandinavismus durch das Wiederaufflammen der alten

Ängste wie dem Verlust der Neutralität während des Krimkrieges. Mit der Behauptung, Dänemark könnte aufgrund der Zugehörigkeit Holsteins zum Deutschen Bund ausgerechnet in eine Kriegsallianz mit Preußen und Österreich gezwungen werden, heizten die Nationalliberalen wie schon in den 1840er Jahren erneut die Stimmung an.

Durch die Ernennung von Orla Lehmann zum Innenminister 1861 setzte die neue Regierung ein eindeutiges Zeichen für ihre politische Orientierung. Lehmann war Nationalist und ein profilierter Vertreter des Skandinavismus. Schon in den 1840er Jahren hatte der begabte Rhetoriker in einer pathetischen Rede an die nordischen Studenten den skandinavischen Gedanken lebenslange Treue geschworen. Er hatte für einen Marsch durch die Institutionen plädiert, damit die junge Generation, wenn sie erst einmal ihren Platz „im Rat der Könige und der Völker" eingenommen hatte, die Ideen des Skandinavismus realisieren könnte.[160] Auch persönlich verriet Lehmann seine Jugendideale nicht. Als er selbst im Rat seines Königs saß, war er entschlossen, seinen politischen Einfluß für die Durchsetzung eines skandinavischen Kurses zu nutzen. Was er erhoffte, sprach Lehmann ein paar Jahre später gegenüber dem schwedischen Gesandten Hamilton offen aus: „Die Sache ist jetzt reif. Die Frage dreht sich nicht länger um die Aussonderung Holsteins oder die Beibehaltung des Gesamtstaates, sondern um deutsch oder schwedisch. Wir haben einen Viktor Emanuel. Uns fehlt nur ein Cavour."[161]

Die Anhänger des Skandinavismus vertraten eine wenig realistische, dafür um so riskantere Politik, die in der nationalliberalen Presse als Alternative zur konservativen Politik der „europäischen Notwendigkeit" hingestellt wurde. Wie zuvor setzten die Skandinavisten auf eine nordische Allianz, nicht zuletzt, um eine Teilung Schleswigs zu verhindern. Eine internationale Konferenz über die schleswigsche Frage lehnten sie im Sommer 1857 ab, weil sie – wie von der internationalen Presse ohnehin oft gefordert – vermutlich eine Teilung herbeigeführt hätte. Um die eigene Position zu stärken, schlug man eine skandinavische Allianz vor, deren wesentlicher Kern darin bestehen sollte, daß Schweden–Norwegen die Integrität von Dänemark– Schleswig anerkannte. Eine Teilung Schleswigs hätte dann den Bündnisfall ausgelöst, und Europa hätte es sich trotz seiner ganzen Übermacht zweimal überlegt, gegen den vereinten Norden in einen Kampf auf Leben und Tod zu ziehen.[162] Auf der Ebene solcher phantastischer Gedankenspiele bewegten sich bis zum endgültigen Debakel ihrer Politik im Jahre 1864 viele Nationalliberale.

Auch der Regierung waren solche Überlegungen keineswegs

fremd. Staatsminister Hall war bereit, einen Bruch mit Deutschland zu riskieren, und er schloß nicht einmal eine enge Union mit Schweden aus. Im Januar 1863 schlug Hall dem schwedischen Gesandten Hamilton eine Union vor mit dem Argument, daß der Krieg mit Deutschland jederzeit ausbrechen könnte und Dänemark diesmal vor der Alternative stünde, „uns Deutschland anzuschließen, dann aber wären wir für Schweden verloren, und dieses selbst würde sich mit der Zeit bedroht sehen – oder uns auf Schweden zu stützen und den Kampf des Nordens gegen den Süden aufzunehmen“. Wenn Schweden sich rechtzeitig genug auf die Seite Dänemarks stellte, würde Deutschland angesichts der geballten Macht des Nordens zurückstecken.[163]

Schweden spielte überhaupt eine wichtige Rolle in den Überlegungen, ob man eine Konfrontation mit den Deutschen riskieren könnte. Auf der einen Seite gab man sich mit den Träumen von einer nordischen Allianz der Illusion von Macht und Stärke hin, auf der anderen Seite ermunterten die Schweden die Dänen auszuloten, wie weit Dänemark in der Eiderpolitik gehen könnte. Die skandinavistischen Liberalen in Kopenhagen glaubten allen Ernstes, daß die Besiegelung einer Allianz nur eine Formsache wäre, und interessierten sich vornehmlich für Aussagen, die diese Hoffnung bestätigten. In Schweden gab es aber keine Einigkeit über die Haltung zur Politik in Schleswig. Der König sprach sich offen für eine Solidarisierung mit den Dänen aus, und auch unter den Akademikern gab es zahlreiche begeisterte Skandinavisten, die bei vielen Gelegenheiten den Eindruck vermittelten, daß es in Schweden breite Unterstützung für die dänische Politik gäbe.

Im Sommer 1863 verließ der schwedische Außenminister Kopenhagen mit einem Allianzvertrag, der aber in Stockholm nie ratifiziert wurde. Die dänische Regierung rechnete dennoch bis in den Herbst hinein fest damit, daß Schweden beträchtliche militärische Hilfe leisten würde. Noch im Dezember meldete eine Zeitung: „22000 Mann kommen und er selbst.“ Er – das war der schwedische König – kam aber nicht, und er schickte keine Truppen. Die Meldung war eine Ente. Vor der militärischen Konfrontation wichen die Schweden dann doch zurück.

Im sicheren Vertrauen auf die skandinavischen Verbündeten schritt die dänische Regierung Anfang des Jahres 1863 zur Tat. Die internationale Lage schien günstig für einen neuen Vorstoß. Vor allem Preußen war isoliert, und sein Verhältnis zu Österreich und dem Deutschen Bund war getrübt. Die dänische Regierung proklamierte nun das sogenannte März-Patent, das Holstein und Lauenburg Selbstverwaltung versprach. Schleswig sollte mit dem Königreich vereint werden. Dieser Schritt bedeutete die Aufgabe der dänischen Gesamtstaatspolitik zugunsten eines nationalen Eiderstaates. Als die Regierung im November 1863 schließlich eine neue Verfassung für Dänemark und Schleswig vorlegte, war das den Preußen gegebene Versprechen, Schleswig nicht enger an Dänemark zu knüpfen als Holstein und Lauenburg, eindeutig gebrochen.

Schleswig-Holstein war aber seit dem Jahre 1848 längst nicht mehr ein Problem das innerhalb der Monarchie gelöst werden konnte. Das hatten die konservativen Politiker mit ihrem Hinweis auf die „europäische Notwendigkeit“ des Gesamtstaates verstanden. Die Nationalliberalen wollten die nationale Politik jedoch ohne Absprache mit den Mächten führen – eine Haltung, die genauso realitätsfremd war wie die Hoffnung auf die skandinavische Solidarität. Die nichtdeutschen Großmächte befürworteten den Gesamtstaat. Sie sahen die Aufgabe des dänischen Staates in der Beherrschung der wichtigen Seeverbindungen zwischen Nord- und Ostsee. Daß sich Preußen nach einem dänischen Rückzug aus Holstein einen Zugang zum Kieler Hafen verschaffte, lag nicht in ihrem Interesse. Rußland hatte im ersten Krieg Dänemark unterstützt, die nationalliberale Bewegung aber betrachtete der Zar mit größtem Mißtrauen, und einen dänischen Nationalstaat wünschten die Russen auf gar keinen Fall. Die dänische Regierung setzte trotzdem auf Rußland, bezog aber die Auswirkungen des Krimkrieges nicht in ihr Kalkül ein. Das Gewicht der Russen in der europäischen Politik war nach dem Krieg erheblich geringer geworden. Dänemark konnte mit Sympathien in St. Petersburg, London und Paris rechnen, eine Intervention war jedoch nicht zu erwarten. Entscheidend war aber das Verhalten der beiden deutschen Großmächte. Die November-Verfassung wurde von beiden Staaten abgelehnt, und ihr Inhalt reichte aus, eine Intervention zu legitimieren. Diese Situation kam vor allem dem eigentlichen Gegenspieler der Dänen, dem diplomatisch geschickten Otto von Bismarck, gerade recht. Die Dänen waren nicht die letzten, die Bismarcks Talent unterschätzten, aber sie waren die ersten, die sich durch diese Fehleinschätzung eine empfindliche Niederlage einhandelten. Nach der Niederlage verdrängten die Dänen die Tatsache, daß es die dänische Politik gewesen war, die den Vorwand für das militärische Eingreifen der Preußen geliefert hatte.

Kurz bevor die dänische Verfassung unterschrieben werden sollte, starb der König. Mit dem im Londoner Vertrag von 1852 anerkannten Thronfolger Christian IX. bestiegen die Glücksburger den dänischen

Thron. Christian IX., überzeugter Befürworter des Gesamtstaates, wurde sofort mit der drohenden Krise konfrontiert. Er war sich im klaren darüber, daß die neue Verfassung einen Krieg auslösen und für die Monarchie verheerende Folgen haben könnte. Nur zögernd unterschrieb er schließlich doch die Verfassung, wohl wissend, daß eine Ablehnung ihn den Thron gekostet hätte, denn es gab in Dänemark viele, die den neuen König sofort wieder loswerden wollten. Die Skandinavisten hatten gehofft, daß der Tod Friedrichs die Chance eröffnen würde, den schwedischen König zum König von Dänemark zu wählen und dadurch einer Union den Weg zu bahnen. Das Zögern Christians verstärkte den Unmut seiner Feinde. Carl Ploug etwa schrieb einem Freund in Schweden: „Ich glaube nicht, daß es mit dem Glücksburger gehen wird. Um so weniger darf König Karl die Sache im Stich lassen. Sprichst Du mit ihm oder mit einem seiner Vertrauensleute, so dränge darauf, daß bald Truppen in Schonen zusammengezogen werden.“[164] Auch diesmal blieben die skandinavistischen Wünsche bloße Illusion. Der Widerstand gegen Christian IX. jedoch hielt sich noch lange. Im Krieg wurde er keineswegs zu einer nationalen Identifikationsfigur wie sein Vorgänger im Jahre 1848 oder sein Enkel im Zweiten Weltkrieg. Bekannt wurde der Ausspruch des grundtvigianischen Pfarrers Birkedal, der von seiner Kanzel im September 1864 betete: „Gott gebe dem König ein dänisches Herz – wenn es möglich ist.“

Der Deutsch-Dänische Krieg von 1864

In Deutschland war das Interesse für Schleswig-Holstein in den 1850er Jahren lebendig geblieben. Die sich überall formierende nationale Bewegung befürwortete und unterstützte eine neue Aktion gegen Dänemark. Einen Hort antidänischer Gefühle bildeten die Flottenvereine, deren Arbeit ja nicht zuletzt darauf abzielte, eine effektive Verteidigung gegen die dänische Marine aufzubauen. Auch die Ansprüche der herzoglichen Familie in Schleswig, der Augustenburger, auf die Herzogtümer konnte Kräfte in Deutschland mobilisieren. Vor allem in den Klein- und Mittelstaaten hoffte man weiterhin auf ein selbständiges Schleswig-Holstein mit den Augustenburgern an der Spitze. Das „dritte“ Deutschland und auch die Schleswig-Holsteiner strebten einen selbständigen Staat an, und damit war die ganze Frage, wie schon in der Revolution von 1849, in die Debatte über eine Neuordnung des Deutschen Bundes eingebettet.[165] Österreich bevorzugte gemäß seinem Widerstand gegen eine Zentralisierung Deutschlands ebenfalls eine Lösung, die Schleswig-Holstein als selbständiges Glied in den deutschen Staatenbund integrieren würde, während Preußen keine eindeutige Haltung erkennen ließ. Die November-Verfassung der dänischen Nationalliberalen führte aber schnell ein Zweckbündnis zwischen den deutschen Mächten herbei. Sie forderten offiziell die Einhaltung der Vereinbarungen aus dem Jahre 1852 und die Aufrechterhaltung des dänischen Gesamtstaates.

Bismarck suchte den Konflikt zunächst mit friedlichen Mitteln zu lösen, während sich die deutschen Nationalliberalen für eine sofortige militärische Intervention aussprachen. Am 16. Januar 1864 forderten Preußen und Österreich die Rücknahme der Verfassung noch vor dem 18. Januar. Die neue dänische Regierung von D. G. Monrad erklärte sich im Prinzip dazu bereit, bestand aber darauf, daß die Dänen dabei nach den parlamentarischen Regeln verfuhren. Dies bedeutete, daß erst einmal der Reichsrat einberufen werden mußte, was sich nicht innerhalb des Ultimatums realisieren ließ. Ein Versuch des britischen Außenministers Russell, die Signatarmächte einzuberufen, fand auch keine Zustimmung, und so war die Bundesexekution unausweichlich. Der drohende Krieg beunruhigte die dänische Bevölkerung nicht besonders. Sie war gefaßt und optimistisch, fühlte sich in ihrem guten Recht und erwartete, daß der Krieg ebenso ablaufen würde wie der erste. Die Eiderpolitik fand breite Unterstützung, nur wenige Stimmen erhoben sich gegen den nationalistischen Größenwahn. Eine Niederlage konnten sich die Nationalisten einfach nicht vorstellen.

Wie falsch die dänische Politik die realen Machtverhältnisse eingeschätzt hatte, zeigte der Verlauf des Krieges von 1864. Am 1. Februar 1864 marschierten 57000 deutsche Soldaten über die Eider ins Herzogtum Schleswig ein, wo sich 44000 Dänen hinter dem großen alten Südwall, dem Danewerk, verschanzt hatten. Für die Dänen galt diese Stellung als uneinnehmbar, nur sah sich die Heeresleitung angesichts der ungünstigen Witterung bald gezwungen, den Rückzug anzutreten. In der Nacht zum 6. Februar marschierten die Soldaten über Flensburg in Richtung Norden und bezogen eine neue Position bei Düppel an der Nordküste der Flensburger Förde. Der kampflose Rückzug schockierte die Bevölkerung. In Kopenhagen wurde offen über Verrat gesprochen. Während sich die dänische Armee jetzt auf eine Verteidigung der neuen Stellung vorbereitete, besetzten die Preußen und Österreicher die Jütische Halbinsel. Die dänische Flotte reagierte wie im ersten Krieg mit einer Blockade der deutschen Häfen, und die kleine deutsche Flotte war nicht in der Lage, dies zu verhindern. Das Meer war wie zuvor das Element der Dänen, aber die Überlegenheit zur See konnte die Niederlage dieses Mal nicht verhindern. Am 18. April nahmen die Preußen die Schanzen von Düppel ein, obwohl die Dänen energischen Widerstand leisteten.

Der Schaden der Niederlage wurde durch eine beispiellose Unfähigkeit der Diplomatie noch vergrößert. In London hatte die Diplomatie schon im Februar und März eine Lösung des Konfliktes zu finden versucht, aber die Dänen hatten sich unnachgiebig gezeigt. Sie hatten ihre Haltung damit begründet, daß die Preußen Schleswig besetzt hielten. Nach der Schlacht bei Düppel wurden die Verhandlungen am 20. April wiederaufgenommen. Die dänische Lage war ziemlich aussichtslos. Die Briten drängten auf eine Verhandlungslösung, um die Dänen vor weiteren Katastrophen zu bewahren. Schleswig sollte geteilt werden. Bismarck war im Prinzip bereit, diesen Kompromiß zu akzeptieren. Er wies den preußischen Unterhändler an, zunächst ganz Schleswig zu fordern, um schließlich doch eine Teilung nach Nationalitäten zu akzeptieren. Aber die Dänen spielten nicht mit. Sie zeigten keinerlei Kompromißbereitschaft. Es gab Unstimmigkeiten im dänischen Lager, auch der König mischte sich ein. Er bestand auf der Grenzlinie, die von der Schlei bis zum Danewerk verlaufen sollte. Die Nationalliberalen träumten immer noch davon, daß die Briten – nach einem Regierungswechsel, der aber nie kam – die Verhandlungen mit einem Diktat zugunsten Dänemarks beenden würden. Ironischerweise hätte die im Jahre 1864 ins Auge gefaßte Teilungslinie nach Nationalitäten der 1920 in einer Volksabstimmung festgelegten Grenze weitgehend entsprochen: Dänemark hätte damals Flensburg, Deutschland Tondern bekommen. Die Briten wurden nach und nach der Vermittlung müde, am 26. Juni lief der Waffenstillstand aus.

Drei Tage später überquerten die Preußen den schmalen Sund bei Sonderburg und eroberten die Insel Alsen. Schlagartig änderte sich die Stimmung in Kopenhagen. Jetzt breitete sich eine regelrechte Panik aus. Wenn die Flotte nicht imstande war, die Eroberung einer dänischen Insel zu verhindern, mußte man damit rechnen, daß der Feind bald in Kopenhagen stehen würde. Man erwartete die Flotte der Österreicher im Öresund und befürchtete, daß preußische Soldaten von Rügen aus über die Ostsee nach Kopenhagen gebracht werden würden. Die Kriegsbereitschaft der Hauptstadtbewohner hatte sich verflüchtigt, die Bürger verlangten einen sofortigen Friedensschluß. Carl Ploug war entsetzt über die Feigheit der Kopenhagener, die den Krieg begeistert unterstützt hatten, solange es nur um Schleswig gegangen und solange lediglich Jütland besetzt war.[166]

Ein politischer Kurswechsel war unumgänglich. Im Juli 1864 übernahmen konservative Kräfte die Regierung mit der wenig beneidenswerten Aufgabe, Frieden zu schließen. Von Verhandlungen konnte nach der verspielten Chance von London kaum mehr die Rede sein. Am 30. Oktober war das Treffen in Wien beendet, und am 16. November unterschrieb der dänische König den Vertrag. Der Staat verlor zwei Fünftel seines Areals; ganz Schleswig und damit rund 200000 dänischgesinnte Schleswiger wurden an Preußen abgetreten. Übrig blieb allein der Kern des einmal so stolzen Reiches. Die jetzt häufig gestellte Frage, ob Dänemark überhaupt eine Zukunft hätte, war berechtigt. Die Preußen – so dachte man – würden sich bald mit neuen Forderungen melden und schließlich den dänischen Staat liquidieren. In den folgenden Jahren tauchten immer wieder solch finstere Visionen auf, manchmal gemischt mit dem ganz und gar abwegigen Verdacht, daß Deutschland und Schweden eine Teilung Dänemarks anstrebten.

DÄNEMARK ALS KLEINSTAAT (1864–1920)

Vom Schlage getroffen

Dänemark war klein geworden. Die Erkenntnis der eigenen Ohnmacht war durch das katastrophale Ergebnis der nationalliberalen Politik deprimierend. Die Politiker hatten va banque gespielt, ihre phantastischen Gedanken und Fehleinschätzungen hatten Dänemark an den Rand des Abgrunds geführt. Nur ein Jahr zuvor schien der Eiderstaat unmittelbar Realität zu werden – jetzt war er in weite Ferne gerückt. Der nun entstandene dänische Nationalstaat war nicht der Staat aller Dänen und war so klein geworden, daß man um seine Lebensfähigkeit bangen mußte. Sowohl die Existenz einer Minderheit außerhalb Dänemarks als auch die Kleinheit erschwerten den von vielen ersehnten Rückzug auf das nationale Eigenleben. Als besonders schmerzlich empfanden es viele, daß es Deutschland war, das eine völlige Isolation verhinderte. In den Jahren nach 1864 gelang es zwar weitgehend, Kultur und Gesellschaft von der Außenwelt abzuschotten, in der Sicherheitspolitik und in der Wirtschaft war dies jedoch nun völlig unmöglich geworden.

Das Interesse der dänischen Politik galt von nun an der Lage der dänischen Bevölkerung in Schleswig. Die Forderung nach Wiedervereinigung fand überall Zustimmung, und viele waren immer noch töricht genug zu glauben, daß sie mit militärischen Mitteln zu erzwingen sei. Bereits der preußisch-österreichische Krieg von 1866 schien eine Chance dafür zu bieten. In einer geheimen Verhandlung des dänischen Staatsrates wurde beschlossen, Preußen dänische Hilfe anzubieten. Dieses Angebot wurde von Berlin jedoch ausgeschlagen. Aber auch in der dänischen Bevölkerung wäre ein solches Angebot auf breite Ablehnung gestoßen, wenn es bekannt geworden wäre. Presse und öffentliche Meinung in Kopenhagen forderten eine antideutsche Politik ohne Wenn und Aber. Es bestand ohnehin ein regelrechtes Schisma zwischen Regierung und Bevölkerung, vor allem in Fragen der Deutschlandpolitik, das die dänische Politik in den folgenden Jahrzehnten belastete. Die Regierung nahm bei ihren Entscheidungen zwar wenig Rücksicht auf die öffentliche Meinung – doch machte die öffentliche Meinung es der Regierung schwer, ihre Politik gegenüber fremden Mächten glaubwürdig darzustellen.

Nach dem Krieg von 1866 trat der französische Kaiser Napoleon III. als Vermittler auf und setzte im Prager Friedensvertrag die Aufnahme des Paragraphen V durch, in dem es hieß, „daß die Bevölkerung der nördlichen Distrikte von Schleswig, wenn sie durch freie Abstimmung den Wunsch zu erkennen geben, mit Dänemark vereinigt zu werden, an Dänemark abgetreten werden sollen“. Für eine solche Abstimmung war aber kein fester Termin vorgesehen, so daß die Anwendung des Paragraphen ungewiß blieb. Trotzdem rief dieser Schritt in Dänemark neue Hoffnungen hervor, und der französische Kaiser gewann an Popularität. In den Jahren 1867 und 1868 wurden Verhandlungen zwischen Preußen und Dänemark aufgenommen. Offiziell wurden sie nie abgebrochen, führten aber auch zu keinem Ergebnis. Die Preußen hatten keinen Grund, sich auf eine Grenzrevision einzulassen, und die dänische Regierung fürchtete, daß Preußen eine Rückgabe Nordschleswigs mit unannehmbaren Forderungen – etwa umfassende Garantien für die deutsche Minderheit – verknüpfen würde.[167] Die Erfahrungen mit Vereinbarungen dieser Art aus den 1850er Jahren, in denen die ständige deutsche Einmischung das Regieren in den Herzogtümern fast unmöglich gemacht hatte, waren nicht vergessen.

Bald darauf setzte die dänische Öffentlichkeit ihre Hoffnungen in die wachsenden Spannungen zwischen Preußen und Frankreich. Militärisch wurde Dänemark im Jahre 1867 auf eine Revanche – womöglich mit französischer Unterstützung – vorbereitet. Als es im Jahre 1870 zum Krieg kam, rechnete man mit einem französischen Sieg, so daß sich Stimmen mehrten, Dänemark solle sich auf die Seite Napoleons schlagen und seine Chance nutzen. Der Regierungschef und Außenminister Graf Frijs lehnte jedoch ein neues Abenteuer ab. Er hielt sich an die Parole: Das Land ist klein und kann keine entscheidende Rolle im internationalen Geschehen spielen.[168] Seine zögernde Haltung und die schnellen Erfolge der Preußen bewahrten Dänemark vor einer neuen Katastrophe, die die Selbständigkeit hätte kosten können.

Der preußische Sieg machte vorerst endgültig die Träume von einer Revanche zunichte. Eine Grenzrevision war von nun an nur mehr denkbar durch ein freiwilliges deutsches Einlenken oder eine deutsche Niederlage in einem großen europäischen Krieg. Der Paragraph V stand weiterhin im Raum, aber neue Verhandlungen gab es nicht. In Kopenhagen erwartete man eine deutsche Initiative, gleichzeitig aber fürchtete man solche Verhandlungen. Trotzdem war die dänische Regierung zutiefst schockiert, als der österreichische Gesandte im Februar 1879 mitteilte, der Paragraph sei aufgehoben. Tatsächlich war der Paragraph bereits im vorangegangenen Jahr durch eine deutsch-österreichische Vereinbarung gestrichen worden. Bismarck war die Klausel ohnehin ein Dorn im Auge, und die Österreicher konnten sich nicht mit einem Recht auf nationale Selbstbestimmung, das der Paragraph ja beinhaltete, anfreunden. Bismarck hatte übrigens die Bekanntgabe der Vereinbarung bewußt hinausgezögert, um sie den Dänen bei passender Gelegenheit zu servieren. Diese Gelegenheit war gekommen, als sich die dänische Prinzessin Thyra mit dem Herzog von Cumberland vermählte, der zugleich Thronprätendent von Hannover war und Bismarck seinen Ärger darüber zum Ausdruck bringen konnte.[169] Die Aufhebung des Paragraphen verschlechterte die Lage Dänemarks. Dänemark konnte aber keinen offiziellen Protest einreichen, und dem Kleinstaat schien es auch klüger, sich ruhig und unauffällig zu verhalten. Die Aufhebung des Paragraphen wurde von vielen als der Vorbote einer deutschen Einverleibungspolitik gegenüber Dänemark gedeutet.

Kulturkampf und Nationsbildung: Eine eigene dänische Kultur entsteht

Auch auf das kulturelle und gesellschaftliche Leben hatte die Niederlage weitreichende Auswirkungen. Die Dänen waren zwar endlich die lästigen Deutschen losgeworden, und es gab einen Nationalstaat, aber die oft beschworene dänische Stimmung von „hygge", von heimeliger Intimität, wollte trotzdem nicht richtig aufkommen. Man fühlte sich einer bösen Macht ausgeliefert, setzte keine Hoffnungen mehr in die Beziehungen zu anderen Mächten und war tief enttäuscht, daß weder die Briten noch die Schweden Hilfe geleistet hatten. „Die Macht war in Europa an die Stelle des Rechts getreten, hieß es; das Unrecht triumphierte und alle Sicherheit für die kleinen Völker war dahin",[170] charakterisierte später der Historiker P. Munch das Empfinden der Zeitgenossen. Ein ausgeprägter Pessimismus war zu spüren, es fehlte den Dänen an Wagemut, Selbstvertrauen, Lebenslust oder Vertrauen in die Zukunft, wie Georg Brandes im Studentenverein in Kopenhagen viele Jahre später diagnostizierte. Ein Gefühl tiefer Niedergeschlagenheit beherrschte die Gesellschaft.[171] Die Versprechungen und hochfliegenden Träume von einem viel größeren Vaterland waren kläglich gescheitert, das Jahr 1864 hatte ein viel kleineres gebracht.[172] Die Talfahrt schien kein Ende zu nehmen. Nach Brandes' Einschätzung erreichte der Niedergang seinen Tiefpunkt während der Weltausstellung in Paris im Jahre 1878. Laut Pressekommentaren konnte sich Dänemark nicht einmal mehr mit den wirklichen Lilliputländern messen. Damals hörte man in Paris einen Satz, der allen Dänen wie ein Menetekel vor Augen stehen sollte: *«Le Danemarc s'efface»* – Dänemark verlischt.[173]

Aus dieser Stimmungslage heraus entwickelte sich aber auch etwas Neues. Es gab nach der Niederlage durchaus einen Nährboden für einen tendentiell aggressiven Nationalismus, der zwar an realen Machtverhältnissen nichts ändern konnte, aber dem starken Drang nach Isolation Rechnung trug. Die Dänen igelten sich ein. In einer Mischung aus Trotz und Selbstgenügsamkeit richteten sie sich allmählich bewußt in der Kleinstaatlichkeit ein. Die Abkehr von der bösen Welt beschleunigte den Prozeß der Nationsbildung. Jetzt konnten die Wünsche nach einem nationalen Eigenleben verwirklicht werden. Der alte Nationalist Orla Lehmann sprach davon, daß die Dänen „sie selbst werden", ihr eigenes Potential entwickeln sollten, und wenn er hinzufügte, daß der Einfluß der allgemeinen kulturellen Strömungen toleriert werden könnte, war doch klar, daß er die Abgrenzung gegen Deutschland nun erst recht vorantreiben wollte.

Deutschland verkörperte nach den Ereignissen von 1864 noch stärker all das, von dem man sich unbedingt abgrenzen wollte. Auch die Elite verabschiedete sich von der Bühne der internationalen Kultur, und das bedeutete vor allem ein Abschiednehmen vom deutschen Kultureinfluß. Der dänische Dichter I.C. Hostrup predigte in einem Gedicht den Krieg gegen die deutsche „Mördersprache", die „Feindessprache", die „Sklavensprache". Er wollte sie in ebenso weite Ferne rücken wie das Russische, sie in Dänemark tot und vergessen machen.[174] In Kunst und Literatur wurde die Hinwendung zu nationalen Themen mit Eifer betrieben. Zugleich engte man freiwillig den Horizont ein. Die internationale Politik interessierte nur noch wenig. Es gab kaum Auslandskorrespondenten, man begnügte sich mit der Lektüre und dem Exzerpieren ausgewählter fremder Zeitungen. Meïr Aron Goldschmidt, Schriftsteller und Publizist, erzählte, daß im Redaktionsbüro der einflußreichen nationalliberalen Zeitung ›Fædrelandet‹ zwei Landkarten an der Wand zu sehen waren: Eine von Dänemark bis zur Eider und eine von Schweden–Norwegen und sonst nichts von der ganzen übrigen Welt.[175]

Das Deutschlandbild hatte sich schon unter dem Eindruck des Nationalismus verändert. Immer öfter wichen die Erfahrungen von

Vertrautheit und Verwandtschaft der Distanz, dem Befremden und auch dem Ressentiment. Dies war beispielsweise bei Israel Levin zu erkennen. Als er 1858 die Stadt Hamburg beschrieb, zeichnete er das Bild einer Stadt, die so exotisch anmutete, daß man es kaum für möglich gehalten hätte, daß hier eine Stadt porträtiert wurde, die unmittelbar an Dänemark grenzte und engste Beziehungen zu Dänemark unterhielt. Levin vermittelte das unsympathische Bild einer Stadt mit sittlichem Zerfall und ohne nationalen Geist, wobei gerade die kosmopolitische Weltanschauung der Hamburger mit abfälligen Kommentaren bedacht wurde.[176]

Von noch größerer und dauerhafter Bedeutung war die schnelle Auflösung der einstigen Wahrnehmung der Vielfalt von Kulturen, Landschaften und Volksgruppen. Aus den Bestrebungen, Nationalstaaten zu schaffen, gingen auch neue Stereotypen hervor, die keine inneren Unterschiede innerhalb eines Staates mehr berücksichtigten. Noch Mitte der 1850er Jahre zeigte A.E. Meinert in seiner umfassenden Erdbeschreibung die deutsche Nation als eine Gemeinschaft verwandter Stämme mit jeweils besonderen Charakterzügen und Eigenschaften. Nicht alle Deutschen wurden ausschließlich mit Sympathie beschrieben, aber die meisten Stämme erschienen doch in einem positiven Licht. Mit großer Sorgfalt listete der Verfasser die verschiedenen Volksgruppen auf. Schließlich versuchte er doch, eine Ordnung in die Vielfalt zu bringen, indem er eine generelle Charakteristik der Deutschen darzustellen versuchte. Erst hier kam ein überwiegend negativer Stereotyp ans Licht. Gegenüber „den Deutschen" glaubte sich Meinert anscheinend abgrenzen zu müssen, was im Falle eines Brandenburgers oder eines Schwaben nicht notwendig war.[177]

Die vor der Entstehung des Nationalstaates verbreitete Auffassung einer selbständigen Identität von Badenern, Thüringern, Hessen und Westfalen paßte nicht in die Kategorien nationalstaatlichen Denkens. Man gab sich bald mit dem Bild vom „Preußen" zufrieden. Preußen wurde das Synonym für Deutschland, und der Preuße war der Deutsche schlechthin. Der „Preuße" besaß deshalb kaum gute Eigenschaften, sondern war machtbesessen, arrogant, prahlerisch und pedantisch. Dieses Klischee entstand während der Reichsgründung unter preußischer Führung und entsprach dem Bedürfnis der dänischen Nationalideologie nach einem eindeutigen und bösen Gegner.

Die vorangetriebene Abgrenzung von Deutschland war nicht zuletzt deshalb so erfolgreich, weil sie durch die Ausbildung unterschiedlicher Strukturen in vielen gesellschaftlichen Bereichen erzielt wurde.

In der Nationalstaatsforschung wird von „Nationsbildung“ gesprochen. Dies zeigt, daß der Mythos vom ewig gültigen Charakter und der immerwährenden Existenz der Nationen inzwischen demontiert ist. In Dänemark wird die Entstehung der dänischen Nation im 19. Jahrhundert bis hinein in die Gegenwart nur ausnahmsweise als Produkt einer Konstruktion analysiert. Wichtige Voraussetzungen für die Herausbildung einer dänischen Identität und die spätere Entwicklung des dänischen Nationalstaates schuf der „Kulturkampf“ in den 1870er Jahren. In dieser Epoche der Nationsbildung nahmen die Dänen zugleich Abschied von der deutschen Kulturtradition und legten die Fundamente für eine selbständige Entwicklung.

Nirgendwo entwickelten sich die dänische und deutsche Gesellschaft deutlicher auseinander als auf der Ebene der Bildung. Während in Deutschland die traditionellen Ideale des Bildungsbürgertums weiterhin eine große Rolle spielten und die offizielle Kultur überwiegend die Domäne der Eliten blieb, nahm die dänische Gesellschaft in den letzten Jahrzehnten entscheidende Schritte in Richtung einer breiten „Volkskultur“. Dies war keine unumstrittene Entwicklung. Sie führte zu einem „Kulturkampf“, den die kulturelle Elite schließlich verlor. Damit verlor auch die traditionelle Bildung ihre gesellschaftliche Position, die sie in Deutschland immer noch besaß. Zugleich ebnete die Durchsetzung der „Volkskultur“ den Weg für eine Demokratisierung der dänischen Gesellschaft von unten.

Wichtigste Protagonisten des dänischen „Kulturkampfes“ der 1870er Jahre waren konkurrierende Gruppierungen: die nationalliberale Bildungselite, die Grundtvigianer und die radikalliberalen Kreise, die mit den Namen Brandes verbunden sind.[178] Die nationalliberale Elite umfaßte die große Mehrheit der kulturtragenden Schichten in Kopenhagen und in den Provinzstädten. Sie war in vielen Aspekten mit dem deutschen Bildungsbürgertum verwandt. Ihr Bildungsideal war im wesentlichen eine Übersetzung des deutschen. Man huldigte der dänischen bürgerlichen Nationalromantik, „Guldalderen“, und einer Gesellschaftsphilosophie, wie sie auch im deutschen Biedermeier zu finden war. Werte wie Staat, Religion und Ehe standen im Mittelpunkt. Die Nationalliberalen hatten den Bruch mit Deutschland provoziert und forciert, aber sie waren doch tief mit der deutschen Kultur verbunden. Die nationale Ideologie war aus deutschen Wurzeln gewachsen und die nationalliberale aristokratische Auffassung von Kultur und Gesellschaft stimmte überein mit der ihrer deutschen Rivalen. Was sie trennte, waren vor allem ihre unterschiedlichen nationalen Überzeugungen, wie sie im Streit um

Schleswig zum Ausdruck gekommen waren. Zu dieser politischen Differenz fügte sich nach der Niederlage auch bei den Nationalliberalen das Bedürfnis nach einer stärkeren kulturellen Abgrenzung. Es folgte eine Hinwendung zu einer rein dänischen Eigenkultur.

Die Nationalliberalen waren die Sieger der Revolution von 1848 und sahen damals eine strahlende Zukunft anbrechen. Das war eine Zukunft, die sie dank ihrer Bildung und geistigen Überlegenheit prägen und dominieren wollten. Für sie kam es darauf an, daß die Bildung das entscheidende Kriterium für die Zugehörigkeit zur Elite blieb. Damit bestimmten sie das zentrale Thema der Auseinandersetzung – die Frage von Bildung oder Demokratie als beherrschende Kraft in der Gesellschaft. Die Verfassung von 1849 räumte der bäuerlichen Opposition jedoch gute Chancen ein. Bereits im folgenden Jahrzehnt zeigte sich, daß sie nicht geneigt war, sich der Führung der nationalliberalen Elite unterzuordnen. Die Konfrontation mit dem lange Zeit idealisierten Volk war für die Nationalliberalen eine ernüchternde Erfahrung. Ihr begabtester Rhetoriker, Orla Lehmann, sprach jetzt von „den bösen Instikten des plebejischen Geistes“.

Die verheerende Niederlage im Krieg von 1864 war zugleich die Niederlage der Nationalliberalen. Sie hatten den Krieg provoziert, ihn verloren und schließlich durch ihre Unfähigkeit auch noch die Friedensverhandlungen gestört. Damit war nicht nur ihre Außenpolitik gescheitert, sondern auch ihre innenpolitische Führungsrolle verspielt. Nun mußte eine neue Verfassung ausgearbeitet werden, weil diejenige aus dem Jahre 1863 mit dem Verlust Schleswigs ihre Grundlage verloren hatte. Die Verfassung von 1866 bedeutete, was die demokratischen Rechte betrifft, im Vergleich mit der von 1849 einen Rückschritt. Sie beinhaltete ein Zweikammersystem und ein Wahlrecht, das sich auf Zensus gründete. Die Nationalliberalen zeigten sich dennoch bereit, mit den Konservativen zu koalieren, und gaben nun ihre alten freiheitlichen Ideale auf, um zu verhindern, daß die Bauern an die Macht kamen. Der „Reststaat“ konnte sich Experimente ebensowenig leisten wie unfähige Bauern an der Regierung.

In den folgenden Jahrzehnten bemühten sich die Nationalliberalen, die Bauern von der Macht fernzuhalten, und verbündeten sich zu diesem Zweck mit den Konservativen. Sie konnten sich zwar mit Hilfe der Wahlrechtseinschränkungen an der politischen Macht halten, aber als kulturelle Elite waren die Nationalliberalen viel zu schwach, um ihre Vorstellungen von einer Nationsbildung durchzusetzen. Sie hatten während des ersten schleswigschen Krieges eine große nationale Begeisterung mobilisieren können, aber zu Friedenszeiten – und vor allem nach der Niederlage – erwiesen sich ihre Bildungsideale und ihre Skepsis gegenüber der Demokratie als unzulängliche Basis für die Schaffung einer nationalen Identität. Das Land blieb ein Bauernland, und die Bauern konnten im Laufe der folgenden Jahrzehnte die Demokratisierung in Kultur und Gesellschaft vorantreiben. In diesem Prozeß übernahm die grundtvigianische Bewegung die Initiative. Wenn sie auch ihre Auffassung von Kultur nicht vollständig durchsetzen konnte, ist doch der Einfluß des Grundtvigianismus bis in die Gegenwart hinein in der dänischen Gesellschaft wirksam geblieben.

Der Pfarrer N.F.S. Grundtvig war bereits zu Lebzeiten eine umstrittene Person, die sich nicht in das normale politisch-kulturelle Leben fügte. Er vereinte in seinen Ideen gegensätzliche Auffassungen, die sehr unterschiedliche Interpretationen seiner Lehre zulassen. So war Grundtvig Reaktionär, Nationalchauvinist und Deutschenhasser und zugleich Vordenker einer sehr basisdemokratischen, antielitären Volkstümlichkeit, die einem subjektiven Nationalitätsbegriff huldigte und eine nach Gesinnung festgelegte Grenze zwischen Deutsch und Dänisch forderte. In der nationalen Auseinandersetzung zwischen Dänen und Deutschen war Grundtvig derjenige, der den dänischen Nationalismus und die Feindschaft gegen Deutschland am offensivsten predigte. In seiner Wochenschrift ›Danskeren‹ (›Der Däne‹) zog er vier Jahre lang gegen die Deutschen und ihre ganze Kultur zu Felde.[179] In seiner Gedankenwelt fanden sich wesentliche Elemente einer überschwenglichen und maßlosen Selbstüberschätzung der dänischen Nation – für ihn war sie das von Gott auserwählte Volk. Das Überleben der dänischen Nation im Streit mit den Deutschen hing laut Grundtvig davon ab, ob es gelingen würde, jeden deutschen Einfluß zu eliminieren. Er meinte allen Ernstes, daß die deutsche Sprache und die deutschen Bücher mehr Schaden angerichtet hätten als deutsche Waffen und Soldaten.[180]

Grundtvig hatte eine Flut von Psalmen und Liedern geschrieben, die zu wirksamen Waffen im Kampf für Erneuerung und kulturellen Aufbruch wurden. Nicht zuletzt als Verfasser von Liedertexten erreichte Grundtvig eine herausragende Position in der dänischen Kultur. Bei ihrem Propheten fanden die Grundtvigianer die Weisungen, wie die dänische Kultur neu zu organisieren sei. Von zentraler Bedeutung war dabei, daß gerade der Unterschied zur deutschen Kultur kultiviert und gepflegt werden mußte. Grundtvig lehnte die klassische Bildung in ihrer deutschen Form ab. Dadurch wurde der Grundtvigianismus weitgehend zu einer antiintellektuellen Bewegung, die die Volksaufklärung höher schätzte als die universitäre Bildung. In der Konsequenz verlor die Universität ebenso an Prestige wie die Bildungselite. Im Gegensatz zu den Bildungsidealen der Nationalliberalen ermöglichte der Grundtvigianismus eine breite Volksbildung, die zunächst die Bauern miteinbezog. Diese Volksbildung ließ sich allein der Sprache wegen nicht auf den Werten der deutschen Kultur aufbauen. Hier hatten Grundtvigs betont dänische und volkstümliche Gedanken einen großen Vorteil und gewannen maßgebliche Bedeutung für die Herausbildung einer dänischen Identität.

Aus der Gedankenwelt Grundtvigs heraus entstand die berühmte dänische Volkshochschule. Er sah in ihr nicht nur eine Institution zur Aufklärung der Bauern, sondern auch die Grundlage für eine Neustrukturierung der höheren Bildung, etwa in Gestalt einer gesamtnordischen Universität. Grundlage der Volksbildung sollten nicht Latein, Griechisch, Literatur oder „wissenschaftliche" Mathematik sein, sondern die dänische Sprache auf unterschiedlichen Entwicklungsstufen: „zuerst die klassische, d.h. die Sprache des Altertums, unsere eigene (die nordische) Literatur und unsere eigene (die nordische) Geschichte." Erst dann sollten die Schüler an die Weltgeschichte und die Weltliteratur (in Übersetzung) herangeführt werden.[181] Dieses Programm zeigt den Versuch, eine eigenständige Bildung aufzubauen, die aus den Wurzeln der Nation wachsen sollte, wobei Grundtvig immer am Nordischen als einem zentralen Thema festhielt. Seine Originalität in vielen Aspekten ist unumstritten, aber zugleich blieb er doch stark von der deutschen Romantik beeinflußt.

Die nationale Ideologie Grundtvigscher Prägung war eine Ideologie für kleine Leute, für Bauern. Sie war zudem eine bewußte Kleinstaatsideologie, die das Qualitative dem Quantitativen vorzog, und sie legte schließlich mit ihrer Behauptung von der dänischen Besonderheit ein Fundament für die oft überhebliche Selbstzufriedenheit der Dänen. In den Jahren nach der Niederlage fanden seine Schriften und Ansichten große Verbreitung und trugen dazu bei, den Dänen ein neues Selbstbewußtsein zu verschaffen. Nach seinem Tod siegten im Streit zwischen seinen Proselyten die Linken. Dadurch traten die reaktionären und nationalistischen Teile seiner Ideenwelt etwas in den Hintergrund. Der Grundtvigianismus strebte eine offene, von unten organisierte Gesellschaft an. Dabei wurde der Nationalismus keineswegs vergessen. Dem Schlagwort „All unser Verdruß ist deutsch" huldigten auch Grundtvigs Anhänger. Seine vorläufig letzte große Renaissance erlebte Grundtvig Anfang der 1970er Jahre, als seine nationalen Parolen und der antideutsche Unterton in seinen Texten den EG-Gegnern der neonationalistischen Linken willkommene propagandistische Munition lieferten.

Die Nationalisten – Nationalliberale wie Grundtvigianer – sahen in der Abkehr von der Welt ein Zeichen der Stärke. Dem Alten weinten sie nicht nach. In den Augen der politisch-kulturellen Opposition um Georg Brandes jedoch führte die freiwillige Isolation nach der Niederlage zu einem Abstieg der dänischen Kultur. Brandes propagierte eine Öffnung nach außen und versuchte, den großen Bewegungen der europäischen Kultur in Dänemark wieder Eingang zu verschaffen. Während Brandes seine radikalliberale Kritik in die dänische Öffentlichkeit trug, hielten sich die hartnäckigen konservativen Befürworter des Gesamtstaates zurück oder publizierten ihre kritischen Äußerungen außerhalb Dänemarks. Auch sie bedauerten die Absonderungstendenzen. Im Jahre 1879 ließ der alte dänische Gesamtstaatspolitiker Raasløff eine konservative Kritik an der dänischen Entwicklung in der ›Deutschen Rundschau‹ veröffentlichen. Raasløff trauerte immer noch der alten Zeit des Gesamtstaates nach, war aber zugleich ein scharfsichtiger Kritiker der angestrengten Bemühungen, durch die sich die Dänen der ungeliebten Last der deutschen Vergangenheit zu entledigen versuchten. Er beklagte, „daß der vorherrschende Charakterzug des dänischen nationalen Lebens während dieser Periode in dem krankhaften Bestreben bestand, eine Existenz *für sich* (à part) zu haben, also in derselben Tendenz, welche in der auswärtigen Politik der Nationalliberalen ihren Ausdruck in der Forderung eines (wie das Stichwort lautete) ‚eigenen Lebens' fand und die Verwirklichung dieser Chimäre im Eiderstaate suchen zu sollen vermeinte".[182] Selbst die Orthographie und die Wörter als solche dürften nicht mehr ihren deutschen Ursprung verraten.

Adolf Strodtmann: Das geistige Leben in Dänemark

Tatsächlich war der Graben zwischen dänischer und deutscher Kultur schon in den 1870er Jahren tief. „Beide Nationen kennen einander nicht mehr, weil einer jeden nicht bloß für die politischen, sondern auch für die Kunst und Literatur-Zustände der Anderen der Schlüssel des Verständnisses abhanden gekommen ist", schrieb der deutsche Schleswiger Adolf Strodtmann in seinem Buch aus dem Jahre 1873 über ›Das geistige Leben in Dänemark‹.

Schon während seiner Zeit als Kriegsgefangener in Kopenhagen im

Jahre 1848 hatte Strodtmann mit einem gewissen Neid die Kraft des nationalen Erwachens beobachtet. Die Stimmung in Dänemark war damals von Siegesgewißheit geprägt und stand für Strodtmann in schroffem Gegensatz zu den Enttäuschungen der Frankfurter Paulskirche. Die Gesellschaft, die Strodtmann kurz nach der verheerenden Niederlage in Dänemark wiedersah, war eine nationale Eigenwelt geworden – oder begann zumindest, eine zu werden. Früher war die Basis der dänischen Elite die klassische Bildung, zu der auch gute Kenntnisse der deutschen Romantik, Goethes Weimar und auch die eigene dänische Romantik gehörten. So hatten Deutsche und Dänen einen festen gemeinsamen Grund gehabt, auf dem sich kommunizieren ließ. Jetzt bildete sich eine nationale Kultur heraus, deren Merkmale für Deutsche schwer zu verstehen waren. Die Künstler waren nun nicht mehr Dänen, die eine besondere regionale Linie der großen „germanischen" Kultur pflegten. Sie hatten sich losgerissen und frei gemacht in dem Glauben, daß die dänische Eigenart eine viel wichtigere Grundlage künstlerischen Schaffens sei als die Idee, Teil einer großen Familie zu sein. Damit verschloß sich die dänische Kultur den Deutschen. Man mußte jetzt Dänisch lernen, um die Entwicklung zu verstehen.

Das Buch Strodtmanns fand kein positives Echo in Dänemark. Dies lag schon zum Teil daran, daß der Verfasser eine intransigente Stellung in der nordschleswigschen Frage einnahm, zum Teil wohl aber auch daran, daß die Dänen zu diesem Zeitpunkt wenig offen für Kritik waren – und am wenigsten, wenn sie von einem Deutschen kam. Dabei war Strodtmann keineswegs nur negativ eingestellt; er besaß zudem gute Kenntnisse über das Land und hatte mehrere literarische Werke ins Deutsche übersetzt. Was die Dänen ganz besonders irritierte, war seine kritische Haltung gegenüber der neuen nationalen Entwicklung im dänischen Kulturleben. Strodtmann machte auch keinen Hehl daraus, daß er eine Rückbesinnung der Dänen auf die deutsche Kultur als Vorbild und Inspirationsquelle favorisierte, ja sogar weitgehend für nötig hielt.

Adolf Strodtmann war der Ansicht, daß die nationale Bewegung durchaus eine neue Kultur in Dänemark hervorgebracht hatte, und er war auch nicht blind für die Tatsache, daß die nationale Euphorie tatsächlich noch nie gesehene Kräfte in der dänischen Bevölkerung freigesetzt hatte. „Im Ganzen", so Strodtmann, „läßt sich nicht leugnen, daß die Richtung auf das Nationale die Kunst und Literatur des Nordens mit neuen, frischen Lebenssäften fremder Muster in die Bahn selbständiger Erfindung gewiesen hat."[183] Die nationale Ideologie mit ihrer Forderung nach einer Kultur, die vom Volke und von der dänischen Eigenart auszugehen hatte, zeigte Resultate. In der Kunst bildete sich eine dänische Schule heraus, stark beeinflußt von dem Kunsttheoretiker N.L. Høyen und seiner Lehre, daß im Norden – wie überall in Eurpa – die Kunst nur dann ihre wahre Größe erreichen könnte, wenn sie sich auf eine nationale Basis stellte und sich an die Inspiration der Natur statt an das Studium fremder Meister hielte.[184] In der Landschafts- und der Genremalerei hatte sie ihre Stärke, aber die hermetische Abschließung nach außen zeigte auch Darstellungen, die nach Strodtmanns Urteil „nicht frei von jener krankhaften Schönheit vorschnell in die Höhe geschossener Treibhausgewächse [war], die früh zu verwelken pflegt".[185]

Die Vergangenheit, in der die Dänen in engem Kontakt mit der deutschen Kultur standen und beide Völker freundschaftliche Verbindungen pflegten, erschien ihm nunmehr als Idealzustand. Strodtmann wollte – und hier zeichnete sich eine Haltung ab, die das deutsche Bild vom Norden fortan prägen sollte – nicht wahrhaben, daß die Abnabelung der Dänen tiefere Wurzeln hatte. Die Trennung war in seinen Augen naturwidrig, und so glaubte er, wenn es dazu käme, daß „das zu einem politischen Lebensaxiom gewordene Verlangen nach Rückgabe der dänischen Distrikte Nordschleswigs befriedigt [wäre], so würde – da sind wir überzeugt – das gesamte Volk Dänemarks sich sofort seiner germanischen Natur besinnen und mit Begeisterung in die Bruderarme Deutschlands stürzen".[186] Immer unterstrich er, daß eine Rückkehr der Dänen zur deutschen Tradition möglich sei, für ein deutsches Entgegenkommen sah er aber keine Veranlassung. Er war der festen Überzeugung, daß die neue dänische Kultur ausschließlich durch künstlich aufgerichtete Dämme von der deutschen abgetrennt worden sei. Ja, er behauptete sogar, daß die dänischen Aversionen gegen das Deutsche Ausdruck einer in Haß umgeschlagenen Liebe seien, Resultat eines verwundeten edlen Stolzes, der in Zorn und Verzweiflung den Stachel gegen sich selber richte.

Es war nicht verwunderlich, daß Strodtmann ausgerechnet den jungen Georg Brandes als einen „der scharfsinnigsten und einsichtsvollsten Kritiker, welche seit den Tagen Lessing's die Gesetze der Kunst zu bestimmen versucht haben", präsentierte.[187] Gerade Brandes verstand sich als Europäer, war nach außen gerichtet und besaß einen erstaunlichen Überblick über die europäische Literatur. Seine Vorlesungen über die Hauptströmungen der Literatur des neunzehnten Jahrhunderts, mit denen er im November 1871 in Kopenhagen begonnen hatte, zeigten einen ungleich weiteren Horizont als zu dieser Zeit sonst in Dänemark üblich. Die Standpunkte, die Strodtmann vertreten hatte, waren auf der kulturellen Ebene nicht weit von denen Brandes' entfernt. Dagegen war seine Stellungnahme in der schleswigschen Frage keineswegs identisch mit der von Brandes. In der konservativen dänischen Presse, in der Brandes wegen seiner Vorlesungen heftig angegriffen wurde, mußten die positiven Äußerungen Strodtmanns über Brandes dennoch als Beleg für die angeblich antinationale Einstellung des jungen Wissenschaftlers herhalten. Es hieß, daß Brandes, der auch noch Jude und politisch radikal eingestellt war, eine Verleumdungskampagne gegen sein Vaterland betreibe. Brandes habe – so die Zeitung ›Dagbladet‹ – den Dänen im Ausland den Ruf eingetragen, eines der faulsten Völker Europas zu sein.[188]

Georg Brandes, der keine dänische Rückkehr zur deutschen Kultur predigte, war nicht der letzte, der erleben sollte, wie schnell seine Landsleute mit Unterstellungen wie Landesverrat auf jegliche Relativierung des Feindbildes reagierten. Brandes plädierte für ein differenzierteres Bild des Kaiserreiches. Während seiner Zeit in Berlin hatte er die deutsche Kultur kennen- und schätzengelernt und stellte die provinzielle Enge Dänemarks der Bildung und dem Geistesleben, das in jener Zeit in der neuen Reichshauptstadt blühte, gegenüber.[189]

Die dänische Kultur und Gesellschaft zeigten keinerlei Neigung, sich Deutschland wieder zu öffnen, wie Strodtmann es empfohlen hatte. Erst langsam entwickelte sich zumindest eine gewisse Nüchternheit, die Deutschland und deutsche Kultur nicht mehr in einem ausschließlich negativen Licht erscheinen ließ. Die neue Generation, die mit der Niederlage aufgewachsen war, übte auch Kritik an der dänischen Politik der Vergangenheit. Viele ältere dänische Historiker waren von nationalliberalen Gedanken geprägt, und die Beschäftigung mit der Geschichte Schleswigs hatte dazu beigetragen, in den Jahren nach 1864 eine antideutsche Haltung zu festigen. Sie fühlten sich nicht mit der deutschen wissenschaftlichen Tradition verbunden, denn die alten Kontakte zu den deutschen Universitäten waren verlorengegangen. Die jüngere Generation war dagegen weniger in solchen Vorurteilen befangen. Im Jahre 1878 reiste der junge Kristian Erslev, der später einer der führenden Historiker Dänemarks wurde, nach Berlin, wo er Vorlesungen von Droysen und Nitzsch besuchte, und brachte Rankes Geschichtsauffassung mit zurück nach Dänemark. Vor seiner Abreise war er von zwei älteren Historikern darauf aufmerksam gemacht worden, daß er als Däne zweifelsohne mit einem unfreundlichen Empfang bei den alten Kieler Professoren zu rechnen hätte. Das war aber keineswegs der Fall. Als der Historiker und spätere Staatsminister Neergaard im folgenden Jahr Berlin besuchen wollte, mußte auch er sich Warnungen von älteren Kollegen anhören: „Was haben Sie dort zu suchen? Da können Sie nichts lernen; nein, reisen Sie lieber nach Prag und setzen Sie sich im Nationalitätenkampf ein. Wenn Sie dann auf dem Hradschin stehen und alles überblicken, bekommen Sie einen historischen Anblick des Deutschtums und seiner Unterdrückungspolitik." Ein anderer Kollege bemerkte: „Ein seltsames Ziel für einen jungen Dänen, aber jeder kann natürlich tun, wozu er Lust hat."[190]

Kristian Erslev war ein führender Kopf in der positivistisch-kritischen Auseinandersetzung mit alten Mythen in der Geschichtsschreibung. Als Historiker bemühte er sich in diesem Sinne um eine Entspannung des dänisch-schwedischen Verhältnisses. Sein Versuch, zum Abbau der alten Rivalität zwischen Dänemark und Schweden beizutragen, hatte Erfolg, aber auch Konsequenzen für die Beurteilung Deutschlands. Historisch gesehen war Schweden eindeutig der Hauptfeind Dänemarks gewesen, und die Kriege mit Schweden hatten länger gedauert und waren folgenschwerer gewesen als die mit Deutschland. Jetzt projizierten Erslev und andere dänische Historiker die deutsch-dänischen Konflikte des neunzehnten Jahrhunderts ins Frühmittelalter zurück und festigten so das Bild von Deutschland als dem „Urgegner" Dänemarks, das auch Grundtvig und andere nationalistische Literaten gezeichnet hatten.

Erslev selbst war kein nationalistischer Historiker. Im Gegenteil, er lieferte auch die Grundlage für eine Geschichtsschreibung, die geeignet war, die eiderdänische Ideologie zu demontieren. Erslevs dänische Geschichte nahm ausschließlich Bezug auf das aktuelle Territorium des dänischen Staates. Damit leitete er eine bis heute wirksame Tradition in der dänischen Geschichtsschreibung ein. Zugleich distanzierte sich Erslev damit von der Auffassung, daß ganz Schleswig immer noch dänisch sei. Mit seinen Forschungen kam Erslev im Bemühen um Objektivität auch zu dem Schluß, daß die Augustenburger mit ihren Forderungen an Dänemark eigentlich im Recht gewesen waren – machte aber auch deutlich, wie unbrauchbar der Begriff „historisches Recht" für die Lösung aktueller Konflikte war.[191] Ein solches Umdenken der Historiker zeigte, daß nach der Niederlage auch kritische Fragen an die dänische Geschichte gestellt wurden. Wenn die Geschichtsschreibung zu Ergebnissen kam, die keinen Revanchismus und keine nationale Überheblichkeit förderten, war dies nicht zuletzt eine Konsequenz der Niederlage. Darin lag auch eine gewisse Resignation, aber Bescheidung und Konzentration auf das Übriggebliebene ermöglichten auch die Besinnung auf die eigenen Kräfte und den inneren Aufbau des Landes. Jedenfalls wurde das Gefühl eigener Stärke im Kleinstaat nach und nach stärker als die Existenzangst.

Aus Deutschland kamen ab und zu Vorschläge, die einen Anschluß Dänemarks im Stile der alten Admiralstaatspläne befürworteten. Wie bereits Strodtmann glaubten manche Deutsche immer noch nicht an die Überlebensfähigkeit der dänischen Nation und Kultur, wenn der nördliche Nachbar die Verwandtschaft mit Deutschland leugne. Solche Gedanken finden sich auch bei Julius Langbehn, dessen ›Rembrandt als Erzieher‹ aus dem Jahre 1890 ein großer Publikumserfolg wurde. Die blütenreiche Sprache schien die Prophezeiungen und Angriffe Nietzsches auf die Kultur des Kaiserreiches zu bestätigen. Der Verfasser nannte es ein „pangermanisches Buch", und die Dänen gruppierte er in die Kategorie der niederdeutschen Völker ein, die der Holsteiner Langbehn für besonders gesund und lebensfähig hielt. Er wünschte eine deutsche Politik der „Blutsverwandtschaft", die in Zukunft nicht nur „die inneren Stämme Deutschlands" umfassen sollte, sondern auch die äußeren. Im „amphibischen Teil Deutschlands", der auch Dänemark umfaßte, kamen große Hoffnungen zum Ausdruck. Wie Holland könnte Dänemark dem Reich „einen erlösenden Hauch der See" zuführen, und gerade die Dänen galten für Langbehn als besonders wertvolle Brüder: „Hamlet, der bisher feinste Germane, war ein Däne", meinte er. Langbehn wußte, daß die Dänen keinen Wert darauf legten, Deutsche zu werden, hoffte aber, daß sie sich eines Tages doch Niederdeutschland anschließen würden. Bei Langbehn kam die aus der Euphorie über die Reichsgründung entstandene überhebliche Haltung gegenüber dem Kleinstaat deutlich zum Ausdruck. In seiner Sicht verkörperte der Kleinstaat kaum etwas anderes als Enge und Verschlossenheit, so daß er letzten Endes den Anschluß an die „glückliche Einheit Germaniens" suchen mußte. Staaten wie Dänemark und Holland brauchten nach Langbehn und vielen anderen Großstaatlern eine enge Anbindung an ein großes nationales Ganzes, wenn sie nicht Gefahr laufen wollten, in der Enge zu ersticken.[192]

Die Visionen hatten für die Dänen kaum Überzeugungskraft. Jetzt wie schon früher fanden großgermanische Vorstellungen keinen Widerhall, und nach der Einrichtung eines Nationalstaates fühlten sich die Dänen resistenter denn je gegenüber kultureller Umklammerung. Sowohl politisch als kulturell lagen die Sympathien der Dänen im letzten Drittel des 19. Jahrhunderts bei Frankreich und Großbritannien, und in Deutschland fehlte es an Persönlichkeiten, die die Entwicklung hätten umkehren können. Dazu kamen allmählich auch sprachliche Barrieren. Die Deutschkenntnisse gingen nicht mit einem Schlag verloren, aber die Sprache des Feindes konnte ihren alten Stellenwert nicht mehr behaupten. Mit der Auflösung der traditionellen Elitekultur wurde Deutsch zu einer Sprache, die übersetzt werden mußte.

Zur gleichen Zeit erlebte Deutschland eine regelrechte Nordlandbegeisterung, die sich nicht nur aus der Faszination des Kaisers für Norwegen speiste, sondern vor allem aus dem Umstand, daß Skandinavien zum ersten Mal in der Geschichte ein Zentrum der internationalen Kultur wurde. Besonders Schweden und Norwegen sonnten sich im Glanz bedeutender Namen wie Ibsen und Strindberg, aber auch das Werk des Dänen J. P. Jacobsen wurde in mehrere Sprachen übersetzt und fand unter anderem in Rilke einen begeisterten Bewunderer. Diese Blüte der skandinavischen Kultur war sicherlich eine Nachwirkung der national bewegten Zeit, in der ein neues Selbstwertgefühl geboren und eigene Fähigkeiten erkannt wurden. Gerade in Deutschland wurde der skandinavische Realismus begeistert aufgenommen, aber nicht einmal diese Anerkennung reichte, um neue intensive Wechselbeziehungen aufzubauen. Die Anerkennung von Außen stärkte das nordische Selbstbewußtsein zusätzlich und ließ die nordischen Völker noch stärker auf Distanz zur protegierenden deutschen Kultur gehen. Sie wagten jetzt, sich freier zu bewegen und zu orientieren. Vorbei war die Zeit, als alle neuen geistigen Strömungen und Ideen über Deutschland nach Norden gelangten; die nordischen Nachbarn richteten ihr Interesse nun direkt in Richtung Frankreich und auf die angelsächsische Welt.[193] Die Enttäuschung der Deutschen über die fehlende Gegenliebe der Skandinavier bewegte bis weit ins 20. Jahrhundert hinein die deutsche Auseinandersetzung mit dem Norden, und man spürt sie noch bei Carl Petersen, der, beeinflußt von den unseligen Ideen des Nationalsozialismus, in seinem Buch über deutschen und nordischen Geist feststellte: „Nur ein Literator aus dem deutschen Sprachraum ist über das ganze 19. Jahrhundert hin, ja bis heute im Norden, und zwar in all seinen Staaten, lebendig geblieben, ist beständig gelesen und sogar in den Schulen gepflegt worden: der erste jüdische Zersetzer des geistigen Gemeinschaftsbewußtseins der Deutschen, Heinrich Heine."[194]

Die Neutralitätspolitik

Solch günstige Bedingungen, die die Entwicklung einer nationalen Eigenkultur ermöglichten, gab es in der Außenpolitik nicht. Der dänische Nationalstaat war von Anfang an gezwungen, auf den Nachbarn im Süden Rücksicht zu nehmen. Nachdem die revanchistischen Kräfte in der dänischen Politik ein dänisches Eingreifen im Krieg von 1870 nicht hatten durchsetzen können, herrschte eine breite Einigkeit über die Neutralität als Grundkonstante dänischer Außenpolitik. Nur wie sie gestaltet werden sollte, war noch unklar. Seit 1720 hatte die dänische Außenpolitik, nur von der Parteinahme in den Napoleonischen Kriegen unterbrochen, mit Erfolg eine neutrale Haltung eingenommen. Jetzt aber hatte sich die politische Konstellation entscheidend verändert, und die Politiker besaßen keine Erfahrungen, auf denen sie hätten aufbauen können.

Die Angst vor einer weitergehenden deutschen Expansionspolitik konnte nicht ganz überwunden werden. Bezeichnenderweise verzichtete Dänemark seit den Verhandlungen um den Paragraphen V im Jahre 1868 bis zum Kriegsende 1918 darauf, Nordschleswig offiziell zurückzufordern. Die Regierung wollte dem Deutschen Reich keinen Anlaß zur Verärgerung bieten, weil man die Konsequenzen fürchtete. Die Nordschleswigfrage wurde in den offiziellen Beziehungen beider Länder gewissermaßen tabuisiert, aber sie war stets präsent und prägte das Klima entscheidend.

Für Dänemark galt es in erster Linie, einen *modus vivendi* mit dem übermächtigen Nachbarn zu finden. Über die konkrete Gestaltung der Beziehungen gab es im wesentlichen zwei Vorstellungen. Die eine betonte, daß die Rücksicht auf Deutschland als der nächstliegenden Großmacht eine besonders entgegenkommende Politik erfordere. Eine prodeutsche Neutralität mußte in Kauf genommen werden, um die eigene Sicherheit zu schützen. Die Existenzangst und die Tatsache, daß man sich nicht mehr darauf verlassen konnte, daß die Großmächte die Selbständigkeit Dänemarks garantieren würden, sprachen für diese Position, die etwa der autoritäre Staatsminister J. B. S. Estrup vertrat. In der Bevölkerung war diese Haltung jedoch unbeliebt, und Kritiker befürworteten eine strenge Neutralität, die keiner Großmacht eine bevorzugte Stellung einräumen sollte.

Es wäre zu erwarten gewesen, daß Dänemark nach den katastrophalen Folgen der Fehleinschätzung der internationalen Politik während der Krise im Jahre 1864 nunmehr große Anstrengungen unternommen hätte, in der Außenpolitik festen Boden unter die Füße zu bekommen. Dies war aber nicht der Fall. Dänemark ging auf Nummer sicher und versuchte sich aus der internationalen Politik weitgehend herauszuhalten. Entsprechend verhielt sich der Außenminister Rosenørn-Lehn, der zweiundzwanzig Jahre lang, von 1870 bis 1892, im Amt war. Er und die von ihm vertretene Linie wurden von einem späteren Außenminister mit folgenden Worten charakterisiert: „Das Rosenørn der geeignetste Außenminister ist, wenn wir keine Außenpolitik haben sollen, ist wohl über jeden Zweifel erhaben.“[195]

Aufgrund der neuen Verfassung konnte die konservative Regierung außenpolitische Fragen als ihre Privatsache behandeln. Das Parlament, das ohnehin vor allem mit dem innenpolitischen Kampf um mehr Kompetenzen beschäftigt war, hatte kein Recht auf Einsicht in außenpolitische Belange, und die Regierung wollte der Opposition auf keinen Fall ein solches Recht gewähren. In der Außenpolitik galt die Maxime, daß das Volk zu ungebildet sei und daher unfähig zu regieren. Diese Einstellung wurde denn auch häufig demonstriert. Im Jahre 1875 lehnte die Regierung ein Verlangen der Opposition nach eingehender Unterrichtung über die außenpolitische Lage lakonisch ab: „Die Stellung Dänemarks gegenüber dem Ausland ist in diesem Augenblick gut.“[196] Die Arroganz gegenüber dem Volk und der Mehrheit des Parlaments personifizierte Staatsminister Estrup. Der rechtskonservative Gutsbesitzer war, was seinen innenpolitischen Kurs anging, Bismarck nicht unähnlich. Hartnäckig wie er bekämpfte Estrup den Parlamentarismus. Zwei Jahrzehnte lang – 1875–1894 – dominierte Estrup die dänische Politik und verhinderte jegliche Beteiligung der Opposition. Im letzten Jahrzehnt seiner Regierung kam es zum offenen Streit mit dem Parlament. Die Mehrheit der Abgeordneten verweigerte Estrup die Zustimmung zum Haushalt, woraufhin der Staatsminister mit Hilfe provisorischer Gesetze weiterregierte. Diese undemokratischen Mittel konnten aber genausowenig wie in Deutschland die Opposition zum Schweigen bringen.

Außenpolitisch war Estrup nicht ohne Einfluß. Wie im Inneren war seine Haltung von nüchternem Realismus gekennzeichnet. Er liebte Deutschland nicht, rechnete es aber zusammen mit Großbritannien zu den beiden natürlichen Partnern Dänemarks. Im Vergleich mit Deutschland beurteilte er die Freundschaft Englands als wertlos und hielt Unstimmigkeiten mit England für nebensächlich. Eine formale Allianz mit Deutschland kam für ihn nicht in Betracht, da die Großmacht dann das kleine Dänemark dominiert hätte. Eine Verständigung hielt er aber für unumgänglich, weil eine Politik, die auch nur die geringste Gefahr einer Konfrontation barg, fatale Folgen haben konnte. Estrup war überzeugt, daß der nächste Kampf mit Deutschland wahrscheinlich auch der letzte Kampf Dänemarks sein würde.[197]

Das Primat der Innenpolitik im dänischen Kleinstaat, wie es Estrup verfocht, brachte Dänemark aber längerfristig gerade in Konflikt mit Deutschland. Der Grund für die Verstimmung der Deutschen war die Befestigung Kopenhagens, die neben dem Kampf um den Parlamentarismus zum Symbol der politischen Auseinandersetzung zwischen Regierung und Opposition in der Estrupzeit wurde. Die Motive des Befestigungsplanes waren vor allem innenpolitischer Natur. Erstens sollte das Bauvorhaben die nationalen, verteidigungsfreundlichen Kräfte zusammenhalten, weil Estrup auf ihre Unterstützung angewiesen war, um seine Regierungspolitik mit provisorischen Gesetzen sichern zu können. Zweitens entsprach der Plan der Logik des Zentralismus im dänischen Nationalstaat. Nachdem die alten Verteidigungslinien Danewerk und Düppel südlich der Grenze verlorengegangen waren und die Marine einen großen Teil ihrer früheren Stärke eingebüßt hatte, war eine neue dänische Verteidigungsstrategie erforderlich. In der Debatte siegten diejenigen, die bereit waren, im Notfall zunächst das ganze Land aufzugeben. Nur die Hauptstadt mußte so lange ausharren können, bis fremde Truppen zu Hilfe kamen oder die internationale Diplomatie darauf reagieren würde. Diese Konzeption entsprach den Interessen der Regierung, da sie gerade in der Hauptstadt mit der meisten Unterstützung rechnen konnte, während die Opposition ihren Rückhalt auf dem Lande fand.

Die vornehmlich aus Bauern bestehende Opposition lehnte die Befestigung aus mehreren Gründen ab. Sie behauptete von Anfang an, daß die Befestigung die Kriegsgefahr erhöhen werde, weil Deutschland den Aufbau als feindlichen Akt interpretieren würde. Auch wollte man nicht hinnehmen, daß die Gelder der Jüten für die Verteidigung der Hauptstadt verschwendet wurden. Zudem gab es in der Opposition eine große antimilitaristische Gruppe, die sich als Reaktion auf die Niederlage von 1864 formiert hatte und wenig Verteidigungsbereitschaft zeigte.

Nachdem die Pläne der Befestigung mehrmals vom Parlament abgelehnt worden waren, wurden sie im Jahre 1886 in den provisorischen Haushalt aufgenommen, und man begann nun mit dem Aufbau der Forts, ohne daß das Parlament hätte eingreifen können. Die Befestigung Kopenhagens konnte militärisch gesehen nur gegen Deutschland gerichtet sein, und genau das, meinte die Opposition, machte Dänemark eine glaubwürdige Neutralitätspolitik unmöglich. Einige bedeutende Minister brachten mit leichtsinnigen Reden das Vorhaben zusätzlich in Mißkredit; es hieß zum Beispiel, daß die Gefahr eines deutschen Angriffs über die Ostsee drohe oder daß die Befestigung engere Verbindungen mit Rußland eröffnen könnte.

Dennoch waren die deutschen Reaktionen viel zurückhaltender als zu erwarten gewesen wäre. Bismarck war mit der Lage in Dänemark insgesamt recht zufrieden und betrachtete mit gewisser Sympathie die Bemühungen Estrups, den Parlamentarismus einzudämmen.[198] Nach Bismarcks Abgang verschlechterte sich das Klima zusehends. Dänemark galt seit geraumer Zeit als prorussisch, aber das trübte die deutsch-dänischen Beziehungen nicht, solange sich das deutsch-russische Verhältnis positiv entwickelte. Mit der Abkühlung der Beziehungen zwischen Berlin und St. Petersburg änderte sich auch das Verhältnis zu Dänemark. Somit markierte der Anfang der 1890er Jahre einen neuen Tiefpunkt in den deutsch-dänischen Beziehungen. Der dänischen Regierung gelang es nicht, Deutschland von ihrem Willen zur Neutralität zu überzeugen. Schon die Befestigung Kopenhagens zeigte einen Mangel an Vertrauen in die deutsche Politik, aber es gab auch andere Anzeichen dafür, daß die Dänen ihre alte chauvinistische und antideutsche Politik nicht aufgegeben hatten. Kaiser Wilhelm äußerte sich skeptisch über den Wert der dänischen Neutralität und wurde in seiner Skepsis vom Gesandten in Kopenhagen, Brincken, bestärkt: „[...] wie die Verhältnisse hier gegenwärtig liegen, und voraussichtlich noch geraume Zeit liegen werden, ist und bleibt Rusland, und zwar Rusland allein, für Dänemark doch der eigentliche Drehpunkt seiner auswärtigen Politik bei allen ernsten und schweren Complicationen, welche über Europa hereinbrechen können."[199]

Daß die dänische Regierung Deutschland nicht von ihrem Neutralitätswillen überzeugen konnte, lag nicht nur an eigenen Fehlern. Zwei Probleme, die sich weitgehend ihrer Kontrolle entzogen, machten immer wieder Schwierigkeiten. Zum einen war nach wie vor die dänische Öffentlichkeit gegen eine Annäherung an Deutschland. Hier hatte die Einschätzung Raasløffs ihre Gültigkeit nicht verloren: „Denn es ist ein Irrthum, wenn deutsche Blätter häufig von der Annahme ausgehen, daß die in obiger Beziehung vorhandene Spannung im Wesentlichen nur auf dem specifischen Deutschenhasse der nationalliberalen Partei beruhe und daß man bei der dänischen Demokratie auf willigeres Entgegenkommen rechnen dürfe. In Betreff der nationalen Frage als solcher ist in Dänemark kein effectiver Meinungsunterschied vorhanden."[200] Auch die Diplomaten berichteten wiederholt von der dänischen Irredenta. „Der Deutsche ist eben unter allen Umständen für den Dänen der Feind", meinte der Gesandte Brincken.[201]

Zum anderen konnte sich das Königshaus nur sehr schwer damit abfinden, die Politik der Regierung zu überlassen. Die inzwischen weit verzweigte Familie der Glücksburger hatte verwandtschaftliche Beziehungen zu fast allen bedeutenden Regentenfamilien Europas außer zu den deutschen. Kopenhagen war ein beliebter Treffpunkt der europäischen Fürsten und wurde von Bismarck gerne als „Europas Flüstergalerie" tituliert. Obwohl der deutsche Verdacht, Kopenhagen sei eine Art Schaltstelle der Einkreisungsbestrebungen und politischer Ränkespiele auf höchster Ebene, wohl übertrieben war, mischten sich die Königlichen doch nicht selten in die Politik ein. Besonders aktiv war die antideutsche Prinzessin Marie, die mit dem Prinzen von Orleans verheiratet war und des öfteren Intrigen zu spinnen versuchte.

Anfang der neunziger Jahre gab es eine Reihe von Zwischenfällen, die das deutsche Vertrauen in die dänische Neutralitätpolitik nicht gerade stärkte. In Kopenhagen gab es zwar keine Überlegungen, die Neutralität aufzugeben, aber das Verhalten der Dänen zeigte in manchen Fällen wenig Sensibilität für die Empfindlichkeiten der Deutschen. So besuchte im Sommer 1891 ein französisches Geschwader auf dem Weg nach Kronstadt Kopenhagen, wobei der Empfang von offizieller Seite wie von seiten der Bevölkerung besonders auffallend herzlich war. Der deutsche Gesandte in Kopenhagen deutete an, daß Dänemark eine Allianz mit Frankreich und Rußland suche, und Kaiser Wilhelm darüber sehr erregt sei. Der österreichische Außenminister Kálnocky versuchte zwar, die Gemüter zu beruhigen, in Berlin jedoch hielt sich das Mißtrauen. Die Festungsarbeiten in Kopenhagen wurden nun mit größtem Argwohn beobachtet.[202] Christian IX. versuchte während seines Besuches in Berlin im November 1892 den Kaiser persönlich von der nach wie vor neutralen Haltung Dänemarks zu überzeugen, aber auch dies nützte wenig. An seinem persönlichen Neutralitätswillen zweifelte die deutsche Führung nicht. Vielmehr fürchtete man, daß er und die „vernünftigen" Minister dem Druck der antideutschen Öffentlichkeit auf Dauer nicht würden standhalten können. So blieb man in Berlin skeptisch.[203]

Kaiser Wilhelm lehnte in demonstrativer Weise die Einladung zur goldenen Hochzeit des dänischen Regentenpaares ab. Der dänischen Regierung gelang es zwar, mit russischer Hilfe einen erneuten französischen Flottenbesuch abzuwenden. Dennoch meldete das ›Berliner Tageblatt‹ im Januar 1893, daß Reichskanzler von Caprivi vor dem Militärausschuß des Reichstags Dänemark ausdrücklich in Verbindung mit Frankreich und Rußland als Feind Deutschlands erwähnt hatte. Im Ausschuß war es dem Kanzler darum gegangen, mehr Geld für die Armee zu bekommen, und deshalb hatte er die Lage als besonders bedrohlich dargestellt. In Dänemark löste die Nachricht Verunsicherung aus, ein offiziöses Dementi aus Berlin konnte die Stimmung jedoch nicht verbessern.

Im Oktober 1893 hielt sich Zar Alexander III. in Kopenhagen auf. Während seines Aufenthaltes besuchte er ein französisches Kriegsschiff, das gerade im Hafen lag. Dieser „Zufall" war geplant – unter anderem durch das eifrige Zutun von Prinzessin Marie – und verfehlte seine Wirkung nicht. Erneut wurde Dänemark mit der russisch-französischen Verständigung in Verbindung gebracht, und aus der deutschen Gesandtschaft hieß es diesmal, daß Dänemark „als das natürliche politische und militärische Bindeglied, wenn nicht überhaupt als der stille Genosse des Französisch-Russischen Einvernehmens vor ganz Europa zu gelten hat".[204]

Diese eigenmächtigen Auftritte der königlichen Familie zeigten, wie schwierig es für eine dänische Regierung war, ihrer Neutralitätspolitik Glaubwürdigkeit zu verleihen.[205] An einen dänischen Beitritt zu den großen europäischen Allianzen dachten die Politiker zu dieser Zeit nicht, aber die periodischen Spannungen im Verhältnis zu Deutschland in den 1890er Jahren verdeutlichten, wie schwierig es sein konnte, den großen Nachbarn zufriedenzustellen. Der Leiter des Außenministeriums, Peter Vedel, meinte, daß Dänemark einfach mit den ständigen Verdächtigungen leben müsse. Sie dürften aber auf keinen Fall durch unvorsichtige Schritte genährt werden. Dennoch sei damit zu rechnen, daß Deutschland im Kriegsfall davon ausginge, daß die Dänen sich gegen das Reich stellen würden.[206]

Neutralität oder Neutralisierung?

Unmittelbar nach der Niederlage im Jahre 1864 wurde die Frage einer Neutralisierung Dänemarks aktuell. Während der Verhandlungen in Wien wurde die Idee erörtert, und insbesondere der britische Gesandte bemühte sich, wenn auch vergeblich, seine Regierung von der Zweckmäßigkeit einer solchen Regelung zu überzeugen. Der Gedanke stieß aber auch in Dänemark auf Skepsis. Der einflußreiche Leiter des Außenministeriums, Peter Vedel, hielt ihn schlicht für unrealistisch. Dänemark war im Gegensatz zu Belgien oder der Schweiz nur von einer einzigen Großmacht tendenziell bedroht, und es war unwahrscheinlich, daß Preußen einer Neutralisierung zustimmen würde, da die sich allein gegen preußische Interessen gerichtet hätte und für andere Mächte bedeutungslos gewesen wäre.[207]

Zustimmung fand der Neutralisierungsgedanke in der Opposition. Der Krieg von 1864 hatte Dänemarks hoffnungslose militärische Unterlegenheit deutlich vor Augen geführt und den Boden für die Verbreitung antimilitaristischer Stimmungen geebnet. Große Teile der Öffentlichkeit forderten die Auflösung oder zumindest den Abbau der Armee, weil man glaubte, daß dadurch die Neutralität am glaubwürdigsten demonstriert werden könnte. Im Jahre 1882 wurde der „Verein für die Neutralisierung Dänemarks" gegründet, der innerhalb von zehn Jahren ca. 10000 Mitglieder gewinnen konnte. Hervorragender Vertreter der dänischen Friedenspolitik war Frederik Bajer, der auch außerhalb Dänemarks bekannt wurde und im Jahre 1908 den Nobelpreis erhielt. Das Programm der Oppositionspartei Venstre aus dem Jahre 1889 forderte eine international anerkannte Neutralität als Ziel der dänischen Außenpolitik. Kein Staat sollte Grund haben anzunehmen, Dänemark würde an einem Krieg teilnehmen. Die Nordschleswigfrage konnte und durfte nach Überzeugung der Partei nicht mit kriegerischen Mitteln gelöst werden.[208]

In der Außenpolitik hatte die Opposition jedoch einen schwachen Stand. Sie verhielt sich vor der Jahrhundertwende ziemlich passiv und überließ das Thema besonders interessierten Mitgliedern. Zudem war es nicht sonderlich bequem sich für eine Neutralisierung oder eine antimilitaristische Politik einzusetzen. Den konservativen Kräften gelang es in den Jahren nach 1864 weitgehend, sich als alleinige Vertreter nationaler Interessen zu profilieren, und sie brandmarkten jeden Versuch, die dänische Verteidigung oder Außenpolitik in Frage zu stellen, als antinationale Haltung. Einem solchen Vorwurf wollte sich auch kein Oppositionspolitiker gerne ausgesetzt sehen, so daß die außenpolitischen Stellungnahmen der Opposition relativ zurückhaltend ausfielen.

Die Neutralisierungspolitik war auch eine Alternative zur Befestigungspolitik der Regierung. Die Opposition lehnte die Befestigung Kopenhagens ab und kämpfte einen langen, aber vergeblichen Kampf in dieser für die dänische Politik der 1880er Jahre so zentralen Frage. Der rechte Flügel im dänischen Parlament wollte die Verteidigung nicht abbauen und behauptete, daß die Handlungsfreiheit des Staates durch eine freiwillige Neutralisierung unzumutbar eingeengt werden könnte. Schon in dieser Zeit bildeten sich zwei konträre Haltungen aus, die die dänische Sicherheitspolitik bis weit in das zwanzigste Jahrhundert hinein bestimmen sollten.

Die kritische Entwicklung des Verhältnisses zu Deutschland in den frühen 1890er Jahren trug mit dazu bei, daß im Zuge der innenpolitischen Einigung aus dem Jahre 1894 auch eine eindeutigere Neutralitätspolitik festgelegt wurde. Der Vergleich zwischen Venstre und den moderaten Konservativen beendete die jahrelange Krise, die die Regierung durch ihre provisorischen Haushaltsgesetze ohne Beteiligung des Parlaments ausgelöst hatte. Die Vorstellungen von der Neutralität hatten sich seit Mitte der achtziger Jahre verändert, und auch Venstre hatte inzwischen die Idee einer international garantierten Neutralität – im Stile der Schweiz oder Belgiens – aufgegeben. Man wollte sich jetzt mit einer internationalen Anerkennung begnügen, um eine Abhängigkeit von den potentiellen Garantiemächten zu vermeiden. Die Regierung wurde im Jahre 1894 von der Mehrheit des Parlaments verpflichtet, eine Verteidigungspolitik zu führen, die ausschließlich der Sicherung der Neutralität dienen sollte. Bei günstiger Gelegenheit sollte die Regierung versuchen, der dänischen Neutralität internationale Anerkennung zu verschaffen.[209] Entsprechende Bemühungen scheiterten in den folgenden zehn Jahren mehrmals, weil die Großmächte den dänischen Wunsch vor allem wegen der besonderen geographischen Lage des Landes ablehnten.

Die Neutralitätspolitik war eines der zentralen Ziele der Friedensbewegung. Ein weiteres wichtiges Ziel war die Regelung von internationalen Konflikten durch Schiedsverfahren. Im Jahre 1886 hatte die dänische Regierung zum ersten Mal eine solche Lösung in einer Streitfrage mit den USA akzeptiert, und vor allem die Tatsache, daß Dänemark Recht bekommen hatte, machte dieses Konfliktlösungsmodell in Dänemark äußerst populär.[210] Die Regierung ließ sich aber nicht bewegen, selbst die Initiative zu ergreifen, um solchen Schiedsverfahren zu internationaler Anerkennung zu verhelfen. Sie beschränkte sich darauf zu versprechen, solche Initiativen zu unterstützen. Die Argumentation der Opposition in dieser Frage war – wie in der Debatte über Militär und Neutralität überhaupt – von der Idee beseelt, daß der Kleinstaat mit Hilfe des Appells an die Moral versuchen müßte, dem Recht Vorrang vor der Macht zu verschaffen, wie Frederik Bajer es ausdrückte. Er meinte auch, daß gerade die Kleinstaaten in der Frage des Schiedsverfahrens eigene Initiative entfalten könnten.[211] Der spätere dänische Staatsminister I.C. Christensen (von der Venstre-Partei), der selber in der Friedensbewegung aktiv war, betonte in einer Parlamentsrunde im Jahre 1894, daß die

Politik zum Ziel haben müsse, den Frieden durch Neutralität und Schiedsverfahren zu fördern und Nordschlewig mit friedlichen Mitteln zurückzugewinnen.[212]

Um die Jahrhundertwende spitzten sich die Spannungen zwischen Rußland und Großbritannien erneut zu, die zu einer deutsch-russischen Annäherung führten. Die freundlicheren Töne zwischen den beiden Mächten verbesserten die Chancen für eine Anerkennung der dänischen Neutralität. Der Zar schlug dem Kaiser eine solche Anerkennung während seines Besuches in Wolfsgarten im Jahre 1903 vor, aber der Kaiser war noch skeptisch. Es schien ihm fragwürdig, ob Dänemark die Respektierung der Neutralität durch jede Großmacht – vor allem durch Großbritannien – würde erzwingen können. Gelänge dies den Dänen nicht, wären die Wasserwege immer noch frei, und die britische Flotte könnte ungehindert in die Ostsee vorstoßen. „Daraufhin forderte der Zar, Dänemark müsse Deutschland und Rusland als die dadurch Gefährdeten ermächtigen, an seiner Stelle das Eindringen des Gegners in die dänischen Gewässer zu verhindern, und sich dabei auf die dänischen Forts und Kopenhagen zu stützen."[213] Im Auswärtigen Amt kam nicht gerade Freude über den Vorschlag des Zaren auf. Er schien den Russen einseitige Vorteile zu bieten und hätte Deutschland Schwierigkeiten bereiten können, wenn Rußland in Konflikt mit anderen Mächten geriet. Während des Russisch-Japanischen Krieges versuchte Dänemark noch einmal, eine internationale Anerkennung seiner Neutralität zu erhalten, aber wiederum waren es nur die Russen, die Interesse zeigten. Großbritannien und Deutschland ignorierten die dänische Initiative. Diese Konstellation erleichterte jedoch die dänische Politik gegenüber Rußland. Ohne weiteres erteilte man der russischen Flotte eine Erlaubnis für die Durchfahrt durch dänische Gewässer. Diese nicht allzu strenge Interpretation einer Neutralitätspolitik wurde von Deutschland nicht beanstandet.[214]

Kurswechsel in Dänemark: Parlamentarismus und Annäherung an Deutschland (1901–1914)

Die politische Entwicklung in Dänemark kam vor der Jahrhundertwende wieder in Bewegung. Nachdem die Rechte im Jahre 1894 ihre Politik des provisorischen Haushaltes aufgegeben hatte, versuchten die folgenden Regierungen, ein konstruktives Verhältnis zur Opposition zu finden. Doch noch bis zum Jahre 1901 konnte die Rechte den Parlamentarismus verhindern. Dann aber kam mit dem sogenannten

Systemwechsel die erste Venstre-Regierung an die Macht. Dies hatte auch für die nachbarschaftlichen Beziehungen Veränderungen zur Folge. Die Richtung der dänischen Außenpolitik wurde schon wenige Jahre später neu definiert.

Von deutscher Seite wurde die Regierungsübernahme der Opposition begrüßt. Obwohl auch Venstre inzwischen einen stärker nationalen Kurs eingeschlagen hatte, wurde die Partei als deutlich weniger chauvinistisch als ihre konservativen Gegner eingestuft. Einige Beobachter erwarteten nicht ohne Schadenfreude eine Schwächung der dänischen Verteidigung nach dem Regierungsantritt der weitgehend antimilitaristisch eingestellten Opposition. Entgegen mancher Hoffnungen nahm das dänische Interesse an Nordschleswig aber nicht ab.[215] Auch Venstre wollte Nordschleswig für Dänemark zurückgewinnen, sah aber als einzig akzeptable Grundlage für eine neue Grenzziehung das Selbstbestimmungsrecht der Völker an.

Gleich das erste Jahr der neuen Regierung wurde von deutschen Politikern als außerordentlich positiv beurteilt. Der deutsche Gesandte schrieb zum Jahreswechsel: „Das verflossene Jahr ist für die Beziehungen zwischen Dänemark und Deutschland, die amtlichen sowohl wie die von Nation zu Nation, im Ganzen ein recht Gutes gewesen, vielleicht das beste seit den Ereignissen von 1864. Daß diese erfreuliche Thatsache zum nicht geringen Theil als eine Frucht des im Laufe des Jahres vollzogenen Regierungs- und Systemwechsels zu betrachten ist, kann kaum zweifelhaft sein."[216] Die neue Linie wurde trotz der sogenannten Köllerpolitik – Oberpräsident Köller setzte einen besonders harten Kurs gegen die dänische Bevölkerung in Nordschleswig durch – fortgeführt. Dies zeigte, daß die Qualität der Beziehungen nicht allein von der Lage in Nordschleswig abhing. Die Entspannung des Verhältnisses wurde dadurch erleichtert, daß viele Dänen Deutschland langsam mit größerer Nüchternheit betrachteten. Es gab sogar Stimmen, die ein Umdenken forderten. Zum Jahresende 1903 schrieb der Gesandte in Kopenhagen, Schoen, daß „die freundschaftliche Annäherung zwischen Dänemark und Deutschland zur festen Tatsache geworden" sei.[217]

Keinen Erfolg hatten die Bemühungen der Regierung Deuntzer, internationale Anerkennung der dänischen Neutralität zu erlangen, und Deuntzers Rücktritt im Jahre 1905 beendete die bisherige Neutralitätspolitik. Die neue Regierung verstand es als ihre Aufgabe, eine für Deutschland akzeptable Politik zu führen.[218] Die neue Politik wurde nicht zuletzt angesichts der veränderten internationalen Lage notwendig. Rußland hatte im Krieg mit Japan Prestige verloren, und die Spannungen zwischen Deutschland und Großbritannien nahmen zu. Dieser Konflikt, der viele Jahre des zwanzigsten Jahrhunderts bestimmen sollte, kam den Dänen äußerst ungelegen. Auf gute Beziehungen zu beiden Staaten war Dänemark angewiesen, nicht zuletzt aus wirtschaftlichen Gründen. Nun war damit zu rechnen, daß Dänemark im Falle eines Konfliktes für die eine oder andere Seite Partei ergreifen mußte.

Seit Herbst 1904 befürchteten die Deutschen, daß die Briten eine ähnliche Aktion gegen die immer stärkere deutsche Flotte unternehmen könnten wie hundert Jahre zuvor gegen die dänische. Die Chancen, sich erfolgreich gegen einen solchen Angriff zur Wehr zu setzen, wurden nicht sehr optimistisch beurteilt. Daher forderte der deutsche Admiralstab, daß Deutschland bei Beginn der Feindseligkeiten mit zwei Armeekorps Dänemark besetzen sollte, um die Kontrolle über die Meeresenge zu gewinnen. General Schlieffen lehnte als Chef des Generalstabes eine solche Aktion jedoch ab. Er würde jede Truppe für den Krieg gegen Frankreich brauchen und wollte keine Soldaten nach Dänemark schicken. Der Kaiser war derselben Auffassung und wollte jede Verletzung der Neutralität grundsätzlich vermeiden.[219]

Die zunehmenden Spannungen unter den Großmächten hatten zunächst einen günstigen Effekt für die Beziehungen zwischen Deutschland und Dänemark. Berlin zeigte sich nun freundlicher, und der Kaiser beschäftigte sich sogar mit der Möglichkeit einer Allianz. Von Bülow hielt solche Gedankenspiele allerdings für wenig realistisch: „Eine Allianz zwischen dem mächtigen Deutschen Reich und dem kleinen Dänemark würde allgemein als ein Verzicht Dänemarks auf seine Unabhängigkeit und als dessen Angliederung an das Deutsche Reich aufgefaßt werden."[220]

Keine dänische Regierung hätte sich auf eine formale Allianz mit Deutschland eingelassen, aber der politische Machtwechsel in Kopenhagen bedeutete das Abgehen von einer Politik der Neutralisierung mit internationalen Garantien zugunsten einer stärkeren Orientierung an Deutschland als einziger Macht von tatsächlicher Bedeutung für die dänische Sicherheit. Diese Tendenz der dänischen Außenpolitik verstärkte sich noch, nachdem sich im Jahre 1905 die Regierungspartei gespalten hatte. Der linke Flügel zeigte sich nicht bereit, in der Verteidigungs- und Neutralitätspolitik Kompromisse zu machen. Es entstand eine neue linksliberale Partei, Radikale Venstre. An der Spitze stand Peter Munch, der fast vierzig Jahre lang eine große Rolle in der dänischen Politik spielen sollte. Er betrachtete die dänische Verteidigung als ein Blendwerk, das nicht dazu geeignet war, dem

Land Sicherheit zu verschaffen. Nach seiner Auffassung bedurfte die Neutralitätspolitik keiner militärischen Stärke, um erfolgreich zu sein. Munch erhielt bereits 1909 im Ministerium Zahle die Chance, diese Vorstellungen zunächst als Innen- und dann als Verteidigungsminister umzusetzen. Die Ansichten Munchs teilte auch Erik Scavenius, der im Jahre 1913 das Außenministerium übernahm. Gegenüber dem deutschen Gesandten von Brockdorff erklärte Scavenius kurz nach der Übernahme des Ministeriums, daß es im Ernstfalle lächerlich wäre zu glauben: „daß Dänemark seine Neutralität überhaupt aufrechterhalten kann; wir wären beispielsweise im Falle eines deutsch-englischen Krieges gezwungen, uns sofort zu entscheiden, auf welche Seite wir treten wollen; meiner Ansicht nach müßte Dänemark unbedingt auf die deutsche Seite treten." In Friedenszeiten sei Dänemark gezwungen, sich stärker an England zu orientieren, aber Scavenius versicherte dem deutschen Diplomaten, daß er es als seine Aufgabe sehe, „uns in *jeder* Beziehung möglichst von England zu emanzipieren und fester an Deutschland anzuschliessen".[221]

Diese Realpolitik gegenüber Deutschland war der Mehrheit der Bevölkerung sicherlich nicht sympathisch. Man wollte nicht so recht wahrhaben, daß sich Dänemark mit Deutschland arrangieren mußte, und so konnte auch von einem wirklichen Durchbruch in den Beziehungen zwischen den beiden Staaten nicht die Rede sein. Für manchen Beobachter konnte es zwar so aussehen, als ob die alten Probleme allmählich aus dem Weg geräumt würden. Auch Deutschland kam den dänischen Wünschen während der Verhandlungen über die Ost- und Nordsee-Deklaration im Jahre 1908 entgegen. Die sogenannte Optantenkonvention gab dänischen Schleswigern das Recht, nach Dänemark auszuwandern und dänische Staatsbürger zu werden. Trotz solcher Fortschritte kam es immer wieder zu Irritationen auf beiden Seiten, und selbst Bagatellen ließen leicht neues Mißtrauen aufkommen. Als etwa der dänische Gesandte in Berlin, Hegermann-Lindencrone, zum Jahresende 1908 in einem Interview im ›Berliner Lokal-Anzeiger‹ seine Befriedigung über die freundschaftliche Beziehung zwischen beiden Nachbarn zum Ausdruck brachte, reagierte die dänische Presse gereizt und verärgert. Einer solch positiven Sicht der Lage wollte man angesichts der Probleme in Nordschleswig nicht zustimmen. Umgekehrt wirkten manche Äußerungen in der politischen Debatte über die dänische Verteidigungspolitik im Jahre 1909 provozierend auf deutsche Beobachter.[222]

Die dänische Außenpolitik war fortlaufend der Kritik der dänischen Öffentlichkeit ausgesetzt, wo es kaum Verständnis für eine Annäherung an Deutschland gab. Jede gegen die dänische Bevölkerung in Schleswig gerichtete preußische Verwaltungsmaßnahme wurde der deutschfreundlichen Politik der Regierung zur Last gelegt. Nordschleswig blieb in Dänemark ein aktuelles Thema. Zahlreiche Vereine beschäftigten sich damit, eine Unzahl von Publikationen wurde gedruckt und verteilt. Man organisierte Massenausflüge von dänischen Nordschleswigern ins Königreich, Dänen besuchten das verlorene Land, und antideutsche Kundgebungen waren an der Tagesordnung.

Die Dänen waren in dieser Frage einer Meinung. Wirkliche Freunde Deutschlands gab es kaum, obwohl sich viele Persönlichkeiten für eine Verbesserung der Beziehungen einsetzten. Georg Brandes, der keineswegs als antideutsch bezeichnet werden kann, schrieb, daß „wenn Deutsche sich über geringe Popularität in Dänemark erregten, seien sie merkwürdige Menschen: nach allen, was sie Dänemark und den Dänen angetan hätten, wollten sie nun auch noch geliebt werden".[223] Die Konservativen waren durch ihre nationalen Überzeugungen gehemmt, die Liberalen hatten vor allem politische Bedenken gegenüber dem politischen System des Kaiserreichs, das jenem glich, welches man in Dänemark während des Verfassungskampfes überwunden hatte. Dennoch waren es die liberalen Kräfte, die eine Verständigung mit Deutschland wünschten, und so mußte die deutsche Regierung eine Zusammenarbeit mit denjenigen politischen Kräften suchen, die sie zu Hause bekämpfte.

Die dänische Regierung versuchte ohne großen Erfolg, die Presse zu einer gewissen Zurückhaltung in der Kritik an Deutschland zu bewegen. Zugleich bemühte sie sich, in der deutschen Öffentlichkeit um Verständnis zu werben. Sie beauftragte den Historiker Marcus Rubin, einen Artikel über die deutsch-dänischen Beziehungen auszuarbeiten, der im Mai 1911 unter dem Pseudonym „ein Däne" in den ›Preußischen Jahrbüchern‹ erschien. Zunächst schenkte man dem Artikel kaum Beachtung. Das änderte sich, als bekannt wurde, wer der Verfasser war. Die dänische Regierung teilte mit, daß die Standpunkte, die der Artikel vertrat, weitgehend die Haltung der dänischen Regierung wiedergaben, aber auch dieser Versuch zur Entspannung des Verhältnisses mißglückte. Die dänische Öffentlichkeit reagierte aufgebracht, und die Dänen Nordschleswigs attackierten die Regierung hart. Die Regierung wiederum wollte vor allem mit Blick auf die Deutschen keine Schwäche zeigen und verlieh dem Verfasser demonstrativ einen hohen Orden. Der deutsche Gesandte von Waldthausen sah in diesen Vorgängen einen Beleg dafür, „mit welchen Schwierigkeiten die dänische Regierung bei jedem auch noch so geringen Entgegenkommen gegenüber unseren Wünschen bezüglich der Agitation in Nordschleswig rechnen muß".[224]

Nicht nur in der dänischen Öffentlichkeit stießen Bemühungen, das Verhältnis zu Deutschland zu verbessern, auf heftigen Widerstand. Auch auf deutscher Seite herrschte eine auffällige Unversöhnlichkeit. Nicht nur in der Öffentlichkeit, sondern vor allem auch im preußischen Regierungsapparat wurde immer wieder ein harter Kurs gefordert. Ungeachtet der neuen Politik der dänischen Regierung war man auf deutscher Seite kaum bereit, die Vorbehalte gegenüber den Nachbarn abzubauen. Anlaß zu Skepsis und Mißtrauen boten weniger die offiziellen Äußerungen als die bissige antideutsche Tendenz vieler dänischer Zeitungen. Daß gerade die dänische Presse die deutsche Wahrnehmung so stark beeinflußte, irritierte auch diejenigen deutschen Diplomaten, die eine Entspannung wünschten. Wollte man Presseäußerungen zum Gradmesser der Politik Dänemarks machen, wäre dies dasselbe, wie wenn man den ›Kladderadatsch‹ als Organ des Justizministers in Berlin betrachte, meinte ein deutscher Diplomat.[225]

Anders als in Dänemark blieb in Deutschland das Nordschleswigproblem eine Frage von peripherer Bedeutung. Das Fehlen eines breiten Interesses für den Nationalitätenkonflikt erleichterte die Aktivitäten der Kreise, die einen härteren Kurs forderten. Sie lieferten der öffentlichen Meinung oft ein verzerrtes Bild der Lage in Nordschleswig und stellten viele Schwierigkeiten einfach als Resultate dänischer Umtriebe hin. Dänische Gesandte berichteten häufig, daß Dänen, die in Deutschland leben oder Deutschland besuchen, zwar häufig große Sympathien von der Bevölkerung entgegengebracht werden, während man dagegen die Politik ihres Heimatlandes mit viel Argwohn betrachte.[226] Im Reichstag und im Preußischen Landtag kam die Nordschleswigfrage des öfteren auf die Tagesordnung. Die Repräsentanten der Dänen mußten sich von ihren intransigenten Gegnern scharfe Angriffe gefallen lassen, ohne daß die Vertreter der Regierung eingegriffen hätten. Im dänischen Folketing dagegen unterließen die Abgeordneten meistens kritische Äußerungen gegenüber Deutschland – und wenn solche Kritik kam, wurde sie von der Regierung schnell zurückgewiesen. Dieser Unterschied im politischen Umgangston wirft ein bezeichnendes Licht auf das Kräfteverhältnis zwischen der deutschen Großmacht und dem dänischen Kleinstaat.

Es gab vereinzelte deutsche Stimmen, die die deutsche Politik in Nordschleswig öffentlich kritisierten. Von ihren Gegnern wurden sie ungerechterweise beschuldigt, dänische Interessen zu vertreten. Tatsächlich sorgten sich die Kritiker der preußischen Nationalitätenpolitik zum einen um die Rechtsstaatlichkeit und das Ansehen Deutschlands, zum anderen um die Deutschen in anderen europäischen Staaten, denen eine harte Politik gegenüber den nationalen Minderheiten im Reichsgebiet hätte schaden können. Zudem glaubten sie, daß ein behutsamer Kurs gegenüber den Minderheiten die innenpolitische Stabilität eher fördern würde als harte Repression. Der Marburger Theologe Martin Rade etwa meinte: „Daß diese Dänen Deutsche werden, daran liegt wenig; daß sie sich mit deutscher Art und mit dem gegebenen politischen Zustande befreunden, daran liegt alles.“[227]

Der führende Kritiker der deutschen Politik war der Herausgeber der ›Preußischen Jahrbücher‹, Hans Delbrück.[228] Bereits im Jahre 1898 griff er die Ausweisungspolitik des schleswigschen Oberpräsidenten Köller und auch die preußische Verwaltung an, worauf ein Disziplinarverfahren gegen ihn eingeleitet wurde. Delbrück nannte die in den deutschen Geschichtsbüchern geschilderten Untaten der Dänen in Schleswig Kinderspiele im Vergleich mit der jetzigen Gewaltherrschaft der Deutschen. Noch schlimmer als die Brutalität, die Delbrück zufolge die Abscheu der gebildeten Welt erregte, sei der Glaube, mit repressiven Mitteln die Nationalitätenfrage lösen zu können.[229]

Eine Wende in der preußischen Politik in Schleswig gab es nicht. Das preußische Innenministerium ging weiterhin mit Härte gegen jede Agitation der dänischen Minderheit vor. Lautstark wurden Maßnahmen zum Schutz des bedrängten Deutschtums in der Nordmark gefordert und Pläne gegen das bedrohliche Vordringen der dänischen Propaganda geschmiedet. Die repressive Politik gegen die dänischen Nordschleswiger genügte den Rechten jedoch nicht. Der sogenannte Deutsche Verein machte sich in Schleswig zum Vorkämpfer des angeblich bedrängten Deutschtums, und fanatische Nationalisten wie Amtsrichter Hahn und Karl Strackerjahn vergifteten das ohnehin angespannte Klima in der Provinz zusätzlich. Ihr radikales Auftreten lieferte den Repräsentanten der dänischen Regierung immer gute Gegenbeispiele, wenn ihnen in Berlin der dänische Chauvinismus vorgehalten wurde. Leute wie Strackerjahn waren für die deutsche Diplomatie eine große Belastung. Aber in der Schleswigpolitik arbeiteten deutsche und preußische Ministerien und Behörden oft gegeneinander. Strackerjahn zum Beispiel wurde vom preußischen Innenministerium unterstützt. Auch während des Ersten Weltkrieges konnte er seine Arbeit fortführen – aus seinem Schützengraben in der Nordmark heraus, wie er proklamierte.[230]

Die andauernden Konflikte um Nordschleswig standen in merkwürdigem Kontrast zu der zunehmenden Annäherung Dänemarks an Deutschland, die sich im Zeichen der wachsenden Spannungen auf der europäischen Bühne vollzog. Mit der zunehmenden Kriegsgefahr zwischen Großbritannien und Deutschland wurde das Verhältnis des Reichs zu Dänemark wichtiger. Die Reichsregierung bemühte sich im letzten Friedensjahr, die Beziehungen zu den dänischen Nachbarn nicht unnötig zu belasten. Wie Bismarck schon gelegentlich des fünfundzwanzigsten Jahrestages des Krieges von 1864 im Jahre 1889 gedachte, gab Bethmann Hollweg 1914 zu verstehen, daß eine offizielle Feier des fünfzigsten Jahrestages des Krieges nicht erwünscht sei, um das Verhältnis zu Dänemark nicht zu strapazieren.[231] Auch diesmal drohte aber die Entwicklung in Schleswig die Politik der Reichsregierung zu unterlaufen. Wieder bahnte sich eine Verschärfung der Politik gegenüber den Dänen an, die dem deutschen Gesandten Brockdorff-Rantzau in Kopenhagen ernsthafte Sorgen bereitete.

Brockdorff bemühte sich in einem ausführlichen Bericht, die deutsche Regierung auf die zu erwartenden Beschädigungen der Beziehungen zu Dänemark aufmerksam zu machen. Er wollte das Ziel einer *absorption pacifique* Dänemarks nicht durch neue Repressalien gefährdet sehen. Überzeugt, daß die moderaten Elemente zugenommen hatten, warnte er, daß die Pläne des preußischen Innenministers diesen Trend nicht nur stoppen, sondern sogar rückgängig machen würden. „Wenn auch noch nicht die breiten Massen des dänischen Volkes", so verurteilten doch „die einsichtigen Elemente, besonders innerhalb der Handels- und Industriellenkreise, den Chauvinismus" und strebten „nicht nur aus materiellen Rücksichten ein gutes Verhältnis zu Deutschland" an.

Nach Auffassung des deutschen Diplomaten sollte Deutschland zwar seine innere Politik nicht vom Urteil des Auslandes abhängig machen, aber die außenpolitischen Konsequenzen müßten doch bedacht werden. Obwohl der dänische Außenminister Scavenius sich für eine wohlwollende Neutralität ausgesprochen hatte, sei die dänische Haltung im Kriegsfall nicht geklärt. Selbst wenn man es für nötig halten sollte, im Ernstfall sofort einzumarschieren, sei doch die Aufrechterhaltung der freundschaftlichen Beziehungen in Friedenszeiten von großer Bedeutung. Brockdorff betonte die negativen materiellen Folgen für Deutschland, falls der Handelsverkehr mit Dänemark beeinträchtigt werden würde, wies aber zugleich auf das Risiko hin, daß die dänische Regierung durch ein Erstarken des Chauvinismus zu Fall gebracht werden könnte. Abschließend skizzierte der Gesandte die beiden Alternativen, die die deutsche Politik hatte, um das Verhältnis zu Dänemark „endgültig zu regeln": „Ehe die Entscheidung fällt, muß Klarheit darüber geschaffen sein, welcher Weg gewählt werden soll; *gleichzeitig* können beide nicht beschritten werden. Der kürzere ist die Gewalt. Wenn er zum Ziele führen soll, muß er bis zum *Ende* gegangen werden; ich stehe heute noch nicht auf dem Standpunkt des ceterum censeo Daniam esse delendam und halte den weiteren mühsamen für gangbar, weil ich glaube, daß das ‚Ideal' der Chauvinisten auf die Länge den *realen* Lebensinteressen des Volkes nicht wird standhalten können."[232]

Der Erste Weltkrieg

Der Weg der Annäherung an Deutschland, den die dänischen Regierungen seit Anfang des Jahrhunderts gegangen waren, hatte bis unmittelbar vor dem Ersten Weltkrieg die deutsche Regierung noch nicht endgültig von der dänischen Neutralität überzeugen können. So verlief die letzte Zeit vor Ausbruch des Ersten Weltkrieges für Dänemark nicht ganz ohne Aufregung. Mit größter Aufmerksamkeit verfolgte Kopenhagen die gespannte Lage nach dem österreichischen Ultimatum an Serbien, und die Politiker dachten über die Stellung Dänemarks nach, falls es zum Krieg kommen sollte. Das tatsächliche Ausmaß des Krieges überraschte sie dann doch. Insbesondere die britische Kriegsteilnahme stellte die Dänen vor massive Probleme. Eine deutsch-britische Konfrontation war für Dänemark die ungünstigste Konstellation, die sich in der europäischen Politik herauskristallisieren konnte, da die Kontakte zu beiden Staaten für das Land besonders wichtig waren.

Eine Allianz mit der einen oder anderen Kriegspartei war weiterhin undenkbar, und so setzten die Politiker einvernehmlich darauf, die klassische Neutralitätspolitik fortzusetzen. Sie gestattete dem Land, die Handelsbeziehungen zu beiden Seiten aufrechtzuerhalten, erforderte aber auch, daß man nach außen unmißverständlich den Verteidigungswillen gegen jedwede Aggression demonstrierte. Schon 1909 hatte die Regierung einen Verteidigungsplan ausgearbeitet, der eine Truppenstärke von 50000 Mann zur Sicherung der Neutralität vorsah.

Deutschland bemühte sich darum, von Dänemark eine Zusicherung zu erhalten, daß es sich auf keinen Fall den Feinden Deutschlands anschließen würde. Bereits vor Beginn des Krieges, am 30. Juli 1914, wandte sich die deutsche Regierung mit diesem Ansinnen an Kopenhagen und erhielt die Antwort, daß Dänemark eine Neutralitätspolitik führen wolle, die Deutschland entgegenkäme. Deutschland warnte Dänemark vor militärischen Vorbereitungen bei einer deutschen Mobilmachung, betonte aber, daß man keine aggressiven Absichten Dänemark gegenüber habe. Ganz geklärt war die Lage damit jedoch nicht. Am Abend des 2. August sorgte der Gesandte, Graf Brockdorff-Rantzau, für neue Spekulationen und Unruhe, als er beim dänischen Außenminister Scavenius die Erklärung abgab, daß Deutschland die dänische Integrität zwar nicht antasten wolle, Dänemark sich aber darauf gefaßt machen müsse, daß der Krieg sich auf dänische Hoheitsgebiete ausdehnen könnte. Kurz danach stellte sich heraus, daß Brockdorff-Rantzau seine Instruktionen aus Berlin mißverstanden hatte. Er hätte sich erst dann beim dänischen Außenminister melden sollen, wenn eine Ausweitung des Krieges unmittelbar bevorstand.[223]

Der Kriegseintritt Großbritanniens aktualisierte die Möglichkeit eines britischen Vorstoßes in die Ostsee. Höchst beunruhigt griff die deutsche Marine zu Abwehrmaßnahmen. In den frühen Morgenstunden des 5. August wurde in Kopenhagen bekannt, daß die deutsche Flotte bereits begonnen hatte, die internationalen Gewässer vor der Insel Langeland zu verminen. Noch am selben Tag fragten die Deutschen an, ob Dänemark von sich aus bereit sei, den Großen Belt für die Kriegsparteien abzuriegeln. Es war anzunehmen, daß Deutschland im Falle einer Absage eigenständige Schritte in dieser Richtung einleiten würde. Eine Befolgung des deutschen Wunsches aber stellte die Neutralitätspolitik ernsthaft in Frage. Um eine strenge Neutralität zu wahren, mußte Dänemark die Meeresengen für alle Schiffe offenhalten. Eine Sperre auf Wunsch einer Kriegspartei ließ sich mit der Neutralität nur schwer in Einklang bringen.

Die dänischen Politiker waren sich nicht einig, wie die Regierung reagieren sollte. Die bürgerliche Opposition war proenglisch eingestellt und plädierte für die Aufrechterhaltung einer streng neutralen Position. Anders sahen die linksliberale Regierung und die Sozialdemokraten die Situation. Nicht zuletzt aus der realistischen Einschätzung der dänischen Lage und des Kräfteverhältnisses der Großmächte neigten sie zu weitgehenden Konzessionen an Deutschland. Wenn es sein mußte, waren sie auch zur Aufgabe strategisch wichtiger Punkte an der dänischen Küste bereit, insbesondere an den Meeresengen. Nach Ansicht des Außenministers Scavenius hätte eine solche Konzession nicht das Ende der Neutralität bedeutet. Die Regierung setzte sich schließlich durch. Dänemark verminte den Großen Belt.

Dies wurde dadurch erleichtert, daß Großbritannien, das ohnehin nicht in die Ostsee vorstoßen wollte, für die dänische Haltung Verständnis zeigte. Die Opposition und weite Teile der dänischen Öffentlichkeit reagierten verärgert auf die Politik der deutschfreundlichen Neutralität. Als Schmähbezeichnung für die Politik der zwei Mitte-links-Parteien Dänemarks kam der Begriff „Tyskerkursen“, der deutsche Kurs, auf.

Die meist linksliberalen dänischen Historiker beurteilen die Neutralitätspolitik des Ersten Weltkrieges fast durchgehend positiv. Außenminister Scavenius galt als der Retter Dänemarks, dessen Klarsicht das Land vor dem Krieg bewahrt hatte. Diese Einschätzung muß aber durch die Feststellung relativiert werden, daß die Großmächte dieses Mal den Krieg ohnehin nicht auf Dänemark und Skandinavien ausweiten wollten. Daß das Schicksal Dänemarks weniger vom Geschick seiner Politiker abhing als vielmehr von den Plänen der kriegführenden Mächte, sollte sich in aller Deutlichkeit im Zweiten Weltkrieg zeigen, als man hoffte, daß Scavenius und eine Neutralitätspolitik im Stile des Ersten Weltkrieges Dänemark erneut vor dem Krieg bewahren würden.

Nach der dänischen Minenauslegung kehrte relative Ruhe ein, das dänische Gebiet blieb von den Kriegshandlungen fast völlig verschont. Am nächsten rückte der Krieg an Dänemark im Mai 1916 heran, als die deutsche Hochseeflotte und die britische Marine ihr einziges Duell in der Schlacht von Skagerak ausfochten. Das Verhältnis zu Deutschland war während des Krieges nicht unkompliziert. Das Bemühen der Regierung, Konfrontationen zu vermeiden und den Verdacht zu zerstreuen, daß Dänemark nur darauf wartete, dem Reich in den Rücken zu fallen, wurde durch die Stimmung in der Bevölkerung erschwert. Oft übten die Oppositionskräfte scharfe Kritik am Kurs der verantwortlichen Politiker, ohne realistische Alternativen anbieten zu können. Sie konnten dabei meistens mit breiter Zustimmung in großen Teilen der Bevölkerung rechnen, die Deutschland nichts als Haß und Ressentiments entgegenbrachten. Die Uneinsichtigkeit der Mehrheit der Dänen in bezug auf die prekäre Lage Dänemarks und die fortgesetzte nationalistische Stimmungsmache gefährdeten auch während des Krieges die offizielle Außenpolitik. Die Nationalisten und Teile der Presse waren nicht bereit, ihre Haltung zu modifizieren. Ihre Sympathien für die Entente waren nicht zu übersehen. Man hoffte sehnlichst auf eine deutsche Niederlage, um Schleswig zurückzugewinnen.

Die ungehemmte antideutsche Polemik und die revanchistischen

Töne der Presse machten der dänischen Regierung Sorge. Der Ruf der dänischen Presse war in Deutschland ausgesprochen schlecht. Sie galt als die unfreundlichste aller neutralen Länder. Die Nachrichten von den Kriegsschauplätzen wurden in den meisten Zeitungen nicht objektiv weitergegeben, sondern zuungunsten der deutschen Seite gefärbt. Deutsche Siege wurden heruntergespielt, Triumphe der Entente in großer Aufmachung präsentiert. Die Regierung sah sich öfters veranlaßt, die Presse zu mehr Zurückhaltung aufzurufen. Die Appelle wurden zwar häufig befolgt, nach Einschätzung der Regierung aber nicht konsequent genug. So wurde im Juli 1915 das Strafgesetz um eine Bestimmung erweitert, die jeden mit Strafe bedrohte, der die Obrigkeit unbefugt der Parteilichkeit bei Export- und Importfragen beschuldigte oder die Bevölkerung gegen eine der kriegführenden Nationen aufstachelte. Besonders Erörterungen der Frage einer neuerlichen Verschiebung der deutsch-dänischen Grenze im Falle einer deutschen Niederlage oder andere Anspielungen auf die Verhältnisse in Nordschleswig waren während des Krieges unerwünscht.

Im Umgang mit Schleswig gab es während des Krieges ein großes Problem: die Kriegsteilnahme der dänischgesinnten Nordschleswiger auf deutscher Seite. Unter ihnen herrschte das Gefühl, für ein Land kämpfen zu müssen, dessen Niederlage man wünschen mußte, wenn sich die eigenen nationalen Sehnsüchte erfüllten sollten. Dies bedeutete auch, daß sich die Dänen trotz des Einsatzes dänischer Nordschleswiger an der deutschen Front nicht mit dem Kaiserreich solidarisierten. Dennoch verhielten sich die dänischen Nordschleswiger im Krieg loyal. Fast 30000 waren an der Front, 5000 fielen für das Kaiserreich.

Trotz aller Ressentiments gegen die Deutschen waren diejenigen Dänen, die wirtschaftlich vom Krieg profitierten, nicht bereit, aus politischen Motiven auf gewinnträchtige Geschäfte zu verzichten. Die im Volksmunde als „Gulaschbarone“ bezeichneten Kaufleute, eine nicht ganz kleine Gruppe von Neureichen, die Geschäfte mit den kriegführenden Parteien, vor allem mit den Deutschen machte, verkaufte alles, was Geld brachte. Insgesamt gesehen traf der Krieg Dänemark in ökonomischer Hinsicht jedoch erheblich. Durch die seit August 1914 bestehende britische Blockade gegen deutsche Häfen wurden die neutralen Kleinstaaten in den Konflikt der Großmächte hineingezogen. Deutschland versuchte, sie als Zwischenhändler einzuspannen, um die Blockade zu umgehen. Dies zwang wiederum die Briten zu scharfen Kontrollen, um Konterbande aufzuspüren. Für Dänemark war die Situation schwierig, weil das Land vom Import wichtiger Rohstoffe abhängig war. In den ersten Jahren gelang es jedoch, die beiden Kriegsparteien gegeneinander auszuspielen. Die deutsche Forderung, dänische Exporte nach England einzustellen, wurde mit dem Hinweis abgelehnt, daß auch die Deutschen von dieser Verbindung profitierten. Schwieriger war es, sich mit den Briten zu einigen, nicht zuletzt deshalb, weil diese die dänische Regierung einseitiger Begünstigung deutscher Interessen verdächtigten.[234] Um den dänischen Handel aufrechtzuerhalten, verhängte die dänische Regierung ein Ausfuhrverbot. Dies ermöglichte zum einen, die innere Versorgung des Landes zu sichern. Zum andern erleichterte es Importe aus Großbritannien, da die Briten nun nicht mehr damit rechnen mußten, daß ihre Exporte über den Umweg über Dänemark nach Deutschland flossen. Das Exportverbot ermöglichte jedoch weiterhin die Ausfuhr landwirtschaftlicher Produkte nach Deutschland.

Als Deutschland am 1. Februar 1917 den uneingeschränkten U-Boot-Krieg proklamierte, verschlechterte sich die Lage der neutralen Staaten drastisch. Zusammen mit den skandinavischen Nachbarn meldete die dänische Regierung in Berlin nachdrücklichen Protest an. Dennoch waren die nordeuropäischen Kleinstaaten nicht bereit, sich den Vereinigten Staaten anzuschließen, die zunächst die diplomatischen Beziehungen abbrachen und zwei Monate später in den Krieg eingriffen. Die dänische Regierung versuchte, eine Regelung mit den beiden Großmächten zu finden, die den dänischen Verkehr über die Nordsee sichern sollte, aber die Briten wollten sich darauf nicht einlassen. Nach einem völligen Stillstand wurden die dänisch-britischen Handelsverbindungen wiederaufgenommen, die nun zum großen Teil über das norwegische Bergen liefen. Mit dem U-Boot-Krieg wuchs die Bedeutung der Handelsbeziehungen mit Deutschland. Deutschland konnte wesentlich mehr Waren aus Dänemark abnehmen, war aber nicht in der Lage, im Gegenzug soviel zu liefern wie die Briten, und somit nahmen die Engpäße in der Versorgung in den beiden letzten Kriegsjahren deutlich zu. Von einer wirklichen Notsituation kann aber nicht gesprochen werden, denn der Krieg stellte Dänemark längst nicht vor dieselben großen sozialen, politischen und ökonomischen Probleme, wie dies in vielen anderen Ländern der Fall war.[235]

Trotzdem hatte der Erste Weltkrieg Auswirkungen auf die dänische Gesellschaft. Sehr früh wurde eine Reihe von staatlichen Reglementierungen eingeführt, die Wirtschaft und Alltag stark beeinflußten. Die Parteien einigten sich in der schwierigen Lage auf einen Burgfrieden in der Innenpolitik. Mitten im Krieg, 1915, wurde ein neues Grundgesetz ausgearbeitet, das unter anderem das Wahlrecht für

Frauen festschrieb. Während des Krieges nahmen aber auch die sozialen Spannungen zu, die vor allem das Aufkommen linksradikaler Strömungen begünstigte. Zunächst waren es die Syndikalisten, die die sozialdemokratische Führungsrolle in der Arbeiterbewegung in Frage stellten. In der Endphase des Krieges blickten sie enthusiastisch auf die Revolution in Rußland und die revolutionären Bewegungen in Deutschland. Ihre Hoffnungen auf eine ähnliche Entwicklung in Dänemark wurden enttäuscht. Die politische Lage blieb dennoch gespannt, wie sich gleich nach Kriegsende zeigen sollte, als die schleswigsche Frage erneut auf der Tagesordnung stand und Dänemark die größte parlamentarische Krise des 20. Jahrhunderts erlebte.

Vom Kriegsende bis zur Grenzrevision (1918–1920)

Mit dem Zusammenbruch des Deutschen Reiches im November 1918 änderte sich die Lage für Dänemark vollständig. Nach der prodeutschen Neutralität der Kriegsjahre konnte die dänische Außenpolitik zum ersten Mal seit 1864 ohne übermäßige Rücksichtnahme auf die deutsche Großmacht agieren. Diese Situation eröffnete neue Möglichkeiten, brachte aber auch neue Unsicherheiten. Ein zentrales Ziel der dänischen Politik, die „Wiedervereinigung" mit Schleswig, war in greifbare Nähe gerückt, aber es blieb noch offen, wie dies realisiert werden könnte. Da eine militärische Rückeroberung ausgeschlossen wurde, blieben entweder bilaterale Verhandlungen mit dem Verlierer oder eine Lösung innerhalb umfassender europäischer Friedensverhandlungen. Inwiefern die Siegermächte bereit sein würden, dänische Interessen wahrzunehmen, war unklar, da sich Dänemark nicht als Verbündeter der Entente profiliert hatte.

Zunächst mußte geklärt werden, welche Ziele Dänemark selbst in der Schleswigfrage verfolgen sollte, und hierüber herrschte in der Gesellschaft kein Konsens. Zwei Positionen standen einander gegenüber. Besonders die Sozialdemokraten und die Linksliberalen, aber auch der Wortführer der Dänen in Nordschleswig, das Reichstagsmitglied H.P. Hanssen-Nørremølle, befürworteten eine Volksabstimmung als Grundlage für eine Grenzrevision, die sich an der Sprach- und Kulturgrenze orientieren sollte. Demgegenüber forderten die Nationalisten zunächst die historische Eidergrenze. Diese Forderung erwies sich aber schon bald als völlig unrealistisch. Nunmehr verlangten die nationalistischen Kräfte zumindest die Eingliederung Flensburgs, selbst wenn sich herausstellen sollte, daß in dieser für

Nordschleswig so bedeutenden Stadt deutschgesinnte Schleswiger die Mehrheit bildeten. Die jahrzehntelange Pflege des Nationalismus und die Bitterkeit über die Niederlage von 1864 hatte bei ihnen die Überzeugung gefestigt, daß Dänemark ein historisches Recht auf Schleswig besaß, gleichgültig wie die Schleswiger darüber denken mochten. Die Nationalisten wären bereit gewesen, ganz Schleswig Dänemark anzugliedern, hätte die Entente es ihnen angeboten. Zudem hatten viele von ihnen reichlich übertriebene Vorstellungen über die Ausbreitung der dänischen Gesinnung in Schleswig, die sich nicht zuletzt auf die Arbeiten von Volkskundlern, Historikern und nationalistischen Publizisten stützten.

Die deutsche Politik suchte eine Lösung des Problems auf bilateraler Ebene und wollte Grenzverschiebungen möglichst vermeiden. Schon früh war man in diplomatischen Kreisen auf Forderungen der Dänen vorbereitet. Nachdem die deutsche Regierung die Friedensprinzipien Wilsons anerkannt hatte, schlug der Gesandte in Kopenhagen, Graf von Brockdorff-Rantzau, bereits am 17. Oktober 1918 in Berlin vor, Deutschland solle bereits vor der Aufnahme von Friedensverhandlungen aus freien Stücken erklären, daß es bereit sei, eine Volksabstimmung in Nordschleswig zu akzeptieren, wie sie von Wilson vorgesehen war. Durch ein freiwilliges Entgegenkommen könnte Deutschland seine Stellung verbessern. Gleichzeitig würde man sich peinliche Friedensverhandlungen ersparen und die Grenzfrage auf Nordschleswig beschränken. Mit Recht warnte der Gesandte, daß die Siegermächte möglicherweise ganz Schleswig auf die Tagesordnung setzen könnten. Für Deutschland sei es in jedem Fall vorteilhafter, nur mit Dänemark zu verhandeln.[236]

Genau solche Überlegungen waren es, die die dänische Regierung vor bilateralen Verhandlungen zurückschrecken ließ. Der Kleinstaat, so fürchtete man, würde sich dadurch in eine Situation begeben, in der der mächtige Nachbar schließlich doch die Bedingungen weitgehend diktieren und Dänemark Garantien abverlangen könnte, die Deutschland die Möglichkeit eröffneten, auf die dänische Politik Einfluß zu nehmen. Am 14. November 1918 wurde H. P. Hanssen vom Staatssekretär Solf im Auswärtigen Amt mitgeteilt, daß die deutsche Regierung mit der Anwendung der von Präsident Wilson aufgestellten Prinzipien in der nordschleswigschen Frage einverstanden sei. Ungeachtet dieser erfreulichen Mitteilung suchten die dänische Regierung und die nordschleswigsche Minderheit weiterhin eine Lösung über internationale Friedensverhandlungen im Einvernehmen mit der Entente zu finden.

Nach der Revolution in Deutschland bemühte sich die sozialdemokratische deutsche Regierung ebenfalls um eine bilaterale Lösung für Schleswig. Die Frage wurde jetzt dadurch kompliziert, daß die Sozialdemokraten beider Staaten enge Verbindungen pflegten. Programmatisch standen sie nationalistischen Ideen skeptisch gegenüber. Bezeichnenderweise versuchten Repräsentanten der Partei in Schleswig, die Lösung der Minderheitenfrage mit einer Neuordnung der Verhältnisse in Schleswig-Holstein zu kombinieren. Ein Programmvorschlag vom April 1919, der Philipp Scheidemann vorgelegt wurde, skizzierte eine einheitliche, demokratisch organisierte Provinz mit weitgehender Selbstverwaltung, die eine sozialdemokratische Alternative zur preußischen Kaiserzeit darstellte. Die Provinz sollte ihre alten Grenzen behalten, aber im Inneren so organisiert werden, „daß den Dänen ebensogut wie den Deutschen volle Möglichkeit für kulturelle Autonomie gegeben wird". Der Verfasser dieses Vorschlages unterstrich aber zugleich, daß er die Chancen für ein Einverständnis der Dänen als sehr gering einschätzte. Er hielt es dennoch für richtig, diesen Vorschlag zu unterbreiten, „weil es in späterer Zeit agitatorisch und praktisch sehr wertvoll sein kann, auf die Tatsache hinzuweisen, daß wir bereit waren, im deutschen Reich [...] den Dänen eine gute Stätte zu bereiten".[237] Mehrheitlich vertraten aber auch die Sozialdemokraten in der nördlichsten Provinz Preußens in der politischen Praxis nationale Positionen. Repräsentanten der Kreisorganisationen verabschiedeten im Mai 1919 in Flensburg eine Erklärung über „die vernichtenden Bestimmungen des Gewaltfriedensvertrages". Sie stempelten die Pläne einer Grenzrevision als eine Verhöhnung des Selbstbestimmungsrechts der Völker ab und bekräftigten ihre deutsche Volkszugehörigkeit. Sie verpflichteten sich, „alle Kräfte einzusetzen zur Verteidigung des Sozialismus, deutscher Sitte, deutschen Rechts und deutscher Kultur".[238]

Die schleswigsche Frage stellte eine ernsthafte Bedrohung des freundschaftlichen Verhältnisses zwischen dänischen und deutschen Sozialdemokraten dar. Beide Parteien versuchten eine schwierige Gratwanderung zwischen nationaler Loyalität und internationaler Solidarität. Die engen Verbindungen zwischen den Schwesterparteien eröffneten aber gleichzeitig neue Kanäle für außenpolitische Kontakte. Wie aus einer Erklärung der dänischen Sozialdemokraten an ihre deutschen Genossen im Dezember des Jahres 1919 hervorgeht, versuchten sie, die Entscheidungen der deutschen Regierung über Mitglieder der Schwesterpartei zu beeinflussen. Die dänischen Sozialdemokraten machten die deutsche Parteileitung darauf aufmerksam, daß verschiedene Aussagen des Kanzlers von der dänischen Opposition aufgegriffen und gegen die linksliberal-sozialdemokratische Regierung Zahle verwendet wurden.

Um Vorwürfe der Opposition, die Regierung handele gegen nationale Interessen, abwehren zu können, drängten die Dänen darauf, daß sich leitende deutsche Politiker soweit wie möglich mit Äußerungen, die dänische Angelegenheiten berührten, zurückhielten. Man versicherte den deutschen Genossen gleichzeitig, daß das dänische Parteiorgan so vorsichtig wie aus innenpolitischen Gründen tragbar gegen deutsche Verlautbarungen, die sich gegen dänische Interessen richteten, Stellung nehmen würde. Die Reaktionen dänischer Sozialdemokraten und ihrer Parteizeitungen sollten dabei nicht allzu streng beurteilt werden – es sei eine Folge der „doppelten Agitation" in dieser schwierigen Zeit. Man äußerte aber zugleich die Befürchtung, daß aus einer Häufung unbedachter Äußerungen und Gegenbemerkungen auf beiden Seiten eine unnötige und unheilvolle Polemik entstehen könnte.[239] Unmittelbarer Anlaß für das Schreiben war ein Auftritt von Reichskanzler Bauer und Minister Heine in Flensburg am 4. November 1919. Ihre Reden sowie die nachfolgenden Interviews in der großen linksliberalen Tageszeitung hatten der dänischen Opposition neue Munition für ihre Angriffe auf die Regierung Zahle geliefert. Es wurde unter anderem behauptet, daß eine geheime Verständigung der beiden Regierungen zuungunsten dänischer Interessen erreicht worden sei. Auch auf offizieller Ebene beschwerte sich in dieser Sache Außenminister Scavenius beim deutschen Gesandten und warf den deutschen Politikern fehlende Sensibilität vor.[240] Scavenius hatte aufgrund der deutschen Indiskretion weitere vertrauliche Verhandlungen in Frage gestellt, und das Auswärtige Amt, das sehr wohl registrierte, daß die deutschen Politiker eine Krise in der dänischen Politik ausgelöst hatten, beklagte, daß die Reden von Bauer und Heine nicht mit dem Amt abgestimmt worden seien.[241]

Die Spannungen der letzten Monate des Jahres 1919 waren ein Vorspiel zur Volksabstimmung der Nordschleswiger im Februar 1920. Auf dänischer Seite richtete sich die Aufmerksamkeit besonders auf Flensburg. Bei der Einteilung von Abstimmungszonen in Schleswig hatte die dänische Regierung nicht darauf bestanden, daß Flensburg der nördlichen Zone zugeteilt wurde, in der die Wahrscheinlichkeit eines dänischen Sieges am größten war. Für die Nationalisten war die größte schleswigsche Stadt von großem symbolischen Wert, in Regierungskreisen aber schreckte man davor zurück, eine inzwischen mehrheitlich deutsche Stadt wie Flensburg dem dänischen Staat einzuverleiben. Auch im Folketing gab es keine Mehrheit für ein solches Vorgehen. Die offensichtliche Bereitschaft der dänischen Regierung, Flensburg und das südliche Schleswig aufzugeben, erregte den Zorn der Nationalisten, die sich in der sogenannten Flensburger Bewegung organisierten und viel Zulauf hatten. Sie beurteilten die Politik der Regierung ohnehin als Ausverkauf dänischer Interessen und sahen sich in ihrer Einschätzung bestätigt, wenn in Flensburg und anderswo deutsche Politiker den Anschein erweckten, daß mit der dänischen Regierung Einvernehmen über die Lösung der Streitfragen bestand.

Die Auszählung der Stimmen nach der Volksabstimmung in Nordschleswig am 10. Februar 1920 zeigte die erwartete große dänische Mehrheit.[242] Nicht alle Deutschen waren bereit, das Ergebnis ohne weiteres zu akzeptieren, und das Reichswehrministerium schlug dem Reichskanzler vor, Material zu sammeln, um später das Ergebnis anfechten zu können. Das Ministerium wollte sich mit dem „traurigen" Resultat nicht zufriedengeben, denn es glaubte, „daß das Ergebnis zum Teil durch Handlungen der interalliierten Behörden und französischen Besatzungstruppen mitbestimmt ist, die durch den Friedensvertrag nicht gerechtfertigt waren".[243]

Am 14. März wurde in Mittelschleswig abgestimmt. Diesmal war das Ergebnis fast genau umgekehrt, und die dänischen Nationalisten mußten erschüttert feststellen, daß sie das tatsächliche Ausmaß der dänischen Gesinnung in Schleswig weit überschätzt hatten.[244] Auch Flensburg hatte eine solide deutsche Mehrheit, aber das beeindruckte die nationalistischen Kräfte kaum. Im Gegenteil, sie sahen doch immer noch eine Möglichkeit, die Stadt für Dänemark zurückzugewinnen. Zu Ostern 1920 verursachte die schleswigsche Frage wieder einmal eine parlamentarische Krise in Kopenhagen. Der König, Christian X., ließ sich von den nationalistischen Politikern dazu überreden, Staatsminister Zahle entgegen den parlamentarischen Spielregeln zu entlassen. Die Sozialdemokraten reagierten empört auf den Staatsstreich und riefen zum Generalstreik auf. Angesichts dieser Drohung trat das inzwischen vom König ernannte Kabinett kurz darauf wieder zurück. Dies war das letzte Mal, daß sich das Königshaus direkt in die Politik einzumischen versuchte. Bei den Neuwahlen im April wurde die Regierung aber von den Wählern bestraft und verlor die Mehrheit.

Das Abstimmungsergebnis, das in beiden Zonen sehr eindeutig war, wurde nicht angefochten. Die Aufteilung von Nord- und Mittelschleswig in Zonen aber hatte verschiedene Unzulänglichkeiten zur Folge. Bei der Auswertung und Grenzziehung wurden die Zonen als feststehende Einheiten behandelt, und dadurch verlief die Grenze zuungunsten Deutschlands. In der ersten Zone (Nordschleswig), wo eine absolute Mehrheit für Dänemark stimmte, gab es einige Distrikte mit deutscher Mehrheit. Umgekehrt war dies nicht der Fall, da die Dänen in jedem Distrikt der zweiten Zone (Mittelschleswig) in der Minderheit waren. Die Deutschen meldeten Widerspruch an und forderten Korrekturen. Zumindest angrenzende Distrikte mit deutscher Mehrheit sollten Deutschland zugeschlagen werden.[245]

Im Herbst 1920 wurde in Paris über die Streitfragen weiterverhandelt. Die deutsche Regierung wollte trotz Zugeständnissen das Verhandlungsergebnis nicht anerkennen. Der deutsche Standpunkt, der bereits im Juni vom Innenministerium formuliert worden war, gründete sich darauf, daß der Verhandlungsentwurf angeblich Bestimmungen enthielt, die mit dem Versailler Vertrag nicht vereinbar seien und „durch die Deutschland gegenüber Dänemark über den Friedensvertrag hinaus in seiner Vertragsfreiheit gebunden würde". Die Ablehnung der Ergebnisse gab der deutschen Regierung eine neue Chance, Sonderverhandlungen mit Dänemark vorzuschlagen. Dies wurde dem Chef der deutschen Delegation in Paris, von Mutius, vertraulich mitgeteilt. Das Auswärtige Amt erwartete, daß „die dänische Regierung, wenn wir den Vertrag ablehnen, keine weiteren Anträge bei der Botschafterkonferenz stellen wird. Vielmehr erwarten wir, daß sie sich bei unserer Ablehnung beruhigt und in Sonderverhandlungen mit uns eintritt".[246]

Dies war aber nicht der Fall. Dänemark und die Entente waren nicht bereit, die Schönheitsfehler zu korrigieren. Bei der Unterzeichnung des Schlußprotokolls und der Grenzkarte überreichte die deutsche Regierung deshalb eine Note, die die früheren Einwände festhielt. Man gab der Überzeugung Ausdruck, daß die festgesetzte Grenze dem von den Alliierten feierlich verkündeten Grundsatz des Selbstbestimmungsrechts der Völker nicht Rechnung trug.[247]

DIE VERPASSTE CHANCE EINES NEUANFANGS (1920–1933)

Auf beiden Seiten erwarteten viele, daß die Volksabstimmungen in Schleswig die endgültige Lösung der Grenzfrage bringen und damit endlich das Problem aus dem Weg räumen würden, das seit fast siebzig Jahren das Verhältnis zwischen den Nachbarn belastet hatte. Die Dänen hegten große Hoffnungen in das neue Deutschland und setzten darauf, daß sich das Verhältnis endlich entspannen würde. Bereits die ersten Nachkriegsjahre führten aber zu einer Ernüchterung. Auch zur Zeit der Weimarer Republik belastete die schleswigsche Frage die Beziehungen. Dies lag nicht zuletzt an der immer noch ausstehenden deutschen Anerkennung der neuen Grenze. Keine Regierung der deutschen Republik wollte Dänemark entgegenkommen. Alle blieben dabei, daß die Grenze für die deutsche Bevölkerung ungerecht verlief. Auf die negativen Folgen dieser Haltung wiesen die deutschen Gesandten mehrfach hin.

Beide Seiten bemühten sich in den 20er Jahren auf offizieller Ebene um Aussöhnung und freundlichere Beziehungen. Schwere Krisen wie in den vergangenen Jahrzehnten gab es trotz der fortdauernden Probleme nicht. Fast alle Irritationen gingen auf das Konto von Nationalisten in beiden Staaten, denen es häufig gelang, die andere Seite zu provozieren. Es handelte sich durchweg um Bagatellen, aber die empfindlichen Reaktionen zeigten, wie schwierig der Weg zu gegenseitigem Vertrauen war. Wenn Repräsentanten beider Staaten das Klima verbessern konnten, lieferten Zeitungen und Vertreter nationalistischer Ideen gleich wieder Beweise für die lebendigen Antipathien.

Im engeren Horizont der dänischen Politik und Gesellschaft spielte Deutschland nach wie vor eine Schlüsselrolle. In einer Gesellschaft, in der Deutschland seit mehr als zwei Generationen als der Erzfeind galt, war es nicht einfach umzudenken. Zwar versuchten Sozialdemokraten und Linksliberale den Ressentiments entgegenzusteuern, aber Haß und Mißtrauen waren in der Bevölkerung tief verwurzelt. Von dieser Stimmung geben immer wieder Lageberichte der deutschen Diplomaten Zeugnis. Einer der Gesandten der 1920er Jahre, von Mutius, der wegen seines Auftretens in Versailles bei den Deutschnationalen verhaßt war, zeigte durchaus Verständnis für die Dänen, aber auch er registrierte ihre fehlende Freundlichkeit. Im Juni 1924 schrieb er nach Berlin: „Daß die Stimmung in Dänemark überwiegend deutschfeindlich ist, ist augenblicklich garnicht einmal eine allzu grosse Uebertreibung, denn namentlich seit den Verhandlungen im preussischen Landtage, die hier sehr verallgemeinert werden, hat sie sich bedeutend verschlechtert [..]." Unter den Deutschen in Dänemark herrsche das Gefühl, „bei den Dänen nicht als ganz vollwertig" zu gelten. Wenn sich die Dänen nach außen auch höflich verhielten, sei doch überall ein innerer Widerstand gegen das Deutsche zu spüren. Es gebe zwar Kreise, die mit Deutschland sympathisierten, aber im allgemeinen habe das Wort „tysk" einen bitteren Beigeschmack behalten.[248]

Fünf Monate später riet die Gesandtschaft in Kopenhagen dem Auswärtigen Amt davon ab, im ›Berliner Lokal-Anzeiger‹ offiziell zum deutsch-dänischen Verhältnis Stellung zu nehmen. „Ueber die deutsch-dänischen Beziehungen schweigt man am besten in der Oeffentlichkeit", hieß es in einem Bericht, der die geringe Belastbarkeit der Beziehungen herausstellte. Eine Presseerklärung könne den Bestrebungen, die Atmosphäre zu verbessern, nur schaden. Es bestehe kein Zweifel darüber, daß Gruppen in beiden Staaten, die eine Grenzrevision anstrebten oder nur eine Verschlechterung der Stimmung suchten, eine solche Erklärung für ihre Zwecke verwenden würden. „Wenn sich, wie dies im letzten Jahr der Fall war, ein führendes dänisches Blatt mit einer ähnlichen Bitte an den Herrn Gesandten wendet, so ist natürlich eine dänisch-freundliche Aeußerung nicht zu umgehen, eine solche in deutschen Blättern zu veröffentlichen, liegt jedoch bei der herrschenden allgemeinen Stimmung kein Grund vor. Von zunehmender Deutschfreundlichkeit ist jedenfalls einstweilen nichts zu merken."[249]

Solche Einschätzungen sind bezeichnend für das Klima zwischen den Nachbarn in den 1920er Jahren. Die deutschen Diplomaten irritierte vor allem, daß die stärkste Kritik und Feindseligkeit gegenüber Deutschland durchgängig in der bürgerlich-konservativen Presse zu finden war, während die sozialdemokratischen und linksliberalen Zeitungen relativ ausgewogen oder manchmal auch mit Sympathie über Deutschland berichteten. Besonders erregt reagierte die Gesandtschaft, als die konservative ›Berlingske Tidende‹ ein ungekürztes Interview mit Ernst Toller brachte, der sich zu Besuch in Dänemark aufhielt. Toller widersprach zur Freude der Dänen der Auffassung der deutschen Regierung in der Grenzfrage. Der Gesandte von Hassell kommentierte verärgert: „Solange man sich in den politisch rechtsstehenden Kreisen der einzelnen Länder stets auf Kronzeugen in anderen Ländern beruft, welche die Betreffenden als eigene Landsleute nicht mit der Zange anfassen würden, solange ist die Verständigung eine Illusion."[250]

Der Streit um die Grenze in den 1920er Jahren

Die Bedingungen des Grenzkampfes hatten sich mit der neuen Grenze von 1920 völlig geändert. Die Minderheiten beiderseits der Grenze waren quantitativ unbedeutend geworden. Trotz einer breiten Sympathie für ihre Landsleute in Südschleswig wirkten die katastrophalen Abstimmungsergebnisse aus der zweiten Zone auf die Mehrheit der Dänen ernüchternd. So wuchs in der Politik und in der Öffentlichkeit die Bereitschaft, die nunmehr gezogene Grenze als die beste Lösung, die Dänemark erreichen konnte, anzuerkennen.

Deutscherseits war es sehr viel schwieriger, sich mit der neuen Lage anzufreunden. Verstärkt durch den als Demütigung empfundenen Versailler Frieden sah man es als große Ungerechtigkeit, daß Gebiete in Nordschleswig mit deutscher Mehreit zum Teil direkt an Deutschland grenzten. Zwar dachten die Verantwortlichen nicht daran, Nordschleswig zurückzuerobern, aber die neue Grenze wurde nicht als endgültig gesehen. Das meinte auch der keineswegs nationalistische Gesandte von Mutius, der im September 1923 zusammenfaßte: „Erst wenn einmal der Vertrag von Versailles durch die Entwicklung der Dinge erschüttert und überholt sein wird, wird man deutscherseits mit einer wirklichen freundnachbarlichen Stellung Dänemarks zu Deutschland rechnen können."[251] Die Dänen verstanden diese deutsche Haltung nicht, da sie ohnehin meinten, auf alte dänische Gebiete verzichtet zu haben. Jede deutsche Rede von einer Revision wurde daher leicht als Drohung empfunden, als Ausdruck der alten deutschen Politik: „Das ganze Schleswig soll es sein."

Der Grenzkampf wurde in den 20er Jahren von den intransigenten Gruppen beider Seiten weitergeführt. Sie versuchten die Politiker mit nationalen Argumenten unter Druck zu setzen und profitierten davon, daß die neue Grenzziehung große Probleme in einem Land aufwarf, das eine solche Trennung nie gekannt hatte. Auf beiden Seiten mußten neue Strukturen geschaffen werden, und es kam zu erheblichen ökonomischen Schwierigkeiten. In Deutschland wurden die Schwierigkeiten durch die Krise der Weimarer Republik verstärkt, aber auch nördlich der Grenze gestaltete sich die Eingliederung Nordschleswigs zunächst nicht einfach. Mit Berichten und Bittschriften an die Adresse von Politikern, aber auch in der Presse und auf politischen Veranstaltungen wurde die Unzufriedenheit geschürt. Auf deutscher Seite wurde ein Bild vom angeblichen Elend nördlich der Grenze gezeichnet, ja man behauptete sogar, daß die enttäuschten dänischen Nordschleswiger begonnen hatten, sich auf ihre schleswigsche Identität zu besinnen.[252]

Mit den zunehmenden wirtschaftlichen Schwierigkeiten in Deutschland wurde häufiger von einer angeblichen dänischen Bedrohung für die nördlichste Provinz Preußens gesprochen. Alarmierende Berichte über den erschreckenden Umfang der dänischen Offensive, denen oft als revanchistisch interpretierbare Zeitungsausschnitte beigefügt waren, tauchten in der Reichskanzlei auf. Die vorgetragenen Argumente waren oft sehr durchsichtig, aber die Schleswiger ließen sich die Chance nicht nehmen, aus der immer wieder beschworenen dänischen Bedrohung Vorteile zu ziehen. So protestierte die Stadt Schleswig im September 1921 gegen die Verlegung der Reichsverpflegungsanstalt nach Rendsburg mit dem Argument, Schleswig drohe durch diese Maßnahme zu einer toten Stadt zu werden – eine Entwicklung, die nur den „bisher nicht erfolglosen Ansturm des Dänentums" begünstigen würde.[253] Ein deutliches Beispiel dafür, daß Hinweise auf die angeblich drohende Expansion der Dänen durchaus Erfolg haben konnten, war der Versuch der schleswigschen und preußischen Behörden Anfang des Jahres 1922, Gelder für den Bau der Eisenbahnstrecke zwischen Niebüll und Westerland zu erhalten. Der Regierungspräsident von Schleswig stellte das Projekt gegenüber der Reichsregierung als notwendige Maßnahme hin, um deutsche Interessen im Grenzgebiet, wo die Bevölkerung „in aller schärfstem Kampf mit dem Dänentum" stehe, zu sichern, und erhielt die Zusage für den Eisenbahnbau.[254]

Die Bedeutung der nördlichen Grenze oder gar der Beziehungen zu Dänemark für Deutschland in diesem Zeitraum soll nicht überbewertet werden. Es war eine dramatische Zeit, in der die Politik und Gesellschaft kaum Interesse für die Grenzfrage am nördlichen Rand des Staates aufbringen konnten. Für die Einschätzung der Beziehungen beider Staaten untereinander gewannen die ständigen Auseinandersetzungen aber eine gewisse Bedeutung. Die negativen und oft regelrecht bedrohlichen Berichte aus dem Norden schadeten dem Ansehen Dänemarks in Politik und Öffentlichkeit. Das Bild des gierigen Nachbarn, der skrupellos die Schwäche des Reichs auszunützen versuchte, war vor allem in Teilen der Presse und in rechtsnationalen Kreisen verbreitet.[255]

Es gab aber auch andere Stimmen. Der sozialdemokratische Reichsinnenminister Wilhelm Sollmann, von ›Social-Demokraten‹ in Kopenhagen im August 1923 befragt, äußerte sich wesentlich freundlicher: „Soweit ich mich von meiner fernliegenden Heimat am Rhein über diese Angelegenheit habe unterrichten können, kann ich überhaupt nicht anerkennen, daß es eine schleswigsche Frage gibt. Dänemark hat im Kriege eine so klare neutrale Haltung eingenommen und seine Bevölkerung, namentlich die Arbeiterklasse, hat sowohl während des Krieges als auch nach diesem deutschen Kindern so viel Gutes getan, daß ich nicht glauben kann, daß ein tieferer politischer Gegensatz zwischen Dänemark und Deutschland bestehen sollte." Sollmanns Einschätzung repräsentierte einen sozialdemokratischen Standpunkt, der nicht vergessen werden sollte. Sowohl von dänischer wie auch von deutscher sozialdemokratisch-linksliberaler Seite war die klare Bereitschaft vorhanden, den nationalen Streit endlich zu überwinden.

Eine kritische Zeit: Herbst 1923 und Anfang des Jahres 1924

Das freundschaftliche Verhältnis zwischen den Sozialdemokraten beider Länder konnte aber nicht darüber hinwegtäuschen, daß das gegenseitige Mißtrauen zwischen den beiden Staaten weiter bestand. Der deutsche Gesandte von Mutius bemerkte in der dänischen Deutschlandpolitik eine zweideutige Haltung. Auf der einen Seite stellte er unter führenden dänischen Politikern einen Willen zum Entgegenkommen fest, auf der anderen Seite aber sei nicht zu übersehen, daß Dänemark als Nutznießer des Versailler Vertrages ein Interesse daran hatte, das in Deutschland verhaßte Vertragswerk aufrechtzuerhalten. Insofern gehöre Dänemark sogar zu den Staaten, die unter französischer Führung einen „Krieg mit anderen Mitteln" gegen Deutschland führten. Diese zwiespältige Haltung kam in den höchst widersprüchlichen Reaktionen der Dänen auf die Ruhrbesetzung zum Ausdruck. Der dänische Außenminister wies den deutschen Gesandten darauf hin, daß die Dänen durchaus Verständnis für die Verbitterung der Deutschen, ja sogar gewisse Sympathien für Deutschland gezeigt hätten. Von Mutius konnte den Minister jedoch mit einer Reihe von Beispielen konfrontieren, die ein völlig anderes Bild boten. In großen Teilen der Presse herrschte wie gehabt eine frankophile Stimmung, und viele Journalisten setzten ihren alten Propagandakrieg gegen Deutschland fort. Der deutsche Gesandte wies vor allem auf die scharfen Artikel in der Zeitung ›Flensborg Avis‹ hin, einem Organ der dänischen Propaganda in Mittelschleswig, das von Dänemark finanziell unterstützt wurde. Deutsche Subventionen für eine antidänische Zeitung etwa in Apenrade hätten, so von Mutius, schon längst eine Krise in den freundschaftlichen Beziehungen ausgelöst.[256]

Als die Inflation im Herbst 1923 eskalierte, erreichten die Spannungen einen neuen Höhepunkt. Vor allem der Oberpräsident von Schleswig gab sich alle Mühe, die Gefahren einer angeblich bevorstehenden Offensive der Dänen oder eines schleswigschen Separatismus aufzubauschen. Dabei ging es ihm nicht zuletzt darum, verschiedene finanzielle Forderungen durchzusetzen. Er vertraute darauf, daß Politiker und Beamte gerade in dieser schwierigen Zeit ein offenes Ohr für Berichte über den lebendigen dänischen Revanchismus hatten. Die Befürchtung, Dänemark könnte die ökonomische Krise in Deutschland für eine neue Grenzverschiebung ausnützen, teilte auch Reichsinnenminister Severing. Er leitete einen entsprechenden Bericht aus Schleswig an den Reichskanzler weiter und fügte persönlich weitere Informationen bei, die seine Einschätzung der Lage untermauern sollten. Es handelte sich um Zeitungsausschnitte und einen Bericht eines Aktiven in der schleswigschen Grenzarbeit, der die eifrige dänische Propaganda in Mittelschleswig schilderte. Die umfassende „Werbe- und Wühlarbeit der Dänen" wurde als Vorbote einer Kursänderung der dänischen Politik gewertet.[257]

Die dänische Gefahr, die in diesem Herbst oft beschworen wurde, nahm man deshalb besonders ernst, weil es diesmal nicht „die französische Soldateska, nicht Poincaré und Foch [... sind], die als Werber auftreten, sondern es kommt ein stammverwandtes Volk von unverhältnismäßiger gesunder wirtschaftlicher Verfassung und hoher innerer Kultur, von dem erwartet werden kann, daß in humaner Weise in den neu gewonnenen Gebietsteilen seine Herrschaft aufrichten wird".[258] Der Regierungspräsident in Schleswig sprach jetzt öfter von einem regelrechten „Abwehrkampf" gegen „die dänische Offensive" in Schleswig. Die ökonomischen Tatsachen schienen den Schreckenspropagandisten recht zu geben. Mitte Oktober 1923 erreichte der Wechselkurs einen Stand von 1 Dkr = 1425 Milliarden Mark, und daraus folgerte der Regierungspräsident: „Die Stunde ist also seit 1919 nicht so ernst gewesen wie jetzt." Als Beweis für die Richtigkeit seiner Einschätzung zitierte er die Äußerungen eines nationalchauvinistischen dänischen Vereins, der verbreitete, Deutschland werde bald zusammenbrechen.[259] Im Kontrast zu den dramatischen Berichten aus

Schleswig äußerte sich von Mutius zurückhaltend. Er versuchte seine Regierung zu beruhigen.[260]

Die Dänen reagierten gemäßigt auf die deutschen Vorwürfe. Dennoch waren die Politiker besorgt und begriffen, daß es angebracht war, eine deutliche Stellungnahme zur Grenzfrage abzugeben. Staatsminister Neergaard hatte im Parlament wenige Tage zuvor versichert, daß die Dänen im Falle einer katastrophalen Entwicklung in Deutschland im bevorstehenden Winter nicht versuchen würden, die Grenze zu ändern. Neergaard hatte sehr deutlich betont, „daß die Grenze fest ist und daß von der dänischen Regierung alles getan wird, um sie aufrechtzuerhalten".[261] Auch der Führer der Konservativen, Pürschel, hatte kurz zuvor die neue Grenze als eine historische Tatsache bezeichnet. Damit hatten die beiden Parteien, die am stärksten mit einer revisionistischen Grenzpolitik in Verbindung gebracht werden konnten, deutlich Abstand von jeglicher Absicht einer Grenzänderung genommen. Einige Tage später beschrieb von Mutius die Stimmung im Parlament. Alle Parteien hatten beteuert, daß sie die Grenze als endgültig betrachteten. Selbst die Zeitung der dänischen Minderheit, das „gehässigste dänische Chauvinistenorgan in Schleswig", ›Flensborg Avis‹, hatte einen versöhnlichen Ton angeschlagen. Völlig ausschließen wollte von Mutius eine Veränderung der dänischen Politik in Schleswig aber nicht. Es sei in den letzten Jahren zu einer bemerkenswerten Annäherung zwischen Frankreich und Dänemark gekommen, und es sei auch nicht abzustreiten, daß die Dänen trotz aller Erklärungen die chauvinistische Agitation südlich der Grenze weiterhin finanziell kräftig unterstützten.[262]

Wenige Monate später folgte eine neue Krise, die die Deutschen provozierten. Ausgelöst wurde sie paradoxerweise durch einen Versuch der beiden sozialdemokratischen Parteien, eine größere Verständigung und Entspannung zwischen den beiden Nachbarn zu erreichen. In November 1923 hatten die beiden Schwesterparteien sich darauf geeinigt, die neue Grenze anzuerkennen. Die SPD war zwar nicht stark genug, diese Politik in der Regierung durchzusetzen, aber das Abkommen war ein wichtiger Schritt auf dem Wege zu einer Entspannung der Lage und zugleich ein Beispiel für die neue nichtstaatliche Dimension in der Außenpolitik.[263] Wenig Verständnis für das Vorgehen der SPD zeigten die Konservativen. Bereits am 14. Dezember richteten einige preußische Landtagsmitglieder der DVP eine Kleine Anfrage an die Landesregierung, in der sie feststellten, daß das von der SPD geschlossene Abkommen mit den bisher vertretenen Grundsätzen des Staates und des Reiches nicht in Einklang stehe und geeignet sei, deutsche Interessen zu gefährden. Sie forderten von der Regierung Maßnahmen, um das Deutschtum vor drohendem Schaden zu bewahren. Am nächsten Tag antwortete der sozialdemokratische Innenminister Severing, daß die Übereinkunft der beiden Parteien „die preußische Staatsregierung in keiner Weise beeinflußt."[264]

Damit war die Sache aber noch nicht vom Tisch. Im Januar 1924 kam es im Preußischen Landtag erneut zu einer Debatte über die Grenzfrage.[265] Mehrere Abgeordnete der rechten Parteien schlugen scharfe Töne an und sorgten damit für Unruhe in der dänischen Öffentlichkeit. Es folgte nicht nur die übliche Attacke aus der konservativen Zeitung ›Berlingske Tidende‹; selbst die eher deutschfreundliche ›Politiken‹ äußerte sich ungewöhnlich kritisch. In Kopenhagen interpretierte man die Landtagsdebatte als Indiz dafür, „daß die Grenzfrage nun auch hier in den Vordergrund der öffentlichen Erörterung gerückt ist".[266] Angesichts solcher Reaktionen sah sich der preußische Ministerpräsident veranlaßt, den führenden antidänischen Polemiker im Landtag, von Campe, in einem Brief am 13. 3. 1924 auf die außenpolitischen Folgen seiner Reden aufmerksam zu machen. Aber der Schaden war schon angerichtet.[267] Von Mutius beobachtete in der folgenden Zeit einen Rechtsruck bei den moderaten Dänen in Nordschleswig und eine verstärkte Kritik an Deutschland in der Presse. Die sozialdemokratische Parteizeitung äußerte sich vor allem besorgt über die möglichen Auswirkungen einen Erstarkens der reaktionären Kräfte in Deutschland.

Von Mutius reagierte irritiert auf die Landtagsdebatte. Zwar meinte er, daß es nicht schade, „wenn Dänemark wieder einmal das Gefühl bekommt, mit Deutschland nicht bloß spielen zu dürfen". Andererseits müsse „mit allem Nachdruck betont werden, daß es Deutschland in der ganzen Welt in ein wenig günstiges Licht setzen muß, wenn neben der durch die Lage gebotenen Vorsicht und Zurückhaltung anderen Nachbarn gegenüber dem kleinen Dänemark offen gedroht wird".[268] Schon in den ersten Tagen nach der Debatte wurde deutlich, daß sich das deutsche Ansehen in ganz Skandinavien erheblich verschlechtert hatte. Schwedische Zeitungen brachten Überschriften wie ›Deutsche Revanchedrohungen gegen Dänemark‹ und behandelten in den folgenden Monaten häufiger die schleswigsche Grenzfrage. Das Grenzproblem wurde sogar im Parlament erörtert, und der deutsche Gesandte in Stockholm, Nadolny, wünschte dringend „eine baldige dauernde Regelung der Schleswig-Frage".[269] Nicht einmal in Norwegen brachte man den Deutschen Sympathie entgegen, obwohl die Norweger zu dieser Zeit mit Dänemark in einem bitteren Streit über die Rechte über Ostgrönland lagen. Der deutsche Gesandte schrieb aus Kristiania: „Bei Verschärfung des deutsch-dänischen Verhältnisses würde die alte Sympathie für den Bruder in Not wieder erwachen [...] Eine Propaganda für den deutschen Standpunkt in Norwegen wäre ganz verfehlt.“[270] Das Auswärtige Amt betrachtete die Stimmung im Norden mit großer Sorge und ließ eine umfangreiche Analyse der Lage ausarbeiten.[271]

Die Beunruhigung des Amtes war verständlich. Zwar spielten die Nordeuropäer keine überragende Rolle für die deutsche Außenpolitik, aber das gemeinsame Auftreten der Skandinavier im Völkerbund konnte Deutschland durchaus schaden. Schon zwei Jahre zuvor hatte ein deutscher Beobachter Skandinaviens bereits auf die Notwendigkeit einer pragmatischen Politik in der Grenzfrage hingewiesen: „Nordschleswig ist keine Lebensfrage für Deutschland, und ich glaube, daß wir die ganze Frage ebensosehr unter dem Gesichtspunkt ‚Skandinavien und Deutschland‘ und nicht als rein deutsch-dänische Frage betrachten müssen. Das skandinavische Gesamtgefühl ist doch so stark, daß es einen Versuch zur Wiederherstellung der alten Grenze als einen Schlag ins Gesicht empfinden würde.“[272] Daß dies tatsächlich der Fall war, bestätigten die zahlreichen Pressekampagnen gegen Deutschland, die deutsche Äußerungen in den zwanziger Jahren in Skandinavien mehrfach provozierten. Deutschland sah sich trotz allem nicht genötigt, dem kleinen Nachbarn entgegenzukommen. Bezeichnend für die Arroganz gegenüber den unbedeutenden Dänen war die Tatsache, daß die Deutschen eine Garantieerklärung für die Westgrenze abgaben, für die Nordgrenze jedoch nicht. Daß Dänemark keine ähnliche Erklärung erhielt, rief unter den Dänen erneut Unsicherheit und Skepsis hervor.[273]

Die Stabilisierung der Beziehungen Mitte der 1920er Jahre

Mitte der 1920er Jahre gab es Anzeichen einer Entspannung, die negativen Berichte der Gesandtschaft in Kopenhagen wurden seltener. Dennoch blieben die Beziehungen sehr anfällig für Störungen. Die Diplomaten erlebten oft, daß langsam und mühevoll erarbeitete Fortschritte durch Kleinigkeiten wieder zunichte gemacht wurden. Der Tod des Reichspräsidenten Friedrich Ebert Anfang März 1925 stieß in der dänischen Öffentlichkeit auf großes Bedauern.[274] Es war längst deutlich geworden, welche politischen Kräfte eine Verbesserung der Nachbarschaft erwarten ließen, und Ebert gehörte eindeutig zu den

Hoffnungsträgern. Die Wahl Hindenburgs wurde im allgemeinen sehr skeptisch und kritisch kommentiert. Nur wenige Diplomaten und Vertreter des Finanzkapitals zeigten sich zufrieden oder zumindest nicht sonderlich beunruhigt.[275] In der Folgezeit schienen sich die Befürchtungen jedoch nicht zu bestätigen. Es wurden sogar Verhandlungen über die Einrichtung eines Schiedsgerichts aufgenommen, das bilaterale Streitigkeiten regeln sollte. Nach der Konferenz von Locarno erreichte das Vertrauen in die Deutschen einen Höhepunkt. Die Dänen versprachen sich viel davon, daß Deutschland allmählich wieder in die internationale Zusammenarbeit eingebunden wurde.

Anfang November 1925 gab von Mutius nach etwas mehr als zwei Jahren in Kopenhagen einen zusammenfassenden Bericht über die dänische Außenpolitik. Er stellte fest, daß Dänemark nicht mehr wie im ausgehenden 19. Jahrhundert ein Verbindungszentrum zwischen den sich gegen Deutschland verbündenden Großmächten darstellte, sondern „in ein recht provinziales Dasein zurückgesunken" sei. Die große Politik sei in der Öffentlichkeit kein bevorzugtes Thema, man interessiere sich weit mehr für die Innenpolitik. Genau wie Schweden fehle es in Dänemark am Willen zur Einmischung in die internationale Politik: „So ist als die allgemeine Tendenz der dänischen Aussenpolitik das Bestreben zu bezeichnen, allen Verwickelungen, die sich etwa in Europa bilden könnten, tunlichst aus dem Wege zu gehen. Die Beziehungen zu allen einflußreichen Staaten werden zwar sorgfältig gepflegt, doch wird hierbei, abgesehen von der Mitgliedschaft beim Völkerbund, jede Art Bindung, die Dänemark automatisch in Verwickelungen führen könnte, grundsätzlich vermieden." Die Beziehungen zu Großbritannien freundlich zu gestalten, sei ein „Hauptprogrammpunkt" der dänischen Außenpolitik geworden. Für von Mutius lag es auf der Hand, daß sich die Dänen davon Hilfe im Falle eines Konfliktes in der Ostsee sowie die Sicherung ihres Status im Nordatlantik versprachen. Ein mindestens ebenso zentrales Anliegen der dänischen Politik sei die Festigung des Besitzes von Nordschleswig. Obwohl der Skandinavismus nicht besonders gepflegt werde, diene er in dieser Frage immer noch als eine Art moralische Stütze. Daß man in Deutschland immer noch über die Grenzziehung verbittert sei, zwinge Dänemark, sich um Garantien zu bemühen. In diesem Sinne bleibe Dänemark eine Art geistiges Mitglied der Entente. Von Mutius vergaß nicht darauf hinzuweisen, daß die Dänen sich beständig und mit großer Sympathie mit Politik und Kultur der Ententemächte beschäftigten. Die Regierung beteiligte sich zwar nicht offiziell daran, amtliche Stellen betrieben nach seiner Auffassung aber eine „unterirdische antideutsche Aktivität", wobei man sich alle Mühe gab, Deutschland gegenüber ein neutrales Gesicht zu wahren. Diese Taktik charakterisierte der Gesandte als Versuch der Dänen, „sozusagen von der Hausse der Entente zu profitieren, ohne in eine etwaige spätere Baisse mitverwickelt zu werden". Die sehr zurückhaltende dänische Außenpolitik interpretierte er zum Teil als eine „Abschwächung eigentlich aussenpolitischer Ziele". Diese Tendenz sei nicht Ausdruck eines unangefochtenen Konsens in der dänischen Politik, da insbesondere die konservativen Kräfte versuchten, die Grenze in Schleswig als nicht endgültig darzustellen. Dennoch hielt es von Mutius für „irrig", den Dänen aggressive Ziele gegenüber deutschem Territorium oder Absichten einer Kooperation mit den Alliierten zu unterstellen.

Um die Beziehungen zu Dänemark und auch zu Skandinavien insgesamt zu verbessern, schlug von Mutius den deutschen Politikern vor, in der Grenzfrage mehr Mäßigung zu zeigen. Um Dänemark aus der Interessengemeinschaft mit den Siegermächten zu lösen und dabei auch das Ansehen Deutschlands in ganz Skandinavien zu verbessern, bleibe nur der Weg, die dänische Besorgnis vor einer gewaltsamen Verschiebung der deutschen Grenze nach Norden zu zerstreuen. Die Dänen müßten ihrerseits einsehen, daß deutsche Garantien in der Grenzfrage nicht nur im Reichstag keine Mehrheit finden, sondern auch in der deutschen Öffentlichkeit nach der unbefriedigenden Regelung der Grenzänderung im Jahre 1920 auf Ablehnung stoßen würden. Eine Vermittlung durch dritte Mächte lehnte von Mutius entschieden ab. Ausschließlich bilaterale Verhandlungen zwischen Deutschland und Dänemark könnten mittelfristig eine Lösung bringen. „Ein Ausgleich der bestehenden Differenzen werde von Deutschland im Wege kultureller Annäherung, einer liberalen Minderheitenpolitik und eines Schiedsvertrages angestrebt, jedoch seien diese Ziele nur erreichbar, wenn die dänische Politik und öffentliche Meinung sich allmählich immer mehr von der von ihr 1918/20 eingeschlagenen antideutschen Orientierung löse."[276]

Die relativ entspannte Lage dauerte bis zum Jahre 1926 an. Im Mai verfaßte der neue deutsche Gesandte in Kopenhagen, von Weizsäcker, einen Bericht über die dänische Außenpolitik. Die Grenzfrage stand wie gewöhnlich im Vordergrund. Diese Frage bildete nun einen „latenten deutsch-dänischen Differenzpunkt, über den vorläufig nicht gesprochen werden kann und der sich nur mit Mühe diplomatisch so abkapseln läßt, daß er das gegenseitige Verhältnis der Länder nicht ständig stört". Von Weizsäcker meinte, „eine chronische, nervöse

Temperatursteigerung, ausgehend von dieser Reizstelle im dänischen Volkskörper“ feststellen zu können.

Trotz dieser immer noch bestehenden Aversionen sah von Weizsäcker doch Chancen für eine Verbesserung des Verhältnisses in naher Zukunft. Solange das vom Krieg geschwächte Deutschland in der europäischen Politik isoliert gewesen sei, hätten die Dänen geglaubt, sich das gespannte Verhältnis zu Deutschland leisten zu können. Nun aber, da sich Deutschland allmählich erhole, habe sich die Lage geändert. Dänemark sei nun gezwungen, sich entweder auf die Seite derer zu stellen, die die deutsche Ohnmacht konservieren wollten, oder den Weg nach Berlin einzuschlagen und dort eine Lösung aller deutsch-dänischen Probleme im Geiste guter Nachbarschaft zu finden. Von Weizsäcker glaubte, daß die dänischen Politiker eine gewisse Bereitschaft zeigten, mit Deutschland zu verhandeln, wie es früher von Berlin vorgeschlagen worden war. Die öffentliche Meinung in Dänemark sei aber, räumte von Weizsäcker ein, noch keineswegs für einen solchen Schritt zu gewinnen. Als gutes Zeichen wertete von Weizsäcker die Beobachtung, daß die Politiker in Kopenhagen gegenüber Frankreich eine unübersehbare Skepsis an den Tag legten, da sie die französischen Interessen in einer Annäherung an Dänemark durchschauten. So bleibe die Neutralität nach allen Seiten das Kennzeichen der dänischen Politik, gleichgültig welche Partei am Ruder sei.[277]

In den Einschätzungen der Gesandten von Mutius und von Weizsäcker spiegeln sich die allmähliche Erholung und die wachsende internationale Anerkennung der Weimarer Republik wider. Die deutschen Diplomaten sahen darin eine Rückkehr zur Normalität. Man gab sich selbstsicherer und vertraute darauf, daß die Dänen jetzt auf Deutschland zukommen müßten. In Dänemark begrüßte man das Ende der Nachkriegszeit, das durch die Politik Stresemanns eingeleitet wurde. Insbesondere die Aufnahme des Nachbarn in den Völkerbund bewertete man einhellig positiv. Im Sommer des Jahres 1926 erreichte die gute Stimmung einen Höhepunkt. Sogar ›Berlingske Tidende‹ meinte, „daß das deutsch-dänische Verhältnis [...] in diesem Frühjahr im ganzen eine glückliche Phase durchlaufen habe“.[278] Die Dänen sahen dennoch keine Veranlassung, dem deutschen Wunsch nach bilateralen Verhandlungen entgegenzukommen. Sie erwarteten vielmehr eine größere internationale Verantwortung der Deutschen und dadurch auch eine endgültige Beilegung der Grenzfrage. Verunsichert reagierte man daher auf die Aufnahme von Verhandlungen zwischen Deutschland und Belgien über Grenzrevisionen in Eupen-Malmedy.[279] Generell war aber das Klima gut. Als es im Herbst 1927 in

Nordschleswig aufgrund der ökonomischen Probleme des Eingliederungsprozesses zu politischen Spannungen kam, hielten sich die Deutschen zurück. Von Weizsäcker warnte vor der Interpretation, daß es sich bei den Unruhen um eine Abwendung der Nordschleswiger von Dänemark handeln könnte.[280]

Die im Jahre 1926 in Dänemark an die Macht gelangte bürgerliche Regierung signalisierte zunächst die Absicht einer weitergehenden Annäherung an Deutschland. Beim ersten offiziellen Treffen mit dem deutschen Gesandten von Hassell überraschte der neue Außenminister, Dr. Moltesen, mit einer „visionären" Ausführung. Unter anderem wünschte er eine Führungsrolle Deutschlands in der internationalen Zusammenarbeit. Er sprach sogar von einer erweiterten Kooperation zwischen Dänemark und Deutschland, in die auch die anderen skandinavischen Staaten einbezogen werden könnten. Als Bezeichnung für die anvisierte Kooperation verwendete er den Begriff „Teutonismus".[281] Das Auswärtige Amt zeigte sich positiv überrascht über dieses Angebot. Es begrüßte insbesondere die Idee einer deutschen Führungsrolle im Völkerbund. Etwas irritiert war man allerdings über die Verwendung des Begriffs „Teutonismus", habe der doch „in deutschem Munde stets eine entstellende böswillige Auslegung erfahren".[282]

Der „Teutonismus" hinterließ keine tieferen Spuren in der konkreten Politik. Dem Regierungswechsel in Dänemark folgte kein verändertes Verhältnis zur deutschen Republik; in den Jahren 1927 und 1928 herrschte weiterhin eine angespannte und störungsanfällige Ruhe in den Beziehungen zwischen den Nachbarn vor. Die deutschen Beobachter glaubten eine moderatere Haltung in der dänischen Presse feststellen zu können, obwohl es sie weiterhin irritierte, daß konservative Zeitungen ohne Bedenken negative Stimmen der deutschen Linken als Belege für ihre eigene kritische Haltung anführten.

Insgesamt gesehen wurden offizielle Beschwerden über die Presse und öffentliche Veranstaltungen mit chauvinistischen Tönen der jeweils anderen Seite seltener. Beide Seiten schienen sich zu bemühen, unnötige Provokationen zu vermeiden. Im Frühjahr 1929 nahm zum Beispiel die Reichsmarine nicht wie sonst üblich an der Feier der Schlacht von Eckernförde im ersten Schleswigschen Krieg teil. Gleichzeitig gab es nun mehr Kontakte auf kultureller Ebene.[283] Nicht einmal die Feierlichkeiten des zehnten Jahrestages der Abstimmungen in Schleswig konnten die Stimmung trüben. Beiderseits der Grenze verlief alles friedlich. Der Gesandte in Kopenhagen berichtete überrascht, daß Kopenhagen diesmal nicht mit Fahnen geschmückt war. Sogar die als „chauvinistisch“ eingestufte ›Nationaltidende‹ bezeichnete die Abstimmung als historische Entscheidung. Die linksliberale ›Politiken‹ polemisierte gegen die Konservativen und ihre nationalen Phantasien, während ›Social-Demokraten‹ die Feier vollkommen ignorierte.[284] Nicht zuletzt, weil die Sozialdemokraten stets Distanz zu nationalistischen Positionen eingenommen hatten, nahmen die Deutschen ohne Proteste hin, daß Staatsminister Thorvald Stauning bei der Jubiläumsfeier anläßlich des zehnten Jahrestages der „Wiedervereinigung“ mit Nordschleswig vor 40000 Zuhörern in Düppel sprach; allerdings unterließ Stauning auch jede Kritik an Deutschland.[285]

Es schien, daß die ungeklärte Frage der deutschen Anerkennung der Grenze von 1920 längst nicht mehr die alles bestimmende Rolle im dänisch-deutschen Verhältnis spielte. Auch im Auswärtigen Amt war man im großen und ganzen zufrieden. Die Entwicklung in der zweiten Hälfte des Jahrzehnts deutete auf langsame Entspannung und vorsichtige Verständigung unter den Nachbarn hin. Sicherlich hätte eine deutsche Anerkennung der neuen Grenze diese Tendenz noch verstärken können. Daß die deutsche Politik dazu nicht bereit war, ist unter anderem mit der Schwäche der Republik zu erklären, aber auch mit den Schwierigkeiten, sich in einer neuen Rolle zurechtzufinden.

Die letzten Jahre der Weimarer Republik

Die zunehmende Krise der Weimarer Republik machte sich auch bald in den Beziehungen zu den Nachbarn bemerkbar. Befürchtungen und Unsicherheiten hinsichtlich der Deutschen wurden wieder wach. In Dänemark war die Besorgnis über den Machtverlust der demokratischen Kräfte groß. Die nationalkonservative Presse konnte sich nicht mit dem deutschen Nationalismus anfreunden, und die liberalen Zeitungen äußerten offen ihr Entsetzen über die Nationalsozialisten. Die Sozialdemokraten kritisierten zwar immer häufiger den rechten Rand des politischen Spektrums in Deutschland, konzentrierten ihre Aufmerksamkeit aber in Übereinstimmung mit der Linie ihrer deutschen Genossen auf die KPD und das Risiko einer Spaltung der Arbeiterklasse.

Im Zeichen der innenpolitischen Krise der Weimarer Republik verschlechterte sich das Klima zwischen Deutschland und Dänemark erneut. Die deutsche Gesandtschaft suchte nun wieder fleißiger nach antideutschen Nadelstichen in Presse und Gesellschaft. Zwar zeigten die Dänen zunächst wenig Neigung, die alten Streitigkeiten wiederzubeleben. Die Versuche der Nationalisten, eine antideutsche Stimmung zu schüren, stießen häufig auf Widerspruch.[286] Aber das alte Mißtrauen lebte noch. Als der erste deutsche Kreuzer seit dem Kriege im Mai 1931 vom Stapel lief, kommentierte die Zeitung ›BT‹, „daß man einem kriegerischen Volk ebenso wenig verbieten kann zu rüsten, wie man z. B. den Amerikanern verbieten kann zu trinken".[287] ›Berlingske Tidende‹ prophezeite im Sommer 1931 eine Diktatur Hugenbergs, und in ›Socialdemokraten‹ stieß die Gesandtschaft auf einen kleinen, aber aussagekräftigen Artikel über den „einsamen Deutschen", der in Dänemark unterwegs war und alles auskundschaftete. Und wer denkt wohl an Krieg in diesen Friedenszeiten, fragte der Journalist.[288]

Im Juni dieses Jahres verfaßte die deutsche Gesandtschaft in Kopenhagen erneut einen umfassenden Bericht über das Verhältnis zwischen beiden Ländern. Die Bilanz war zwiespältig. Auf der einen Seite konnte man von einem neuen versöhnlichen Geist im Grenzland berichten. Es hieß sogar: „ein Däne zu sein bedeutet nicht mehr ein Gegner der Deutschen zu sein." Dennoch waren nach wie vor latente Ressentiments vorhanden. Deutschland wurde als Erbfeind empfunden, „der Dänemark brutal überfallen und ‚urdänischen' Boden geraubt hat".[289]

Eine deutsche Wiederaufrüstung, so von Richthofen, würde in Dänemark tiefe Beunruhigung auslösen, und in großen politischen Fragen – zum Beispiel in der polnischen Grenzfrage – lägen die Sympathien der Dänen eher bei den Polen. Nur in der Ökonomie biete sich ein hoffnungsvolleres Bild. In der Reparationsfrage deckten sich dänische Interessen mit den deutschen, da die Dänen in der Wiederherstellung der deutschen Kaufkraft eine Bedingung für den Export dänischer Agrarprodukte sahen. Von Richthofen war von offizieller Seite oft mit der Auffassung konfrontiert worden, daß Dänemark sich nur einer engeren ökonomischen Zusammenarbeit in Europa anschließen könnte, wenn sowohl Deutschland als auch England in diesen Prozeß integriert wären. Müßten die Dänen zwischen beiden Staaten wählen, konstatierte von Richthofen nüchtern, sollte man sich keinen Illusionen hingeben. Die Dänen würden sich lieber als eine Art Dominion dem Empire anschließen als Teil einer Zollunion mit Deutschland werden.[290]

Für einen Hoffnungsschimmer sorgte ein Vortrag im Studentenverein, normalerweise ein nationalistisches Forum, in dem die französische Nachkriegspolitik heftig angegriffen wurde. Wider Erwarten hatte die Versammlung die Rede mit starkem Beifall aufgenommen, und diese scheinbare Abkehr konservativer Kreise von der alten Bewunderung für Frankreich veranlaßte von Richthofen, diese Episode als Zeichen für eine mögliche Wende im Verhältnis zu Dänemark zu stilisieren.[291] Etwas übertrieben meinte er, daß die Dänen fast von gestern auf heute von der „Frankomanie" geheilt seien. Er beklagte, daß die deutsche Politik – vor allem die ökonomische – so wenig Möglichkeiten habe, die plötzlich entstandenen psychologischen Voraussetzungen für eine dauerhafte Annäherung zu nutzen. Dänemark bilde eine Brücke zu den nordischen Ländern, könne aber auch „bei einer kommenden Auseinandersetzung im Osten" Bedeutung für Deutschland gewinnen. Er plädierte für eine entgegenkommende Haltung: „Wir *dürfen* Dänemark nicht auf unbekannte Ufer hin abtreten lassen; wir *müssen* eine Möglichkeit finden hier nicht den Eindruck sich befestigen zu lassen, daß die Tür zwischen Deutschland und Dänemark für alle Zeit zugeschlagen ist."[292]

Anfang des Jahres 1932 nahmen die Spannungen in den deutsch-dänischen Beziehungen wieder zu. Die Destabilisierung in Deutschland und die wachsende Präsenz der Nationalsozialisten beunruhigten die dänische Öffentlichkeit. Nun reagierten die Dänen genauso aufgebracht wie schon zehn Jahre zuvor, als die ›Kieler Zeitung‹ die Grenze wieder einmal in Frage stellte.[293] Im Februar zitierte die konservative ›Nationaltidende‹ den ›Völkischen Beobachter‹, der Nordschleswig als „das niemals vergessene Land" bezeichnet hatte und drohte, der Tag werde kommen, an dem der Deutsche wieder Herr über sein eigenes Schicksal sein würde, ohne sich Abstimmungsergebnissen oder Friedensverträgen beugen zu müssen.[294]

Weder Hindenburg noch Hitler waren Kandidaten nach dem Geschmack der Dänen. Schließlich wurde aber die Wiederwahl des alten Generalfeldmarschalls mit Erleichterung aufgenommen. Nationalsozialistische Ideen fanden kaum Widerhall in Dänemark, die Parolen und das Auftreten der Hitler-Anhänger waren der großen Mehrheit der Bevölkerung zuwider. Daß nationalsozialistische Parolen in Dänemark nicht verfingen, lag zum Teil daran, daß die Rhetorik der Nationalsozialisten ein aggressives Vorgehen an der Grenze befürchten ließ. Zum andern waren traditionell gerade auf dem rechten Flügel antideutsche Positionen zu finden.

Deutsch-dänische Kulturverbindungen in der Zwischenkriegszeit

Daß sich die Beziehungen zwischen Deutschen und Dänen auch während der 20er Jahre nicht so recht entspannen konnten, lag u. a. daran, daß es auf beiden Seiten an Vertrauen fehlte, weshalb es auch nur spärliche Kontakte auf kultureller Ebene gab. Vor allem die Dänen zeigten sich wenig interessiert. Wie oft genug in Berichten der Gesandtschaft Kopenhagens zu lesen ist, war eine latente Furcht zu spüren, von Deutschland kulturell aufgesogen zu werden. Angesichts der inzwischen gefestigten dänischen Nationalkultur war diese Haltung sicherlich irrational, zeigte aber zugleich die immer noch bestehenden Berührungsängste, die sich nach wie vor aus einem instinktiven Gefühl von zu großer Ähnlichkeit speisten. Aus der Sicht eines deutschen Diplomaten in Kopenhagen repräsentierten zwei führende Germanisten an der Universität der dänischen Hauptstadt die komplizierte und verkrampfte Haltung vieler Dänen. Der eine war als alles andere als deutschfreundlich bekannt, und der andere beschäftigte sich am liebsten mit den Niederlanden, um die studierende dänische Jugend etwas von dem „aufsaugenden deutschen Kulturkreis" abzulenken.[295] Die Dänen verstanden sich inzwischen als Teil des nordischen Kulturkreises, und wenn sie außerhalb dieses Raumes Anregungen suchten, dann vor allen in Frankreich und Großbritannien. Auch die Position der deutschen Sprache schien bedroht. Man befürchtete eine Verdrängung des Deutschen zugunsten des Französischen. Diese Sorge war zwar unberechtigt, dokumentiert aber das Gefühl der Deutschen, in die Defensive gedrängt zu werden.

In kultureller Hinsicht konnte jedenfalls nicht mehr von einem Dänemark gesprochen werden, das sich an der deutschen Kultur orientierte. Bezeichnenderweise rechnete der Historiker Hermann Kantorowicz im Jahre 1929 die skandinavischen Länder zusammen mit der Schweiz und Holland zu einer „angloiden Gruppe", deren Gesellschaft und politische Psychologie sich durch eine starke Bindung an England auszeichneten. Er fand in diesen Ländern unter anderem eine „wurzelechte Demokratie", das Streben nach einer „Versittlichung des öffentlichen Lebens", den Glauben an übernationale Organisationen, Verachtung des Militarismus, die „Hochschätzung der Frau", Unparteilichkeit der Justiz und einen nüchternen Wirklichkeitssinn. Gleichzeitig beobachtete er eine vergleichsweise geringe künstlerische und insbesondere musikalische Begabung sowie einen Mangel an philosophischer Befähigung.[296] Andere Beobachter stellten irritiert fest, daß die alten deutschen Wurzeln der dänischen

Kultur kaum mehr wahrgenommen wurden. Für die Deutschen, die sich isoliert fühlten und nach Verbündeten suchten, war dies eine unangenehme Erkenntnis.

Es gab zwar dänische Stimmen, die sich für eine stärkere kulturelle Öffnung gegenüber Deutschland aussprachen, aber sie waren weder repräsentativ noch besonders durchsetzungsfähig. Die deutsche Gesandtschaft in Kopenhagen sammelte gern Beispiele für solche Initiativen. Mit großer Freude berichtete man, daß der Pfarrer Morten Pontoppidan im August 1921 in der Volkshochschule von Rødding, einem Zentrum des dänischen Nationalismus, die dänische Volkshochschule dazu aufgefordert hatte, Deutschland mehr Offenheit entgegenzubringen. Er sagte sogar etwas, was noch wenige Jahre zuvor undenkbar gewesen wäre: „Der nationale Kampf, den wir um Nordschleswig führen, soll ein Kampf für das Dänentum sein, er braucht deshalb kein Kampf gegen das Deutschtum zu werden.“[297] Solche Auftritte waren jedoch selten und schienen das Verhalten der Dänen kaum zu beeinflussen.

In den 1920er Jahren entstanden aber auch ganz neue Initiativen in der kulturellen Zusammenarbeit. Besonders hervorzuheben ist die Nordische Woche Anfang September 1921 in Lübeck. Laut Presseberichten war diese Veranstaltung ein voller Erfolg. Sie fand im Rahmen der 700-Jahr-Feier der Hansestadt statt und wurde von der in Lübeck 1921 gegründeten Nordischen Gesellschaft arrangiert. Ziel der Gesellschaft war die Pflege der kulturellen Verbindungen zwischen Deutschland und den nordeuropäischen Nachbarn. Es war den Initiatoren gelungen, die Woche so zu gestalten, daß sie beim deutschen Publikum Interesse für die nordischen Länder weckte, ohne dabei die nordeuropäischen Nachbarn von einer Teilnahme abzuschrecken, z. B. mit der für Skandinavier so unverständlichen Idee des „Nordischen Gedankens“ und seiner deutsch-mystischen Beschwörung.

Die Nordische Woche sollte laut Programm „die engen kulturellen und wirtschaftlichen Beziehungen, welche zwischen Deutschland und den vier nordischen Ländern seit langem bestanden haben“, fördern und beleben. In Lübeck fand eine Reihe von Kongressen und Versammlungen statt, die alte Zusammenhänge und neue Perspektiven aufzeigen sollte. Vertreter der deutschen und skandinavischen Presse trafen sich, die deutschen Volkshochschulen und auch die Luthergesellschaft hielten im Rahmen der Nordischen Woche ihre Jahrestagungen ab. Eine Deutsch-Nordische Verkehrskonferenz tagte ebenso in Lübeck wie der Hauptausschuß des Deutschen Industrie- und Handelstages. Die Nordische Woche bot zudem zahlreiche Ausstellungen,

Konzerte und Vorträge, die den Besuchern aus Skandinavien auch einen Eindruck vom modernen deutschen Kulturleben geben sollten. Man präsentierte zum Beispiel eine Ausstellung religiöser Kunst von Emil Nolde und einen Tanzabend mit Mary Wigman. In den verschiedenen Vorträgen war nichts zu spüren von der späteren Ideologisierung des „Nordischen Gedankens“ oder einer Vereinnahmung Skandinaviens für die deutsche Kultur, wie es die Nationalsozialisten versuchen sollten.[298]

Die Nordische Gesellschaft war eine selbständige Organisation. Ihre Aufklärungsarbeit hatte zum Ziel, in Deutschland Kenntnisse über den Norden zu verbreiten. Im Laufe der 20er Jahre baute sie ein Pressebüro, Abteilungen für Kultur und Wirtschaft sowie eine Verkehrsabteilung auf, die Gruppenreisen in die skandinavischen Länder arrangierte.[299] 1931 versuchte die Nordische Gesellschaft wieder eine große Veranstaltung zu organisieren, das sogenannte Ostseejahr. Das Echo auch auf diese Initiative zeigte, wie wichtig diese Arbeit war und welche Möglichkeiten zur Zusammenarbeit sie bot.

Die Bedingungen für eine deutsche Kulturarbeit in Dänemark waren sicherlich nicht optimal. Seit der Niederlage von 1864 waren die nationale Integration und der Aufbau einer dänischen Identität mit dem Feind- und Gegenbild Deutschland und der deutschen Kultur vorangetrieben worden, und diese Entwicklung ließ sich nicht ohne weiteres bremsen oder gar umkehren. Die Entstehung einer selbständigen dänischen Kultur hatte den Abstand zwischen beiden Völkern noch vergrößert. Der größte Teil der „offiziellen“ Kultur des Kaiserreichs hatte die Dänen nie angesprochen, und die neue deutsche Kultur der Weimarer Republik mußte erst entdeckt werden.

Trotzdem gab es auch in Dänemark eine germanophile Gemeinde. In Kopenhagen existierten zwei konkurrierende Vereine, die die Verbreitung deutscher Kultur auf ihre Fahnen geschrieben hatten: die „Gesellschaft von 1916“ unter Leitung von Professor Karl Larsen und der „Verein der Freunde der deutschen Literatur“, dessen Vorsitzender Pastor Lampe war. Der prodeutsche Professor Karl Larsen hatte die Gesellschaft im Jahre 1916 gegründet, um ein Gegengewicht zur einseitig negativen dänischen Meinungsbildung gegen Deutschland zu schaffen. Die Listen der öffentlichen Vorträge belegen eine recht ausgewogene und breitangelegte Aufklärungsarbeit, die Musik, Theater und Literatur, aber auch historische und gesellschaftspolitische Probleme aufgriff. Vorträge wurden angeboten zu Themen wie ›Die Bagdadbahn‹, ›Fallit des Militarismus‹, ›Freie Religiosität in Deutschland‹, ›Der deutsche Student‹ und ›Das Deutsche Museum in

München‹. Der Verein stellte auch die Bauhausschule vor, und der kommunistische Schriftsteller Martin Andersen Nexø hielt die Vorträge ›Der moderne deutsche Arbeiter‹ und ›Das deutsche Proletariat‹.[300] Die Gesellschaft von 1916 hatte jedoch nur wenige Mitglieder, und ihre Tätigkeit war auf Kopenhagen begrenzt. Einen größeren Erfolg dieser Initiative verhinderten nicht nur die ungelöste Grenzfrage und die verbreitete Skepsis gegenüber der deutschen Kultur, sondern auch die als übertrieben empfundene Sympathie Larsens für Deutschland.[301] Die „Freunde der deutschen Literatur" hatten zwar stets volle Häuser, vor allem aber auch deshalb, weil der Verein ein beliebter Treffpunkt der deutschen Kolonie in Kopenhagen war. Sie stellte den größten Teil des Publikums.

Keiner der beiden Vereine konnte die „eigentliche Geisteswelt" anziehen, wie der deutsche Gesandte in einem Bericht aus dem Jahre 1928 bemerkte. Dies war um so ärgerlicher, als sich ein zunehmendes Interesse für die deutsche Kultur feststellen ließ. Am liebsten hätte es der deutsche Gesandte von Hassell gesehen, wenn sich eine neue „deutsch-dänische Kulturgesellschaft" gebildet hätte. Dabei hätte aber Rücksicht auf die beiden existierenden Vereine genommen werden müssen, nicht zuletzt auf Karl Larsen, der der deutschen Kulturarbeit große Dienste erwiesen hatte.[302] Es gelang jedoch nicht, eine solche Kulturgesellschaft ins Leben zu rufen. Die Ansätze zu einer Unterstützung deutsch-dänischer Kulturvereine endeten kurz nach der nationalsozialistischen Machtergreifung mit einer schweren Krise, da sich die dänischen Mitglieder der „Gesellschaft von 1916" heftig gegen Einmischung aus Berlin wehrten.

Anlaß war die Ankündigung eines Vortrages über Rilke, gehalten von einer jüdischen Schauspielerin. Der Nachfolger Karl Larsens, Professor Carl Roos, hatte diese Veranstaltung geplant, obwohl, wie der Gesandte bemerkte, dies als eine Demonstration gegen den „Juden-Boykott" in Deutschland wirken mußte. Die deutsche Gesandtschaft hatte daraufhin der Gesellschaft zu verstehen gegeben, daß die Durchführung des Vortragsabends Konsequenzen für die weitere Zusammenarbeit haben würde. Es kam zum Eklat. Carl Roos trat, nachdem die Mehrheit der Vorstandsmitglieder für eine Absage votiert hatte, zurück und ließ entgegen einem Beschluß des Vorstandes, die Angelegenheit vertraulich zu behandeln, der Presse eine einseitige Darstellung des Vorgangs zukommen. Für die zukünftige Kulturpolitik des neuen Deutschland war dies keine Empfehlung. Der Versuch, den „Juden-Boykott" auf dänischem Boden fortzuführen, stieß bei der dänischen Öffentlichkeit auf einhellige Empörung.[303]

DIE DÄNISCHE AUSSENPOLITIK ZWISCHEN DEN WELTKRIEGEN

Die neue Neutralitätspolitik (1920–1929)

Die europäischen Kleinstaaten konnten im ersten Jahrzehnt nach der Unterzeichnung des Versailler Vertrages ihre Lage im europäischen Staatensystem verbessern. Mit der Einrichtung von neuen Nationalstaaten war die Zahl der Kleinstaaten in Ost- und Mitteleuropa größer geworden, die drei Kaiserreiche des Kontinents waren untergegangen, und die Machtpolitik der Großmächte schien eine Zeitlang in die Defensive gedrängt. Die Errichtung des Völkerbundes auf der Basis des Völkerrechts entsprach vor allem den Wünschen und Interessen der Kleinstaaten. Sie erhielten im Völkerbund eine historische Chance zur Mitbestimmung und Mitgestaltung. Die ehemals neutralen Staaten oder sogenannten „Oslo-Staaten" (Dänemark, Norwegen, Schweden, die Niederlande, Belgien, Schweiz und Spanien) bemühten sich, eine Politik zu formulieren, die an die Moral appellierte und die größeren Staaten von Übergriffen in der Tradition der Machtpolitik abschrecken sollte. Ein internationales Schiedsgericht und eine Sanktionspolitik sollten die Verurteilung und Isolation von Staaten ermöglichen, die die internationalen Regeln und Verträge nicht befolgten. Außerdem sollte der Völkerbund eine Abrüstungspolitik vorantreiben und dadurch die Kriegsgefahr abbauen.

Das neue System war ein Experiment, und die Erfolgsaussichten wurden von Anfang an eher skeptisch beurteilt. Nach der Katastrophe des Ersten Weltkrieges zeigten sich aber die meisten Kleinstaaten bereit, ihre isolierte Neutralitätspolitik aufzugeben und den Versuch einer kollektiven Sicherheitspolitik zu unternehmen. Die alte Neutralitätspolitik hatte zwar während des Ersten Weltkrieges die meisten nord- und westeuropäischen Kleinstaaten vor dem Krieg bewahrt, aber sowohl das Schicksal Belgiens als auch die Engpässe in der Versorgung einiger Länder und auch die hohen Verluste der Handelsschiffahrt hatten die schwierige Lage der Kleinstaaten deutlich zum Vorschein gebracht.

In Dänemark stellten die Politiker jedoch fest, daß die Mitgliedschaft im Völkerbund nicht mit dem alten Neutralitätsbegriff zu vereinbaren war. Abstimmungen oder Sanktionen, die gegen ein anderes Land gerichtet waren, bedeuteten ein Abrücken von einer vollständigen Neutralität. Trotzdem schloß sich auch Dänemark dem neuen System an, denn die Voraussetzungen dänischer Politik hatten sich nach dem Ersten Weltkrieg und mit dem Zusammenbruch Deutschlands völlig verändert. Dänemark war nicht länger in die deutsche Machtpolitik eingebunden. Dadurch erhielt Dänemark wesentlich größeren politischen Spielraum. Diese Situation ermöglichte auch eine engere Zusammenarbeit mit anderen Kleinstaaten in Nord- und Westeuropa.

Bald schon aber zeigte sich, daß sich die Kleinstaaten doch nicht so recht auf das System einstellen konnten. Zunächst versuchten einige Staaten die obligatorischen Sanktionsmaßnahmen zu beschränken. Schon 1919 wurde die Verpflichtung zur Teilnahme an militärischen Sanktionen gegen Nachbarstaaten aus den Verträgen des Völkerbundes gestrichen. Zwei Jahre später fiel auch die Verpflichtung zur Teilnahme an ökonomischen Sanktionen.[304] Auch Dänemark befürwortete diese Veränderungen.

Die übergeordneten Friedensziele des Völkerbunds lagen durchaus im Interesse eines national geschlossenen Kleinstaates und ließen sich mit eigenen politischen Vorstellungen verbinden. Im Jahre 1922 und noch einmal zehn Jahre später, im Jahre 1932, wurden die Kosten für die ohnehin bescheidene militärische Verteidigung kräftig beschnitten. Damit realisierte Dänemark ein Stück der Völkerbundpolitik. Dänemark konnte außerdem demonstrieren, daß ein zwischenstaatlicher Konflikt durch eine internationale Einrichtung auf friedliche Weise gelöst werden konnte. Den Streit mit Norwegen über Ostgrönland zwischen 1931 und 1933, als eine „private" norwegische Besatzung das Verhältnis zwischen den beiden Staaten belastete, beendete eine Entscheidung des internationalen Schiedsgerichts in Den Haag.

Ende der zwanziger Jahre gab es Anzeichen eines beginnenden Vertrauensverlustes in das neue internationale System. Die Zahl der Skeptiker, die den Garantien der kollektiven Sicherheit mißtrauten, vergrößerte sich. Die Wiederbelebung des ökonomischen Protektionismus im Zuge der Weltwirtschaftskrise bedrohte die Kleinstaaten. Die fehlgeschlagenen Versuche, die ökonomische Weltordnung zu retten, gab denjenigen Auftrieb, die eine Rückkehr zur traditionellen Neutralität wünschten.

Dänemark hielt zunächst eindeutig an der internationalen Zusammenarbeit fest. Das änderte sich auch nach den Parlamentswahlen im Jahre 1929 nicht. In Staunings Regierung war Peter Munch für die dänische Außenpolitik zuständig. Der linksliberale Minister hatte seine antimilitaristischen Ideale nicht aufgegeben und betrachtete eine dänische Verteidigung als nutzlos und ohne Bedeutung für die Neutralitätspolitik. Munch unterstützte zwar prinzipiell eine Institutionalisierung der internationalen Zusammenarbeit, aber er glaubte nicht so recht an die Wirksamkeit eines Systems kollektiver Sicherheit. Deshalb war es für ihn auch kein Problem, wieder auf die traditionelle Neutralitätspolitik einzuschwenken.[305]

Die Rückkehr in eine Neutralitätspolitik, die die vereinzelten Kleinstaaten schon vor der Einrichtung des Völkerbundes verfolgt hatten, wurde nach der nationalsozialistischen Machtergreifung in Deutschland beschleunigt. Die neue deutsche Außenpolitik beseitigte Stück für Stück die Voraussetzungen für das Funktionieren des kollektiven Sicherheitssystems. Dänemark war nun wieder zu außen- und sicherheitspolitischer Rücksichtnahme auf Deutschland gezwungen. Mit der zunehmenden Verschiebung der Gewichte in der internationalen Politik mußte die dänische Politik Jahr für Jahr auf deutsche Interessen abgestimmt werden. Diese erneute politische Orientierung am großen Nachbarn war nicht allein eine Folge der wachsenden Bedeutung Deutschlands in der internationalen Politik und der dänischen Einbettung in die deutsche Machtsphäre. Sie war auch eine Konsequenz der Schwierigkeiten, Kräfte zu mobilisieren, die eine alternative Außen- und Sicherheitspolitik hätten unterstützen können. Die Möglichkeiten Dänemarks, eine von Deutschland unabhängige Politik zu führen, wurden immer geringer. Vier mögliche Strategien für eine andere Außen- und Sicherheitspolitik erwiesen sich in den dreißiger Jahren als untauglich.

Die erste Möglichkeit lag im Ausbau der militärischen Verteidigungsfähigkeit. Eine solide Streitmacht hätte dazu beitragen können, die dänische Neutralitätspolitik glaubwürdig zu machen. Aber sowohl der rigorose Antimilitarismus der Regierungsparteien als auch die objektiven Schwierigkeiten einer dänischen Verteidigung ohne Hilfe von anderen Staaten standen einer solchen Konzeption im Wege.

Zweitens bestand die Möglichkeit, die Zusammenarbeit mit den skandinavischen Nachbarn zu festigen und mit ihnen ein gemeinsames politisch-militärisches Sicherheitssystem aufzubauen. Die Kontakte zwischen Dänemark, Norwegen, Schweden und manchmal auch mit Finnland waren gut. Man tauschte sich über viele Probleme aus, aber zu einer engeren Zusammenarbeit reichten die Gemeinsamkeiten nicht aus. Dänemark gab seine anfangs gehegten Hoffnungen auf ein solches Bündnis allmählich auf.

Eine dritte Möglichkeit bot der Ausbau der ohnehin engen wirtschaftlichen und politischen Verbindungen zu Großbritannien. Eine Kooperation mit Großbritannien hätte die Chance eröffnet, die beiden Hauptmächte gegeneinander auszuspielen und dadurch Dänemarks Unabhängigkeit zu wahren. Aber auch diese Strategie erwies sich als nicht tragfähig. Die britische Politik in den dreißiger Jahren und die Tatsache, daß Dänemark eindeutig innerhalb der deutschen Machtsphäre lag, verbaute auch diesen Weg. Großbritannien war zu keinem Zeitpunkt bereit, Dänemarks Sicherheit zu garantieren – allein schon wegen der Schwäche der dänischen Streitkräfte.[306]

Den vierten und letzten Ausweg eröffneten die bestehenden Institutionen der kollektiven Sicherheit, vor allem der Völkerbund. Das Vertrauen der Dänen in den Völkerbund schwand jedoch nach 1933 zusehends.

In dieser mißlichen Lage versuchte der dänische Außenminister eine möglichst unauffällige Politik zu führen. Nach seiner Überzeugung konnte jede Aktion, die die Aufmerksamkeit der Weltöffentlichkeit auf sich zog, die Glaubwürdigkeit der dänischen Neutralität belasten. Eine solche Strategie – sich auf der internationalen Bühne möglichst unsichtbar zu machen – bedeutete, passiv zu bleiben. Gleichzeitig mußte Dänemark aus Furcht vor deutschen Forderungen nach einer Revision der deutsch-dänischen Grenze und angesichts seiner ungünstigen geographischen Lage ein besonders gutes Verhältnis zu Deutschland aufrechterhalten. Nicht in den absehbaren Krieg verwikkelt zu werden, wurde zum wichtigsten Ziel der dänischen Außenpolitik. Und das bedeutete auch, daß man gezwungen war, den Deutschen mehr und mehr Konzessionen zu machen.

Dänemark in der internationalen Politik der 1930er Jahre

Im Jahre 1929 erhielt Dänemark eine sozialdemokratisch-linksliberale Mehrheitsregierung unter der Führung von Thorvald Stauning, der den Posten des Staatsministers bis zu seinem Tod 1942 innehatte. Diese Stabilität entsprach nicht einer ruhigen gesellschaftlichen Entwicklung, denn die internationale wirtschaftliche Krise und die nationalsozialistische Diktatur warfen auch Schatten auf Dänemark. Trotz der schweren Krise – im Januar 1933 erreichte die Arbeitslosigkeit mit 43,5% aller organisierten Arbeiter ihren Höhepunkt – überstand die Demokratie den Sturm. Auf dem linken Flügel zogen die Kommunisten mit ihrer Propaganda und ihrer Idyllisierung der Zustände im stalinistischen Rußland sowohl Arbeitslose als auch Intellektuelle an. Auf dem rechten Rand entstanden Bewegungen, deren demokratischer Charakter zweifelhaft war, und eine gewisse Sympathie für den Nationalsozialismus kam auf. 1933 sah sich das Folketing veranlaßt, das Tragen von Uniformen zu verbieten, das sich in den kommunistischen, sozialdemokratischen und konservativen Jugendorganisationen ausgebreitet hatten.

In der langen Regierungsperiode versöhnten sich die Sozialdemokraten zunehmend mit nationalen Standpunkten, die sie nur wenige Jahre zuvor scharf zurückgewiesen hätten. Diese Wendung war zum einen die Folge der Niederlage der Sozialdemokraten in Deutschland und zum anderen die Konsequenz der Auffassung, daß der Staat auch der Staat der Arbeiter sei. Für die traditionell national eingestellten Parteien, die Liberalen und die Konservativen, waren die 30er Jahre eine Durststrecke. Einige Konservative liebäugelten eine Zeitlang mit dem neuen Deutschland, aber im Laufe der Jahre setzten sich die demokratischen Kräfte in der Partei durch. Von einem wirklichen Einfluß der nationalsozialistischen Ideologie kann nicht gesprochen werden. Dafür aber wuchs Deutschlands Bedeutung für die dänische Politik nach Hitlers Machtübernahme sehr schnell, und die Koalitionsregierung zog sich auf einen vorsichtigen außenpolitischen Kurs zurück.

Schon im Frühling 1933 schien die Grenzfrage wieder aktuell zu werden. Zwar hatte weder Hitler noch ein anderer führender Nationalsozialist gefordert, daß Nordschleswig „Heim ins Reich" geholt werden müßte. Als Hitler jedoch den Versailler Vertrag für nichtig erklärte, mußte auch mit neuen Forderungen nach einer Grenzrevision in Schleswig gerechnet werden. In der Grenzfrage zeigte sich die neue Linie in der dänischen Neutralitätspolitik. Von verschiedener Seite wurde die Forderung erhoben, Dänemark solle sich sofort in Berlin um eine offizielle Anerkennung der Grenze bemühen. Munch lehnte aber einen solchen Schritt kategorisch ab. Weder innerhalb des internationalen Sicherheitssystems noch im Rahmen bilateraler Kontakte sollte die Frage behandelt werden, um nur keine Spannungen mit den neuen deutschen Machthabern zu riskieren.

Das wachsende dänische Dilemma im Völkerbund trat offen zutage, nachdem Dänemark im Herbst 1933 Mitglied des Völkerbundrates geworden war. Dänemark spielte in diesem Gremium zeitweise die Rolle als Repräsentant der Oslo-Staaten, die das Land vor entscheidenden Abstimmungen regelmäßig unterrichtete und konsultierte. Munch war über diese neue Position im Rampenlicht der weltpolitischen

Bühne nicht sehr glücklich, weil es sich nicht vermeiden ließ, daß sich die Aufmerksamkeit der internationalen Öffentlichkeit bei jeder Abstimmung über kontroverse Fragen auf Dänemark richtete. Die „Politik der Unsichtbarkeit" war damit deutlich schwieriger geworden. Schon im Oktober 1933 kündigte sich die erste Krise an, als Deutschland die Abrüstungskonferenz verließ und sich aus dem Völkerbund zurückzog. Die dänische Regierung geriet durch diese Entwicklung in Schwierigkeiten. Der deutsche Schritt richtete sich gegen die Abrüstungspolitik wie gegen die Autorität des Völkerbundes als weltweite Institution und gefährdete damit auch wichtige Ziele der dänischen Außenpolitik. Jetzt war ausgesprochene Vorsicht geboten.

Wie die dänische „Politik der Unsichtbarkeit" aussah, zeigte sich seit Anfang 1935. Nach der für Hitler so erfolgreich verlaufenen Saar-Abstimmung schlug der schwedische Außenminister vor, die Oslo-Staaten sollten gemeinsam eine Aufforderung an Deutschland richten, endlich in den Völkerbund zurückzukehren. Dieser Vorschlag gefährdete Munchs Taktik, möglichst nicht durch den Deutschen unliebsame politische Initiative aufzufallen. Er wollte um jeden Preis vermeiden, das Verhältnis zu Deutschland zu belasten, und schlug deswegen vor, daß die Staaten erst in Berlin nachfragen sollten, ob eine solche Aufforderung freundlich aufgenommen würde oder eher unerwünscht sei.[307]

Im März desselben Jahres kam die nächste Krise, als Hitler zum ersten Mal den Versailler Vertrag brach und die Wehrpflicht wieder einführte. Die dänische Regierung befürchtete, daß die Westmächte Sanktionen fordern könnten. Munch lud Schweden und Norwegen zu Vorbesprechungen nach Kopenhagen ein. Finnland hatte er nicht eingeladen. Die offizielle Erklärung war, daß Finnland nicht zur Gruppe der Oslo-Staaten gehörte; da aber Finnland normalerweise an solchen Gesprächen teilgenommen hatte, war diese Erklärung nicht überzeugend. Ausschlaggebend für Munchs Entscheidung war vielmehr die Tatsache gewesen, daß Finnland immer eine profranzösische Position eingenommen hatte. Munch konnte an einer solchen Stellungnahme nicht interessiert sein, weil dies einen schlechten Eindruck in Deutschland hervorrufen konnte. Allein schon eine Einladung Finnlands hätte seiner Meinung nach in Berlin mißverstanden werden können.[308]

Im April 1935 trat der Völkerbund zusammen, um den deutschen Vertragsbruch zu diskutieren. Frankreich wollte Deutschland verurteilen und konnte dafür die Unterstützung der anderen Mitglieder finden. Munch lehnte als einziger die vorgelegte Formulierung ab. Eine Verurteilung hätte seiner Meinung nach die Möglichkeiten internationaler Verständigung und Schlichtung wesentlich verschlechtert. Sein Verhalten bei der Abstimmung rückte Dänemark ins Rampenlicht der internationalen Öffentlichkeit. Die dänische Haltung wurde im Ausland sehr hart kritisiert. In Deutschland dagegen lobte man das dänische Verhalten mehr, als der dänischen Regierung lieb war. Als Kriegsminister Blomberg im August 1935 Kopenhagen besuchte, übermittelte er einen offiziellen Dank der deutschen Regierung. Gleichzeitig betonte er, daß es der Wille des „Führers" sei, die Grenzfrage ruhen zu lassen.[309]

Der deutsch-britische Flottenvertrag vom Juni 1935 konnte den dänischen Rückzug aus dem internationalen System nur beschleunigen. Die Regierung mußte den Vertrag so interpretieren, daß sich das Machtverhältnis zwischen den beiden Großmächten zugunsten Deutschlands verschoben hatte. Auch Dänemarks Position war von diesem Abkommen berührt. Großbritannien hatte Hitler die Kontrolle über die Ostsee überlassen und damit faktisch auch Dänemark und das dänische Hoheitsgebiet aufgegeben. Die dänische Regierung mußte sich auf die neue Konstellation einrichten und sich stärker an Deutschland orientieren.

Im Sommer 1935 mußte sich der Völkerbund wieder mit einem internationalen Problem befassen, als das faschistische Italien seine kolonialen Ansprüche mit dem Angriff auf Äthiopien zu befriedigen suchte. In der Versammlung war während der Behandlung dieser Frage zum letzten Mal ein vorsichtiger Optimismus hinsichtlich der Chancen einer internationalen Zusammenarbeit spürbar. Der dänische Außenminister war von Anfang an kein Befürworter der Sanktionspolitik gewesen, weil er fürchtete, daß Dänemark eines Tages in Schwierigkeiten geraten könnte, wenn sich die Sanktionen z. B. gegen Deutschland richten würden. Munch war auch im Fall Italiens zunächst gegen Sanktionsmaßnahmen gewesen, aber schließlich stimmte dann auch Dänemark den Sanktionen zu. Dänemark konnte sich den Gesichtsverlust nicht leisten, wieder einmal auf der falschen Seite zu stehen. Der Außenminister machte nun aus der Not eine Tugend und profilierte sich plötzlich als einer der herausragenden Fürsprecher der Sanktionspolitik. Hintergrund dieses recht überraschenden Auftrittes war die Überlegung, daß ein Erfolg dieser Demonstration neuer internationaler Geschlossenheit auch die dänische Position gegenüber Deutschland stärken könnte.[310]

Die Veröffentlichung des Hoare-Laval-Plans im Dezember 1935 erschütterte das Vertrauen in den Völkerbund. Es war offensichtlich, daß der Versuch, internationales Recht durch Sanktionen durchzusetzen, endgültig gescheitert war. Die Großmächte zeigten sich nicht bereit, die führende Rolle zu übernehmen, und die Kleinstaaten waren nicht in der Lage, das internationale Rechtssystem mit eigenen Kräften aufrechtzuerhalten. Kurz danach geriet Dänemark durch seine Position im Obersten Rat des Völkerbundes wieder in Schwierigkeiten, und der Versuch, „unsichtbar" zu bleiben, mißlang erneut. Anlaß der neuen Probleme war der Bruch des Locarno-Vertrages durch die Besetzung des Rheinlandes am 7. März 1936. Dänemark lehnte von vornherein alle Sanktionen ab, und die Regierung verteidigte ihre Haltung mit dem Argument, daß der Vertragsbruch ausschließlich durch die Vertragsunterzeichner bereinigt werden müßte. Die Situation erschien der dänischen Regierung diesmal besonders gefährlich. Sie wandte sich an die Presse und forderte sie zu Selbstzensur und zu äußerster Vorsicht auf, wie sie es zum letzten Mal im August 1914 getan hatte.[311]

Um nicht vollends in die Isolation zu geraten, versuchte Munch in dieser Krise zwischen Deutschland und den Garantiemächten des Locarno-Vertrags zu vermitteln. Es gelang ihm, eine Einladung für Ribbentrop zu den Verhandlungen in London zu erwirken. Der deutsche Außenminister erhielt so die Möglichkeit, die Auffassung seiner Regierung darzulegen. Durch dieses Treffen war der Dialog zwischen den Großmächten wenigstens nicht abgebrochen. Viel wichtiger für Dänemark aber war es, daß das Land nicht gezwungen wurde, eindeutig Position gegen Deutschland zu beziehen. Der Resolutionsvorschlag Frankreichs und Belgiens beinhaltete lediglich die nüchterne Feststellung, daß Deutschland den Vertrag gebrochen habe. Munch konnte dem ohne Probleme zustimmen, da auch Deutschland selbst diese Tatsache zugegeben hatte. Eine Deutschland verurteilende Formulierung hätte Dänemark aber nicht unterschreiben mögen. Während der letzten Verhandlung über das Thema beharrte Munch darauf, daß Sanktionen jeder Art allein von den Locarno-Staaten beschlossen und durchgeführt werden könnten. Für diese Position hatte sich Munch die Unterstützung der übrigen Oslo-Staaten bereits gesichert.[312]

Die Märzkrise provozierte eine Debatte über die dänische Sicherheitspolitik im außenpolitischen Ausschuß am 20. April 1936. Die Opposition konfrontierte Munch mit der Forderung, Dänemark solle aus dem Völkerbund austreten. Zu einem solchen Schritt war der Außenminister jedoch nicht zu bewegen. Das Risiko, daß Dänemark angegriffen wurde, war seiner Ansicht nach noch größer, wenn Dänemark die internationale Zusammenarbeit aufkündigte – allen Unzulänglichkeiten des Völkerbundes zum Trotz. Für einen Kleinstaat, so der Außenminister, sei es von entscheidender Bedeutung, daß das internationale Rechtssystem weiter auszubauen. Die Opposition forderte nun wieder eine Stärkung der Streitkräfte, um der Neutralitätspolitik mehr Glaubwürdigkeit zu geben. Der Außenminister glaubte aber nach wie vor nicht, daß eine starke Armee Dänemarks Sicherheit verbessern könnte.[313]

Die Neutralitätspolitik stand wenige Monate später wieder zur Diskussion, als die Oslo-Staaten im Juni 1936 ihre Völkerbundspolitik stärker abzustimmen versuchten. Die Kleinstaaten waren in der Frage der Sanktionspolitik nicht einig. Norwegen und die Schweiz wollten sie endgültig aufgeben, die anderen Staaten jedoch waren nicht bereit, so weit zu gehen. Im Verlauf der Aktion gegen Italien hatte das Vertrauen in die Sanktionspolitik jedoch so stark abgenommen, daß es im Schlußdokument hieß, die Kleinstaaten müßten bei sanktionspolitischen Maßnahmen in Zukunft die geringen Chancen einer solchen Strategie berücksichtigen. Die Kleinstaaten hatten mit dieser Erklärung ihr Mißtrauen in die kollektive Sicherheitspolitik unmißverständlich ausgesprochen. Jetzt zeichnete sich eine Rückkehr zur traditionellen Neutralitätspolitik in aller Deutlichkeit ab.[314]

Die dänische Öffentlichkeit reagierte beunruhigt, als Hitler in seiner Rede im Reichstag am 30. Januar 1937 erklärte: „Die deutsche Regierung hat weiter Belgien und Holland versichert, daß sie bereit ist, diese Staaten jederzeit als unantastbare neutrale Gebiete anzuerkennen und zu garantieren." Die Schweiz hatte bereits ein ähnliches Versprechen erhalten, und es wurde allgemein registriert, daß Dänemark in der Erklärung nicht erwähnt worden war.[315] Mehrere einflußreiche Persönlichkeiten versuchten nun, ihre Kontakte in Deutschland dazu zu nutzen, um auch Dänemark eine offizielle Erklärung über die Unantastbarkeit der Grenze zu verschaffen. Der Außenminister war über diese persönlichen Initiativen keineswegs erfreut, denn er war immer noch der Überzeugung, daß Dänemark unter keinen Umständen selbst aktiv werden sollte. Eine verfrühte dänische Reaktion, so Munch, könnte Deutschland veranlassen, eine Vereinbarung vorzuschlagen, mit der Dänemark gezwungen werden könnte, deutschen Forderungen nachzugeben oder vielleicht sogar einer Grenzrevision zuzustimmen, damit Deutschland die Grenze anerkannte.

Diese übervorsichtige Politik führte im Laufe des Jahres 1937 zu Meinungsverschiedenheiten zwischen Munch und Staatsminister Stauning. Der sozialdemokratische Staatsminister wollte sich nicht einfach mit der unsicheren Lage abfinden, und er suchte bei verschiedenen Gelegenheiten selbständige Initiativen zu ergreifen. In einer Rede in der südschwedischen Universitätsstadt Lund attackierte Stauning im März 1937 die schwedische Haltung gegenüber Dänemark. Noch vier Jahre zuvor hatte Stauning von der deutsch-dänischen Grenze als der „Grenze des Nordens“ gesprochen und dadurch Interesse an einer engeren Zusammenarbeit zwischen Dänemark und Skandinavien signalisiert. Jetzt sprach er so, als ob er das Illusionäre dieser Politik inzwischen eingesehen hätte. In Lund betonte er, Dänemark sei nicht gewillt, die Rolle als „Kettenhund des Nordens“ zu spielen, da die nördlichen Nachbarländer Dänemark keine Unterstützung anbieten wollten. Außerdem wies er die Erwartung zurück, daß Rücksichten gegenüber den anderen nordischen Staaten eine besondere Priorität in der dänischen Politik haben müßten.[316] Die Rede provozierte schwere Vorwürfe und Angriffe in der schwedischen Presse, in der Dänemark zunehmend als passiv und abhängig von Deutschland dargestellt wurde. Stauning verhielt sich nun etwas vorsichtiger, aber die Rede hatte gezeigt, daß Dänemark den Rückzug aus der skandinavischen Politik angetreten hatte. Zwei weitere Initiativen Staunings deuteten ebenfalls in diese Richtung.

Während eines Aufenthaltes in London im April traf Stauning den britischen Außenminister Anthony Eden. Das Gespräch schien geeignet, die britischen Intentionen näher zu sondieren, und Stauning hatte anscheinend die Absicht, die Grenzfrage anzusprechen und um britische Unterstützung zu bitten. Eden ahnte, daß ein solches Anliegen vorgebracht werden würde und unterbrach seinen Gast mitten in dessen Ansprache mit der Bemerkung: "I am glad you had not asked for any pledges from Britain."[317] Die Möglichkeit, die dänische Position durch eine britische Garantie zu stärken, war also auch nicht gegeben, und auch Stauning mußte jetzt davon überzeugt sein, daß eine Verständigung mit Deutschland die einzige Lösung sei.

Der Staatsminister versuchte kurz danach, eine Stellungnahme vom deutschen Gesandten in Kopenhagen, Renthe-Fink, zu erhalten. Der Diplomat berichtete von dieser Initiative folgendes: „Staatsminister Stauning hat vor einigen Tagen die sich bei einer gesellschaftlichen Veranstaltung ergebende Gelegenheit, mich unauffällig unter 4 Augen zu sprechen, dazu benutzt, um der Auffassung Ausdruck zu geben, daß sich die deutsch-dänischen Beziehungen noch weiter verbessern ließen, wenn sich Deutschland entschließen könnte, eine ausdrückliche Nichtangriffs-Zusicherung abzugeben.“[318] Kurz darauf konnte Renthe-Fink diese Frage mit Ministerialdirektor von Weizsäcker diskutieren. Das Ergebnis ihrer Unterredung war, daß es deutscherseits von Vorteil sein könnte, durch solche Garantien Dänemark noch weiter von der Völkerbundspolitik abzukoppeln, aber daß derzeit kein Anlaß bestehe, auf Staunings Annäherung zu reagieren.[319] Die diplomatischen Bemühungen des sozialdemokratischen Regierungschefs brachten also keine konkreten Resultate. Sie waren aber symptomatisch für die zunehmende Infragestellung der Politik der kollektiven Sicherheit von dänischer Seite.

Dänemarks internationale Position wurde im Laufe des Jahres 1937 – trotz der „Politik der Unsichtbarkeit“ – schwächer. Die dänische Außenpolitik war öfter Gegenstand kritischer Berichte in der internationalen Presse, in der das Bild eines Staates ohne selbständige Außenpolitik gezeichnet wurde. Auch dänische Journalisten kritisierten die Abhängigkeit von Deutschland. Bestätigt sahen sie sich durch den Inhalt des Handelsvertrages zwischen Deutschland und Dänemark. Die deutschen Verhandlungspartner hatten die dänische Abhängigkeit vom Export landwirtschaftlicher Produkte ausgenutzt und für Deutschland äußerst vorteilhafte Vereinbarungen erreicht.

Bei der Ausarbeitung der neuen Neutralitätsregeln war der deutsche Druck nicht mehr zu übersehen. Sie wurden von Dänemark in Zusammenarbeit mit Norwegen und Schweden formuliert und im Mai 1938 veröffentlicht. Nach der endgültigen Version war es unter anderem fremden Flugzeugen erlaubt, die drei dänischen Seeverbindungen zwischen Ostsee und Kattegat zu überfliegen. Die verabschiedeten Richtlinien waren damit viel weitgehender als anfangs geplant. Insbesondere ließen sie einen größeren Verkehr über dänisches Territorium zu, als auf Grundlage der internationalen Vereinbarungen erforderlich gewesen wäre. Schon im Januar 1938 hatte Deutschland eine Passage durch alle drei „Verbindungswege“ gefordert, und da die dänische Regierung wußte, daß Deutschland in jedem Fall eine solche Regelung würde durchsetzen können, wurde diese Forderung akzeptiert. Gegen die neuen Regeln protestierte London scharf. Die Briten erklärten, daß die Bestimmungen den deutschen Interessen viel zu eindeutig entgegenkommen würden. Britische Flieger würden im Ernstfall gezwungen, deutsche Maschinen über dänischem Territorium anzugreifen.[320] Auch in vielen anderen Punkten zeigten sich die Dänen bereit, deutschen Wünschen und Forderungen nachzukommen. Nach und nach gestattete man sogar deutsche Flottenübungen in dänischen Gewässern. Im September 1937 erlaubte der dänische Flottenminister – ohne Konsultation des Außenministers – den deutschen Streitkräften, auch beträchtliche Teile des Kattegat und der Ostsee als Übungsplatz zu benutzen.[321]

Im „Anschluß" Österreichs manifestierte sich eine erneute Niederlage der Völkerbundspolitik. Nun war es kaum noch möglich, die Politik eines kollektiven Sicherheitssystems aufrechtzuerhalten. Schweden war zu diesem Zeitpunkt ebenfalls der Meinung, die Oslo-Staaten sollten endgültig Abstand vom Sanktionsparagraphen nehmen. Deutschland versuchte die Kleinstaaten durch seine Gesandten davon zu überzeugen, daß eine traditionelle Neutralitätspolitik in Zukunft der einzig gangbare Weg wäre, die Neutralität zu sichern. Bei einem Treffen im Juli 1938 einigten sich die sieben Außenminister der Oslo-Staaten auf eine Erklärung, in der es hieß, daß sie zwar immer noch den Völkerbund unterstützten, aber das Sanktionssystem nicht mehr als obligatorisch betrachten könnten.[322] Erneut wurde in Dänemark die Forderung laut, das Land solle sich nun völlig aus dem Völkerbund zurückziehen, um eine traditionelle und eindeutige Neutralitätspolitik zu verfolgen. Dennoch verteidigte Munch auch jetzt noch die Mitgliedschaft – im Kriegsfall hätte Dänemark davon weder Nutzen noch Schaden, während ein Austritt als eine einseitige Parteinahme zugunsten Deutschlands aufgefaßt werden könnte.[323]

Die Ereignisse im Sudetenland führten zum bekannten Hin und Her zwischen Deutschland und den übrigen Großmächten. Diesmal gab Hitlers aggressive Haltung aber Anlaß zur Unruhe in Dänemark, denn die Ausgangssituation wies viele Parallelen zur dänisch-deutschen Grenzfrage auf. Die Erleichterung war groß, als auch in diesem Fall eine friedliche Lösung gefunden wurde, und die dänische Öffentlichkeit fühlte sich durch die Erklärung Hitlers beruhigt, „daß es – wenn dieses Problem gelöst ist – für Deutschland in Europa kein territoriales Problem mehr gibt". Die Presse zitierte diese Erklärung mit so viel Nachdruck, daß der deutsche Gesandte Renthe-Fink die Regierung belehren mußte, Hitlers Formulierung könne keineswegs auf die Frage der deutschen Minderheit in Dänemark bezogen werden.[324]

Die Entwicklung in der Sudentenfrage entfachte erneut die militärpolitische Diskussion in Dänemark. Mit nachhaltiger Unterstützung aus Offizierskreisen forderte die konservative Opposition wiederum einen Ausbau der Streitkräfte. Ein Ausbau der Verteidigung erschien ihnen um so dringlicher, als führende dänische Offiziere aus Gesprächen mit deutschen Kollegen den Eindruck mitgenommen hatten, daß Deutschland im Gegensatz zum Ersten Weltkrieg jetzt eine Strategie verfolgen würde, die einen Durchbruch zum Atlantik einschloß. Angesichts dieser Pläne war die Gefährdung der dänischen Neutralität erheblich größer geworden. Die Verteidigungsleitung sprach jetzt von der Möglichkeit, Deutschland könnte Stützpunkte für seine Luftstreitkräfte in Nordjütland verlangen. Nunmehr war auch unter den Sozialdemokraten eine zunehmende Verteidigungsbereitschaft zu beobachten. Der Außenminister beharrte aber auf seiner Linie und war nicht bereit, einen neuen Kurs einzuschlagen. In seiner Neujahrsrede 1938/39 distanzierte sich Munch ausdrücklich von der weitverbreiteten Auffassung, daß die Welt inzwischen nach ideologischen Gegensätzen gespalten und damit eine neutrale Haltung unmöglich geworden sei. Er betrachtete nationalpolitische Überlegungen als entscheidend für alle Staaten und sah in der aktuellen Situation die Neutralitätspolitik als einzigen Ausweg für einen Kleinstaat.

Eine theoretische Begründung für die Hauptlinien der Munchschen Außenpolitik formulierte der Jurist Georg Cohn. Er war der führende Völkerrechtsexperte im dänischen Außenministerium und entwikkelte in seiner Habilitationsschrift ›Neo-Neutralität‹ aus dem Jahre 1937 eine strenge Neutralitätsdefinition.[325] Cohns Position spiegelte den Zerfall des klassischen Neutralitätsbegriffes und die Erosion der Idee der kollektiven Sicherheit in der Zwischenkriegszeit wider. Seine Kernthese war, daß die Kleinstaaten im internationalen System, in dem machtpolitische Erwägungen entscheidend waren, eine besondere Rolle spielten. Cohn versuchte, den Krieg auf allen Ebenen zu disqualifizieren. Er betrachtete ihn als eine ansteckende Krankheit, die isoliert werden mußte. Es müsse das höchste Ziel jeder Regierung sein, einen Kriegsbeitritt zu vermeiden und anderen Staaten zu helfen, den Krieg zu beenden. Neutralität wurde aber nicht nur als Nichtbeteiligung am Krieg definiert. Cohn zufolge war es nicht hinzunehmen, daß die Erfordernisse des Krieges das Verhalten des neutralen Staates diktierten. Cohn behauptete, die Neutralität könne keinem Staat gegen seinen Willen genommen werden. Die Neutralität sei nicht einmal dann beendet, wenn ein neutraler Staat angegriffen, besetzt oder erobert würde.[326]

Mit seiner strengen und kompromißlosen Interpretation der Neutralität, die weitgehend der Politik des Außenministers entsprach und die später während der deutschen Besetzung Dänemarks zum Teil praktiziert wurde, rechtfertigte Cohn de facto die Passivität des Kleinstaates. In äußerster Konsequenz bedeutete dies, daß der Kleinstaat aufgrund des Völkerrechtes die realen politischen Ergebnisse und Entwicklungen einfach ignorieren konnte.

Das deutsche Angebot eines Nicht-Angriffspaktes an Dänemark 1939

Im Winter 1939 wurde zwischen verschiedenen europäischen Regierungen ernsthaft über Garantien und Vereinbarungen verhandelt. Gleichzeitig mehrten sich Gerüchte und Spekulationen über einen bevorstehenden Krieg. Der britische Premierminister Chamberlain versprach Polen, Rumänien und Griechenland im Kriegsfall die Unterstützung seiner Regierung. In Kopenhagen fragte ein britischer Parlamentssekretär bei der Regierung an, ob Dänemark ebenfalls britische Garantien wünsche. Munch erteilte ihm eine klare Absage, da er glaubte, ein Ja würde das Risiko einer deutschen Besetzung erheblich vergrößern. Der Vorstoß des Parlamentssekretärs ging aber offensichtlich nicht auf ernsthafte Überlegungen der britischen Regierung zurück. Großbritannien konnte zu dieser Zeit keine Garantien für die dänische Sicherheit anbieten.

Am 15. April schaltete sich der amerikanische Präsident Roosevelt in die europäische Politik ein. Er forderte Deutschland öffentlich auf zu erklären, in absehbarer Zeit eine Reihe von Staaten – unter anderem Dänemark – nicht angreifen zu wollen. Hitler war über diese Initiative wenig erfreut. Die deutschen Gesandten in den von Roosevelt genannten Staaten wurden angewiesen, den jeweiligen Regierungen zwei Fragen zu überbringen: „1. Ob das dortige Land sich etwa von Deutschland bedroht fühle, 2. ob dortige Regierung Roosevelt zu seinem Vorschlag autorisiert oder diesen Vorschlag sonst veranlaßt habe." Für Dänemark konnte Munch beide Fragen sofort mit einem Nein beantworten, war aber keineswegs begeistert über diesen neuerlichen Verlust der „Unsichtbarkeit".[327]

Die Initiative Roosevelts setzte aber eine neue Entwicklung in Gang. In einer Rede am 28. April 1939 kündigte Hitler den Flottenvertrag mit Großbritannien und den Nicht-Angriffspakt mit Polen vom Januar 1934. Gleichzeitig nutzte er die Gelegenheit, den von Roosevelt erwähnten Staaten einen Nicht-Angriffspakt anzubieten. Wenige Stunden später wurden die Gesandten der skandinavischen Staaten zu Ribbentrop bestellt, der den einzelnen Gesandten das Angebot formell unterbreitete. Am nächsten Tag trafen sich die Mitglieder der dänischen Regierung. Es herrschte Einigkeit darüber, daß Dänemark das deutsche Angebot nicht zurückweisen konnte. Der Außenminister interpretierte den Vertragsentwurf als eine Anerkennung der Grenze. Schon deshalb war das Angebot von größerer Bedeutung für Dänemark als für Norwegen und Schweden. Munch befürwortete eine Unterzeichnung, war sich aber gleichzeitig darüber im klaren, daß die Deutschen mit diesem Vorschlag vor allem propagandistische Zwecke verfolgten.[328]

Die dänische Regierung versuchte in den folgenden Tagen vergeblich, Norwegen und Schweden zu einer Zustimmung zu bewegen. Die beiden Nachbarn rückten nicht von ihrem Standpunkt ab, daß ein solcher Vertrag mit dem neutralen Status unvereinbar sei. Munch war besonders enttäuscht, daß sie sich auch von dem Argument nicht umstimmen ließen, ein dänischer Alleingang könnte Deutschland dazu ermuntern, einen Nicht-Angriffspakt mit der Forderung nach einer Grenzrevision zu verbinden. Diese Gefahr, so glaubte Munch, hätte sich verringert, wenn alle nordischen Länder zusammenhielten. Verbittert mußte Munch feststellen, daß die oft beschworene nordische Solidarität in kritischen Situationen keine Substanz hatte. Schon mehrmals – im September 1934, im August 1935 und im April 1938 – hatte Munch seine nordischen Kollegen ohne Erfolg für den Fall um Unterstützung gebeten, daß die Deutschen Grenzforderungen erhoben. Auf der anderen Seite war die ausgeprägte Enttäuschung des Ministers nicht ganz verständlich, weil er selbst nie eine enge nordische Zusammenarbeit befürwortet hatte, da dies Schwierigkeiten mit Berlin hätte bereiten können.[329]

Weder die ausbleibende Unterstützung der nordischen Staaten noch der wachsende Widerstand der dänischen Konservativen, die eine gemeinsame nordische Haltung forderten, hielt den Außenminister davon ab, das Angebot der Deutschen zu akzeptieren,[330] zumal sich Munch in seiner Position durch Gespräche mit britischen Diplomaten bestätigt sah. Die Briten nahmen in dieser Frage eine indifferente Haltung ein und gaben Munch zu verstehen, daß Großbritannien seine bisherige Einschätzung der dänischen Politik nach Abschluß eines solchen Vertrages nicht ändern werde. Erneut wurde deutlich, daß Dänemark in den Augen der Briten zur deutschen Interessensphäre gehörte.[331]

Die dänische Regierung akzeptierte also den Nicht-Angriffspakt. Ende Mai wurden die Verhandlungen abgeschlossen. Die dänische Regierung erreichte, daß der Vertrag keine Einschränkungen im Handel mit Drittländern enthielt, aber ihr Wunsch, die Vertragsdauer von zehn auf zwanzig Jahre zu verlängern, wies von Weizsäcker mit der Begründung zurück, daß eine Kündigung sowieso einer Angriffsintension gleichkäme. Die deutsche Regierung wollte den erfolgreichen Abschluß der Verhandlungen für Propagandazwecke ausnutzen und eine feierliche Unterzeichnungszeremonie mit Teilnahme des dänischen Außenministers veranstalten. Dies aber erschien den Dänen dann doch zu spektakulär. Munch ließ sich bei der Unterzeichnung am 31. Mai 1939 durch den Gesandten in Berlin vertreten.

Im Ausland verstärkte sich nach dem Abschluß des Vertrags die Kritik an Dänemark: Das Land wurde weitgehend als deutscher Satellitenstaat angesehen. Obwohl sich diese Einschätzung nicht in offiziellen Verlautbarungen niederschlug, war Dänemarks Prestige in der internationalen Öffentlichkeit wieder deutlich gesunken. Die Unterzeichnung des Paktes war aber auch ein schwerer Schlag für die deutsche Minderheit in Nordschleswig, die ihre Hoffnungen auf einen „Anschluß" enttäuscht sah. Durch den Vertrag schien die Grenzfrage abgelegt.[332]

Der Vertragsabschluß mit Deutschland zeigte, daß die dänische Regierung sich endgültig auf die traditionelle Neutralitätspolitik eingestellt hatte. Die Beziehungen zu Deutschland bestimmten nunmehr die dänische Außenpolitik. Weiterhin versuchte die Regierung, die „Politik der Unsichtbarkeit" fortzuführen. Der Außenminister war deshalb keineswegs begeistert, als der belgische König vorschlug, einen Appell zur Bewahrung des Friedens an die Großmächte zu richten. Selbst die Unterstützung einer solchen Initiative, fürchtete Munch, könnte von den Deutschen als Affront empfunden werden. Aber auch diesmal wäre es viel zu auffällig gewesen, wenn Dänemark als einziges Land der belgischen Initiative nicht beigetreten wäre. Auf einer Konferenz der Außenminister der Niederlande, Belgiens, Norwegens, Schwedens und Dänemarks in Brüssel vom 24. bis zum 26. August 1939 schloß sich die dänische Regierung dem Appell an. Der Aufruf wurde vom belgischen König veröffentlicht und blieb – wie erwartet – ohne Bedeutung.

Der Krieg rückte jetzt Stunde für Stunde näher, und in Dänemark traf man erste Vorbereitungen. Schon am 24. August legte die Regierung eine Liste von Waren vor, die nicht mehr exportiert werden durften, und plante die Wiedereinberufung von Reservisten für die Sicherung der Neutralität. Eine solche Alarmbereitschaft hatte auch im Ersten Weltkrieg bestanden. Hinsichtlich der dänischen Strategie gab es aber nach wie vor deutliche Differenzen zwischen den Vorstellungen des Außenministers einerseits und denen der Opposition und des Militärs andererseits. Munch meinte, daß Militär und Flotte lediglich einen gewissen Schutz gegen Verletzungen der Neutralität darstellten und nur dann eingesetzt werden sollten, wenn Aussicht auf Erfolg bestand. Dagegen forderte der Sprecher der Konservativen, das Militär müsse sofort gegen jeden Versuch, dänisches Territorium in Besitz zu nehmen, einschreiten. Die Opposition hielt es für außerordentlich wichtig, der Außenwelt unmißverständlich die Bereitschaft Dänemarks zur Verteidigung seiner Neutralität zu demonstrieren.[333]

Die Allianz zwischen Großbritannien und Polen erhöhte das Risiko für Kriegshandlungen im dänischen Raum. Es war nicht auszuschließen, daß die Briten versuchen würden, Polen unter Einsatz ihrer Luftwaffe zu Hilfe zu kommen. Auch im deutschen Außenministerium teilte man diese Befürchtungen, und am 28. August wurde der dänische Gesandte in die Wilhelmsstraße bestellt. Man erklärte der dänischen Regierung, Deutschland erwarte, daß sich Dänemark in einer solchen Situation an die Verpflichtungen der Neutralität hielt, und von Weizsäcker präzisierte: „Hierzu gehöre auch, daß Dänemark Einbrüche, die etwa von dritter Seite in eine Neutralität erfolgen könnten, nicht duldet, sondern sich ihnen gegebenenfalls mit allen verfügbaren Mitteln widersetze. Sollte die dänische Haltung wider Erwarten eine andere sein, so würden wir genötigt sein, unsere Interessen so wahrzunehmen, wie die sich dann ergebende Lage es aufnötigen würde.“[334] Dem dänischen Außenminister war durch den Gesandten Renthe-Fink ein ähnlicher Bescheid vorgelegt worden, und Munch antwortete, Dänemark werde selbstverständlich alle Verpflichtungen befolgen und eine strikte Neutralität aufrechterhalten.

Renthe-Fink hatte Munch gegenüber den Eindruck vermittelt, daß die Lage außerordentlich ernst sei. Der Außenminister suchte daher die britische Gesandtschaft auf. Dort erläuterte er die schwierige Situation der dänischen Regierung und bat um Verständnis. Er hoffe, Großbritannien werde die Neutralität Dänemarks streng beachten. Die Antwort der britischen Regierung konnte die dänische Regierung kaum beruhigen. Großbritannien erklärte sich bereit, die Neutralität Dänemarks zu respektieren, solange sie auch von anderer Seite respektiert würde. Es sei nicht die Absicht der britischen Regierung, Dänemark in einen Krieg hineinzuziehen, sie hoffe immer noch, den Krieg vermeiden zu können.[335]

Bei Ausbruch des Zweiten Weltkrieges war die Lage Dänemarks unsicher. Die Möglichkeit, eine Neutralität wie im vorigen Krieg aufrechtzuerhalten, hing nicht von der dänischen Politik allein ab. Am 3. September 1939 proklamierte Dänemark seine absolute Neutralität auf Grundlage der Regeln von 1938. Eine britische Intervention in Polen war bald nicht mehr zu erwarten, und Dänemark richtete sich sozusagen auf eine Wiederholung des Ersten Weltkrieges ein. Viele Dänen neigten in dieser Hinsicht zu einem Wunschdenken, das alle Anzeichen und Informationen, die in eine andere Richtung wiesen, ignorierte.

Die letzte Phase der Neutralitätspolitik (September 1939–April 1940)

Der Beginn des Zweiten Weltkrieges am 1. September 1939 veränderte die äußeren Voraussetzungen der dänischen Neutralitätspolitik vollkommen. Ab jetzt ging es darum, ein gutes Verhältnis zu allen kriegführenden Mächten zu bewahren und dadurch die Souveränität zu sichern und gleichzeitig die Wirtschaftsverbindungen aufrechtzuerhalten. Dänemarks Wirtschaft wurde durch den Kriegsausbruch hart getroffen, weil Großbritannien und Deutschland die beiden größten Abnehmer für seine landwirtschaftliche Produktion waren. Im Herbst 1939 und im Winter 1940 bemühten sich die Dänen, den Außenhandel zu sichern. Die Verhandlungen mit Deutschland verliefen ohne gravierende Probleme. Deutschland zeigte sich weiterhin interessiert an den dänischen Lieferungen. Größere Schwierigkeiten machten die Verhandlungen mit den Briten. Zur Enttäuschung der Dänen zeigten sie sich weitgehend bereit, ganz auf dänische Agrarprodukte zu verzichten, zumal der Transport über die Nordsee schwierig war. Erst unmittelbar vor der deutschen Besetzung Dänemarks kam ein für die dänische Landwirtschaft allerdings wenig befriedigendes Ergebnis zustande.[336] Die dänische Handelsflotte hatte schon in den ersten Monaten des Krieges große Verluste, obwohl man in Verhandlungen mit dem deutschen Gesandten Renthe-Fink vereinbart hatte, die gekennzeichneten dänischen Schiffe zu schützen.

Auf politisch-militärischem Gebiet deutete sich in der Anfangsphase des Krieges die erwartete und – aus der Neutralität heraus – erhoffte Wiederholung des Ersten Weltkrieges an. Die dänische Regierung war jedoch auch allzu geneigt, die Augen vor allen Anzeichen einer Gefährdung zu verschließen. Verschiedene Warnungen und bedrohliche Meldungen nahm man einfach nicht zur Kenntnis. Seit Anfang des Jahres 1940 waren Gerüchte über deutsche Kriegspläne im Umlauf, die sich während des Winters immer mehr verdichteten. Es war die Rede von einer deutschen Besetzung als Teil der deutschen Verteidigungsstrategie oder von einer Offensive in Richtung Norwegen. Im letzteren Fall hätte Dänemark im Schatten der Ereignisse gelegen. Man hatte aber damit gerechnet, Gebiete von strategischer Bedeutung an die Deutschen abgeben zu müssen. Der dänische Flottenchef, Admiral Rechnitzer, nahm von Treffen mit deutschen Offizieren den Eindruck mit, daß Dänemark, wenn es sich einer wohlwollenden Neutralität befleißigte, in Ruhe gelassen werde. Solche Informationen bestärkten eine Konzessionspolitik gegenüber dem mächtigen Nachbarn, die durch das ausgesprochene Desinteresse der britischen Regierung noch gefördert wurde. Die landfeste Verbindung mit Deutschland stand jeder britischen Einmischung im Wege und band die dänische Politik eng an das deutsche Vorgehen.[337]

Die Konzessionspolitik der dänischen Regierung zeigte sich in ihren Protesten gegen Übergriffe auf die Neutralität. Weit häufiger als Deutschland wurde Großbritannien kritisiert. Deutschland gegenüber bemühte man sich so wohlwollend wie irgend möglich zu agieren. Im November 1939 forderte Berlin die Auslegung einer Minensperre in dänischen Gewässern. Die Regierung kam diesem Wunsch ohne längeres Zögern nach, da man überzeugt war, daß Deutschland andernfalls selbst Minen legen würde. Damit war die „Politik der Unsichtbarkeit" erneut gescheitert, und die Regierung war höchst erleichtert, daß die Westmächte diesen Schritt nicht als eine feindliche Handlung interpretierten.[338]

Der Frieden im Norden währte aber nur kurze Zeit. Am 30. November 1939 erschütterte der sowjetische Angriff auf Finnland die nordeuropäischen Staaten. Die Aufmerksamkeit der ganzen Welt richtete sich nun auf Nordeuropa, und damit war auch die dänische Politik immer schwieriger durchzuhalten. Der Außenminister mußte sich auch innenpolitisch um die Neutralität sorgen. Die dänische Bevölkerung und die Presse nahmen eine eindeutig profinnische Haltung ein und unterstützten auf diese Weise auch die Interessen der Westmächte. Rund tausend Dänen meldeten sich als Freiwillige auf finnischer Seite. Das gute Verhältnis zu Deutschland konnte durch diese Vorgänge belastet werden, und so wurde die Presse im Dezember erneut instruiert, „Objektivität" und Zurückhaltung zu zeigen.[339]

Stauning äußerte sich in seiner Neujahrsrede so pessimistisch über die Zukunft Dänemarks, daß die Opposition in seiner Rede einen Ausdruck von Defätismus sah. Tatsächlich machte sich in der Regierung eine resignative Haltung breit. Verstärkt wurden Skepsis und Angst durch den Ausgang des Krieges in Finnland. Dänemark, so dachten viele, würde noch weniger Chancen haben, sich gegen fremde Aggressoren zu wehren als Finnland. Der Außenminister hatte vorsichtig die Möglichkeit einer Vermittlung zwischen den Kriegsgegnern sondiert, aber keinen Erfolg gehabt. Munch wollte weiterhin versuchen, Dänemark unbedingt aus dem Krieg herauszuhalten. Er war deshalb bereit, deutschen Forderungen nach Stützpunkten oder einem Durchmarsch durch dänische Gebiete nachzugeben. Ein solches Nachgeben sah er nicht als unvereinbar mit der Neutralität an, solange nur deutlich würde, daß die Großmacht solche Zugeständnisse erzwungen hatte.

Die Nordische Gesellschaft und die kulturellen Beziehungen zum „Dritten Reich“

Während der 20er Jahre repräsentierte die Arbeit der Nordischen Gesellschaft in Lübeck einen der vielversprechendsten Versuche, den Kulturaustausch zwischen Deutschland und den nördlichen Nachbarstaaten auf eine neue Grundlage zu stellen. In der nationalsozialistischen „Weltanschauung“ hatte das „Nordische“ einen großen Stellenwert. Nach der Machtübernahme der Nationalsozialisten rückte die Nordische Gesellschaft in den Blickpunkt der Ideologen der NSDAP. Die Gesellschaft erschien ihnen als ein brauchbares Instrument für den Versuch, Einfluß in Nordeuropa zu gewinnen.[340] Besonderes Interesse zeigte Rosenberg, der nach der Veröffentlichung des ›Mythus des XX. Jahrhunderts‹ (1927) als außenpolitischer Experte der Partei angesehen wurde. Nach der Machtübernahme wurden Rosenberg der Aufbau und die Leitung des sogenannten Außenpolitischen Amtes der NSDAP übertragen, das eine dominierende Rolle in der Koordinierung der außenpolitischen Arbeit spielen und gleichzeitig die weltanschauliche Überwachung der im Mai 1933 gleichgeschalteten Nordischen Gesellschaft übernehmen sollte.[341]

Auf Betreiben Rosenbergs und seines Sekretärs Thilo von Trotha wurde die alte Leitung entfernt und durch ein neues Kuratorium aus prominenten Nationalsozialisten ersetzt.[342] Leiter der neuen Gesellschaft wurde Rosenbergs persönlicher Freund Hinrich Lohse, Gauleiter und Oberpräsident von Schleswig-Holstein. Eine Reihe führender Mitarbeiter gehörte der NSDAP nicht an.[343] Dies war insofern günstig, als man die Gesellschaft nicht als Propagandaorganisation erscheinen lassen wollte. Sie sollte vielmehr getarnt arbeiten.[344] Bezeichnend für diese Intention war der Widerstand, den manche Mitglieder der Aufnahme des profilierten Rassentheoretikers Professor Hans F. K. Günther aus Jena ins Kuratorium der Gesellschaft entgegensetzten. Sie befürchteten, dieser Schritt könnte dem Ansehen der Gesellschaft im Ausland schaden. Günther wurde dennoch aufgenommen, und von Trotha machte das neue Kuratoriumsmitglied darauf aufmerksam, daß die Gesellschaft nunmehr vollkommen unter Kontrolle der Partei stehe und „von allen peinlichen Elementen gesäubert“ sei. Befriedigt verkündete von Trotha: „Wir können aus der Nordischen Gesellschaft jetzt machen, was wir wollen, und haben es in der Hand, in ihr ein getarntes politisches Seitenstück zur SS zu schaffen, das mühelos den nordischen Gedanken in andere Länder verpflanzen kann."[345]

Rosenberg und seine Leute beurteilten die Möglichkeiten, die Strukturen der alten Gesellschaft für ihre Zwecke einzusetzen, als außerordentlich günstig. Mit großer Energie machten sie sich an die Arbeit und errichteten schon im Sommer 1933 sogenannte „Kontore" in ganz Deutschland. Der Name sollte Assoziationen zur hanseatischen Tradition wecken. Jedes Kontor umfaßte ein Gebiet, das ungefähr einem Gau entsprach, und die einzelnen Gauleiter wurden von Rosenberg direkt aufgefordert, die Gesellschaft zu vertreten. Dies zeigt, welche wichtige Funktion Rosenberg der Nordischen Gesellschaft im neuen Staat zumaß, nicht allein in „der Pflege des nordischen Gedankens", sondern auch für die zukünftige Außenpolitik. Es ging ihm darum, „die noch vorhandenen nordisch bestimmten Nationen zu einer wirklichen Zusammenarbeit zu bringen, ehe die andersrassischen Mächte einen noch stärkeren Aufschwung genommen haben".[346]

1935 wurde eine ausführliche Denkschrift über die Rolle der Nordischen Gesellschaft in der kulturellen Zusammenarbeit mit den nordeuropäischen Nachbarn ausgearbeitet. Sie beinhaltete vier wesentliche Grundsätze:

„1. Die Nordische Gesellschaft lehnt grundsätzlich jede aktive propagandistische Arbeit in den nordischen Ländern ab. 2. Die Nordische Gesellschaft tritt nur dann selbst in den nordischen Ländern auf, wenn eine Einladung von offizieller oder offiziell anerkannter skandinavischer Stelle vorliegt. 3. Die Nordische Gesellschaft vertritt den Standpunkt, daß das erste Erfordernis auf ihrem Arbeitsgebiet nicht irgendwie geartete ‚Gleichschaltung' der nordischen Länder, sondern die Schaffung einer *Vertrauensbasis in Skandinavien* gegenüber dem neuen Deutschland ist. 4. Die Nordische Gesellschaft ist der Überzeugung, daß ein letztlich positiver Erfolg ihrer Arbeit in Bezug auf den Norden nicht allein in der Neutralisierung deutschfeindlicher Strömungen und Auffassungen in den nördlichen Ländern besteht, sondern vor allem in der Aktivierung der in der Richtung des nordischen Gedankens auch in Skandinavien bestehenden Ansätze. Das ist naturgemäß eine Angelegenheit von Jahrzehnten."[347]

Rosenberg war überzeugt, daß in der Pflege der Beziehungen zu den skandinavischen Völkern die Kulturpolitik Priorität vor der traditionellen Außenpolitik haben müßte.[348] Dahinter verbarg sich die

Illusion, daß die Skandinavier durch behutsame Propagandaarbeit für seine großgermanischen Zukunftsvisionen zu gewinnen wären.

Anfangs konnte die neuorganisierte Gesellschaft gewisse Erfolge verzeichnen. In Deutschland wurde eine umfassende Aufklärungsarbeit eingeleitet, die dem deutschen Volk die Bedeutung des nordischen „Raums" nahebringen sollte. Bedeutende Persönlichkeiten des nordischen Kulturlebens wie zum Beispiel Knut Hamsun wurden vorgestellt. Man richtete einige Treffpunkte für den deutsch-nordischen Austausch ein, so etwa ein Schriftstellerheim in Travemünde. Es erschienen Zeitschriften wie ›Der Norden‹, Bücher und fortlaufende Informationsschriften über den Norden für die deutsche Presse und die Wirtschaft (›Pressedienst Nord‹, ›Wirtschaftswart Nord‹, ›Schrifttumswart Nord‹).[349] Einer der größten Erfolge der Gesellschaft war das im März 1935 arrangierte Winterhilfskonzert Nordischer Künstler in Berlin, bei dem bekannte Repräsentanten nordischer Musik – aus Dänemark der Opernsänger Helge Rosvænge – auftraten. Das Radio übertrug das Konzert, Thilo von Trotha hielt anstelle des erkrankten Rosenberg die Festansprache. Diese Verbindung zwischen Deutschland und dem Norden machte in der nationalsozialistischen Presse Schlagzeilen.[350]

In den Tagen vom 23.–30. Juni 1935 erreichten die Aktivitäten der Organisation in Gestalt der Zweiten Reichstagung in Lübeck ihren Höhepunkt. Die Veranstaltung wurde mit einer „Reichssonnenwendfeier der deutschen Jugend" und einer Ansprache Baldur von Schirachs eröffnet. Das weitere Programm umfaßte unter anderem Veranstaltungen zu den Themen „Jugend und Sport", „Brauch und Kunst", „Nordischer Gedanke – nordisches Land". Als Redner traten Reichsleiter Rosenberg, der Leiter des Rassenpolitischen Amtes, Dr. Gross, und Reichssportführer von Tschammer und Osten auf. Es folgte ein großes Musikfest mit Werken deutscher und nordischer Künstler wie Sibelius und Carl Nielsen. Das Musikfest war gemeinsam von den nordischen Ländern und Deutschland organisiert. Als Gäste nahmen die vier nordischen Gesandten in Berlin und ihre deutschen Kollegen aus den nordischen Hauptstädten teil. Schließlich folgte der erste deutsch-nordische Wissenschaftskongreß, der sich besonders mit der Volkskunde und der Frühgeschichte befaßte.[351]

Zu dieser Zeit beurteilte die Gesellschaft den Erfolg ihrer Bemühungen überwiegend positiv. Der Name der Gesellschaft, hieß es in einem internen Memorandum, habe im Norden „einen guten Klang", und die Organisation sei ein Instrument, „das auf allen Gebieten der Kultur und auch auf dem Gebiet der Wirtschaft mit starker Aussicht auf Erfolg eingesetzt werden kann".[352]

Diesen Optimismus teilten jedoch nicht alle Beobachter. Im Auswärtigen Amt, wo man Rosenbergs außenpolitische Initiativen ohnehin mit großem Unwillen beäugte, wurde im Sommer 1935 festgestellt, daß die Reichstagung der Nordischen Gesellschaft in Lübeck in den nordischen Ländern mit wenig Sympathie und viel Mißtrauen betrachtet wurde. Das Adjektiv, den Begriff „nordisch", wie ihn das Dritte Reich benutzte, verstünden die Skandinavier nicht, weder in der geographischen Definition noch in der „rassischen". Unter den Skandinaviern, so beobachteten die Diplomaten, verbreitete sich statt dessen die Auffassung, daß Deutschland mit Hilfe dieses Begriffes eine Art politische und wirtschaftliche Hegemoniestellung in Nordeuropa anstrebte. Die großangelegten Veranstaltungen würden als „ruhestörend" empfunden, und deren jährliche Wiederholung sei nicht geeignet, die Sympathien für Deutschland in den nördlichen Ländern zu fördern.[353]

Der Nordischen Gesellschaft glückte es nicht, das Vertrauen der Skandinavier zu gewinnen. Vor allem deren offensichtliche Verbindung zu der nationalsozialistischen Ideologie stand einer positiven Reaktion im Wege. In wachsendem Maß sprach die skandinavische Presse diesen Aspekt des scheinbar harmlosen Versuches an, die kulturellen Beziehungen auszubauen. Bald meldeten sich auch aus den Reihen der Nordischen Gesellschaft selbst Skepsis und Frustration über ausbleibende Ergebnisse. Im November 1935 rechnete einer der Repräsentanten der Gesellschaft in Dänemark, Regierungsrat und Obersturmführer der SS Alexander Bogs, in einem Brief an von Trotha mit der Organisation ab.[354] Bogs zufolge hatten die Aktivitäten der Gesellschaft in Nordeuropa „nicht nur eine ablehnende, sondern teilweise geradezu vernichtende Kritik gefunden". Diejenigen Skandinavier, die zu einer Zusammenarbeit bereit seien, hätten in der Regel egoistische Motive und spielten in ihrem eigenen Land nur eine untergeordnete Rolle, würden „teilweise sogar nicht ernstgenommen werden". Nur Knut Hamsun schätzte er als wirklichen Freund Deutschlands ein, während er etwa Johannes V. Jensen und Selma Lagerlöf, die die Gesellschaft zu gewinnen versucht hätte, als Deutschlands Feinde charakterisierte. Bogs hob hervor, daß die drei „marxistischen" Regierungen in Dänemark, Norwegen und Schweden eine antideutsche Politik führten, er sah den Norden sogar als den Tummelplatz für die „jüdisch-bolschewistischen" Umtriebe gegen Deutschland.[355]

Die Nordische Gesellschaft konnte diese Entwicklung nicht verhindern. Im Gegenteil gab es Ende der 30er Jahre große interne

Probleme. Gleichzeitig schwächte Rosenbergs mangelnde Durchsetzungsfähigkeit in der deutschen Außenpolitik die Position der Nordischen Gesellschaft. Nach Einschätzung des Auswärtigen Amtes stellte die Organisation eine wachsende Belastung für die deutsche Politik dar. Diesen Eindruck bestätigten die Berichte der deutschen Gesandten in den nordischen Ländern, die 1938 im Auftrag des Auswärtigen Amtes erstellt wurden.[356] Der Gesandte in Kopenhagen, Renthe-Fink, betonte, daß die Gesellschaft in engem Kontakt mit der Gesandtschaft arbeitete, so daß die schlimmsten Peinlichkeiten verhindert werden konnten. Er wies darauf hin, daß gerade die Dänen unter den Skandinaviern hinsichtlich ihres Verhältnisses zu Deutschland eine besondere Stellung einnähmen, teils aufgrund der geographischen Nähe und dem Gefühl einer nahen Verwandtschaft, teils aufgrund starker weltanschaulicher Gegensätze. Dies äußere sich in einem regen Besucherverkehr einerseits und in einer außerordentlichen Empfindlichkeit für alles, was als propagandistische Einwirkung zu verstehen sei, andererseits. Jede noch so gut gemeinte Initiative müsse dies berücksichtigen, wenn man psychologische Fehler vermeiden wolle.[357]

Diese Analyse des dänischen Mißtrauens gegenüber dem deutschen Nachbarn war zweifelsohne richtig. Deshalb hatten Initiativen wie die der Nordischen Gesellschaft keine Aussicht auf Erfolg in Dänemark. Die Anfälligkeit für die nationalsozialistische Ideologie war gering, und nur wenige ließen sich für die deutschen Zukunftsvisionen begeistern. Das galt sowohl für die kulturellen Annäherungsversuche als auch für die rassenideologische Vorstellung von einem nordischen Übermenschen. Nur eine Handvoll Dänen ließ sich bewegen, Vorträge unter der Regie der Nordischen Gesellschaft zu halten. Nach Kriegsausbruch verstärkte sich der Eindruck noch, daß es sich bei den Aktivitäten der Organisation um deutsche Propaganda handelte. Daß dieser Eindruck berechtigt war, zeigt ein Blick auf die Vorträge der Gesellschaft im Herbst 1941. Es sprachen nur deutsche Redner, die sich strikt an der nationalsozialistischen Ideologie orientierten. Die Vorträge handelten unter anderem über ›Rassengedanke und Bolschewismus‹, ›Der nordische Mensch und seine Heimat‹ oder ›Der nordische Gedanke und die Entwicklung der geistigen Grundlagen des europäischen Antijudaismus‹.[358]

Zu diesem Zeitpunkt war längst klar, daß Rosenbergs Versuch, mit Hilfe der Nordischen Gesellschaft einen Nährboden für eine nordeuropäische Gemeinschaft zu schaffen, vollkommen fehlgeschlagen war. Im Winter 1944 beschrieben zwei Mitarbeiter das Klima in Kopenhagen als außerordentlich schlecht. Daraufhin beschloß man in Absprache mit Rosenberg, das Kontor der Nordischen Gesellschaft zu schließen, „da nicht genug Arbeit vorhanden wäre, um einen Einsatz im Kriege zu rechtfertigen“.[359]

DIE BESETZUNG DÄNEMARKS (1940–1945)

In der Geschichte der deutsch-dänischen Beziehungen stellt die Besetzung Dänemarks durch deutsche Truppen vom April 1940 bis Mai 1945 einen dramatischen Tiefpunkt dar. Aus deutscher Sicht ist die Besetzung des nördlichen Nachbarstaates eher eine Episode. Für die Dänen aber, die diese Zeit erlebten, war dies eine nie dagewesene Erfahrung. So ist auch das Interesse an dieser Epoche auffällig groß geblieben. Dies läßt sich immer wieder beobachten, wenn ein neues Werk darüber erscheint. Jeder Versuch, alte Mythen über die Zeit der Besetzung zu relativieren, wird immer noch aufgeregt diskutiert.

Die größere zeitliche Distanz zu den Ereignissen hat in der Historiographie zu einer differenzierten Darstellungsweise geführt. Unter anderem ist man zu der Erkenntnis gelangt, daß in der Beurteilung dieser kritischen Phase dänischer Geschichte zwei Perspektiven berücksichtigt werden müssen. Aus der subjektiven Sicht der Dänen waren Krieg und Besetzung eine Zeit voller Unterdrückung und Gewalt. Diese Erfahrungen hatten prägende Auswirkungen auf das Bild von den Deutschen. Die andere Perspektive, die angelegt werden muß, überschreitet den nationalen Horizont und vergleicht die Situation im besetzten Dänemark mit der in anderen Ländern. So furchtbar die Besetzung aus dänischer Sicht auch war, so muß doch festgestellt werden, daß kaum ein Volk den Krieg so glimpflich überstanden hat wie die Dänen. Die Zahl der Getöteten war verhältnismäßig gering, die Zerstörungen waren kaum der Rede wert, und die ökonomischen Folgelasten eher unbedeutend. Im Vergleich mit den Kriegshandlungen und der Brutalität der Nationalsozialisten in anderen Ländern erscheint die Besetzung Dänemarks fast als harmlos. Es muß aber festgehalten werden, daß der deutsche Überfall auf Dänemark im April 1940 einen eklatanten Verstoß gegen internationales Recht darstellte. Überdeutlich zeigte der Angriff, wie hoffnungslos der Kleinstaat dem großen Nachbarn ausgeliefert war.

Für die nationalsozialistische Kriegsführung bildete Dänemark nicht das eigentliche Ziel, sondern nur eine Etappe auf dem Weg nach Norwegen. Von Bedeutung war weniger die strategische Lage des Königreichs. Viel wichtiger war seine Lebensmittelproduktion. Die Besatzungsmacht bemühte sich denn auch um Schonung des Landes, um die Lebensmittelexporte zu sichern. Dänemark wurde als eine Art Musterprotektorat gesehen. Aus der Sicht der deutschen Soldaten mußte das fette Bauernland, das weit entfernt von den Kriegsschauplätzen lag, beinahe als eine Idylle erscheinen. Sicherlich hat nicht nur der Soldat Alfred Andersch seinen Aufenthalt dort als relativ angenehm in Erinnerung behalten. Auf der jütländischen Heide beschloß er übrigens seine spätere Desertion: „Dänemark war ein gutes Land für solche Entschlüsse; wenn man in Aalborg im Café saß und den Regen draußen aufs Pflaster pladdern hörte, wenn man bei den Gefechtsübungen Posten stand und auf den See blickte, der zwischen den schweigsamen Heidehängen lag wie eine schlafende Kuh, dann trat die Freiheit in Gestalt einer jungen Blondine oder eines rüttelnden Habichts in mich ein. Aber sie brauchte nicht einmal Gestalt anzunehmen – sie war ganz einfach da, die Freiheit, in Dänemark.“[360]

Operation Weserübung

Eine Quelle vieler Spekulationen – vor allem nach dem Krieg – waren die Andeutungen über eine bevorstehende deutsche Aktion gegen Dänemark in der Zeit vor dem 9. April und die Reaktion der Regierung auf diese Meldungen. Tatsächlich leitete der Chef der Abwehr – Admiral Canaris, der hoffte Hitler durch eine empfindliche Niederlage schwächen zu können – Anfang April wichtige Hinweise über den geplanten deutschen Angriff an die Dänen weiter. Er beauftragte seinen Mitarbeiter Hans von Oster, die schwedischen und die niederländischen Botschaften in Berlin über den Vorstoß nach Norden zu informieren. Sie gaben die brisante Neuigkeit sofort an die Dänen weiter. Außenminister Munch war aber nach wie vor davon überzeugt, daß Deutschland nicht daran interessiert sein könnte, Dänemark anzugreifen. Er glaubte auch deshalb so fest daran, weil die Informationen aus Berlin keine Hinweise darauf enthielten, daß der Angriff auf Dänemark nur ein Teil des weit umfassenderen Plans der Eroberung von Norwegen war.[361] Die Nachrichten aus Berlin wurden vom Oberkommando des Heeres mit Beunruhigung aufgenommen, aber die Regierung lehnte dessen Forderung, Reservisten einzuberufen, um die Verteidigung zu stärken, ab. So verfügte die Armee nur über 15000 Mann, von denen über die Hälfte Rekruten waren, die man erst im Februar und März eingezogen hatte. Die Regierung vertrat immer noch die Linie, die Munch seit vierzig Jahren verfolgt hatte. Dänemark sollte militärisch völlig unbedeutend bleiben, damit in Deutschland kein Verdacht aufkommen konnte, Dänemark würde mit den Feinden Deutschlands paktieren.[362] Die Kriegsgefahr wuchs jedoch Stunde um Stunde. Am 8. April wurde bekannt, daß die Briten bei Norwegen Minen ausgelegt hatten. Es gab außerdem Berichte über Truppenaktivitäten in Norddeutschland. Die Regierung lehnte trotzdem eine Verstärkung der Truppen erneut ab. Noch in den späten Abendstunden besprachen die Parteien die Lage, der Kurs wurde jedoch nicht mehr korrigiert. Auch das Argument des Sozialdemokraten Hartvig Frisch, fehlender Verteidigungswille würde Dänemark in den Augen der Weltöffentlichkeit schaden, hatte keine Konsequenzen.

In den frühen Morgenstunden des 9. April begann die Operation Weserübung, die mit großer Präzision und gegen nur sporadischen Widerstand binnen weniger Stunden abgeschlossen wurde. Nördlich der Grenze kam es zu kleineren Gefechten, bei denen elf dänische Soldaten getötet und zwanzig verwundet wurden. In Aalborg gelang es deutschen Fallschirmtruppen, den für den Krieg in Norwegen strategisch wichtigen Luftwaffenstützpunkt einzunehmen. Spektakulär war die Überrumpelung der dänischen Hauptstadt: König und Regierung wurde der Fluchtweg abgeschnitten. Um 4.20 Uhr landeten 800 Infanteristen ohne Zwischenfälle an der Küste, und abgesehen von Schießereien bei Amalienborg verlief die Aktion schnell und fast unkriegerisch. Gleichzeitig war der Gesandte Renthe-Fink in der Privatwohnung des Außenministers aufgetaucht und hatte ihm erklärt, Deutschland habe Dänemark besetzt, um es gegen Großbritannien zu schützen. Er drohte mit der Bombardierung Kopenhagens, wenn nicht jeder Widerstand eingestellt würde. Bereits wenige Stunden später kapitulierten König und Regierung. Wegen der überwältigenden Übermacht der Deutschen und der fehlenden Vorbereitung der Dänen war eine Verteidigung zwecklos und hätte nur schwere Verluste zur Folge gehabt. Die Ereignisse des 9. April waren lange Zeit Gegenstand leidenschaftlicher Diskussion. Es wurde sogar von Landesverrat gesprochen. Für diese Behauptung gibt es jedoch keinerlei Beweise. Der schwache dänische Widerstand war vor allem Konsequenz einer Politik, die jahrelang eine Neutralität verfolgt hatte, die auch den Aufbau einer schlagkräftigen Armee ausschloß. Große Bedeutung bekam die Katastrophe des 9. April nach 1945. Die neue dänische Verteidigungspolitik stand unter dem Motto „Nie wieder einen 9. April".

Kooperation und Kollaboration

Die schnelle Kapitulation bewahrte Dänemark vor Zerstörungen und Verlusten und ebnete den Weg für einen Modus vivendi zwischen Besatzern und Besetzten, der beiden zugute kam, aber Dänemark in kein gutes Licht rückte. Deutschland versprach bereits am 9. April, die territoriale Integrität und die politische Unabhängigkeit Dänemarks nicht anzutasten. Die Deutschen bemühten sich, soweit dies in einem besetzten Land überhaupt möglich war, um Normalität, und auch die Wehrmacht versuchte, diszipliniert aufzutreten. Dabei spielte sicher der Umstand eine Rolle, daß die Dänen nicht als „artfremdes" Volk galten und die nationalsozialistische Ideologie den Dänen immer einen Platz in der angestrebten „Weltherrschaft der nordischen Rasse" zugestanden hatte.

Die dänische Regierung war früh bereit, den deutschen Vorstellungen von einem Musterprotektorat zu entsprechen. Munchs Neutralitätspolitik war gescheitert bei dem Versuch, eine deutsche Besetzung zu verhindern. Die Regierung blieb im Amt und behauptete ganz im Sinne der Cohnschen Neutralitätsideologie, Dänemark sei weiterhin neutral und kein Kriegsteilnehmer. Mit Erfolg bestand man darauf, daß alle Kontakte zwischen beiden Staaten über das Außenministerium laufen sollten. Staatliche Institutionen und Einrichtungen blieben unter Kontrolle der dänischen Regierung. Dadurch hoffte man, eine gewisse Normalität aufrechterhalten zu können. Mit einer Politik der Zusammenarbeit und des Entgegenkommens versuchten die Politiker nun, die schlimmen Folgen der Besetzung zu minimieren. Obwohl sie nach dem Krieg scharf angegriffen wurde, entsprach diese Politik zweifelsohne der Mentalität und der Grundhaltung der überwiegenden Mehrheit der Bevölkerung. Es war keine heroische Politik, aber sie ersparte den Dänen vieles. Gleichzeitig kam sie aber den Besatzern so weit entgegen, daß kaum mehr von Neutralität gesprochen werden konnte.

Nicht nur die Bereitwilligkeit der dänischen Politiker, Konzessionen zu machen, auch die offensichtlichen Vorteile, die die stabile Lage im Land der Wehrmacht bot, ermöglichten die Aufrechterhaltung einer dänischen Regierung. Die Deutschen konnten zum Beispiel nicht auf die Unterstützung einer dänischen nationalsozialistischen Partei bauen. Im Gegensatz zu anderen Staaten hatten die dänischen Nationalsozialisten keinen nennenswerten Rückhalt in der Bevölkerung. Auch in Berlin blieb man gegenüber dem Möchtegern-Führer Frits Clausen skeptisch. Wie seine übrigen Parteigenossen überzeugte er die deutschen Nationalsozialisten nicht. Schon deshalb ließ sich die Lage in Dänemark überhaupt nicht mit der in Norwegen vergleichen, wo sich Vidkun Quisling zu einem willigen Handlanger deutscher Politik machte.

Die Kollaborationspolitik[363] erwuchs aus den Erfolgen der deutschen Waffen. Nach dem Sieg über Frankreich im Sommer 1940 glaubten viele, daß Hitler den Krieg gewinnen und Deutschland Europa für Jahrzehnte dominieren würde. Diese Einschätzung spielte eine große Rolle für das Verhalten der Politiker.

Bereits am 10. April 1940 war eine große Koalition gebildet worden, in der die zwei bürgerlichen Parteien die Verantwortung mittrugen, aber keinen entsprechenden Einfluß erhielten. Infolge der erschütternden Ereignisse an der Westfront im Sommer 1940 wurde die Regierung im Juli erneut umgebildet. Nun wurden auch außerhalb der Parteien stehende Persönlichkeiten aufgenommen. Als ein Hauptverantwortlicher der gescheiterten Politik trat Außenminister Munch zurück. Staatsminister Stauning dagegen blieb im Amt, war aber nicht mehr der bestimmende Kopf. Diese Rolle übernahm der neue Außenminister Erik Scavenius, der dieses Amt bereits von 1913 bis 1921 innegehabt hatte. Seit jener Zeit galt er als der Mann, der Dänemark vor dem Krieg bewahrt hatte. Auf seine Erfahrungen griff man gerne zurück. Genauso wichtig war, daß Scavenius eine aktive Kollaborationspolitik führen wollte. Seit dem 9. April hatte Munch eine passive Anpassungspolitik geführt, die erst auf Forderungen reagierte, wenn sie explizit vorgebracht wurden. Scavenius dagegen war bereit, eine Politik des vorauseilenden Gehorsams zu führen.[364]

Scavenius besaß jedoch längst nicht mehr seine frühere Souveränität, und sein arrogantes und volksfernes Auftreten machten ihn schnell unbeliebt. Er wurde zur Symbolfigur der Kollaborationspolitik. Bereits in seiner Antrittsrede zeigte er eine zuvorkommende, wenn nicht gar servile Haltung gegenüber den Besatzern, als er erklärte: „Mit den großen deutschen Siegen, die die Welt mit Staunen und Bewunderung erfüllt haben, ist eine neue Zeit in Europa angebrochen, die eine politische und wirtschaftliche Neuordnung unter der Führung Deutschlands mit sich bringen wird. Es wird Dänemarks Aufgabe sein, seinen Platz in einer notwendigen und gegenseitigen aktiven Zusammenarbeit mit Großdeutschland zu finden." Scavenius bemühte sich sofort um engere Beziehungen und gab Berlin zu verstehen, daß er für weitere Verhandlungen offen war. Das Auswärtige Amt schlug daraufhin eine Zollunion zwischen beiden Staaten vor, aber die Aussicht auf eine solche von Deutschland nicht einmal geforderte Anbindung rief innerhalb und außerhalb der Regierung heftigen Widerstand hervor. Scavenius wurde zum Rückzug gezwungen und erlitt damit einen frühen Prestigeverlust.[365]

Die Kollaborationspolitik forderte viele kompromittierende Zugeständnisse. Problematisch war dabei unter anderem, daß die Regierung zu einem Verhalten aufmunterte, das sie später mißbilligte. Für viele Dänen hatte dies sehr unangenehme Folgen. Kontakte der Bevölkerung zur Wehrmacht wurden von seiten des Staates gebilligt, ja sogar ausdrücklich gewünscht. So wurden Beamte aufgefordert, mit der Besatzungsmacht gesellschaftlichen Umgang zu pflegen – ganz im Sinne des Bestrebens, ein gutes und entkrampftes Klima zu schaffen. Eines der prominenten Opfer dieser Politik wurde der populäre Generaldirektor der Eisenbahnen, P. Knutzen. Auf Wunsch der Regierung übernahm er den Vorsitz eines neuen deutsch-dänischen Vereins. Nach dem Krieg wurde Knutzen als angeblicher Kollaborateur von seinem Posten entfernt. Ein ähnliches Los war manchen Offizieren beschieden, die sich zum Freikorps „Dänemark" meldeten und bei der Waffen-SS an der Ostfront kämpften. Die Regierung ermunterte sie zu diesem freiwilligen Einsatz, weil sie hoffte, dadurch eine deutsche Zwangsrekrutierung abwehren zu können. Auch 1500 deutschgesinnte Nordschleswiger meldeten sich zum Einsatz bei den Freikorps. Nach dem Krieg hieß es, jeder hätte wissen müssen, daß dies Landesverrat war. Schließlich sollten auch die vielen Arbeiter erwähnt werden, die von den dänischen Behörden unter Druck gesetzt wurden, damit sie in Deutschland arbeiteten. Auch das wurde später als Landesverrat hingestellt.

Der Angriff auf die Sowjetunion blieb nicht ohne Folgen für Dänemark. Unmittelbar nach Beginn des Feldzuges willigte die dänische Regierung ein, gegen die kommunistische Partei in Dänemark vorzugehen. Dies war ein eindeutiger Verfassungsbruch, der eine neue Etappe in der Kollaboration einleitete. Daß man Kommunisten arrestierte, hing aber auch mit dem Verhalten der Partei in der Zeit des Hitler-Stalin-Paktes zusammen. Die stalinistischen Freunde der Nationalsozialisten genossen keine Sympathie in den anderen Parteien und der Bevölkerung. Später erntete dieser Schritt der Kollaborationspolitik vehemente Kritik – nicht zuletzt, weil die Kommunisten in der Endphase des Krieges im Widerstand eine aktive Rolle spielten. Vor dem Hintergrund des Krieges im Osten wurde Dänemark im November 1941 aufgefordert, sich dem Antikominternpakt anzuschließen. Dies ließ sich eindeutig nicht mit der Neutralität in Einklang bringen. In der Regierung erhoben sich Stimmen gegen diesen

Schritt, aber Scavenius setzte sich darüber hinweg. Vor der Unterzeichnung des Paktes gelang es ihm, gewisse Modifikationen für Dänemark zu erreichen. Die Zeremonie am 24. 11. 1941 exponierte das Land so deutlich als willfährigen Partner Deutschlands, daß breite Kreise in Dänemark sich der peinlichen Lage, in die sich das Land manövriert hatte, stärker bewußt wurden.

Eine organisierte Opposition formierte sich jedoch nur langsam. Auch das Jahr 1941 verlief in Dänemark ruhig. Seit dem Herbst wurden in Großbritannien dänische Soldaten für Widerstandsaktionen ausgebildet, und von dort aus wurden auch Radiosendungen ausgestrahlt, die zunehmende Bedeutung für den Widerstand und die Verbreitung von Informationen bekamen. Im Mai 1942 begann der konservative Politiker Christmas Møller über die BBC zu sprechen. Er hatte in den 1930er Jahren seine Partei geleitet und war nach der Besetzung für kurze Zeit auch in der Regierung vertreten gewesen. Nun war er der einzige bedeutende dänische Politiker im Exil und wurde nach seiner Flucht nach England eine führende Persönlichkeit des dänischen Widerstandes.

Nach dem Tod Thorvald Staunings am 3. Mai 1942 verlor die Regierung den Mann, dessen ungebrochene Autorität wesentlichen Anteil daran gehabt hatte, daß die Bevölkerung die Erfüllungspolitik mittrug. Sein Nachfolger Vilhelm Buhl konnte Scavenius nicht entmachten und auch nicht die wachsende Unzufriedenheit eindämmen. Im Sommer 1942 nahmen Sabotageaktivitäten gegen deutsche Einrichtungen und gegen Fabriken, die für die Besatzungsmacht arbeiteten, spürbar zu. Die Wehrmacht forderte jetzt die Einführung der Todesstrafe für Sabotage. Um dies abzuwenden, bezeichnete Staatsminister Buhl in einer Radioansprache Sabotageaktionen als schädlich für die Interessen des Vaterlandes und riet zur Besonnenheit. Kurz darauf kam es im September 1942 zur ersten Krise in den Beziehungen zur Besatzungsmacht. Auslöser war eine Kleinigkeit, die sogenannte Telegrammkrise. König Christian beantwortete ein Glückwunschtelegramm des Führers mit einem lakonischen „Mein bester Dank. Christian Rex". Hitler reagierte wütend und veranlaßte die Entlassung des Gesandten und Karrierediplomaten Renthe-Fink. Neuer deutscher Vertreter in Dänemark wurde der Nationalsozialist Dr. Werner Best. Gleichzeitig wurde Hermann von Hanneken neuer Oberbefehlshaber der Streitkräfte. Der Personalwechsel deutete auf einen härteren deutschen Kurs. Scavenius wurde nach Berlin bestellt und mit der Forderung konfrontiert, eine neue Regierung zu bilden, der auch dänische Nationalsozialisten angehören sollten. In

Kopenhagen sahen sich die Politiker nicht in der Lage, eine Regierung Scavenius zu verhindern, lehnten aber die Übergabe von Ministerien an die Nationalsozialisten strikt ab. Im November 1942 übernahm Scavenius die Regierung. Mit Best konnte er sich schnell verständigen. Scavenius wollte die Politik der Zugeständnisse fortsetzen, und Best lag vor allem daran, Berlin zu zeigen, daß er Dänemark mit einem Minimum von Gewalt und Soldaten kontrollieren konnte.[366]

Eine bemerkenswerte Folge der Zusammenarbeit der beiden war das Zustandekommen von Parlamentswahlen am 23. März 1943. Die dänischen Politiker akzeptierten die Wahlen, weil ihr Mandat am 2. April ablief, und sie befürchteten, daß dies den Deutschen Gelegenheit geben könnte, die demokratischen Institutionen zu beseitigen. Umgekehrt paßte eine Parlamentswahl in die deutsche Propagandastrategie und Bests Bestreben, Dänemark als Musterprotektorat darzustellen. Im Wahlkampf war es zwar nicht erlaubt, über die Besetzung zu diskutieren, aber es ließ sich doch nicht ganz vermeiden, daß auch die Verhandlungspolitik der Regierung thematisiert wurde. Die Wähler bestätigten aber den Kurs der Politiker. Beinahe 90 Prozent der Wahlberechtigten gaben ihre Stimme ab und erteilten nicht einmal den Parteien einen Denkzettel, die für die Entwicklung bis zur Besetzung Verantwortung trugen. Die einzige Partei, die sich in Opposition zur offiziellen Politik stellte, „Dansk Samling", konnte keinen entscheidenden Durchbruch erzielen. Die Parlamentswahl war eine nationale Manifestation, aber auch eine Katastrophe für die dänischen Nationalsozialisten. Sie bekamen lediglich 43000 Stimmen. Damit legten sie zwar um 4000 zu, da aber die Wahlbeteiligung von 79 auf 90 Prozent gestiegen war, gingen sie aus den Wahlen tatsächlich geschwächt hervor.

Mit ihrer überwältigenden Wahlbeteiligung hatte die Masse der Bevölkerung also die Politik der Kollaboration eindeutig unterstützt. Bald darauf wurde dies aber verdrängt. Immer mehr Dänen wollten nicht wahrhaben, daß auch sie den Kurs der Regierung bejaht hatten. Im Laufe des Sommers 1943 schlug die Stimmung in der Öffentlichkeit um. Der Grund für dieses späte Erwachen eines Widerstandswillens muß in den Entwicklungen außerhalb Dänemarks gesucht werden, vor allem in den zunehmenden Anzeichen deutscher Schwäche. Der dänische Widerstand wurde nicht aus Trotz und Heldentum geboren. Er speiste sich vielmehr aus dem Umstand, daß es immer mehr Menschen als peinlich empfanden, daß Dänemark keinen Beitrag zum Krieg gegen Hitler leistete, ja in einem gewissen Grade die deutsche Politik eher stützte. Nun gab es häufiger Sabotageaktionen, Waffen und Sprengstoffe wurden aus England eingeflogen und abgeworfen. Nicht einmal der König hatte im Mai 1943 mehr Erfolg mit seiner Aufforderung, die Sabotage einzustellen.[367]

Der Wendepunkt: August 1943

Die zunehmende Aktivität der Saboteure und die verschlechterte Stimmung in der Bevölkerung löste einen Machtkampf innerhalb der deutschen Besatzungsmacht aus. General von Hanneken forderte ein härteres Durchgreifen und die Entwaffnung der dänischen Armee, die immer noch unter dänischem Kommando stand. Sein Gegenspieler Werner Best hatte mit den Wahlen einen großen Erfolg für seine Linie verbuchen können, und die Zusammenarbeit mit Scavenius funktionierte gut. Jetzt kam aber eine Entwicklung in Gang, die die bisherige Kollaborationspolitik beendete. Im August 1943 kam es zu Unruhen und Streiks in vielen größeren dänischen Städten. Die Befürworter einer Konfrontationspolitik oder „norwegischer Zustände", wie es hieß, gewannen nun an Boden.[368] General von Hanneken teilte Berlin mit, daß die Politik von Best und Scavenius gescheitert und die Lage außer Kontrolle geraten sei. Best wurde nach Ostpreußen zum „Führerbunker" bestellt und kehrte mit einem Ultimatum an die dänische Regierung nach Kopenhagen zurück. Die Deutschen forderten unter anderem die Todesstrafe für Saboteure sowie Geiselnahmen als Mittel zur Bekämpfung des Widerstands. Sowohl Best als auch Scavenius wußten, daß dies das Ende des bisherigen Kurses bedeutete. Die dänische Regierung war nämlich unter keinen Umständen bereit, diese Forderungen zu akzeptieren.

Das Ende der Kollaboration wurde unter den Politikern nicht mit Erleichterung aufgenommen. Die meisten von ihnen waren immer noch der Auffassung, daß nur die bisherige Politik die Folgen der Katastrophe für Dänemark begrenzen konnte. Sie klagten sogar darüber, daß, wie ein führender Sozialdemokrat es ausdrückte, die Verhandlungspolitik durch die verantwortungslose Agitation Christmas Møllers über die BBC und von einer Koalition von Kommunisten und Chauvinisten untergraben und desavouiert worden sei.[369] Ein erneutes Einlenken war aber angesichts der rigorosen deutschen Forderungen nicht mehr vertretbar. Am Nachmittag des 28. August übermittelte man die Ablehnung der dänischen Regierung. Wenige Stunden später wurde der erste dänische Saboteur hingerichtet, und noch in der Nacht übernahmen die Deutschen die Kontrolle über das

Internierungslager in Horserød in Nordseeland, wo viele Kommunisten eingesperrt waren. Aber erst der folgende Tag, der 29. August, markierte den eigentlichen Wendepunkt in der Geschichte der Besetzung Dänemarks. General von Hanneken verhängte einen militärischen Ausnahmezustand und erklärte die Regierung für abgesetzt. Die Regierung stellte ihre Arbeit sofort ein und reichte beim König ein Rücktrittsgesuch ein. Da der König die Entlassung der Regierung ablehnte, existierte weiterhin formal eine dänische Regierung. De facto übernahmen jetzt die Besatzer die Macht im Lande, zwangen aber die Leiter der staatlichen Verwaltung zur Weiterarbeit. Von nun an waren die Verwaltungsbeamten die Verhandlungspartner der Deutschen, und sie setzten zum Teil die Politik der alten Regierung fort. An diesem Augusttag kam es auch zu Aktionen gegen die dänischen Streitkräfte, an mehreren Orten wurde auch gekämpft. Die Flotte machte nun den schlechten Eindruck wett, den sie beim deutschen Überfall drei Jahre zuvor hinterlassen hatte: Die meisten Schiffe wurden von der Marine selbst zerstört, einigen gelang die Flucht nach Schweden.

Im Oktober 1943 kam es zu einer weiteren Episode, die Dänemarks beschädigten Ruf etwas verbesserte. Der Reichsbevollmächtigte Best hatte nach der deutschen Machtübernahme in Berlin angefragt, wie man sich gegenüber den Juden verhalten solle, vermutlich in der Hoffnung, seine geschwächte Stellung zu verbessern. Am 17. September gab Berlin grünes Licht für eine Aktion gegen die Juden in Dänemark. Bis dahin hatten sie unter dem Schutz der Regierung ein relativ normales Leben führen können. Sie waren in die Gesellschaft integriert, für antisemitische Propaganda hatten die Dänen kein Ohr. Best war immer noch darauf bedacht, das Verhältnis zu den Dänen nicht unnötig zu belasten, und unterrichtete seinen Schiffahrtsattaché, G.F. Duckwitz, über die Pläne, wohlwissend, daß dieser sofort dänische Freunde informieren würde. Die Departementchefs versuchten diesen Übergriff abzuwehren und boten eine dänische Internierung der Juden an. Dies aber lehnten die Deutschen ab. Auch Proteste der Kirche, der Universität, des Höchsten Gerichts und großer Organisationen zeigten keine Wirkung. Rechtzeitig wurden die Juden gewarnt und die meisten in Sicherheit gebracht. Insgesamt rund 7000 Juden gelang die Flucht nach Schweden. Als die Gestapo am 2. Oktober mit der Aktion begann, konnte sie jedoch noch 400 festnehmen und nach Theresienstadt deportieren. 52 dänische Juden kamen in den Lagern um. Obwohl die Aktion aus deutscher Sicht ein Fiasko war, nahmen die Deutschen ihren Abschluß zum Anlaß, die angespannte

Lage wieder zu entschärfen. Der Ausnahmezustand wurde aufgehoben und die internierten dänischen Soldaten wieder freigelassen.

Die August-Ereignisse stärkten den Widerstandswillen der Bevölkerung. Die Resistance organisierte sich, und mit dem „Frihedsraad" entstand eine Autorität, die die Aktionen der Saboteure zu koordinieren und zu steuern vermochte, und von der Bevölkerung als eine Art alternative Regierung akzeptiert wurde. Immer neue Gruppen konnten für die Widerstandsarbeit gewonnen werden. Nach dem August 1943 beteiligten sich auch Offiziere. Sie bauten vor allem in Schweden eine dänische Brigade auf. Es herrschte aber nicht nur Harmonie zwischen den Widerstandskämpfern, so daß es zu manchen Reibungen zwischen den Gruppen kam. Die Offiziere standen dem Aktivismus der Widerstandsgruppen skeptisch gegenüber und fürchteten einen wachsenden Einfluß der Kommunisten.

Die Auseinandersetzungen zwischen den Dänen und der Besatzungsmacht trugen seit dem Sommer 1943 zunehmend gewalttätigere Züge. Nun war es endgültig vorbei mit der Freundlichkeit auf beiden Seiten. Die Besatzungsmacht wollte die Sabotage durch Terror eindämmen. Die Zahl der Hinrichtungen nahm zu, und im Gegenzug zu Sabotageaktionen schritten verschiedene Terrorgruppen zur Liquidierung prominenter Dänen oder zur Zerstörung von Gebäuden und beliebten Einrichtungen. Man versuchte, die Widerstandsgruppen zu infiltrieren, und dies wiederum veranlaßte deren Mitglieder, Verräter oder Kollaborateure zu liquidieren. Im Mittelpunkt der Aktivitäten der Resistance standen Sabotageaktionen gegen deutsche Einrichtungen und Fabriken. Nach dem Krieg entbrannten heftige Diskussionen über Ausmaß und Durchschlagskraft dieser Aktionen. Die Widerstandskämpfer bemühten sich, ihre Aktivitäten als wichtigen, wenn nicht sogar entscheidenden Beitrag zur Kriegsführung herauszustellen. In der Realität war die Wirkung sicherlich bescheidener. Dies war etwa bei der Eisenbahnsabotage der Fall, deren Effekte von den Widerstandskämpfern eindeutig überschätzt worden sind.[370]

Im Sommer des Jahres 1944 bestimmten die großen Ereignisse des Krieges das Klima in Dänemark. In Kopenhagen erreichte nach der Invasion der Alliierten in Nordfrankreich die Konfrontation mit der Besatzungsmacht mit dem sogenannten „Volksstreik" ihren Höhepunkt. Demonstrationszüge und Barrikaden hielten die Hauptstadt tagelang in Atem. Provokateure schossen in die Menge, es kam zu gewalttätigen Zusammenstößen, bei denen über 100 Tote und 600 Verletzte zu beklagen waren. Der deutsche Reichsbevollmächtigte Werner Best drohte eine Zeitlang, Kopenhagen bombardieren zu lassen, ließ sich jedoch überzeugen, daß dies das Chaos im Musterprotektorat noch vergrößern würde. Zuletzt handelten dänische Politiker und moderate Deutsche wie von Duckwitz eine Lösung aus, die die Kopenhagener als Sieg feierten und eine Normalisierung des alltäglichen Lebens ermöglichte. Im September wurde auch die dänische Polizei entwaffnet und interniert. Sie hatte lange Zeit zwischen den Fronten agieren müssen und stellte nun nach Einschätzung des deutschen Oberkommandos ein Sicherheitsrisiko dar. Man befürchtete, sie könnte den deutschen Truppen in den Rücken fallen. Vielen Polizisten wurde diese Aktion zum Verhängnis. In großer Zahl wurden sie in KZ-Lager in Deutschland verschleppt. Nach der Ausschaltung der Polizei nahmen das Chaos und der Terror in Dänemark zu. Jetzt schlugen die Terrorgruppen noch häufiger zu, und vor allem das HIPO-Korps mit seinen dänischen Mitgliedern, zum Teil ehemalige Ostfrontkämpfer, verbreitete Furcht und Schrecken.

Befreiung und Abrechnung

Das Ende der Besetzung zeichnete sich mit dem Heranrücken der britischen Armee ab. Als am Abend des 4. Mai die Kapitulationsbedingungen aus dem Hauptquartier Montgomerys in der Lüneburger Heide über die BBC bekanntgegeben wurden, kam es in Dänemark zu spontanen Freudenkundgebungen. Am nächsten Tag kapitulierten die deutschen Truppen auf dänischem Gebiet. Nur der Kommandant von Bornholm beendete seinen Krieg erst nach einem russischen Luftbombardement am 8. Mai.

Die Resistance hatte auf einer juristischen Verfolgung der Landesverräter und Kollaborateure bestanden. Trotzdem gab es in den ersten Tagen auch zahlreiche unkontrollierte Übergriffe und Racheakte. Davon waren nicht nur wie auch in anderen Ländern erwiesene oder vermeintliche Verräter betroffen, sondern auch Frauen, die mit deutschen Soldaten Kontakt gehabt hatten. Die nun zutage tretende Bereitschaft zur Rache stand sehr oft in einem starken Kontrast zum Verhalten der Bevölkerung während des Krieges. Es drängt sich der Verdacht auf, daß viele Dänen nun das nachholen wollten, was sie während des Krieges versäumt hatten. Die nun folgende Abrechnung mit den Tätern war nicht unproblematisch. So bestraften die Gerichte zum Beispiel viele kleine Delinquenten, die früh abgeurteilt wurden, viel strenger als die wirklich Verantwortlichen, weil das aufgebrachte Volk in den ersten Prozessen ein hartes Durchgreifen forderte. Ein ernstes Problem für den Rechtsstaat blieb auch die Einführung von Gesetzen mit rückwirkender Kraft, darunter die Todesstrafe. Viel Verdruß bereitete schließlich das Verhalten vieler Politiker. Ihnen gelang es ohne größere Probleme, sich der Verantwortung für ihre Kollaborationspolitik zu entziehen.[371]

Insgesamt gesehen war Dänemark sehr glimpflich aus dem Krieg davongekommen. Es gab keine zerstörten Städte, keine zusammengebrochene Infrastruktur, und auch Hunger kannten die Dänen nicht. Während die Besetzung das ohnehin ärmere Norwegen rund 67% des Nationaleinkommens kostete, gingen nur 22% des dänischen Nationaleinkommens verloren.[372] Die Wehrmacht hatte sofort nach der Besetzung bei der Dänischen Nationalbank ein sogenanntes Clearingkonto eingerichtet und ließ sich alle Ausgaben vom dänischen Staat bezahlen: landwirtschaftliche, industrielle und andere Produkte ebenso wie deutsche Bauvorhaben – Flugplätze und Befestigungsanlagen an der Nordseeküste –, aber das so ausgegebene Geld floß meistens an die Dänen zurück. Gutsbesitzer, Bauern, Spediteure und andere, die mit der Besatzungsmacht Geschäfte machten, konnten ganz erhebliche Gewinne erzielen. Das Einkommen der Gutsbesitzer wuchs um 56%, das der Hofbesitzer um 34% und das der Kleinbauern um 26%. Die Arbeiter konnten ihren Lebensstandard in etwa halten, während Angestellte im Öffentlichen Dienst und freiberuflich Tätige Einbußen erlitten. Der Konsum war um 20% gesunken, aber die von der sozialliberalen Koalition in den 1930er Jahren eingeführte Sozialgesetzgebung konnte gerettet werden. Von Not war in Dänemark wenig zu spüren.[373]

Was das Leiden und Sterben von Menschen betrifft, sind Zahlen selbstverständlich ein problematischer Maßstab, und was sich im internationalen Vergleich als recht undramatisch ausnimmt, wurde in Dänemark als sehr schmerzhaft empfunden. Insgesamt 11000 Personen waren zeitweise inhaftiert, davon 7000 in Frøslev, einem dänischen Durchgangslager. In deutsche Konzentrationslager kamen 6000 Personen (2000 Polizisten, 500 Juden, 450 „Asoziale“, 150 Kommunisten und 2900 andere politische Häftlinge), von denen 600 starben. Damit lag die Sterblichkeit der dänischen Häftlinge weit unter der von Angehörigen anderer Völker – bei Franzosen und Holländern kamen nur zehn Prozent der KZ-Häftlinge wieder nach Hause. Diese relativ geringen Verluste sind vor allem darauf zurückzuführen, daß die Dänen später eingeliefert wurden, Pakete bekamen und durch den spektakulären Einsatz des schwedischen Roten Kreuzes im Frühling 1945 sehr früh wieder nach Hause geholt wurden. Während der Besetzung wurden

113 Saboteure hingerichtet und 900 im Zuge von Vergeltungsmaßnahmen ermordet. Insgesamt hatten die Besatzer 1600 Tote direkt zu verantworten. Dazu kamen noch 500 Menschen, die bei Explosionen, Luftangriffen etc. getötet wurden, und 1500 getötete Seeleute.[374] Bei den Seeleuten handelte es sich vor allem um Angehörige der Handelsflotte, die sich früh auf die Seite der Alliierten gestellt und einen bedeutenden Beitrag zur Kriegsführung geleistet hatte.

NACHKRIEGSZEIT

Als sich im Laufe des Jahres 1944 das Ende des Krieges abzuzeichnen begann, stellte sich auch in Dänemark die Frage einer politischen Neuordnung. Wie in anderen europäischen Staaten hatte das traditionelle politische System Konkurrenz bekommen. Die Politiker waren gewählt, hatten aber keine Macht, während die Position der Widerstandskämpfer genau umgekehrt zu sein schien. Die Resistance hatte das Ansehen Dänemarks wesentlich verbessert, und dem Engagement von Christmas Møller in London war es zu verdanken, daß die Westmächte Dänemark im Mai 1944 überhaupt als Alliierten anerkannten. Moskau war dazu nicht bereit. Als einzigen dänischen Verhandlungspartner akzeptierte die Sowjetunion einen Repräsentanten des dänischen Frihedsraad.[375] Auch breite Teile der Bevölkerung erwarteten politische Veränderungen, und so sahen sich auch die etablierten Parteien gezwungen, Kompromisse mit der Widerstandsbewegung zu schließen. Die Führung der Resistance präsentierte im November 1944 den Politikern ihre Forderungen für die Nachkriegszeit. Sie forderte eine juristische Verfolgung der Landesverräter, Wiedergutmachungen für die Opfer und eine Aufgabe der dänischen Neutralität. Eine zukünftige Regierung sollte paritätisch aus Vertretern der Resistance und der alten Parteien zusammengesetzt werden. Minister aus den Verhandlungsregierungen seit April 1940 wollte man nicht als Regierungsmitglieder sehen. Den etablierten Parteien behagten diese Forderungen nicht, sie stimmten dann aber doch dem Programm der Resistance zu. Es zeigte sich aber bald, daß die routinierten Politiker letztlich doch geschickter und durchsetzungsfähiger waren als die politischen Neulinge. Sie mußten zwar neun Ministerposten an die Vertreter der Resistance abgeben – darunter waren einige Kommunisten, Außenminister wurde Christmas Møller –, sicherten sich aber selbst zehn Ministerien, da sie auch das Staatsministerium übernehmen konnten. Dieses Amt wurde sogar mit dem Sozialdemokraten Vilhelm Buhl besetzt, der eindeutig hinter der Verhandlungspolitik gestanden hatte. Letztlich waren die Minister der Resistance nicht imstande, der Regierung ihren Stempel aufzudrücken.[376]

Dies zeigte sich bereits in den ersten Monaten nach Kriegsende. Das politische System stabilisierte sich bald wieder. Manche Fehler versuchte man wiedergutzumachen. Man hob das Verbot der Kommunistischen Partei auf, führte im Juli 1945 einen Geldumtausch durch, um die Kollaborationsgewinne zu neutralisieren, und rief eine parlamentarische Untersuchungskommission ins Leben, um die Mitverantwortung der Politiker zu klären. Es dauerte Jahre, bevor die Kommission ihre Arbeit abschloß. Das Ergebnis entsprach aber nicht den Erwartungen des größten Teils der Bevölkerung. Auch diesmal gelang es den Politikern, sich aus der Verantwortung zu stehlen. Ein unbequemer Politiker blieb Christmas Møller. Er kritisierte oft die Selbstgerechtigkeit vieler Dänen und verärgerte insbesondere die Landwirte, als er ein Abkommen mit Großbritannien unterzeichnete, das niedrigere Preise für landwirtschaftliche Produkte vorsah als die, die man von der Besatzungsmacht verlangt hatte. Die Landwirte zeigten kein Verständnis für Møllers Auffassung, daß Dänemark eine gewisse Solidarität gegenüber dem Land zeigen müßte, das einen Großteil der Kriegslasten getragen hatte.

Im Sommer 1945 verhandelten Sozialdemokraten und Kommunisten über einen Zusammenschluß der beiden Parteien, aber das gegenseitige Mißtrauen war doch so groß, daß dieser Versuch scheiterte. Die Kommunisten konnten bei den ersten Nachkriegswahlen massive Stimmengewinne verbuchen. Sie erhielten 18 Mandate – genau so viele, wie die Sozialdemokraten verloren. Als Sieger gingen die Liberalen aus den Wahlen hervor, so daß Dänemark im Herbst 1945 zum ersten Mal seit dem Jahre 1929 eine bürgerliche Regierung erhielt.

Die Südschleswigfrage und die Minderheitenerklärungen von 1955

Nach dem deutschen Zusammenbruch im Mai 1945 rückte das Grenzland wieder in den Fokus der internationalen Politik. Wie die Grenzziehung nach dem Ersten Weltkrieg wurde die Südschleswigfrage zum entscheidenden Prüfstein für die Weiterentwicklung der Nachbarschaft. Noch einmal stand eine eventuelle Verschiebung der Grenze nach Süden zur Debatte. Im Laufe der ersten Nachkriegsjahre wurde jedoch eine Lösung gefunden, die entscheidend dazu beitrug, dem Verhältnis zwischen beiden Staaten eine neue Qualität zu geben. Sowohl Dänen wie Deutsche zeigten sich nunmehr bereit, die Zusammenarbeit auf eine neue Grundlage zu stellen. Wesentlichen Anteil daran hatten die Entwicklungen auf internationaler Ebene und die europäische Politik des ersten Jahrzehnts nach dem Zweiten Weltkrieg.

Eine besonders wichtige Rolle spielte die britische Besatzungsmacht in Deutschland.

Schon wenige Wochen nach Kriegsende wurde die dänische Regierung mit dem Wunsch der dänischen Minderheit nach Eingliederung Schleswigs in den dänischen Staat konfrontiert. Die große Mehrheit der Politiker und der Widerstandsbewegung wollte diesem Wunsch nicht nachgeben. Sie sahen die Festlegung der Grenze im Jahre 1920 als Ergebnis einer demokratischen Entscheidung an. Kopenhagen wollte die Politik der Zwischenkriegszeit fortsetzen. Auch eine Unterschriftenaktion der dänischen Minderheit im Sommer konnte die offizielle dänische Linie nicht beeinflussen. Die Frage einer möglichen Grenzrevision spitzte sich aber seit dem Winter des Jahres 1946 auf dramatische Weise zu, als die Organisation der dänischen Minderheit begann, alle einheimischen Schleswiger aufzunehmen, die sich während der Nazizeit nicht kompromittiert hatten. Dieses Vorgehen führte in kürzester Zeit dazu, daß Schleswiger zu Tausenden in die dänischen Organisationen strömten. Die dänische Minderheit, die seit der Abstimmung im Jahre 1920 immer kleiner geworden war, konnte plötzlich einen dramatischen Zuwachs verbuchen. Aufgrund dieser Entwicklung bat die Führung der Minderheit im Mai 1946 die dänische Regierung vertraulich, in der Grenzfrage initiativ zu werden.[377]

Die Erfolge des südschleswigschen Vereins waren in der Tat bemerkenswert. Bis Mitte des Jahres 1948 stiegen die Mitgliederzahlen von ungefähr 11800 auf rund 75000. Seinen Höhepunkt erlebte dieser Trend bei der Landtagswahl des Jahres 1947, als die politische Vertretung der Dänen 99500 Stimmen erhielt. Mitglieder und Stimmen kamen aus ganz Schleswig. Besonders bemerkenswert war, daß die Dänen jetzt auch großen Zulauf in den Gebieten südlich der Linie Schlei-Danewerk, also außerhalb der zweiten Abstimmungszone von 1920, hatten. Erst an der holsteinischen Grenze endete diese Welle.

Dieses Phänomen kann man sicher auch vor dem Hintergrund der katastrophalen Niederlage Deutschlands begreifen. Die deutsche Bevölkerung in Schleswig flüchtete vor den Folgen der Niederlage. Viele suchten Schutz gegen die Not, vor moralischer Ächtung und wünschten die Befreiung ihrer Angehörigen aus der Gefangenschaft. Zugleich war die Hinwendung zu Dänemark eine Reaktion auf die Flüchtlingswelle, die über Schleswig hereinbrach. Dänemark schien gegen alle diese Belastungen Zuflucht und Geborgenheit zu bieten.[378] In dieser Zeit sprach man gerne von den „Speckdänen“ – eine Bezeichnung, die unterstellte, daß der Gesinnungswandel der deutschen Schleswiger vor allem dadurch verursacht war, daß die dänische Regierung Hilfspakete an die Dänen in Schleswig schickte. Die neuere Forschung weist diese Erklärung jedoch zurück. Erstens, so wird argumentiert, hätten die meisten Neudänen überhaupt keine Aussicht auf solche Unterstützung gehabt, und zweitens wären später sehr viel mehr Schleswiger wieder ausgetreten, hätten sie nur auf die Nahrungsmittelhilfe geschielt.[379] Die materiellen Motive sollten also nicht überbewertet werden. Vielmehr sind die Besonderheiten Schleswigs zu berücksichtigen. Das Nebeneinander und Miteinander der beiden Nationalitäten sowie die fließenden Übergänge in der Sprache schlossen eine nationale Neuorientierung keineswegs aus. Seit dem Beginn des Nationalisierungsprozesses mischten sich in Schleswig Deutsche und Dänen, die ja nicht einmal unterschiedlichen Volksgruppen angehörten.

Für Dänemark war die Existenz dieser großen Gruppe von Schleswigern, die sich zum Dänentum bekannten, eher unbequem. Insbesondere stellte sich die Frage nach der Definition der Nationalität. Genausowenig wie die deutsche Nationalideologie sah die dänische einen Wechsel der Nationalität vor. Um einen Ausweg aus dieser prekären Situation zu finden und den Befürwortern einer Grenzrevision den Wind aus den Segeln zu nehmen, forderten die dänischen Politiker, daß sich die Hinwendung der Schleswiger zu Dänemark erst bewähren müßte, bevor daraus staatspolitische Konsequenzen gezogen werden könnten. Demgegenüber behaupteten die Südschleswiger, daß jetzt der ursprüngliche dänische Charakter Schleswigs wieder zum Vorschein komme. Außerdem waren sie bereit, sich die dänische Kultur anzueignen unter der Voraussetzung, daß die Provinz nach Dänemark kam. Beide Positionen standen nebeneinander, und dies gereichte vor allem den Gegnern einer Grenzrevision zum Vorteil.[380]

Der plötzliche Erfolg der dänischen Südschleswiger aktualisierte die Grenzfrage, aber gerade dieser Erfolg verhinderte auch die Erfüllung ihrer Träume. In logischer Konsequenz der Ausdehnung der Bewegung über das ganze historische Schleswig forderte die Minderheit die Eingliederung der gesamten Provinz. Dies vertrug sich aber nicht mit der bis dahin verbreiteten Überzeugung, daß sich in Flensburg und seiner unmittelbaren Umgebung eher eine stabile dänische Mehrheit herausbilden könnte als in den Landschaften weiter im Süden.

Die dänische Massenbewegung in Schleswig entstand, als die britische Besatzungsmacht die Kontrolle über Norddeutschland ausübte. Sie hatte zunächst alle dänischen Aktivitäten in der Provinz ermutigt, aber mit dem Umsichgreifen einer separatistischen Stimmung änderten die Briten ihre Haltung.[381] Obwohl die dänische Regierung erklärt hatte, keine Grenzrevision anzustreben – übrigens in Übereinstimmung mit der Grundhaltung der Briten[382] –, protestierten die Dänen doch gegen Einschränkungen der Rechte der Minderheit. Die britische Seite war der andauernden Einmischung der Dänen in ihre Besatzungspolitik bald müde und gab der dänischen Regierung mehrmals inoffiziell zu verstehen, daß Dänemark Südschleswig übernehmen könnte, falls es dies wünschte. Die Dänen müßten diesen Wunsch nur äußern. Nachdem der dänische Staatsminister Knud Kristensen im Laufe des Frühjahrs 1946 auf eigene Faust die bisherige dänische Schleswigpolitik in Frage gestellt hatte, boten die Briten im September 1946 Dänemark offiziell an, Schleswig zu übernehmen. Die Briten waren wohl ziemlich sicher, daß Dänemark das Angebot nicht annehmen würde, ihr Vorgehen zeigte aber zugleich, daß man bereit war, eventuellen Ansprüchen Dänemarks nachzugeben.[383]

Angesichts dieser Umstände kann man mit Recht behaupten, daß die deutsch-dänische Grenze in der Nachkriegszeit nur deshalb nicht weiter nach Süden verschoben wurde, weil Dänemark dies nicht verlangte. Es setzten sich die politischen Kräfte durch, die in der Eingliederung Schleswigs eine Gefahr für die innere Stabilität des geschlossenen Nationalstaates sahen. Es waren vor allem die Sozialdemokraten und die Linksliberalen, die bestimmenden Kräfte der dänischen Politik seit dem Ersten Weltkrieg, die diesen Standpunkt einnahmen. Aber auch in den Reihen der bürgerlichen Parteien war diese Haltung präsent. Das ganze Problem wurde überhaupt nur akut, weil der Staatsminister und mit ihm verschiedene nationalistisch denkenden Gruppen die Grenzfrage aufgriffen. Der Liberale Knud Kristensen sah darin wohl auch die Chance, auf diesem Wege die nationale Wiedergeburt voranzubringen. Viele Vertreter dieser Linie hatten sich in den 1930er Jahren gegen die Politik der Linkskoalition gestellt und schämten sich der Besetzung Dänemarks und ihres Verlaufs. Die Südschleswigfrage war schließlich auch ein willkommenes Instrument, erneut gegen die Sozialdemokraten in die Offensive zu gehen, zumal zu erwarten stand, daß auch breite Teile der Bevölkerung diese Politik unterstützen würden. Im Februar 1946 waren nämlich beeindruckende 499000 Unterschriften für eine aktivere Schleswigpolitik gesammelt worden.

Ein offensichtliches Paradoxon in der Stellungnahme der dänischen Parteien zum Südschleswigproblem war ihre Haltung zur Nationalideologie. Während sich die beiden traditionell weniger national orientierten Parteien in der Südschleswigfrage auf den Standpunkt des national geschlossenen Staates stellten und dâs Experiment einer

Neuauflage des alten Gesamtstaates ablehnten, plädierten die national eingestellten bürgerlichen Parteien auf einmal für einen Staat, der kein homogener Nationalstaat gewesen wäre. In der Auseinandersetzung um Südschleswig zeigten sich zum letzten Mal Positionen, die sich ganz eindeutig aus innenpolitischen Traditionen und Problemen speisten. Seit dieser Zeit spielten die internationalen Machtverhältnisse eine ständig wachsende Rolle in der dänischen Politik. Diese Entwicklung ebnete den Weg für eine bemerkenswerte Umkehrung der Orientierung der politischen Parteien: Die bürgerlichen Parteien zeigten sich der internationalen Zusammenarbeit gegenüber immer aufgeschlossener, während die linken Kräfte in der Parteienlandschaft zunehmend nationale Positionen bezogen.

Wie war es nun um die deutsch-dänischen Beziehungen in diesem nie ausgetragenen Grenzstreit bestellt? Zunächst muß festgehalten werden, daß es in den ersten Nachkriegsjahren keine deutsche Zentralregierung gab und damit auch keine diplomatischen Beziehungen. Auch der alte Nachbar auf mittlerem Niveau, Preußen, war untergegangen, und die Errichtung eines schleswig-holsteinischen Staates durch die Briten wurde in Kopenhagen eher als ein Provisorium betrachtet.[384] Alle Initiativen bezüglich der südschleswigschen Frage gingen an die Adresse der Briten. Die wenigsten Dänen empfanden zu dieser Zeit das Fehlen eines deutschen Verhandlungspartners als Verlust. In der Bevölkerung hatte sich verständlicherweise eine feindselige Haltung festgesetzt. Sicherlich rührte die Verbitterung manchmal auch von dem schlechten Gewissen her, das viele Dänen wegen ihres mangelhaften Widerstandswillens plagte. Dieses schlechte Gewissen ließ sich am leichtesten durch Haß auf den besiegten Gegner oder durch übersteigertes Selbstlob hinsichtlich des eigenen Einsatzes besänftigen. Auch für die deutsche Minderheit in Nordschleswig waren die ersten Nachkriegsjahre keineswegs leicht. Sie hatten nicht nur die allgemeinen Ressentiments gegen alles Deutsche auszuhalten, sondern auch die Racheaktionen wegen ihrer Zusammenarbeit mit den deutschen Besatzern. Schließlich ist der Umgang der Dänen mit dem Problem der deutschen Flüchtlinge zu erwähnen. Sowohl die schäbige Behandlung der Flüchtlinge in Dänemark als auch die Propaganda gegen den Flüchtlingsstrom nach Schleswig gehören zu den unangenehmeren Kapiteln der Zeitgeschichte, die bis in die letzten Jahre hinein totgeschwiegen wurden.

So bedurfte es nicht nur der politischen Pädagogik der Siegermächte, sondern auch der sich dramatisch verschlechternden Beziehungen zwischen den Weltmächten, um Voraussetzungen für einen wirklichen Neuanfang zu schaffen. Im Laufe des Jahres 1948 war ein Rückgang der dänischen Bewegung in Südschleswig zu verzeichnen. Der kommunistische Staatsstreich in Prag erregte auch in Dänemark die Gemüter und ließ Befürchtungen einer kommunistischen Offensive wach werden. Zu gleicher Zeit begann ein neuer deutscher Staat unter der Vormundschaft der Westmächte Konturen zu gewinnen. Als Schutzmacht im nordwestlichen Deutschland konnten die Briten nach wie vor kein Interesse an Spannungen haben, die die ohnehin schwierigen Aufgaben zusätzlich erschwerten. Dies gab man der dänischen Delegation auf einer Konferenz in London im Oktober 1948 sehr deutlich zu verstehen. Die Äußerungen der Briten ließen erkennen, daß der heraufziehende Kalte Krieg auch in der Schleswigfrage zugunsten einer Konsolidierung Deutschlands wirkte. Eine Trennung von Schleswig und Holstein lehnten die Briten nun ab, teils aus praktisch-administrativen Erwägungen, teils aus Rücksicht auf die Gefühle der Deutschen. Den dänischen Vertretern wurde unmißverständlich klargemacht, daß Dänemark sich jetzt auf die europäische Gesamtlage einstellen müßte. Nicht nur die Gefahr aus dem Osten galt es abzuwehren, sondern auch eine zukünftige gute Nachbarschaft mit Deutschland zu pflegen. Unterstaatssekretär Lord Henderson empfahl Dänemark ein freundliches Verhältnis zu der neuen Macht, „die jetzt im Süden emporwachse", forderte dazu auf, zu einer dauerhaften Lösung der Südschleswigfrage zu kommen und die Streitäxte zu begraben, anstatt durch dieses Problem immer wieder ein Moment der Unruhe in das Verhältnis zwischen Dänemark und Deutschland hineinzutragen.[385]

Die britische Regierung wünschte Verhandlungen der Dänen mit der Landesregierung in Kiel über die Sicherung der Minderheitenrechte auf beiden Seiten. Zunächst wurden in Kopenhagen und Kiel Erklärungen über die respektiven Minderheiten abgegeben. Die sozialdemokratische dänische Regierung Hedtoft versprach der deutschen Minderheit in Nordschleswig völlige Gleichstellung. Noch weiter als die dänische Zusicherung ging die sogenannte Kieler Erklärung vom 26. September 1949, die alle Parteien des Landtages und fast alle Abgeordneten mit nur zwei Enthaltungen billigten. Deutlich beeinflußt von den Briten machte die Erklärung die Zugehörigkeit zur dänischen Minderheit von der subjektiven Empfindung, von der Gesinnung abhängig und bekräftigte das Recht der dänischen Minderheit, sich zu ihrer Nationalität und Kultur zu bekennen.[386]

Die Kieler Erklärung war als Grundlage für eine neue Nachbarschaft im deutsch-dänischen Grenzland gedacht, konnte aber zunächst keinen Frieden stiften. Auf beiden Seiten eskalierte nun der Grenzkampf. Die deutschen Schleswiger, die jetzt langsam ihr Vertrauen in eine deutsche Zukunft wiederfanden, wehrten sich gegen die dänische Kulturoffensive in der Region. Besondere Unruhe löste die Arbeit des sogenannten „Sydslesvigsk Udvalg" („Südschleswigscher Ausschuß") aus, dessen Ziel die Eingliederung Südschleswigs in den dänischen Staat war. Dieser Gruppe dänischer Nationalisten gelang mancher spektakuläre Erfolg. Im Jahre 1950 konnten sie in Dänemark 793000 Unterschriften für eine neue Volksabstimmung unter den einheimischen Südschleswigern vorweisen – wohlgemerkt unter Ausschluß der Flüchtlinge, die für die Nationalisten ein ernstes Risiko im Hinblick auf eine dänische Identität Schleswigs darstellte. Umgekehrt erregten Versuche der Kieler Regierung, die Minderheit durch eine Heraufsetzung der Sperrklausel aus der Politik auszugrenzen, die dänische Seite. Die Minderheit rief in dieser Angelegenheit das Bundesverfassungsgericht an. Diese neue Instanz der westdeutschen Demokratie erklärte im Jahre 1952 das Vorgehen der Kieler Landesregierung für verfassungswidrig. Daraufhin mußte die nunmehr auf 7,5 Prozent angehobene Sperrklausel wieder heruntergesetzt werden. Trotzdem konnten die Dänen zwei Jahre später die Hürde nicht überspringen.[387]

Letztendlich sorgte die Entwicklung in der westeuropäischen Politik für eine Lösung des Problems. Im Herbst des Jahres 1954 wurde die Bundesrepublik durch die Pariser Verträge in die Nordatlantische Verteidigungsgemeinschaft aufgenommen und erhielt Teile ihrer noch erheblich eingeschränkten Souveränität zurück. Das Abkommen sollte im Mai 1955 in Kraft treten. Diese Entwicklung konnte nicht ohne Auswirkungen auf die deutsch-dänischen Beziehungen bleiben. Die geplante NATO-Mitgliedschaft der Bundesrepublik behagte den Dänen nicht. Dänemark war seit Anfang 1949 Mitglied der Allianz und hatte teils unter dem Eindruck des Kalten Krieges, teils als Konsequenz gescheiterter Verhandlungen über ein skandinavisches Bündnis die traditionelle Neutralitätspolitik endlich aufgegeben. Einer Aufnahme Deutschlands in die NATO mußte auch Kopenhagen zustimmen, und das Parlament nutzte die Gelegenheit, die Regierung in Bonn unter Druck zu setzen. Geeignetes Mittel dazu war die Kieler Politik in der Sperrklauselfrage.

Außenminister H. C. Hansen traf nur drei Tage vor der Unterzeichnung der Pariser Verträge mit Bundeskanzler Adenauer zusammen und betonte, wie eng die Minderheitenfrage und die NATO-Aufnahme der Bundesrepublik nach dänischer Auffassung miteinander zusammenhingen; das Parlament in Kopenhagen erwartete, daß „die Ideale, die der NATO-Zusammenarbeit zugrunde liegen, Deutschland veranlassen werden, entsprechendes Verständnis zu zeigen, daß eine freisinnige Politik in allen Verhältnissen, die eine nationale Minderheit berühren, zur Aufrechterhaltung eines gegenseitigen guten Verhältnisses beitragen kann“.[388] Noch von Paris aus teilte Adenauer dem Kieler Ministerpräsidenten Kai-Uwe von Hassel mit, daß die schleswig-holsteinische Regierung nun etwas unternehmen müsse. Von Hassel gab in einer Regierungserklärung am 8. November 1954 eine deutliche Stellungnahme zum Minderheitenproblem ab. Die Landesregierung schlug eine zwischenstaatliche Regelung in Form eines Minderheitenschutzvertrages vor.

Während sich von Hassel viel von seinem Vorstoß versprach, reagierten die Dänen skeptisch – aus denselben Motiven heraus, aus denen Dänemark einen solchen Vertrag schon in der Zwischenkriegszeit abgelehnt hatte. Die Dänen waren nicht nur der Auffassung, daß die Frage der Minderheiten eine ausschließlich innenpolitische Angelegenheit sei, sondern sie fürchteten wie schon in den 20er Jahren, daß ein solcher Vertrag den großen Nachbarn dazu veranlassen könnte, sich in die Innenpolitik des Kleinstaates einzumischen. Die Erfahrungen der 1850er Jahre waren also immer noch nicht vergessen, aber die dänische Haltung offenbarte auch ein hohes Maß an Mißtrauen und Zurückhaltung gegenüber dem neuen alten Nachbarn.

Da sich die Dänen beharrlich gegen einen formellen Vertrag sträubten, unterzeichneten Adenauer und H. C. Hansen in Bonn am 29. März 1955 Erklärungen über die Rechte der beiderseitigen Minderheiten. Nach diesem Akt stimmte das Folketing der Aufnahme Deutschlands in die NATO zu.[389] Mit Recht werden die Bonn-Kopenhagener Erklärungen als Grundlage für die neue Qualität der deutsch-dänischen Beziehungen nach dem Kriege bezeichnet.

Die außenpolitische Neuorientierung Dänemarks

Dänemark war durch die deutsche Besetzung endgültig aus der isolierten Lage eines neutralen Beobachters herausgerissen worden. Sowohl das Scheitern der Neutralitätspolitik als auch die Bedürfnisse nach stabilen Beziehungen im Außenhandel führten in der Nachkriegszeit zu einer Neuorientierung der dänischen Außenpolitik. Dänemark war unter den 49 Gründerstaaten der UNO im Juli 1945, schloß sich dem sogenannten Bretton-Woods-System an und unterstützte den Marshall-Plan.

Die Beziehungen Dänemarks zu Deutschland wurden von nun an ganz entscheidend dadurch bestimmt, daß beide Länder auf internationaler Ebene zusammenarbeiteten. Die Mitgliedschaft in der NATO bedeutete, daß die beiden Staaten zum ersten Mal seit Errichtung des Nationalstaates Verbündete waren. Auch die Lösung der Grenzfrage war durch die neue politische Ordnung in Westeuropa vorangetrieben worden. Als einziger westeuropäischer Nachbar grenzte Dänemark an beide deutsche Staaten, aber die klare Entscheidung für den Westen führte zu einer ähnlich klaren Entscheidung für engere Kontakte mit der Bundesrepublik. Daher ist es berechtigt, sich bei der Darstellung der Geschichte der deutsch-dänischen Beziehungen in der Nachkriegszeit fast ausschließlich auf das Verhältnis zwischen Dänemark und der Bundesrepublik zu konzentrieren. Die DDR geriet weitgehend aus dem Blickfeld – nicht zuletzt eine logische Konsequenz ihrer Absperrung nach außen. Erst mit der deutschen Ostpolitik und der Bonner Annäherung an die DDR nahm Dänemark diplomatische Beziehungen zu Ost-Berlin auf. Es bleibt aber festzuhalten, daß das dänische Verhältnis zur Bundesrepublik entscheidend von der politisch-ökonomischen Westbindung bestimmt war. Ein herzliches Verhältnis war es nicht. Dies lag vor allem an der fortdauernden Skepsis der Dänen. Zu keiner Zeit solidarisierten sich die Dänen offen mit den deutschen Alliierten. So kam es in der Nachkriegszeit auch nicht zu einer Wiederannäherung an die deutsche Kultur und Gesellschaft, sondern eher zu einer zunehmenden Distanzierung, da sich die anglo-amerikanische Orientierung der dänischen Kultur weiter verstärkte. Für die meisten Dänen war nicht nur die DDR „unserer unbekannter Nachbar“, wie es in einem Buchtitel hieß. Auch für die Bundesrepublik brachten die wenigsten Interesse auf.

Der Weg in die Nordatlantische Allianz

Eine wichtige Frage der dänischen Nachkriegspolitik war die Neuordnung der Verteidigungspolitik. Die Widerstandsbewegung hatte den Aufbau einer freiwilligen „Hjemmeværn“ (Heimwehr) in Kooperation mit den Streitkräften gefordert. Diese Forderung konnte sich auf die erhöhte Verteidigungsbereitschaft der Bevölkerung stützen und wurde bald zu einem wichtigen Faktor in der Umstellung der Verteidigungspolitik. Das 1948 verabschiedete Gesetz zur Landesverteidigung sah eine Stärke von 100000 Mann vor, die aber erst im Laufe der nächsten zehn Jahre erreicht wurde. Im Verlauf der Debatten über dieses Gesetz zerbrach der traditionsreiche Konsens zwischen Sozialdemokraten und Linksliberalen. Die Linksliberalen sprachen sich für eine Fortsetzung der Neutralitätspolitik der 1930er Jahre aus, während die Sozialdemokraten mit den bürgerlichen Parteien zusammengingen und das Gesetz befürworteten.

Bereits in den ersten Nachkriegsjahren stellte sich die Frage, ob Dänemark sich erneut in die Neutralität begeben sollte oder ob das Land zunächst in militärischen Belangen und später vielleicht auch in politischer und ökonomischer Hinsicht stärker auf eine Zusammenarbeit mit anderen Staaten setzen sollte. Die gescheiterte Neutralitätspolitik und das nach der Besetzung weit verbreitete Unbehagen bei dem Gedanken, in Zukunft weiterhin als schwacher neutraler und wehrloser Staat dazustehen, waren sehr starke Argumente für eine Neuorientierung. Dazu kam bald nach der ersten Freude über den Sieg der Alliierten die Ernüchterung über die zunehmenden Spannungen zwischen den Westmächten und der Sowjetunion. Das wachsende Gefühl einer Bedrohung aus dem Osten erleichterte die Entscheidung zugunsten einer militärischen Kooperation mit anderen Staaten. Es stellte sich nun die Frage nach den Partnern und der Form eines Verteidigungsbündnisses. Zum ersten Mal in der Nachkriegszeit tauchte der alte Konflikt zwischen skandinavischer und europäischer Orientierung wieder auf, der schon früher eine wichtige Rolle in der Geschichte des Nationalstaats gespielt hatte. In der ersten Zeit nach dem Krieg solidarisierten sich die Dänen mit dem Westen, besonders mit Großbritannien, vor allem aber mit Skandinavien. Mit Norwegen waren die Dänen im Krieg in einer Art Schicksalsgemeinschaft verbunden gewesen, und Schweden hatte trotz seiner zeitweise zwiespältigen Neutralitätspolitik durch sein Verhalten Dänemark gegenüber große Popularität gewonnen.

Es gab sicherlich Tendenzen, sich wieder von Europa zurückzuziehen. Die totale Niederlage Deutschlands beendete die alte Abhängigkeit vom südlichen Nachbarn, aber im Gegensatz zu den Beneluxstaaten kam in Dänemark kaum jemand auf den Gedanken, daß eine dauerhafte europäische Friedensordnung durch eine aktive Politik der Einbindung Deutschlands geschaffen werden könnte. In Dänemark war man eher zufrieden und erleichtert bei der Vorstellung, die zukünftige Beziehungen zu Deutschland auf ein Minimum reduzieren zu können, und diese Neigung wurde nach der Regelung der Grenzfrage noch verstärkt. Exemplarisch war die Haltung der Sozialdemokraten. Ihre einstmals so engen Kontakte zur deutschen Sozialdemokratie waren nach dem Untergang der Weimarer Republik politisch bedeutungslos geworden. Die dänische Sozialdemokratie konzentrierte sich jetzt stärker auf die Schwesterparteien in Norwegen und Schweden.

Es würde den Rahmen der Darstellung sprengen, die skandinavische Politik der Nachkriegszeit im einzelnen zu verfolgen, einige wichtige Etappen müssen aber dennoch skizziert werden, um die dänische Politik verständlich zu machen. Wiederholt erwies sich eine skandinavische Alternative als unrealistisch, aber viele empfanden sie immer noch als das erstrebenswerte Ideal. Besonders die Linksliberalen und die Linken sahen Skandinavien immer wieder als die eigentliche Heimat der Dänen.

Die erste große Enttäuschung erlebten die Anhänger der skandinavischen Idee, als die Bestrebungen scheiterten, ein skandinavisches Verteidigungsbündnis zu schaffen. Dieser jahrhundertealte Gedanke wurde in den ersten Nachkriegsjahren wiederaufgenommen und erschien den Teilnehmern zunächst als vielversprechende Lösung für die gemeinsamen Sicherheitsinteressen. Staatsminister Hans Hedtoft erklärte im Januar 1948, Dänemark wolle sich nicht der Blockpolitik der Großmächte anschließen. Bereits die folgenden Monate verstärkten aber die Sorge um die Sicherheit erheblich. Die Erinnerungen an die Zeit vor und während des Weltkrieges waren in der Gesellschaft und unter den Verantwortlichen noch immer sehr lebendig. Der kommunistische Putsch in Prag löste Unruhe aus, und auch die sowjetische Einschüchterungspolitik gegenüber Finnland gab Grund zur Besorgnis. In Norwegen war man nicht weniger beunruhigt. Die Andeutungen des norwegischen Außenministers Lange, daß Norwegen sich den Westmächten anschließen könnte, stießen in Schweden allerdings auf wenig Begeisterung.

Auf Initiative Schwedens wurden Verhandlungen über ein Verteidigungsbündnis zwischen den drei Nachbarn aufgenommen, die jedoch schon Ende Januar 1949 scheiterten. Die unterschiedlichen Vorstellungen der drei Staaten, insbesondere aber Schwedens und Norwegens, machten eine Einigung unmöglich. Die Schweden strebten ein Bündnis an, das eine eindeutig neutrale Haltung einnehmen sollte. Es herrschte Einigkeit darüber, daß ein Bündnis die Sicherheit der drei Staaten stärken würde. Dänemark und Norwegen müßten jedoch kräftig aufrüsten. Man war sich aber auch im klaren darüber, daß im Fall eines Angriffs die Skandinavier dennoch allein nicht imstande wären, sich zu verteidigen. In Norwegen, wo das Interesse an einem

Bündnis mit dem Westen ohnehin wuchs, war man über diese Perspektive nicht glücklich. Die deutsche Eroberung hatte den Norwegern in dramatischer Weise die herausragende strategische Bedeutung der norwegischen Atlantikküste vor Augen geführt. Eine engere Bindung an die Westmächte erschien ihnen als die einzige Möglichkeit, das Land wirksam vor künftigen Aggressionen zu schützen. So verlangte der norwegische Außenminister, daß es bereits zu Friedenszeiten Verhandlungen über Hilfeleistungen mit den Vereinigten Staaten geben sollte, aber dies ließ sich nicht mit der strikten schwedischen Neutralität vereinbaren. Der dänische sozialdemokratische Staatsminister Hans Hedtoft, ein überzeugter Befürworter der skandinavischen Zusammenarbeit, versuchte vergeblich, zwischen den beiden Verhandlungspartnern zu vermitteln. Norwegen hatte sich inzwischen für eine Annäherung an den Westen entschieden.

Hedtoft bekam ein klares Nein zur Antwort, als er den Schweden vorschlug, mit Dänemark allein ein Bündnis einzugehen. So konnten die Dänen nur noch zwischen der Neutralität und einer Westbindung wählen. Die Sozialdemokraten gaben nun ihre alte pazifistisch-neutrale Linie auf. Ebenso wie die beiden großen bürgerlichen Parteien plädierten sie für ein Bündnis mit den Westmächten. Verhandlungen zwischen den Westeuropäern und den USA über eine nordatlantische Verteidigungsgemeinschaft in Washington Anfang März 1949 verliefen erfolgreich. Bald entschied sich das Folketing für den Beitritt. Am 4. April 1949 wurde Dänemark Mitglied der NATO. In der Debatte zeigten sich dieselben Fronten wie in der früheren Verteidigungsdiskussion. Eine große Mehrheit aus Sozialdemokraten, Liberalen und Konservativen trug die neue Außenpolitik, während Linksliberale und Kommunisten dagegen votierten.

Es ist zweifelhaft, ob der außenpolitische Kurswechsel so rasch und reibungslos erfolgt wäre, wenn Deutschland eine Rolle in den Gründungsverhandlungen der NATO gespielt hätte. Für diese Annahme spricht, daß die Aufnahme Deutschlands sechs Jahre später zu erheblicher Aufregung führte und zum ersten Mal die Wunden der Besatzungszeit wieder aufriß. Die Perspektive, schon so kurze Zeit nach dem Krieg Alliierte der Deutschen zu werden, setzte nicht nur bei den eingefleischten Gegnern der NATO, bei Kommunisten und Linksliberalen, sondern auch bei anderen Gruppen unübersehbare antideutsche Ressentiments frei. Insbesondere aus den Reihen der ehemaligen Widerstandsbewegung waren lautstarke antideutsche Töne zu vernehmen. Man forderte sogar eine Volksbefragung.

Unter den Befürwortern des jetzt eingeschlagenen verteidigungspolitischen Kurses und in der sozialdemokratischen Regierung war man aber überzeugt, daß Deutschland als NATO-Mitglied akzeptiert werden mußte. Staatsminister H. C. Hansen bezeichnete die Haltung der Großmächte als entscheidend. Für Dänemark sei nicht die Frage ob, sondern unter welchen Umständen eine deutsche Wiederaufrüstung erfolgen sollte. Die Forderung nach einer Volksabstimmung lehnte er entschieden ab mit der Begründung, daß die Bevölkerung die verteidigungspolitische Mehrheit in den Wahlen bereits bestätigt habe. Über das mögliche Ergebnis einer solchen Volksbefragung kann nur spekuliert werden; der Verzicht darauf ersparte Dänemark aber sicherlich eine äußerst heftige und wohl auch gehässige Auseinandersetzung. Es setzte sich wie bereits bei früheren Gelegenheiten eine besonnene Regierungspolitik durch, aber die vorangegangene Debatte verriet die Fortdauer eines Dissenses zwischen Volk und Regierung, wenn es um die Gestaltung der Beziehungen zu Deutschland ging.

Die Institutionalisierung einer militärischen Zusammenarbeit zwischen Deutschland und Dänemark führte im Jahre 1961 zur Schaffung eines Einheitskommandos für die Nordregion. Diese Einrichtung ließ das Gebiet des ehemaligen dänischen Gesamtstaates zumindest als militärstrategische Größe wiederauferstehen. Der Ausbau der militärischen Zusammenarbeit war jedoch nicht frei von Belastungen. Widerstand erhob sich gegen gemeinsame Übungen und vor allem gegen die Anwesenheit deutscher Truppen auf dänischem Boden und auch gegen die Installierung von deutschen Depots in Jütland für den Fall eines Rückzugs deutscher Truppen aus Schleswig-Holstein in nördliche Richtung. Als die Depots schließlich doch eingerichtet wurden, hatte sich der Zweck nicht verändert, aber sie waren nun nicht deutsches, sondern NATO-Eigentum. Auch das Einheitskommando war umstritten. Der linksliberale Minister der damaligen Regierung konnte durchsetzen, daß kein ausschließlich deutsch-dänisches Kommando zustande kam, sondern eines, das auch Norweger, Briten und Kanadier umfaßte. Gleichzeitig sollte Dänemark souverän entscheiden können, wann der Kriegszustand eintrat, der das Einheitskommando aktivieren sollte.[390]

Die Wirtschafts- und Handelspolitik in Westeuropa

Auch bei ihren Bemühungen, enge politische und ökonomische Verbindungen zu knüpfen, setzten die Dänen lange Zeit auf eine Kooperation mit den Skandinaviern. Die spätere dänische Annäherung an die westeuropäische Zusammenarbeit wurde durch zählebige diffuse Hoffnungen auf eine engere Verbindung mit den Skandinaviern erheblich verzögert.

Gleich nach Kriegsende stand die künftige Orientierung der dänischen Außenhandelspolitik zur Diskussion. Es herrschte breite Einigkeit darüber, daß Dänemark für eine Freihandelspolitik eintreten sollte. Die Sozialdemokraten wollten diese Politik, um die Grundlage für eine dänische Wohlfahrtspolitik zu schaffen, während die Liberalen eine marktwirtschaftliche Ordnung mit internationalem Freihandel prinzipiell befürworteten.[391] Eine engere ökonomische oder sogar politische Integration wünschte man nicht. Modelle wie die Kooperation der Beneluxstaaten oder die Montanunion waren höchstens in einem skandinavischen Zusammenhang vorstellbar. Konkretere Überlegungen kamen jedoch kaum vorwärts. Auch diesmal blokkierte vor allem Norwegen, das um seine Wirtschaft fürchtete. Seit der Einrichtung des Nordischen Rates im Jahre 1952 gab es ein Forum für Verhandlungen auch über Zollfragen, aber wirkliche Fortschritte wurden nicht erzielt. Wie schon in der Verteidigungsfrage wurden auch die Ansätze zu einer ökonomischen Zusammenarbeit der Skandinavier von Entwicklungen außerhalb Nordeuropas überholt. Bald standen die Errichtung der Europäischen Gemeinschaft und die Verhandlungen über eine westeuropäische Freihandelszone auf der Tagesordnung.

Die Europäische Gemeinschaft beschäftigte die dänischen Politiker früh. Schon im Jahre 1957 wurde zum ersten Mal ein Beitritt diskutiert. Aber nur die Liberalen als Vertreter der Landwirtschaft konnten sich dafür erwärmen, obwohl Analysen katastrophale Folgen für die dänische Industrie prognostizierten, falls sie mit der in den EG-Ländern konkurrieren müßten. Auch machte die Zurückhaltung der Briten eine dänische EG-Mitgliedschaft fast undenkbar. Mit Unbehagen erfüllte insbesondere die Sozialdemokraten die Perspektive, daß das Ausland in die dänische Nationalökonomie hereinreden könnte.

Mehr als die EG entsprach den Wünschen der Dänen eine soweit wie möglich ausgedehnte europäische Freihandelszone. Die Etablierung von Wirtschaftsblöcken widersprach den dänischen Interessen, so daß Dänemark in den 1950er Jahren die Bildung einer Freihandelszone unterstützte, die die EG-Länder und die sieben außenstehenden westeuropäischen Staaten (die späteren EFTA-Staaten) umfassen sollte. Als dieser Versuch endgültig scheiterte, bildete sich auf Initiative Großbritanniens und Schwedens die Freihandelszone EFTA. Dänemark schloß sich der EFTA an, obwohl sie der dänischen Wirtschaft kaum Vorteile brachte. Diese Freihandelszone vertiefte die wirtschaftliche Teilung Westeuropas, klammerte die Landwirtschaft aus und versprach der Industrie nur mäßigen Gewinn. Politisch und ideologisch war die EFTA gleichwohl die Organisationsform, die den dänischen Vorstellungen entgegenkam. Anders als bei der EG gab es keine formelle Bindung an einen Vertrag mit weitergehenden Zielen. Um die Nachteile der EFTA-Mitgliedschaft für Dänemark zu minimieren, handelte die Regierung bilaterale Landwirtschaftsverträge mit Schweden und Großbritannien aus und sicherte sich gleichzeitig den Zugang zum deutschen Markt.[392] Politisch gab es schließlich eine breite Unterstützung für den dänischen Beitritt zur EFTA, der am 1. Januar 1960 wirksam werden sollte. Für Dänemark war dies aber keine optimale Lösung. Man stimmte dem Beitritt nur deshalb zu, weil man nicht außerhalb beider Handelszonen stehen konnte.

Anfang der 1960er Jahre übertraf der Export der Industrieproduktion zum ersten Mal den landwirtschaftlichen Export. Die gegensätzlichen Interessen ließen sich nur in einer Politik vereinbaren, die eine Maximierung der Exporte zum obersten Ziel hatte. Weitergehende Ziele einer europäischen Integration verfolgte man nicht.[393]

Die erste dänische EG-Debatte im Jahre 1962

Wenige Stunden nachdem Großbritannien am 10. August 1961 bekannt gegeben hatte, daß es der EG beitreten wollte, schloß sich die dänische Regierung diesem Schritt an. Schon eine Woche zuvor hatte das dänische Folketing die Entscheidung mit 156 gegen 11 Stimmen gebilligt. Dieser Entschluß war maßgeblich durch das Vorgehen der Briten bestimmt, entsprach aber auch einem wachsenden Vertrauen in die Konkurrenzfähigkeit der dänischen Industrie und vor allem den Interessen der Landwirtschaft, die stark vom Export nach Deutschland, besonders aber nach Großbritannien abhängig war. Nachdem die dänischen Beitrittsverhandlungen im Oktober 1962 fast erfolgreich abgeschlossen waren, scheiterte der Beitritt wegen de Gaulles Veto gegen die Aufnahme Großbritanniens im Januar des folgenden Jahres. Ein indirektes Angebot der Franzosen nahmen die Dänen nicht an.[394]

Vor dem Hintergrund dieser Ereignisse kam es in der dänischen Öffentlichkeit 1962 zu einer ersten Debatte über die Europäische Gemeinschaft. Damals wurden viele Argumente und Überzeugungen vorgetragen, die die Auseinandersetzung auch weiterhin bestimmen sollten. Auffällig war, daß das Problem der Beziehungen zu Deutschland in der Debatte einen weitaus größeren Stellenwert hatte als die ökonomischen Vor- und Nachteile einer EG-Mitgliedschaft. Wie schon bei der Diskussion über die Aufnahme der Bundesrepublik in die NATO spielten Emotionen auch diesmal eine sehr große Rolle.

Die Befürworter eines dänischen EG-Beitritts konzentrierten sich auf die wirtschaftlichen Perspektiven, während die politischen Ziele der europäischen Integration bei fast allen Parteien kaum angesprochen wurden. Dies betraf sowohl die Argumentation der Sozialdemokraten als auch die der Liberalen. Beide Parteien stellten die zu erwartenden Vorteile für Wohlstand, Beschäftigung und das Einkommen der Bauern ins Zentrum ihrer Plädoyers für eine Mitgliedschaft.[395] Auch die Linksliberalen betonten die ökonomischen Aspekte, wollten aber zugleich keine Abstriche in der Kooperation mit den anderen skandinavischen Ländern hinnehmen.[396] Allein die Konservativen plädierten für eine vorbehaltlose Beteiligung der Dänen am Prozeß der europäischen Einigung auf allen Ebenen. Sie hielten eine Ausweitung der wirtschaftlichen Kooperation für ebensowenig bedrohlich wie eine Vertiefung der politisch-militärischen Zusammenarbeit. Die Dänen, so meinten sie, sollten Europäer werden und könnten zugleich Dänen bleiben.[397]

Die Gegner, im Folketing nur durch die Sozialistische Volkspartei repräsentiert, äußerten sich ganz anders. Die Partei war vom ehemaligen Vorsitzenden der Dänischen Kommunistischen Partei, Aksel Larsen, nach seinem Bruch mit Moskau infolge der Niederschlagung des Aufstandes in Ungarn gegründet worden. Larsen und seine Genossen sprachen sich gegen eine Allianz mit dem konservativen Adenauer-Deutschland und dem bonapartistischen Frankreich de Gaulles aus. Es war aber auch die Rede vom drohenden Ausverkauf dänischen Bodens an Fremde (d.h. Deutsche), von einem „Druck auf die Südgrenze“, von Flensburgs großem Umland, das schnell eingedeutscht werden würde. Die EG-Anhänger wurden als Europa-Romantiker bezeichnet, die Gemeinschaft als „Club der Reichen“ und als Verkörperung des „hoch-kapitalistischen Zentraleuropa“. Innerhalb der Gemeinschaft, so behauptete man, würde Dänemark marginalisiert werden, während es außerhalb der EG ein starkes wirtschaftliches Zentrum um den Öresund aufbauen könnte.[398]

Auch aus den Reihen der Parteien, die nicht im Folketing vertreten waren, erhob sich Widerspruch. Als EG-Gegner profilierten sich auch die Kommunisten. Ihr Vorsitzender forderte wiederholt ein „freies und unabhängiges Dänemark“. Er zitierte die britische Zeitung ›Daily Express‹ mit einer Äußerung, die auch unter den Dänen großen Widerhall fand: „Nachdem die Deutschen zwei mißglückte Versuche hinter sich haben, Europa mit Waffenmacht zu kontrollieren, wollen sie es jetzt durch die EG versuchen."[399] Außerhalb der Linksparteien meldeten sich vor allem alte Widerstandskämpfer zu Wort. Repräsentativ für die Pflege des alten Feindbildes und den fehlenden Willen zu einem Neuanfang war die Position des Vorsitzenden der inzwischen einflußlosen Partei „Dansk Samling". Wenn er über den Beitritt zur „Rom-Union" sprach, schürte er vor allem die Ängste vor Deutschland. Er zeichnete das Bild vom häßlichen Nachbarn, der wieder mal darauf erpicht war, das kleine Dänemark zu verschlingen. Auch er beschwor den drohenden Ausverkauf Dänemarks und erinnerte an die Vergangenheit, als „ein richtig vornehmer Gutsbesitzer am besten einen deutschklingenden Namen tragen sollte". Wenn erst einmal der Boden verkauft sei, erwarte Kinder und Enkelkinder ein Leben als „Futtermeister und Dienstpersonal für den deutschen Besitzer oder als Funktionäre in den Betrieben deutscher Eigentümer". Überhaupt sah er das Deutsche in jeder Hinsicht wieder auf dem Vormarsch. Der Aufbau einer gemeinsamen Verteidigung führe zwangsläufig zu „Einheitskommando, Einheitsausrüstung und Einheitssprache". Es sei leicht, die Freiheit aufzugeben, aber sehr schwer, sie wieder zurückzugewinnen, mahnte der erfahrene Kämpe.[400]

Einige Befürworter der Mitgliedschaft, wie der Diplomat Eyvind Bartels, wandten sich gegen den Mißbrauch eines Begriffes wie Freiheit, der seiner Meinung nach ohnehin keine skandinavische Erfindung war. Sie glaubten nicht, daß Dänemark kulturell untergehen würde. Bartels widersprach auch der immer wieder vorgetragenen Behauptung, daß Dänemark durch die Europäische Gemeinschaft rekatholisiert werden könnte.[401] Interessant ist die Tatsache, daß die Fürsprecher wie Gegner des Beitrittes häufig die Überzeugung vertraten, die dänische Kultur und Gesellschaft seien den potentiellen Partnern überlegen.[402] Bei den Gegnern war diese Haltung deutlicher ausgeprägt. Sehr oft legten sie eine nationalistisch gefärbte Arroganz gegenüber den vermeintlich unterlegenen Kulturen der Mittel- und Südeuropäer an den Tag. Stellvertretend für viele sei hier die Stellungnahme des Literaturprofessors und Kommunisten Sven Møller Kristensen zitiert: „Der Respekt vor dem einzelnen, die humane Lebensanschauung, die mitmenschliche Verantwortung sind tief und weit in die nordischen Völker eingedrungen, nicht zuletzt als Folge der grundtvigianischen Bewegung in Dänemark und der sozialdemokratischen Aufklärungsarbeit in Schweden und Norwegen, aber auch als Folge der großen Tradition im nordischen Geistesleben seit dem Ende des vorigen und dem Anfang dieses Jahrhunderts. Betrachten Sie zum Vergleich die südlichen, mehr oder weniger katholischen Länder mit ihren gefährlichen inneren Gegensätzen und ihrer schlechteren modernen Volksaufklärung, und denken Sie an die antiliberalen und antihumanen Kräfte, deren Symptome immer noch auftauchen: die faschistische Vergangenheit in Deutschland und Italien, der algerische Wundbrand in Frankreich und die vergleichbare kongolesische Krankheit in Belgien. Und wann kommt das schwarzreaktionäre Spanien und die halsstarrige Kolonialmacht Portugal in die EG? All diese Zeichen deuten nicht darauf hin, daß in diesem Bündnis der europäische Humanismus zu Hause ist."[403]

In dieser Debatte kam ein charakteristisches Merkmal der dänischen Nachkriegspolitik zum Vorschein: Nationale Argumente wurden und werden vornehmlich von den Linksparteien vorgetragen. Außerdem zeigte sich – wie bereits in der NATO-Diskussion –, daß Deutschland in den Überlegungen der Politiker längst nicht mehr die alles dominierende Rolle spielte. Die internationale Zusammenarbeit hatte der dänischen Außenpolitik Freiräume eröffnet. In der Öffentlichkeit dagegen war die Fixierung auf Deutschland immer noch groß.

Die erste EG-Debatte aus dem Jahre 1962 hatte keine politischen Konsequenzen für Dänemark, aber bereits in den folgenden Jahren zeigte sich, daß die EG ihre Anziehungskraft für die Wirtschaft nicht verloren hatte. Wie zuvor plädierte insbesondere die Landwirtschaft für einen Beitritt, jetzt wuchs aber auch das Interesse der Industrie. Sie hatte in dieser Phase Hochkonjunktur und gewann mehr und mehr Vertrauen in die eigene Leistungskraft. Zur gleichen Zeit verlor Großbritannien zunehmend an Bedeutung als Handelspartner. Aufgrund der großen Schwierigkeiten der britischen Nachkriegsökonomie verhängten die Briten 1964 einen Zoll von 15% auf importierte Industrieerzeugnisse – ein Schritt, der die ohnehin geringe dänische Begeisterung für die EFTA weiter dämpfte. Schließlich verlor die Landwirtschaft auch noch Marktanteile in der EG. Schon 1966 war die dänische Regierung wieder auf EG-Kurs, und diesmal wollte man notfalls auch vor Großbritannien Mitglied werden.[404] Im Mai 1967 äußerte Dänemark zusammen mit Großbritannien erneut den Wunsch, der Europäischen Gemeinschaft beizutreten, und auch diesmal stand eine satte parlamentarische Mehrheit von 150 gegen 20 Stimmen hinter dem Antrag. Aber auch dieser Anlauf scheiterte, da sich de Gaulle weiterhin gegen eine Erweiterung der EG sperrte.[405]

Einige Zeit später kam es zu einem Zwischenspiel, das die dänischen Vorbehalte gegen Europa noch einmal offenbarte. Seit 1968 wurde über eine skandinavische ökonomische Zusammenarbeit, genannt „Nordek“, verhandelt. In den Erklärungen hieß es, daß man eine nordische Gemeinschaft als Vorstufe zu einer künftigen größeren europäischen Ordnung anstrebe. Die dänische Beteiligung an dieser Initiative ist vor dem Hintergrund der in breiten Teilen der Bevölkerung spürbaren Anhänglichkeit an Skandinavien einerseits und der Skepsis gegenüber dem restlichen Europa andererseits zu verstehen. Nun verhandelte man sozusagen mit „Verwandten“, und die Gespräche schienen zunächst erfolgversprechend. Aber es gab dennoch Zweifel, ob eine skandinavische Lösung Dänemark ebenso viele Vorteile bringen könnte wie eine EG-Mitgliedschaft. Obwohl die Verhandlungen im Jahre 1969 fast zu Ende geführt waren, entschieden sich sowohl Dänemark als auch Norwegen für ein Beitrittsgesuch an die Adresse der EG, als sich die Gemeinschaft nach der Entmachtung de Gaulles bereit erklärte, neue Mitglieder aufzunehmen. Über die Entscheidung der beiden EG-Interessenten war man vor allem in Finnland alles andere als zufrieden. Die Finnen waren nicht zuletzt wegen ihres zwiespältigen Verhältnisses zur Sowjetunion ohnehin schwierige Verhandlungspartner. Sie ließen die Verhandlungen Anfang 1970 scheitern. In Helsinki waren Zweifel aufgekommen, ob man sich überhaupt auf eine enge Zusammenarbeit mit den beiden NATO-Ländern Dänemark und Norwegen einlassen durfte.[406]

Diesmal verliefen die Beitrittsverhandlungen mit der EG ohne große Schwierigkeiten. Dänemark erhielt eine fünfjährige Übergangszeit für Industrie und Landwirtschaft, gültig ab dem 1. Januar 1973. Im Folketing gab es im Dezember 1971 erneut eine große Mehrheit für die Mitgliedschaft, aber sie reichte nicht ganz aus, um die Entscheidung allein dem Parlament zu überlassen. Eine Volksabstimmung war erforderlich. Die Sozialdemokraten hatten sich von vornherein für ein Referendum ausgesprochen. So kam es zu einer der schärfsten und erbittertsten Auseinandersetzungen in der Geschichte der dänischen Demokratie. Die Wähler sollten eine Entscheidung treffen, die weitreichende Folgen haben würde, und der Umstand, daß man nur mit Ja oder Nein stimmen konnte, führte zu einer extremen Polarisierung in der Bevölkerung.

Die EG-Gegner waren diesmal besser organisiert und kamen nicht ganz so eindeutig aus der Peripherie des Parteienspektrums wie zehn Jahre zuvor. Sie sammelten sich in der sogenannten „Volksbewegung gegen die EG“. Sie war parteiübergreifend, die Dominanz der Linken war jedoch nicht zu übersehen. Innerhalb des Lagers der Linken gab es überhaupt nur sehr wenige, die eine EG-Mitgliedschaft befürworteten. Aber auch vom rechten Rand wurde gegen die EG mobil gemacht, und selbst in der sozialdemokratischen und in der linksliberalen Fraktion gab es eine Reihe von Abgeordneten, die sich gegen den Beitritt aussprachen. Der Widerstand gegen die EG profitierte von der Unterstützung aus Künstler- und Literatenkreisen und von der linken Aufbruchstimmung in der Gesellschaft. Dies ließ die Bewegung weit stärker erscheinen, als sie tatsächlich war. Zumindest konnten sich die EG-Gegner in der Debatte behaupten, obwohl die großen Parteien, die großen Zeitungen und die meisten bedeutenden Wirtschaftsorganisationen sich eindeutig für die Mitgliedschaft aussprachen.

Beim Volksentscheid am 2. Oktober 1972 votierten die Dänen mit deutlicher Mehrheit für den Beitritt. Über 90% der Stimmberechtigten beteiligten sich am Referendum, und 56,7% von ihnen stimmten mit Ja. Dieses eindeutige Ergebnis war um so bemerkenswerter, als sich die Norweger eine Woche zuvor in einer Volksabstimmung gegen eine Mitgliedschaft ausgesprochen hatten. Angesichts dieses Umstands konnte man den – freilich trügerischen – Eindruck gewinnen, daß Dänemark sich nunmehr endgültig für Europa und gegen Skandinavien entschieden hatte.

Die EG-Debatte im Jahre 1972: Deutschland als Schreckbild der EG-Gegner

Auch 1972 spielte die Nachbarschaft zu Deutschland eine herausragende Rolle in der öffentlichen Diskussion um den EG-Beitritt. Erneut wurden nationalistische Argumente und Ressentiments benutzt, um die dänische Bevölkerung gegen einen engen Anschluß an Europa zu mobilisieren. Fast 30 Jahre nach Kriegsende war es immer noch möglich, aus dem alten Feindbild politisches Kapital zu schlagen.

Mit Recht ist die Argumentation der Befürworter vor der Entscheidung im Oktober 1972 dafür kritisiert worden, daß sie sich wiederum einseitig auf wirtschaftliche Aspekte konzentrierte und mit ihren düsteren Prophezeiungen für die dänische Wirtschaft im Falle eines Neins wenig zu einer Versachlichung der Debatte beitrug. Diese einseitige Argumentation resultierte sicherlich aus der Vermutung, daß andere Argumente – etwa die Betonung der Vorteile einer engeren politischen und kulturellen Zusammenarbeit oder die Beschwörung der europäischen Idee – wenig Zustimmung gefunden hätten. Wenn die Politiker überhaupt das Ziel einer umfassenden europäischen Integration verfolgten, so waren jedenfalls nur wenige bereit, sich für eine dänische Mitgliedschaft ohne Wenn und Aber auszusprechen.[407] Die Dänen waren mit ökonomischen Argumenten zu gewinnen. Das nationale Selbstbewußtsein und die Überzeugung von der eigenen Überlegenheit, die längst ein unübersehbarer Teil des dänischen Nationalgefühls geworden waren, gaben einem Plädoyer für die europäische Idee wenig Chancen. Um eine Zustimmung zu erreichen, mußte man solide materielle Argumente haben, und das schlug sich auch auf den Wahlplakaten nieder.[408] Die Befürworter konnten schließlich auch auf die breite Zustimmung der Bevölkerung zur dänischen Westbindung bauen und die EG-Mitgliedschaft als eine natürliche Fortsetzung der bisherigen Außenpolitik darstellen.

Die Gegner stellten eine skandinavische Zusammenarbeit als Alternative zur politisch-ökonomischen Westbindung hin, ja als ein gewissermaßen viel natürlicheres Ziel dänischer Politik.[409] Es war nicht einfach, Einwände gegen die ökonomischen Vorteile der EG-Mitgliedschaft zu formulieren, da eine realistische Alternative fehlte. Die Angriffe der Linken auf das kapitalistische Wirtschaftssystem und die Dominanz der multinationalen Konzerne in der EG konnte die Mehrheit der Bevölkerung kaum beeindrucken. Wenig Überzeugungskraft hatten auch die mehr oder weniger diffusen Vorstellungen von einem autonomen Dänemark, das außerhalb der EG mit allen nur denkbaren Ländern der Erde handeln könne, waren doch die größten nichtskandinavischen Handelspartner Mitglieder der EG. Um so mehr vertrauten die EG-Gegner auf eine Mobilisierung der Ängste vor dem bedrohlichen deutschen Nachbarn.

Es ist bezeichnend für die Radikalität der dänischen EG-Gegner im Jahre 1972, daß einer ihrer eifrigsten Repräsentanten, der Populärhistoriker Palle Lauring, in einem Zeitungsartikel meinte, er würde im Falle eines „Ja" zur EG den Schlußpunkt unter die dänische Geschichte setzen.[410] Aber auch visuell arbeiteten die Gegner mit äußerst dramatischen Bildern, um die Unumkehrbarkeit der Entscheidung deutlich zu machen. Dabei griffen sie besonders gern auf die Requisiten der alten nationalistischen Ideologie zurück. Die Kommunisten präsentierten eine Karte von Dänemark, auf der eine fette rote Linie die Grenze zu Deutschland markierte mit der Botschaft: „Hier verläuft die Grenze." Auch Plakate aus der Zeit der Volksabstimmung über Schleswig im Jahre 1920 wurden mit Anti-EG-Slogans versehen. Holger Danske – das dänische Gegenstück zu Friedrich Barbarossa – verteidigte auf ihnen wieder einmal die bedrohte Freiheit und Selbständigkeit des Königreichs, während EG-Bulldozer die Mühle von

Düppel – ein Symbol der Kriege gegen Preußen – zur Seite räumten.[411] Auch die alte nationalistische Rhetorik aus dem vorigen Jahrhundert kam – wie zuletzt während der deutschen Besetzung – wieder zum Einsatz. Vaterländische Lieder von Grundtvig und anderen nationalistischen Dichtern mit ihren antideutschen Tönen hatten Konjunktur. Sehr oft benutzte man Formulierungen und Symbole in der Auseinandersetzung, die in Deutschland – und besonders bei den Linken – sicherlich großes Befremden ausgelöst hätten. Die EG und Deutschland wurden fast zu Dämonen stilisiert, die das friedfertige kleine Dänemark verschlingen wollten.

Das Bild, das dabei von der Bundesrepublik gezeichnet wurde, hätte zu großen Teilen aus dem Propaganda-Arsenal der DDR stammen können. Besonders großen Anklang fand es bei den Kommunisten und großen Teilen der Linken.[412] Auch Teile der Kriegsgenerationen fühlten sich davon angesprochen, und erneut meldeten sich alte Widerstandskämpfer zu den Fahnen. Die EG-Gegner ließen kein gutes Haar an den Deutschen. Wenn man nicht wie die Kommunisten einfach eine Kontinuität der deutschen Geschichte von Bismarck zu Brandt herstellte, ließ sich immer noch behaupten, daß sich die Lage in Deutschland ja schnell wieder ändern könnte.[413] Die Integrität und die Stabilität der deutschen Demokratie wurden immer wieder in Frage gestellt, und sogar in ansonsten recht sachlichen Darstellungen zog man sowohl Äußerungen Willy Brandts als auch Franz Josef Strauß' heran, wenn man den Deutschen Expansionsgelüste unterstellen wollte. Die proeuropäischen Erklärungen aller deutscher Parteien deutete man gerne als Ausdruck deutscher Hoffnungen auf eine zukünftige Vorherrschaft in Europa.[414] Beispielsweise sprach der Abgeordnete und Gründer der Sozialistischen Volkspartei, Aksel Larsen, in der Folketingsdebatte über Dänemarks Beitritt von der Europäischen Gemeinschaft als einem Gebilde, „das Hitler *Neuropa* nannte und einmal in historischen Zeiten *das Heilige Römische Reich Deutscher Nation* hieß".[415]

Wie schon 1962 wurden auch diesmal wieder die Vorzüge des dänisch-skandinavischen Gesellschaftssystems hervorgehoben, die angeblich durch die europäische Integration bedroht waren: das soziale Sicherungssystem, die funktionierende Demokratie, die Frauenemanzipation, das Bildungssystem und die liberale Gesetzgebung z. B. bezüglich der Abtreibung und der Pornographie. Durch die ständige Beschwörung dieser angeblich einzigartigen Errungenschaften entstand das selbstzufriedene und überhebliche Gefühl, in einer Gesellschaft zu leben, die allen anderen weit voraus war. Mit Deutschland verglich man das skandinavische Modell allerdings selten. Im Mittelpunkt der Kampagne standen die tatsächlichen und vermeintlichen Defizite der südeuropäischen Länder. Dabei fielen Äußerungen etwa über die Italiener, die fast rassistische Züge annahmen. Auch die Aussicht auf die Freizügigkeit aller Bürger innerhalb der EG wurde als Horrorvision benutzt. Man suggerierte, die Fremden könnten zu Tausenden in Dänemark auftauchen.[416] Vordergründig argumentierte man mit den Gefahren für das effektive dänische Gewerkschaftssystem. Darunter verbarg sich jedoch auch eine gehörige Portion von Wohlstandschauvinismus und Fremdenfeindlichkeit.

Dänemark, die Bundesrepublik und Europa nach 1972

Die Volksabstimmung des Jahres 1972 bedeutete natürlich keinen Schlußstrich unter die dänische Geschichte und ließ weder die dänische Freiheit noch die Selbstbestimmung des Landes in einem von Deutschland dominierten Europa untergehen. Aber die Argumente der EG-Gegner zeigten nachhaltigen Einfluß auf die dänische Öffentlichkeit. Sie vergifteten das Klima und trugen zu einer heute noch spürbaren Distanz oder gar Abneigung vieler Dänen gegenüber Deutschland bei.

Daß beinahe die gesamte dänische Linke und ein großer Teil der Sozialdemokraten gegen einen Beitritt zur EG votierte, wirkte der Verbreitung eines europäischen Bewußtseins in Dänemark entgegen. Die sozialdemokratische Regierung zögerte, die Möglichkeiten einer europäischen Zusammenarbeit zu nutzen, und es war für die dänische EG-Politik nicht gerade von Vorteil, daß der proeuropäische Staatsminister J. O. Krag seinen Rücktritt einen Tag nach der Volksabstimmung bekanntgab. Sein Nachfolger Anker Jørgensen hatte sich als Gewerkschaftsführer gegen eine dänische Mitgliedschaft ausgesprochen und war deshalb kaum die geeignete Person, eine positive Haltung durchzusetzen. Im Gegenteil, die Sozialdemokraten versuchten die vielen Gegner in der Partei zu halten und schlugen schnell einen sogenannten „skeptischen" Kurs ein. Dieser skeptische Kurs eignete sich dazu, kein eindeutiges Votum für die europäische Zusammenarbeit abgeben zu müssen. Mit ihrer zögerlichen Haltung erreichte die dänische Regierung viele Sonderregelungen, die Teile der vereinbarten Bestimmungen außer Kraft setzten oder ihre Reichweite für Dänemark begrenzten. Von Anfang an verstanden sich die Dänen in keiner Weise als treibende Kraft der europäischen Integration, und schon sehr früh begannen viele Dänen, jeden Schritt in Richtung auf eine engere Zusammenarbeit als Bedrohung der dänischen Souveränität aufzufassen. Weniger skeptisch waren die Dänen, wenn es darum ging, ökonomische Vorteile aus der Mitgliedschaft zu ziehen. Besonders die europäische Agrarpolitik wurde für die Dänen ein Milliardengeschäft.

Dem verbitterten Kampf um die EG-Mitgliedschaft folgten neue politische Stürme. Die Öl- und Energiekrise in den Jahren 1973 und 1974 beendete zunächst die fetten Jahre. Eine Krise des sozialdemokratischen Wohlfahrtsstaates zeichnete sich ab. Bei der Folketingswahl im Dezember 1973 erhielten die etablierten Parteien einen Denkzettel. Mit einem Schlag änderten sich die gewohnten parlamentarischen Spielregeln. Die vier alten Parteien erlitten erhebliche Verluste – insgesamt verloren sie 54 von 179 Mandaten –, und zehn Parteien übersprangen die Sperrgrenze von zwei Prozent. Besonders zwei neue Parteien profitierten von diesem Erdrutsch: die Zentrumdemokraten, die aus dem rechten Flügel der Sozialdemokratie hervorgegangen waren, und vor allem die Fortschrittspartei, die 28 Mandate gewann und die zweitgrößte Fraktion bildete. Diese Protestpartei konnte anfänglich Wähler anziehen, die sich von dem sozialdemokratischen Wohlfahrtsstaatsmodell ausgegrenzt und betrogen fühlten. Die Fortschrittspartei gewann vor allem Stimmen bei den kleinen Selbständigen, aber auch viele Arbeiter wählten die neue Partei. Bürgerliche Protestwähler, die enttäuscht darüber waren, daß die bürgerliche Mehrheitsregierung 1968–1971 keinen Kurswechsel vorgenommen hatte, stimmten ebenfalls in großer Zahl für die Neulinge. Im Mittelpunkt des Programms der Fortschrittspartei und der Reden ihres ebenso dynamischen wie umstrittenen Parteigründers, des Rechtsanwaltes Mogens Glistrup, stand die Forderung nach massiven Steuererleichterungen. Der Wahlsieg von 1973 brachte der Partei jedoch keinerlei politischen Einfluß. Die etablierten Parteien gaben sich alle Mühe, die Konkurrenten zu desavouieren und auszugrenzen. Und sie hatten Erfolg. Zudem geschwächt durch innere Machtkämpfe verlor die Partei in den folgenden Wahlen die meisten ihrer Mandate. Im Laufe der 1980er Jahre bewegte sie sich mehr und mehr in Richtung eines rechten Populismus, der auch Züge von Fremdenfeindlichkeit trägt und in der EG-Frage einen opportunistischen Nationalismus vertritt.

Die Wahl von 1973 bedeutete das Ende des alten dänischen Parteiensystems und leitete eine Periode parlamentarischer Instabilität ein, in der eine Minderheitsregierung die andere ablöste. In den siebziger

Jahren wurden jedes zweite Jahr Neuwahlen abgehalten.[417] Gleichzeitig hatte Dänemark mit wachsenden ökonomischen Schwierigkeiten zu kämpfen. Dafür war nicht allein die internationale Rezession verantwortlich. Der Wohlfahrtsstaat war seit Beginn der 1960er Jahre zum großen Teil durch Auslandskredite finanziert worden. Jedes Jahr brachte größere Defizite in der Handelsbilanz, und die Auslandsschulden stiegen bedenklich. Die Sozialdemokraten zeigten sich außerstande, die ökonomische Krise zu meistern. 1982 gab Anker Jørgensen auf und überließ die Regierung einer bürgerlichen Koalition. Zum ersten Mal seit Einführung der parlamentarischen Demokratie in Dänemark bekam das Land einen konservativen Staatsminister. Die Sozialdemokraten, die geglaubt hatten, die Regierung Poul Schlüter würde eine vorübergehende Erscheinung sein und schnell wieder von den Sozialdemokraten abgelöst werden, überraschte der konservative Politiker und konnte im Herbst 1992 sein zehnjähriges Amtsjubiläum feiern.

In den 1980er Jahren widmeten sich die Regierungen unter Schlüter in erster Linie dem Kampf gegen die Staatsverschuldung und gegen die Defizite in der Handelsbilanz. Sie waren dabei erfolgreicher als ihre sozialdemokratischen Vorgänger, konnten aber auch nicht verhindern, daß das Wohlstandsgefälle in der dänischen Gesellschaft wuchs. Auch die Arbeitslosigkeit ließ sich nicht entscheidend eindämmen. Im Folketing stützten sich die Regierungen Schlüter auf bisher nicht gekannte Konstellationen. Schlüter verstand es, immer wieder Kompromisse mit verschiedenen Parteien einzugehen, um eine Rückkehr der Sozialdemokraten an die Macht zu verhindern. Er nahm sogar in Kauf, daß die Regierung wichtige Abstimmungen im Parlament verlor. Daß dies überhaupt mit dem Parlamentarismus vereinbar war, lag daran, daß sich keine Mehrheit für eine andere Regierung finden ließ. In dieser Konstellation konnten die Linksliberalen eine Rolle spielen, die in keinem Verhältnis zu ihrem Rückhalt in der Bevölkerung stand. Sie waren bereit, eine bürgerliche Regierung zu unterstützen, beharrten aber auf ihren traditionellen Prinzipien, vor allem in der Verteidigungspolitik, und stimmten mehrfach gemeinsam mit Sozialdemokraten und Volkssozialisten gegen die Vorlagen der Regierung.

Besonders in der dänischen NATO-Politik setzte sich diese „alternative Mehrheit“ im Folketing Anfang der 1980er Jahre durch. Bis dahin ließ sich Dänemark trotz des Widerstandes gegen fremde Basen und gegen Atomwaffen auf dänischem Boden als loyaler NATO-Partner charakterisieren. Die Politik und Strategie der NATO wurden selten in Frage gestellt.[418] Im Folketing war die Bündnispolitik und damit auch der Verteidigungsetat seit Gründung der NATO gemeinsam von den beiden alten bürgerlichen Parteien und den Sozialdemokraten getragen worden. Nur die Linksliberalen und die Parteien links von der Sozialdemokratie hatten die Mitgliedschaft abgelehnt. Ende der siebziger Jahre aber scherten die Sozialdemokraten aus dieser großen Koalition in der Verteidigungspolitik weitgehend aus. In vielen Fragen nahmen sie Positionen ein, die auch der linke Flügel der deutschen SPD vertrat. Die Regierungen Schlüter verfolgten eine loyale NATO-Politik, wurden aber wiederholt von der „alternativen Mehrheit" gezwungen, auf den NATO-Gipfeln Sonderwünsche anzumelden. Durch diese sogenannte „Fußnotenpolitik" wurde Dänemark für die Allianz ein zunehmend unbequemerer Partner.

Die Polarisierung zwischen Regierung und Opposition in der Innenpolitik war ein Grund dafür, daß sich die Sozialdemokraten von ihrer bisherigen außenpolitischen Linie verabschiedeten. Außerdem nahm der Einfluß der Linken in der Partei deutlich zu. Anker Jørgensen, der sich explizit zur dänischen Linken bekannte, äußerte sich seit 1978 sehr kritisch über die Politik der NATO, insbesondere über die Strategie der atomaren Abschreckung und die fortgesetzte Aufrüstung. Die Linke forderte eine aktive dänische Politik mit dem Ziel der Abrüstung und des Abbaus der Blöcke. Im Gegensatz zu den bürgerlichen Parteien plädierte sie für Verhandlungen über eine atomwaffenfreie Zone im Norden Europas, die die Russen vorgeschlagen hatten.[419]

Obwohl Begriffe wie europäische „Harmonisierung", „Integration" oder gar „Union" für viele Dänen auch in den 1980er Jahren noch Reizwörter waren, schien sich das Verhältnis zur EG allmählich zu entkrampfen. Enthusiastisch waren die Dänen nicht, aber die Debatte im Vorfeld des dänischen Referendums über die Europäische Akte im Jahre 1986 verlief weit weniger emotionsgeladen als die Diskussion vierzehn Jahre zuvor. Die Mehrheit für die Verträge war diesmal kleiner, aber angesichts der Tatsache, daß diesmal auch die Sozialdemokraten das neue Vertragswerk ablehnten, konnte das Ergebnis von 56,2% Ja-Stimmen als klare Zustimmung für die Mitgliedschaft interpretiert werden. Wie zuvor waren es die Linken, die der Erweiterung der europäischen Zusammenarbeit negativ gegenüberstanden. Im Unterschied zu den linksgerichteten Parteien in anderen Staaten der EG waren die dänischen Linken gegen einen Ausbau der Rechte des Europäischen Parlaments. Die Sozialdemokraten begründeten ihren Widerstand nun damit, daß die im Vertrag vorgesehenen

Harmonisierungen in der Umwelt- und Arbeitspolitik die Standards der dänischen Gesetzgebung unterminieren würden.

Diese zweite Niederlage der dänischen Europa-Gegner brachte die Forderung nach einem dänischen Austritt weitgehend zum Verstummen. Andererseits aber führte auch dieses Votum nicht dazu, daß sich die Dänen nun energischer für die europäische Integration einsetzten. Immer mehr Dänen betrachteten jetzt zwar die Mitgliedschaft als vorteilhaft, konnten sich jedoch nicht für die Perspektive einer engeren Zusammenarbeit erwärmen. Die Befürworter sprachen auch weiterhin nicht über die Vision einer europäischen Union. Die wachsende Zustimmung zur dänischen Mitgliedschaft war vor allem Ausdruck der Überzeugung, daß allein die EG die wirtschaftliche Stabilität sichern könne.

Mit dem Ende der DDR und der Entmachtung der kommunistischen Regime in Osteuropa veränderte sich auch für Dänemark die europäische politische Bühne. Es war ein deutliches Zeichen für die inzwischen normalisierten und entspannten Beziehungen zur Bundesrepublik, daß die Politiker und die große Mehrheit der Bevölkerung der Vereinigung der beiden deutschen Staaten sehr gelassen, wenn nicht sogar zufrieden entgegensahen. Während in anderen Nachbarstaaten Deutschlands die Perspektive einer größeren Bundesrepublik Ängste weckte, blieben Leserbriefe und Kommentare in den Zeitungen, wo man Beispiele alter Ressentiments und Vorurteile finden konnte, die Ausnahme.

Daß sich das größere Deutschland dennoch eignete, Ängste zu schüren, wurde deutlich, als die Dänen im Sommer 1992 über den Vertrag von Maastricht abstimmten. Diesmal empfahlen alle politischen Parteien mit Ausnahme der äußersten Rechten und äußersten Linken, der Fortschrittspartei und der Sozialistischen Volkspartei, mit Ja zu stimmen. Die Befürworter traten jedoch nicht geschlossen auf. Sozialdemokraten unterstützten die Verträge nur halbherzig, und wiederum gab es nur wenige Politiker, die sich deutlich zum Ziel einer europäischen Union bekannten. Auffällig war, daß sich diesmal viele Repräsentanten der kulturellen Elite für ein Ja aussprachen. Der Fall der Mauer und die neuen Unsicherheiten im Gefolge der Auflösung des Ostblocks ließ vielen eine engere Integration notwendig erscheinen.

Die Gegner profitierten von der nicht zu übersehenden Politikverdrossenheit in der Bevölkerung und davon, daß der Vertragstext nicht leicht zu verstehen und nicht immer eindeutig ist. In ihrer Argumentation griffen sie wieder einmal auf die nationalistischen Parolen und Symbole zurück, die schon 1972 Verwendung gefunden hatten. Auch diesmal wurde das nunmehr vereinte Deutschland als Synonym für den Koloß Europa verwendet, der die dänische Selbständigkeit bedrohte. Im Unterschied zu früheren Kampagnen behaupteten die Gegner jetzt, daß sie nicht für einen Austritt aus der EG oder gegen die europäische Zusammenarbeit seien. Sie nahmen für sich in Anspruch, gegen Maastricht, aber für Europa zu sein. Ihr Europa war freilich nicht dasjenige, das engagierte Europapolitiker vor Augen haben. Die dänischen EG-Gegner plädierten etwa für eine beschleunigte Aufnahme neuer Mitglieder, um durch eine schnelle Ausweitung der Gemeinschaft weitergehende Schritte der Integration zu verhindern.

Mit knapper Mehrheit – 50,7% stimmten mit Nein und 49,3% mit Ja – lehnten die Dänen die Verträge von Maastricht ab. Im Ausland wurde das Ergebnis als Ausdruck der Unzufriedenheit über den Mangel an demokratischen Einfluß- und Kontrollmechanismen in der EG interpretiert, den auch das Vertragswerk von Maastricht zu beheben nicht vorsah. Auch in der Bundesrepublik kommentierte man das dänische Votum in dieser Richtung. Gerade viele Deutsche, die eine weitergehende Demokratisierung der Entscheidungsmechanismen befürworteten, zeigten Verständnis. Diese Einschätzung übersah aber die zentralen Motive des größten Teils der Gegner und wird auch der Stimmung nicht gerecht, die während der Debatte zu beobachten war. Das Nein war kein Ausdruck der Unzufriedenheit mit der unzulänglichen demokratischen Fundierung der EG. Im Gegenteil lehnte man mehr Macht für das Parlament und auch eine Demokratisierung der Entscheidungsmechanismen ab, weil man fürchtete, Dänemark müßte sich dann Mehrheitsentscheidungen beugen. Die EG- Gegner sagten vielmehr Nein zu einer weitergehenden europäischen Integration, zu einer europäischen Staatsbürgerschaft, einer europäischen Währung, einer militärischen Zusammenarbeit – und zu einem angeblich von Deutschland dominierten Europa.

Unter denen, die mit Ja stimmten, waren sicherlich viele, die nicht aufgrund einer Begeisterung für Europa entschieden, sondern vielmehr aus Angst vor dem Verlust von Arbeitsplätzen und vor ökonomischen Nachteilen. Auch verfing bei ihnen ein Argument, das unter anderem führende Sozialdemokraten vorgebracht hatten, die meinten, gerade Maastricht würde das neue Deutschland an Europa binden und damit kontrollierbar machen. Solche Äußerungen zeigen, daß sich im Verhältnis zu Deutschland Ängste und allmählich gefaßtes Vertrauen noch immer in etwa die Waage halten.

Die lebendige nationalistische Argumentation in Dänemark wird in

Deutschland kaum erwähnt und problematisiert. Dies hängt sicherlich damit zusammen, daß Deutsche selten mit solchen Parolen aus Dänemark konfrontiert werden. Außerdem schenkt man der dänischen Politik in Deutschland ohnehin wenig Beachtung, und Dänemark hat sich das Image eines zuverlässigen Partners erworben. Die Sympathien und der beträchtliche "goodwill", den die Dänen in Deutschland genießen, werden nur von wenigen Dänen wahrgenommen. Als Dänemark Deutschland im Fußballeuropameisterschaftsfinale 1992 schlug, wurde deutlich, daß Dänemark in den Augen der Deutschen ein Gegner war, gegen den man ohne Groll verlieren konnte. Es war nichts von der Verbitterung zu spüren, die man oft bei deutschen Niederlagen beobachten kann. Die Dänen feierten ihren Sieg mit einer von den Deutschen geradezu beneideten Unbefangenheit. Die deutschen Reporter nahmen nicht einmal wahr, daß sich in die Feier auch nationalistische Töne einschlichen. Nicht wenige Dänen verstanden ihren unverhofften Sieg als eine verspätete Revanche für die Besetzung des Landes im Zweiten Weltkrieg.

EPILOG: HISTORISIERUNG DER NATIONALEN KONFLIKTE?

Rückblickend läßt sich feststellen, daß sich die deutsch-dänischen Beziehungen in den letzten zweihundert Jahren von einer großen Nähe über wachsende Distanz und Feindschaft in Richtung auf Verständigung und gegenseitigen Respekt entwickelt haben. Die alten Streitfragen sind gelöst, und als Mitglieder der NATO und der EG haben Deutschland und Dänemark wichtige Schritte auf dem Weg zu einer partnerschaftlichen Zusammenarbeit getan. Daß die Nachbarschaft damit auf eine völlig neue Grundlage gestellt worden ist, ist offensichtlich. Es ist festzuhalten, daß es kaum noch ernsthafte politische Konflikte oder tiefergehende Meinungsverschiedenheiten zwischen beiden Staaten gibt. Dennoch sollten die immer noch bestehenden Schwierigkeiten im Umgang der beiden Völker miteinander nicht übersehen werden.

Hartnäckig wurden im Zuge der Schaffung einer nationalen Identität seit Mitte des 19. Jahrhunderts eine Menge Klischees und Vorurteile gepflegt. Während dieses Prozesses rückte Deutschland im dänischen Bewußtsein in die Position des Erzfeindes. Die Schwierigkeiten der Nachbarschaft in den Jahrzehnten nach 1864 lieferten wieder und wieder Nahrung für die Aufrechterhaltung des Feindbildes. Als die Grenzrevision 1920 den unmittelbaren Anlaß, Deutschland immer noch mit Argwohn zu betrachten, ausgeräumt hatte, gab der Nationalsozialismus und die Besetzung im Zweiten Weltkrieg neuen Grund, die Gegensätze wiederzubeleben und zu verstärken. Zwar ist das Verhältnis zwischen Deutschland und Dänemark nicht durch dieselben großen Kriegsverbrechen belastet, die die Beziehungen zu anderen Nachbarländern so schwierig gestalteten, dennoch ist es auch in den Beziehungen zu den Dänen unmöglich, dieses Kapitel der Vergangenheit zu ignorieren.

Inzwischen hat sich die Wahrnehmung Deutschlands wesentlich verändert. Allerdings ist der Abbau von Feindbildern und Vorurteilen ein langsamer Prozeß, der immer wieder dadurch zurückgeworfen wird, daß in aktuellen Diskussionen alte Klischees benutzt werden. Dies war in der Nachkriegszeit vor allem zu spüren, als es um die dänische Annäherung an die europäische Idee, die EG-Integration ging.

Seit dem Aufkommen des Nationalismus gab es im Verhältnis zu Deutschland stets eine Diskrepanz zwischen der offiziellen Politik, die sich ständig um eine gute Nachbarschaft bemühte, und der Stimmung breiter Teile der Bevölkerung, die Deutschland gegenüber skeptisch, wenn nicht feindselig gestimmt waren. Heutzutage spricht man nicht mehr von einem „tyskerkurs" in der dänischen Politik, wie es in der ersten Hälfte des Jahrhunderts an der Tagesordnung war. Aber noch am Beispiel der Volksabstimmung über die Verträge von Maastricht und der damit verbundenen Auseinandersetzungen über die EG wird deutlich, daß diese Kluft zwischen Regierenden und der Bevölkerung noch immer nicht ganz überwunden ist.

Die Kultivierung des Feindbildes Deutschland wurde vom Gefühl der Dänen, die kleinen Nachbarn zu sein, begünstigt. Zwar war auch Dänemark für die Deutschen in bestimmten Phasen Objekt von Ressentiments und Abneigung. Seit dem militärischen Erfolg über das Königreich im Jahre 1864 hatten antidänische Gefühle aber nur noch episodischen Charakter. Aus der Sicht des großen Nachbarn gab es keinen Grund mehr, ein „Feindbild Dänemark" zu pflegen. Es gab viel wichtigere und gefährlichere Gegner, die Deutschland fürchtete. Gleichzeitig mit der Durchsetzung einer prowestlichen, demokratischen Entwicklung in der Bundesrepublik und ihrer lebendigen Vision einer europäischen Integration rückte die deutsche Politik auch von den aggressiven Gesten und Akten gegenüber den Nachbarstaaten ab, die das Kaiserreich und vor allem das nationalsozialistische Deutschland gekennzeichnet hatten. Seit dem Zweiten Weltkrieg hat die Bundesrepublik ihre Position als großer Nachbarstaat nicht dazu benutzt, sich in dänische Angelegenheiten einzumischen. Damit sind die Dänen dem Zwang früherer Zeiten nicht mehr ausgeliefert, ihre Außenpolitik einseitig nach den Wünschen des deutschen Nachbarn auszurichten.

In der zweiten Hälfte des 20. Jahrhunderts ist der Tourismus ein wichtiger Faktor für die Entstehung bzw. Umformung von Fremdbildern geworden. Reisen ermöglichen inzwischen viel mehr Menschen als jemals zuvor einen Ausbruch aus der Enge eines geschlossenen Gemeinwesens, die den Siegeszug nationalistischer Ideen begünstigt hatte. Reisen können natürlich auch Vorurteile verstärken, aber weit öfter führen die Kontake und eigene Eindrücke im Ausland zu einem Abbau der Fremdheit zwischen den Völkern. Besonders bei Reisen in Nachbarländer machen viele die für nationalistische Ideologien so katastrophale Entdeckung, daß sich die Gesellschaften im Grunde doch sehr ähnlich sind und das sich die

Gedanken und Wünsche der Menschen kaum grundsätzlich voneinander unterscheiden.

Im Verhältnis zwischen Dänen und Deutschen spiegeln die unterschiedlichen Erlebnisse das fortgesetzte Ungleichgewicht zwischen Groß und Klein wieder. Die Kenntnisse über Dänemark sind in Deutschland im allgemeinen gering, dennoch ist Dänemark für Zigtausende von Touristen jedes Jahr ein beliebtes Ferienziel. Die Wahrnehmung des Landes speist sich für die meisten deutschen Besucher aus den Erfahrungen der Sommerferien an der jütländischen Westküste, und sie nehmen von Dänemark den Eindruck mit nach Hause, daß es mindestens so ordentlich, sauber und gut organisiert ist wie das Heimatland. Die Dänen werden von den meisten als unkompliziert im Umgang und zugänglicher empfunden als die Deutschen. Nicht wenige Westdeutsche haben in den letzten Jahrzehnten eine gewisse moderne „Nordland-Begeisterung" kultiviert, die sich bei einigen mit einer mehr oder weniger naiven Bewunderung für den skandinavischen Wohlfahrtsstaat verbunden hat. Im großen und ganzen aber ist Dänemark doch ein Land geblieben, an dessen Stränden man Erholung sucht. Für die wenigsten bietet das Land Ziele für einen Kulturtourismus.

Die Dänen freuen sich über die Devisen, die durch die Touristen ins Land kommen, obwohl die Deutschen nicht gerade dafür bekannt sind, mit Geld um sich zu werfen. Als Gäste haben die Deutschen in Dänemark im allgemeinen einen guten Ruf. Das hängt wohl damit zusammen, daß das Land Ziel vor allem für Familien ist, die sich ausruhen wollen. Im Gegensatz zu gewissen anderen Nachbarn schaffen die deutschen Gäste wenig Unruhe. Erstaunt registrieren die Dänen die Gleichgültigkeit ihrer Gäste gegenüber den Witterungsverhältnissen. Während die Dänen bei Regenwetter gemütlich zu Hause sitzen, marschieren die Deutschen unverdrossen mit ihren gelben Gummistiefeln am Strand entlang. Irritationen weckt manchmal die Dominanz der deutschen Sprache in den Feriengebieten, und man wundert sich über den ausgeprägten Drang der deutschen Gäste, auf dem Strand ihre Territorien abzustecken. Generell läßt sich aber sagen, daß die Berührungsangst gegenüber dem Nachbarvolk um so größer wird, je weiter man sich von den Feriengebieten weg in Richtung Osten bewegt. Es ist sicherlich mehr als ein Zufall, daß bei den dänischen Abstimmungen über die EG der Anteil der Ja-Stimmen in den Grenzregionen und Westjütland eindeutig über dem Durchschnitt lag.

Während die Deutschen gegenüber Dänemark keine ängstliche

Zurückhaltung zeigen, ist für viele Dänen Deutschland ein Land geblieben, das man möglichst schnell durchqueren sollte, selbst wenn man sich gerne in deutschsprachigen Gebieten wie Österreich, Südtirol oder Elsaß aufhält, wo die Sprache nicht ganz so fremd und das Essen vertrauter ist als in Südeuropa. Nicht wenige Dänen reisen in deutsche Feriengebiete, die allmählich Tradition gewinnen, vor allem in den Harz, aber man hält sich auf jeden Fall nördlich der Mainlinie auf. Neugierig ist man auf Deutschland nicht.

Von der deutschen Begeisterung für den Norden ist etwas übriggeblieben, von der dänischen Skepsis gegenüber den Gefühlen von Verwandtschaft, die manche Deutsche bekunden, auch. Die Dänen hören nicht gerne, wenn man behauptet, daß sie ihren südlichen Nachbarn ähnlich sind. Aber es ist zumindest auffällig, daß die meisten Vorurteile auf die weit weg wohnenden Bayern gemünzt sind. Weniger geschichtsbewußte Dänen reagieren ungläubig, wenn sie mit der Tatsache konfrontiert werden, daß Dänen und Deutsche bis ins vorige Jahrhundert hinein friedlich und harmonisch in einem Staat zusammenlebten.

Obwohl das traditionelle Problem des Verhältnisses von Groß und Klein gegenwärtig im Umgang der beiden Nachbarn miteinander eine untergeordnete Rolle spielt, hat es weiterhin einen Erklärungswert für die dänische Psychologie. Wie schon am Beispiel des Umgangs der Dänen mit der europäischen Integration deutlich geworden ist, ist die Furcht, im Zuge der fortschreitenden Integration von Deutschland überrollt zu werden, noch immer präsent. Es ist die Frage, ob auch die Dänen begreifen, daß der traditionelle Nationalstaat gleichzeitig zu groß und zu klein ist, zentrale Aufgaben der Gegenwart und der Zukunft zu lösen. Wenn die Rede von Souveränität und Selbständigkeit ist, wird, genau wie in Deutschland, über Begriffe gesprochen, die in vielen Belangen längst Illusion geworden sind. Nur wenige Probleme kann Dänemark allein lösen.

Den Dänen fehlt jedes Verständnis für einen föderalistischen Aufbau der zukünftigen Institutionen der europäischen Zusammenarbeit, weil der dänische Staat keine föderativen Strukturen innerhalb seiner Grenzen kennt. Mittlerweile mußten die meisten schmerzlich erkennen, daß Dänemark als Nationalstaat zwar gleichberechtigt mit der Bundesrepublik in der EG repräsentiert ist, daß aber das Gewicht des Staates auf vielen Ebenen der europäischen Zusammenarbeit nicht größer ist als das eines mittelgroßen deutschen Bundeslandes. Vor dem Hintergrund solcher Erfahrungen wächst eine Unsicherheit hinsichtlich des demokratischen Charakters der künftigen europäischen Zusammenarbeit. Um solche Vorbehalte gegen die europäische Integration abbauen zu können, müssen die großen und die kleinen Staaten noch einige Schritte aufeinander zugehen. Im Verhältnis zwischen Deutschland und Dänemark ist es von nicht zu unterschätzender Bedeutung, daß die Dänen die politischen und gesellschaftlichen Strukturen Deutschlands besser verstehen lernen. Man kann zwar keine Sympathien erzwingen, aber man sollte erwarten können, daß Wertungen, auch kritische, aus einer differenzierten Betrachtung der aktuellen Verhältnisse vorgenommen werden und nicht aufgrund der Vorurteile und Feindbilder der Vergangenheit.

ANMERKUNGEN

[1] Mit Schweden führte Dänemark insgesamt 134 Jahre, mit England 59 Jahre, mit Norwegen 56 Jahre und mit deutschen Staaten 55 Jahre Krieg.

[2] Hans-Jürgen Lutzhöft, Der nordische Gedanke in Deutschland 1920–1940, Kieler Historische Studien, Bd. 14, Stuttgart 1971.

[3] Carit Etlar, Gøngehøvdingen, Kopenhagen 1853 und Dronningens Vagtmester, Kopenhagen 1855.

[4] Vgl. z. B. Jens Rahbek Rasmussen, Danmark og Sverige som arvefjender: Fra svenskekrige til fodbold.

[5] Werner Kaegi, Der Typus des Kleinstaates im europäischen Denken, in: Neue Schweizer Rundschau, VI., Jg., 1938, S. 257–271, 345–361 u. 415–431. E. Sieber, Die Idee des Kleinstaates bei den Denkern des 18. Jahrhunderts in Frankreich und Deutschland, Basel 1920. O. B. Cappis, Die Idee des Kleinstaates im Deutschland des 19. Jahrhunderts, Basel 1923.

[6] Siehe z. B. H. J. Morgenthau, Dilemma of Politics, Chicago 1958.

[7] Ole Feldbæk (Hrsg.), Dansk Identitetshistorie, 1–4, Kopenhagen 1991–92.

[8] Vgl. U. Østergård, Feindbilder und Vorurteile in der dänischen Öffentlichkeit, in: G. Trautmann (Hrsg.), Die häßlichen Deutschen?, Darmstadt 1991, S. 145–166.

[9] A. D. Jørgensen (Hrsg.), Kongeloven og dens Forhistorie, Kopenhagen 1886 u. Knud Fabricius, Kongeloven, Kopenhagen 1920.

[10] Leopold Magon, Ein Jahrhundert geistiger und literarischer Beziehungen zwischen Deutschland und Skandinavien, Bd. 1, S. 68 ff.

[11] Rønning, Rationalismens Tidsalder, København 1886, Bd. I, S. 144 f.; zitiert nach Carl Petersen, Deutscher und nordischer Geist, Breslau 1932, S. 31 f.

[12] Carsten Niebuhr, Reisebeschreibung nach Arabien und andern umliegenden Ländern, I–III, Kopenhagen 1774–1837. Grotefend entzifferte die Keilschrift im Jahre 1802.

[13] Klaus von See, Deutsche Germanen-Ideologie, Frankfurt a. M. 1970, S. 25–26.

[14] Ebd., S. 29. Die Zitate sind entnommen aus Herder, Sämtliche Werke I, S. 73 f.

[15] Johann Elias Schlegel, Geschichte der Könige von Dänemark aus dem Oldenburgischen Stamme, 1769–1777, in: Gebhardis Allgemeine Geschichte des Königreichs Dänemark, 1768–76. Siehe auch L. Magon, op. cit., S. 273–74.

[16] Carl Petersen, Deutscher und nordischer Geist, Breslau 1937, S. 35.

[17] Ebd., S. 33.

[18] Ole Feldbæk, Fædreland og Indfødsret. 1700-tallets danske identitet, in:

Ole Feldbæk (Hrsg.), Dansk Identitetshistorie, Bd. 1, Kopenhagen 1991, S. 111–230. Hier besonders S. 130 ff. Die Schrift ist ›Tanker om Kierlighed til Fædrelandet‹ (›Gedanken über die Liebe zum Vaterland‹) von Tyge Rothe.

[19] Tyge Rothe besuchte u. a. Göttingen, Halle, Straßburg, Genève und Paris.

[20] Magon, op. cit., S. 188.

[21] Ein wichtiger Beitrag zu dieser Entwicklung findet sich in Feldbæk, op. cit.

[22] ›Brief über die Liebe zum Vaterland‹.

[23] Vgl. Feldbæk, Fædreland og Indfødsret, op. cit., S. 156.

[24] Ebd., S. 167 ff.

[25] Til Kongen, Af Peter Friderich Suhm, Kopenhagen 1772.

[26] ›Große und gute Taten von Dänen, Norwegern und Holsteinern‹.

[27] Ole Feldbæk, Kærlighed til Fædrelandet, in Fortid og Nutid, XXXI, 1984, S. 270–288. Hier S. 279. Ove Guldberg soll auch mit den Worten „Es gibt keinen Norweger. Wir sind alle Bürger des dänischen Staates" den Historiker Suhm für dessen sehr positive Einschätzung des norwegischen Patriotismus kritisiert haben.

[28] (Tyge Rothe), Om Indføds-Retten: Til hvo, der vil dømme om den, og hvo der vil nyde Got af den, Kopenhagen 1777. Siehe Ole Feldbæk, Fædreland og Indfødsret, op. cit., S. 204.

[29] Gottlieb Benedict von Schirach, Ueber das Königliche Dänische Indigenatsrecht und einige andere Gegenstände der Staatswissenschaft und Geschichte, Hamburg 1779.

[30] J. C. Fabricius, Von der Volksvermehrung insonderheit in Dänemark, Hamburg/Kiel 1781.

[31] Ebd., S. 78 ff.

[32] Ebd., S. 85.

[33] Brief an Dore Hensler, Kopenhagen 3. April 1801, in: B. G. Niebuhr, Briefe hrsg. von D. Gerhardt und W. Norvin, Bd. I, S. 259–260.

[34] Henrik Steffens, Die gegenwärtige Zeit und wie sie geworden, mit besonderer Rücksicht auf Deutschland, Berlin 1817, S. 641.

[35] J. Paulsen, Tyske Embedsmænd i København, S. 48. Das deutsche Personal stellte ca. 60 von insgesamt 400–450 Personen.

[36] Barthold Georg Niebuhr an Dore Hensler, Kopenhagen, 16. August 1800; in: B. G. Niebuhr, Briefe I, S. 242.

[37] B. G. Niebuhrs Erklärung aus dem Jahre 1814 über sein Verhältnis zu Preußen und Dänemark. Mitgeteilt von Karl Hugelmann, in: Historische Zeitschrift 98, 3. Folge, Bd. 2, 1907, S. 133 f.

[38] Vilhelm la Cour, Fædrelandet. Træk af Danskhedsfølelsens Vækst, Kopenhagen 1913, S. 103; zitiert nach Adriansen, S. 33–34.

[39] Hier nach Inge Adriansen, Fædrelandet, folkeminderne og modersmålet, Sønderborg 1990, S. 34 f.

[40] In ›Mands Minde‹ (1838), S. 269, schrieb Grundtvig über Steffens: „Meine ganze Entwicklung ist die Frucht seiner Worte."

[41] Henrik Steffens, Was ich erlebte, 1844, X, S. 442.

[42] F. L. Jahn, Deutsches Volkstum, Berlin 1809, hier zitiert nach F. L. Jahns Werke, hrsg. von Dr. Carl Euler, Hof 1884, Bd. 1, S. 201 f.

[43] Marcus Niebuhr, Die deutsche Seemacht und ein deutsch-skandinavischer Bund, 1848; zit. nach Walther Hubatsch, Die Deutschen und der Norden, Göttingen 1951, S. 101.

[44] Fridrich Schlegel, Ueber nordische Dichtkunst, 1812.

[45] Willibald Alexis (W. Haering), Herbstreise durch Scandinavien, Berlin 1828, S. 14–15.

[46] Joh. Fr. Ludw. Hausmann, Reise durch Skandinavien in den Jahren 1806 und 1807, Göttingen (5 Theile) 1811–1818, I, S. 49.

[47] Ebd., S. 241.

[48] Johann Gottfried Seume, Mein Sommer 1805, zit. nach Seumes Werke I–II, Berlin und Weimar, 5. Aufl., 1990, Bd. II, S. 176.

[49] (Carl von Essen), Fragmente aus dem Tagebuch eines Fremden mehrentheils während dessen Aufenthalt in einigen königlich-dänischen Staaten gesammelt, Kopenhagen 1800.

[50] Jens Baggesen, Labyrinten eller Reise giennem Tydskland, Schweitz og Frankerig, Kopenhagen 1792–93 (2 Bde.).

[51] Christian Dehn, Seeland und die Seeländer. Ein Beitrag zur Charakteristik des dänischen Landes und Volkes, Schwerin 1839, S. 8.

[52] Eduard Boas, In Scandinavien, Leipzig 1845, S. 269.

[53] J. G. Kohl, Reisen in Dänemark und den Herzogtümern, S. 173 ff. und 363–364.

[54] J. G. Büsch, Ueber kaufmännische Reisen, in: J. G. Büschs sämtliche Schriften, Bd. XIII, S. 209–318, hier S. 316.

[55] (Carl von Essen), Fragmente aus dem Tagebuch eines Fremden mehrentheils während dessen Aufenthalt in einigen königlich-dänischen Staaten gesammelt, Kopenhagen 1800, S. 102–103.

[56] J. G. Kohl, Marschen und Inseln der Herzogtümer Schleswig und Holstein, Leipzig u. Dresden 1846.

[57] J. G. Kohl, Reisen in Dänemark und den Herzogtümern, Bd. I, S. 173 ff.

[58] (Carl von Essen), Fragmente aus dem Tagebuch eines Fremden mehrentheils während dessen Aufenthalt in einigen königlich-dänischen Staaten gesammelt, Kopenhagen 1800, S. 103 f.

[59] Kohl, Reisen, Reisen in Dänemark und den Herzogtümern, Bd. I, S. 202 und II, S. 216.

[60] Carl Crügers Handelsgeographie oder Beschreibung der Erde, was sie für den Kaufmann ist, hrsg. von J. C. B. Langhenie, Hamburg 1834, Bd. I–IV. Hier Bd. II, S. 71.

[61] Edmund von Wittken, Studien über Jütland, Berlin 1865, S. 21–22.

[62] Zit. nach Hubatsch, Die Deutschen und der Norden, Göttingen 1951, S. 112 f.

[63] J. G. Kohl, Reisen in Dänemark und den Herzogtümern, Bd. II, S. 119–120.

[64] Hausmann, op. cit., I, S. 35.

[65] J. G. Kohl, Reisen in Dänemark und den Herzogtümern, Bd. II, S. 6.

[66] Ebd., S. 16.

[67] Dansk Ugeskrift, Nr. 1 & 2, 1832, S. 3.

[68] J. G. Seume, Mein Sommer 1805, S. 179.

[69] Friedrich Wilhelm Basilius von Ramdohr aus Hoya, Studien zur Kenntniss der schönen Natur, der schönen Kunste, der Sitten und der Staatsverfassung auf einer Reise nach Dänemark, Hannover 1792.

[70] Willibald Alexis (W. Haering), Herbstreise durch Scandinavien, Berlin 1828.

[71] Christian Dehn, Seeland und die Seeländer. Ein Beitrag zur Charakteristik des dänischen Landes und Volkes, Schwerin 1839, S. 67–73.

[72] Kohl, Reisen in Dänemark und den Herzogtümern, Bd. II, S. 123 und 127. Kohl gab eine umfassende Schilderung des Kriegshafens, der Werften und der gesamten Flottenanlage.

[73] Theodor Fontane, Sämtliche Werke, München 1972, Bd. XVIII, S. 316.

[74] Ebd., S. 318 u. S. 320.

[75] Christian Ludwig Lenz, Bemerkungen auf Reisen in Dänemark, Schweden und Frankreich, Gotha 1800, S. 2. Lenz war Lehrer an der Erziehungsanstalt in Schnepfenthal und stand früher im engen Kontakt mit Basedow.

[76] Kohl, Reisen in Dänemark und den Herzogtümern, Bd. II, S. 45–46.

[77] J. J. A. Worsaae, Die nationale Alterthumskunde in Deutschland, Kopenhagen 1846.

[78] Kohl, Reisen in Dänemark und den Herzogtümern, Bd. II, S. 16.

[79] Ebd., S. 17.

[80] Willibald Alexis, Herbstreise durch Scandinavien, Berlin 1828, S. 18.

[81] J. G. Kohl, Reisen in Dänemark und den Herzogtümern, Bd. I, S. 373 und II, 233–234.

[82] Horst Lademacher, Zwei ungleiche Nachbarn. Wege und Wandlungen der deutsch-niederländischen Beziehungen im 19. und 20. Jahrhundert, Darmstadt 1990.

[83] Christian Ludwig Lenz, Bemerkungen auf Reisen in Dänemark, Schweden und Frankreich, Gotha 1800, S. 105.

[84] Christian Dehn, Seeland und die Seeländer. Ein Beitrag zur Charakteristik des dänischen Landes und Volkes, Schwerin 1839, S. 8.

[85] Ebd., S. 19.

[86] Eduard Boas, In Scandinavien, Leipzig 1845, S. 268.

[87] Theodor Fontane, Sämtliche Werke, München 1972, Bd. XVIII, S. 314.

[88] A. von Treskow, Reisebilder aus Dänemark und Schweden, Quedlinburg/Leipzig 1837.

[89] Theodor Fontane, Sämtliche Werke, München 1972, Bd. XVIII, S. 314.

[90] J. G. Seume, Mein Sommer 1805, S. 176 u. 177.

[91] Willibald Alexis, Herbstreise durch Skandinavien, S. 12.

[92] Ebd., S. 10–11.

[93] (Carl von Essen), Fragmente aus dem Tagebuch eines Fremden mehrentheils während dessen Aufenthalt in einigen königlich-dänischen Staaten gesammelt, Kopenhagen 1800, S. 200–201.

[94] Joh. Fr. Ludw. Hausmann, Reise durch Skandinavien in den Jahren 1806 und 1807, Göttingen (5 Theile) 1811–1818, I, S. 49.

[95] Christian Ludwig Lenz, Bemerkungen auf Reisen in Dänemark, Schweden und Frankreich, Gotha 1800, S. 49.

[96] Josef Görres, Brief an die Brüder Grimm, 22. 11. 1812; Gesammelte Schriften, Bd. 3, Köln 1926, S. 371 f. Zit. nach Hubatsch, Die Deutschen und der Norden, Göttingen 1951, S. 80.

[97] Wilhelm Grimm (Hrsg.), Altdänische Heldenlieder, Balladen und Märchen, Heidelberg 1811.

[98] J. M. Thiele, Danske Folkesagn I–IV, Kopenhagen 1818–1823. Es war die erste Ausgabe dieser Art außerhalb Deutschlands. Siehe I. Adriansen, op. cit., S. 36.

[99] Die Nationalisierung dieser Disziplin ist – mit besonderer Berücksichtigung des Streites um Schleswig – dargestellt bei Inge Adriansen, Fædrelandet, folkeminderne og modersmålet, Sønderborg 1990.

[100] Zit. nach Hubatsch, Die Deutschen und der Norden, Göttingen 1951, S. 81.

[101] Klaus von See, op. cit., S. 35–36. See erwähnt in diesem Zusammenhang auch Wilhelm Grimms ›Deutsche Heldensagen‹ und Karl Müllenhoffs ›Deutsche Altertumskunde‹.

[102] I. Adriansen, op. cit., S. 41 ff. Rask, ein Gründer der komparativen Sprachwissenschaft, starb bereits im Jahre 1832, und seine Diskussion mit Grimm gehörte eher in die „pränationale" Phase.

[103] J. J. A. Worsaae, Die nationale Alterthumskunde in Deutschland, Kopenhagen 1846, S. 9 ff.

[104] J. G. Kohl, Reisen in Dänemark und den Herzogtümern, Bd. II, S. 384–386.

[105] C. Hinrichsen, Die Germanisten und die Wege der Geschichte, Kopenhagen 1848. Die Aufforderung Firmenichs wurde am 12. 4. 1847 in der Zeitung ›Kjøbenhavnsposten‹ veröffentlicht.

[106] Zit. nach Hubatsch, Die Deutschen und der Norden, Göttingen 1851, S. 81.

[107] Siehe z. B. Jacob Grimms Rezension von P. Munchs ›Om Scandinavismen‹ (in: Kleine Schriften, Bd. VIII, S. 444).

[108] Ein Beispiel ist G. G. Gervinus' Heidelberger Adresse an die Schleswig-Holsteiner aus dem Jahre 1846, die aufgrund von Material, das W. H. Beseler herangeschafft hatte, formuliert wurde.

[109] L. Häußer, Schleswig-Holstein, Dänemark und Deutschland, Heidelberg 1846, S. 48.

110 Verhandlungen der Germanisten zu Frankfurt am Main 24., 25. und 26. September 1846, Frankfurt a. M. 1847, S. 11.

111 Die Behauptung von Grimm wurde von Professor Michelsen aus Jena benutzt, der als gebürtiger Nordschleswiger in Frankfurt die historische Entwicklung in Schleswig resümierte. Ebd., S. 53.

112 Ebd., S. 53.

113 Vossische Zeitung, Nr. 91, 17–4, 1848, 1. Beilage, S. 2. Zit. nach H. Bech, Jacob Grimm und die Franfurter Nationalversammlung, S. 356.

114 Ebd., S. 356.

115 Ebd., S. 357.

116 L. Häußer, Schleswig-Holstein, Dänemark und Deutschland, Heidelberg 1846, S. 48.

117 Ebd., S. 50–51.

118 Ebd., S. 14.

119 Ebd., S. 51–52.

120 Friedrich List, Das nationale System der politischen Oekonomie, Stuttgart/Tübingen (Cotta) 1841, S. 259 f.

121 Augsburger Allgemeine Zeitung, Nr. 266, 1841.

122 Deutschland, das Meer und Dänemark, in: Deutsche Vierteljahrschrift I, 1842, S. 227–58.

123 Ebd., S. 258. Die sogenannte Magnettheorie hatte auch weiterhin Anhänger in der Politik. Siehe Günter Wollstein, Das 'Großdeutschland' der Paulskirche. Nationale Ziele in der bürgerlichen Revolution 1848–49, Düsseldorf 1977, S. 55 und F. Wigard (Hrsg.), Stenographischer Bericht über die Verhandlungen der deutschen konstituierenden Nationalversammlung zu Frankfurt a. M., Bd. 2, S. 817 ff.

124 Deutschland, das Meer und Dänemark, in: Deutsche Vierteljahrschrift I, 1842, S. 252.

125 Die Reaktionen der dänischen Liberalen ist vor allem in ›Fædrelandet‹ zu sehen.

126 Zit. nach Hubatsch, Die Deutschen und der Norden, Göttingen 1951, S. 98.

127 Theodor Mügge, in: Deutsches Bürgerbuch für 1845, S. 157.

128 Brief an C. C. Rafn 1848; zit. nach Hubatsch, Die Deutschen und der Norden, Göttingen 1951, S. 82.

129 Ebd., S. 109.

130 Ebd., S. 98–102.

131 Dahlmann hatte u. a. auch eine Geschichte Dänemarks verfaßt.

132 Verhandlungen der Germanisten zu Frankfurt a. M. am 24., 25. und 26. September 1846, Frankfurt a. M. 1847, S. 42.

133 Ebd., S. 43.

134 Siehe z. B. W. Hubatsch, Die erste deutsche Flotte 1848–1853, 1981 und Hans Georg Steltzer, Die deutsche Flotte, Darmstadt 1989, S. 45–83.

135 Zit. nach Heinz Gollwitzer, Zum politischen Germanismus des 19. Jahrhundert, S. 290.

[136] Siehe Dansk Folkeblad, 9. Jg., 1843–44, Nr. 14–15, S. 55: „Det er som om Nationaliteten gaar og tænker paa Skilsmisse og nyt Ægteskab."

[137] Anders Sandøe Ørsted, For den danske Stats Opretholdelse i dens Heelhed. En historisk statsretslig Undersøgelse, Kopenhagen 1850.

[138] Siehe Fædrelandet, Nr. 121, 27. 5. 1854, Det høinordiske Forbund.

[139] Peter A. Munch, Skandinavismen, nærmere undersøgt med hensyn til Nordens ældre nationale og literaire Forhold. Bemærkninger ved. J. J. A. Worsaae's Skrift om en forhistorisk saakaldet „tydsk" Befolkning i Danmark, Christiania 1849, S. 7. Munch war der Auffassung, daß der deutsche Anspruch auf ganz Schleswig unberechtigt war, und wies Grimms Theorien von angeblichen deutschen Wurzeln der jütischen Bevölkerung zurück. Der nationale Streit war in seinen Augen eine Katastrophe. Das germanische Volk mußte zusammenhalten und sich gegen den gemeinsamen Feind rüsten, den „Panslawismus". Vgl.: Der Pangermanismus. Eine Schrift für Deutschland und die nordischen Reiche gegen den dänischen Skandinavismus und das Russenthum, Hamburg 1857.

[140] P. A. Munch, Der Pangermanismus. Eine Schrift für Deutschland und die nordischen Reiche gegen den dänischen Skandinavismus und das Russenthum, Hamburg 1857 (übersetzt aus dem Norwegischen), S. 80.

[141] A. Scharff, Vom übernationalen zum nationalen Staat. Ursachen und Bedeutung des deutsch-dänischen Konflikts von 1864, in: Schleswig-Holstein in der europäischen und nordischen Geschichte, Gesammelte Aufsätze, Stuttgart 1969, S. 222.

[142] Ebd., S. 223.

[143] Ebd., S. 223.

[144] J. G. Kohl, Reisen in Dänemark und den Herzogtümern, Bd. I, S. 201.

[145] Günter Wollstein, Das 'Großdeutschland' der Paulskirche. Nationale Ziele in der bürgerlichen Revolution 1848–49, Düsseldorf 1977; S. 36 ff.

[146] Ebd., S. 40.

[147] Ebd., S. 42–43.

[148] Ebd., S. 45–46.

[149] Ebd., S. 47.

[150] Ebd., S. 49. Von beiden Seiten wurden von Zeit zu Zeit solche Behauptungen vorgetragen, obwohl es keine Kriegsverbrechen gab. Auch viele Zeitgenossen hoben die korrekte Haltung beider Seiten hervor. Siehe z. B. Wigard, Stenographischer Bericht, op. cit., Bd. 1, S. 380 f. (Giskra) und Bd. 1, S. 283 (Michelsen).

[151] Wolstein, op. cit., S. 51.

[152] Ebd., S. 66–67 und Stenographischer Bericht, op. cit., Bd. 3, S. 1880 ff.

[153] Wollstein, op. cit., S. 70.

[154] Ebd., S. 81 und Stenographischer Bericht, op. cit., Bd. 3, S. 2066 ff.

[155] Wollstein, S. 84 und Stenographischer Bericht, op. cit., Bd. 3, S. 2122 ff. (Ludwig Simon).

[156] Zit. nach I. Adriansen, op. cit., S. 65.

[157] Ebd., S. 73–74.

[158] C. F. Allen, Det danske Sprogs Historie i Sønderjylland eller Slesvig, I–II, Kopenhagen 1857–1858.

[159] I. Adriansen, op. cit., S. 62 ff.

[160] Troels Fink, Deutschland als Problem Dänemarks, Flensburg 1968, S. 19.

[161] Ebd., S. 26.

[162] Fædrelandet, 1. 7. 1857, Nr. 148.

[163] Troels Fink, op. cit., S. 26.

[164] Ebd., S. 36.

[165] Über die Bedeutung Schleswigs als mobilisierenden Faktor in der deutschen Nationalbewegung ist viel geschrieben worden. Ein Beispiel für die Entwicklung auf lokaler Ebene (Oldenburg) gibt Peter Klaus Schwarz, Nationale und soziale Bewegung in Oldenburg im Jahrzehnt vor der Reichsgründung, Oldenburg 1979.

[166] Carl Ploug, in: Fædrelandet, 2. 8. 1864.

[167] Folkert Krieger, Deutsch-Dänische Beziehungen 1901–1914, Dissertation, Bonn 1974.

[168] Henning Nielsen, Dansk Udenrigspolitik 1875–1894, Odense 1977, S. 40 ff. Die dänische Haltung im Deutsch-Französischen Krieg ist ausführlicher behandelt worden in: Aage Frijs, Danmark ved Krigsudbruddet 1870, Kopenhagen 1923.

[169] Henning Nielsen, op. cit., S. 64 ff.

[170] P. Munch, Det danske Folk og Udlandet, S. 45.

[171] Georg Brandes, Om Nationalfølelse. Foredrag holdt ved Indvielsen af det danske Studentersamfunds nye Lokaler den 1. Februar 1894, in: Samlede Skrifter 12. Bind, Kopenhagen 1902, S. 187–204; Zitat S. 188.

[172] Ebd., S. 188–189.

[173] Ebd., S. 191.

[174] Zit. nach Niels Finn Christiansen, Frø af ugræs, S. 171.

[175] Henning Nielsen, op. cit., S. 22; zit. nach J. Michaelsen, Fra min Samtid, Kopenhagen 1890, S. 49.

[176] I. Levin, Nogle Træk af Livet i Hamborg, Oplæst i Studenterforeningen 6. 11. 1858, Kopenhagen 1859.

[177] A. E. Meinert, Naturen og Menneskelivet, en folkelig Jordbeskrivelse 1–2, Kopenhagen 1853–1858, zit. nach Bd. II, S. 249–50.

[178] Der Kulturkampf ist ausführlich geschildert bei Hakon Stangerup, Kulturkampen 1872–1883, I–II, Kopenhagen 1946.

[179] N. F. S. Grundtvig, „Danskeren“, Et Ugeblad, Kopenhagen 1848–1851.

[180] Povl Bagge, Nationalisme, antinationalisme og nationalfølelse, in: Ole Feldbæk (Hrsg.), Dansk Identitetshistorie, Bd. 3, S. 445.

[181] Siehe Artikel von C. Rosenberg 1. und 3. Mai 1875, in: ›Fædrelandet‹; hier zit. nach Stangerup, I, S. 125 f.

[182] H. J. A. Raasløff, Der dänische Nationalcharakter und Dänemarks Verhältniß zu Deutschland, in: Deutsche Rundschau, 1879, S. 373.

183 Adolf Strodtmann, Das geistige Leben in Dänemark, Berlin 1873; S. 39–40.

184 Ebd., S. 45.

185 Ebd., S. 39–40.

186 Ebd., S. 31–32.

187 Ebd., S. 125–26.

188 Hakon Stangerup, Kulturkampen, Bd. I, S. 136f. und S. 159.

189 Georg Brandes, Berlin som tysk Rigshovedstad, Kopenhagen 1885.

190 Ellen Jørgensen, Historiens Studium i Danmark i det 19. Aarhundrede, 1943 (1964), S. 114–115, note 2.

191 Kristian Erslev, Augustenborgernes Arvekrav, Kopenhagen 1915. Siehe auch Danmarks Riges Historie, I–VI, 1898–1905. Diese Einschätzung vertritt U. Østergård, Feindbilder und Vorurteile in der dänischen Öffentlichkeit, in: G. Trautmann (Hrsg.), Die häßlichen Deutschen?, Darmstadt 1991.

192 [Julius Langbehn], Rembrandt als Erzieher, von einem Deutschen, Leipzig 1890, S. 223–226.

193 Ein Beispiel solcher Überlegungen findet man in dem Buch ›Nordisk Aand‹, das der hervorragende dänische Schriftsteller Johannes V. Jensen im Jahre 1911 schrieb.

194 Carl Petersen, Deutscher und nordischer Geist. Ihre Wechselwirkungen bis zum Ende der Romantik, 2. Aufl., Breslau 1937, S. 168. Der Satz, „der erste jüdische Zersetzer des geistigen Gemeinschaftsbewußtseins der Deutschen", fehlt in der Ausgabe aus dem Jahre 1932.

195 Das Zitat stammt vom späteren Außenminister P. Munch und ist hier nach H. Nielsen, op. cit., S. 39 zitiert.

196 Henning Nielsen, op. cit., S. 33.

197 Ebd., S. 59.

198 Ebd., S. 100.

199 Zit. nach F. Krieger, op. cit., S. 189.

200 Raasløff, op. cit., S. 392.

201 Zit. nach F. Krieger, op. cit., S. 8.

202 Henning Nielsen, op. cit., S. 105ff.

203 Ebd., S. 108.

204 Zit. nach F. Krieger, op. cit., S. 189.

205 Henning Nielsen, op. cit., S. 117; Troels Fink, Ustabil balance, S. 13f.

206 Viggo Sjøqvist, P. Vedel II, S. 213.

207 Zit. nach F. Krieger, op. cit., S. 187.

208 Henning Nielsen, op. cit., S. 74.

209 Troels Fink, Ustabil balance, S. 34.

210 Henning Nielsen, op. cit., S. 121.

211 Ebd., S. 122.

212 Troels Fink, Ustabil balance, S. 52.

213 F. Krieger, op. cit., S. 193.

214 Ebd., S. 194ff.

215 Ebd., S. 239.

[216] Zit. nach F. Krieger, op. cit., S. 22 (Deutsche Gesandtschaft in Kopenhagen an die Reichskanzlei Berlin, 2, 1902, I 10 [PA Dänemark 27]).

[217] Zit. nach F. Krieger, op. cit., S. 247.

[218] Fink, Ustabil balance, S. 221.

[219] F. Krieger, op. cit., S. 197; Note 63:

[220] Zit. nach F. Krieger, op. cit., S. 198.

[221] Ebd., S. 209 (Deutsche Gesandtschaft in Kopenhagen an die Reichskanzlei Berlin 145, 1913, VII 28 [PA Dänemark 37]).

[222] Ebd., S. 257–258 u. S. 264. Siehe auch H. Nielsen, op. cit. S. 202 f.

[223] Georg Brandes, Das Dänenthum in Südjütland, in: Die Zukunft 7, 1899, S. 58–71. Hier S. 68.

[224] F. Krieger, op. cit., S. 271.

[225] Ebd., S. 212.

[226] Ebd., S. 214. Siehe auch: Der dänische Gesandte in Berlin, Hegermann-Lindencrone an Außenminister Raben-Levetzau, abgedruckt als Dokument Nr. 4 bei Krieger, op. cit., S. 306 ff.

[227] F. Krieger, op. cit., S. 216; Zitat nach Martin Rade, Mehr Idealismus, S. 71.

[228] Thimme, Annelise, Hans Delbrück als Kritiker der wilhelminischen Epoche, Düsseldorf 1955.

[229] Hans Delbrück, Ausweisungen, in: Preußischen Jahrbücher, Nr. 94, 1898, S. 574.

[230] F. Krieger, op. cit., S. 227.

[231] Ebd., S. 280.

[232] Ebd., S. 287–289.

[233] Erik Rasmussen, Velfærdsstaten på vej, S. 42 f.

[234] K. C. Lammers, Fra borgfred til påskekrise, 1914–1920, in: Søren Mørch (Red.), Danmarks historie 7, Gyldendal, Kopenhagen 1988, S. 87 ff.

[235] Ebd., S. 100 ff.

[236] Akten aus dem Auswärtigen Amt, A I, Nov. 18–Mai 19., zit. nach Aufzeichnung vom 17. 10. 1918 (3413/E 014 197–200) in Note 2, S. 11.

[237] Bundesarchiv Koblenz, Reichskanzlei R 43 I/384, S. 15–19 (inkl. Rückseiten) Beigeordnete, Regierungspräsidenten in Schleswig (gez. Eduard Adler) an Herrn Ministerpräsident Scheidemann, Schleswig 30. April 1919, Nr. 2044.

[238] Bundesarchiv Koblenz, Reichskanzlei R 43 I/384, S. 21.

[239] Bundesarchiv Koblenz, Reichskanzlei R 43 I/384, S. 110–11, mit der Bemerkung: „Vom Vorstand der Sozialdem. Partei Dänemark überreicht durch den Parteisekretär Andersen 18. 12."

[240] Der Gesandte in Kopenhagen Freiherr von Neurath an das Auswärtige Amt, Bericht Nr. 169, Kopenhagen 19. 11. 1919, in Akten aus dem Auswärtigen Amt II, 1918–1925, Mai–Dezember 1919, S. 415 f.

[241] Akten aus dem Auswärtigen Amt II, 1918–1925, Mai–Dezember 1919, S. 469 f.; Aufzeichnung des Wirklichen Legationsrats Trautmann, Berlin 18. 12. 1919.

[242] Für Dänemark stimmten 75 431 und für Deutschland 25 319.

243 Bundesarchiv Koblenz, Reichskanzlei R 43 I/384, S. 119; Reichswehrministerium, Heeresleitung. Allgemeines Truppenamt, an den Herrn Reichskanzler, Berlin 19. 2. 1920, gez. v. Seeckt. Der Vorschlag wurde positiv aufgenommen, auch von Reichsminister des Innern, 7. 3. 1920 (ebd., S. 151).

244 Diesmal stimmten nur 12800 für Dänemark gegenüber 51724 für Deutschland. In der Stadt Flensburg gab es 27081 für Deutschland und nur 8944 für Dänemark.

245 Bundesarchiv Koblenz, Reichskanzlei R 43 I/384, S. 198–201. Der Minister des Innern an den Herrn Reichskanzler, Berlin 7. 6. 1920, IV c 6450/6455.

246 Bundesarchiv Koblenz, Reichskanzlei R 43 I/385, S. 6; Auswärtiges Amt an den Vorsitzenden der Deutschen Friedensdelegation, Herrn Gesandten von Mutius, Paris, Berlin 22. 11. 1920, Abschrift IV, Nd. 6378, gez. Simon.

247 Bundesarchiv Koblenz, Reichskanzlei R 43 I/385, S. 60f. Auswärtiges Amt Nr. IV Nd 638, Berlin 24. 2. 1921.

248 P. A. Bonn, AA., IV-Norden Dänemark. Politik 2: Politische Beziehungen, Bd. 4; Der Gesandte in Kopenhagen, von Mutius, an Herrn Legationsrat Dr. Freiherr von Thermann, Kopenhagen 11. 6. 1924.

249 P. A. Bonn, AA., IV-Norden Dänemark. Pressewesen-Dänemark. Politik 12; Deutsche Gesandtschaft in Kopenhagen an das Auswärtige Amt, Nr. 267 C 1, 14. 11. 1924, gez. von Bassewitz.

250 P. A. Bonn, AA., IV-Norden Dänemark. Pressewesen-Dänemark. Politik 12; Deutsche Gesandtschaft in Kopenhagen an das Auswärtige Amt, Nr. 89 P, 6. 5. 1927.

251 P. A. Bonn, AA., IV-Norden Dänemark. Politik 2: Politische Beziehungen, Bd. 3; Der Gesandte in Kopenhagen, von Mutius, an das Auswärtige Amt; Nr. 119 L, 7. 9. 1923.

252 Bundesarchiv Koblenz, Reichskanzlei R 43 I/385, S. 65ff. Der Landesvorstand des Schleswig-Holsteiner Bundes, Geschäftsstelle Flensburg an den Herrn Reichskanzler, „Die Lage in Nord und Mittelschleswig von der Abtretung bis 1. Januar 1921“, von Pastor Nissen, Flensburg, datiert 1. 3. 1921.

253 Bundesarchiv Koblenz, Reichskanzlei R 43 I/385; Minister des Innern an Herrn Staatssekretär der Reichskanzlei, Berlin 23. 9. 1921.

254 Bundesarchiv Koblenz, Reichskanzlei R 43 I/385, Regierungspräsident Schleswig an den Herrn Minister des Innern, Schleswig 26. 1. 1922.

255 Angesichts der Misere der deutschen Ökonomie rückten die Deutschen zunehmend von einem Minderheitenschutz auf Vertragsbasis ab. Man befürchtete, daß dies den finanziell besser ausgestatteten Dänen zum Vorteil gereichen könnte. Dazu kam, wie es der Flensburger Bürgermeister Todsen ausdrückte, das unbestreitbare agitatorische Geschick der Dänen und ihre Skrupellosigkeit in der Auslegung von Verträgen. Bundesarchiv Koblenz, Reichskanzlei R 43 I/385, S. 217f.; Deutsche Delegation in Kopenhagen, an das Auswärtige Amt 10. 4. 1922, gez. v. Koerner. Auch eine Aufzeichnung, Deutsche Delegation in Kopenhagen, J. 955, 1. 4. 1922.

256 Deutsche Gesandtschaft in Kopenhagen an das Auswärtige Amt,

Nr. 119 L, 7. 9. 1923, gez. von Mutius und Deutsche Gesandtschaft in Kopenhagen an das Auswärtige Amt, Nr. 138 C 1, in Anschluß an 119 L; Kopenhagen 13. 9. 1923, gez. von Mutius.

257 Bundesarchiv Koblenz, Reichskanzlei R 43 I/385, S. 380–383; Der Minister des Innern an die Reichskanzlei, Berlin 25. 10. 1923 gez. Severing.

258 Bundesarchiv Koblenz, Reichskanzlei R 43 I/385; Der Oberpräsident der Provinz Schleswig-Holstein an den Herrn Minister des Innern, gez. Kürbis, Kiel 29. 10. 1923 Betr. Aufwertung des Schleswig-Fondes.

259 Bundesarchiv Koblenz, Reichskanzlei R 43 I/385; Der Regierungspräsident in Schleswig an den Herrn Oberpräsident Kiel, Schleswig 19. 10. 1923.

260 Bundesarchiv Koblenz, Reichskanzlei R 43 I/385, S. 405–410; Deutsche Gesandtschaft in Kopenhagen an das Auswärtige Amt 20. 10. 1923 PA Nr. 433 im Anschluß an den Bericht vom 17. d. M., gez. von Mutius.

261 Die Rede Neergaards wurde am 16. 10. 1923 im Parlament gehalten.

262 Bundesarchiv Koblenz, Reichskanzlei R 43 I/385, S. 405–410; Deutsche Gesandtschaft in Kopenhagen an das Auswärtige Amt 20. 10. 1923 PA Nr. 433 im Anschluß an den Bericht vom 17. d. M., gez. von Mutius.

263 Der deutsche Gesandte berichtete über die Vereinbarung am 5. 12. 1923, siehe P. A. Bonn, AA., IV-Norden Dänemark. Politik 2: Politische Beziehungen, Bd. 3, Deutsche Gesandtschaft in Kopenhagen an das Auswärtige Amt, PA 474.

264 Es handelte sich um die Kleine Anfrage Nr. 868 im preußischen Landtag, 287. Sitzung, 14. 12. 1923.

265 Die Sitzungen Nr. 294 und 298 im preußischen Landtag, Januar 1924.

266 P. A. Bonn, AA., IV-Norden Dänemark. Politik 2: Politische Beziehungen, Bd. 3; Deutsche Gesandtschaft in Kopenhagen an das Auswärtige Amt, Nr. 2 C 1, 6. 2. 1924.

267 P. A. Bonn, AA., IV-Norden Dänemark. Politik 2: Politische Beziehungen, Bd. 4; 13. 3. 1924.

268 P. A. Bonn, AA., IV-Norden Dänemark. Politik 2: Politische Beziehungen, Bd. 3; Der deutsche Gesandte in Kopenhagen, von Mutius, an das Auswärtige Amt, Nr. 2 C 1, Kopenhagen 30. 1. 1924.

269 P. A. Bonn, AA., IV-Norden Dänemark. Politik 2: Politische Beziehungen, Bd. 4; Der deutsche Gesandte in Stockholm an das Auswärtige Amt, Stockholm 22. 4. 1924 Nr. A 495.

270 P. A. Bonn, AA., IV-Norden Dänemark. Politik 2: Politische Beziehungen, Bd. 4; Die deutsche Gesandtschaft in Kristiania an das Auswärtige Amt, A Nr. 53, 3. 5. 1924.

271 P. A. Bonn, AA., IV-Norden Dänemark. Politik 2: Politische Beziehungen, Bd. 4; Berlin, 21. 5. 1924, Aufzeichnung (zu IV a Nd 1296).

272 Adolf Jürgens, Skandinavien von Heute. Gegenwartsprobleme aus dem politischen und wirtschaftlichen Leben unserer skandinavischen Nachbarn, in: Geographie des Menschen und Völkerlebens in Geschichte und Gegenwart, Heft 3, Bonn/Leipzig 1922, S. 28–29.

[273] P. A. Bonn, AA., IV-Norden Dänemark. Politische Beziehungen Dänemark–Deutschland, Politik 2, Bd. 5; Der Landesvorstand des Schleswig-Holsteiner Bundes – An die Dt. Reichsregierung, z. H. des A. A. Flensburg, 20. 3. 1925.

[274] P. A. Bonn, AA., IV-Norden Dänemark. Politische Beziehungen Dänemark–Deutschland, Politik 2, Bd. 5; Deutsche Gesandtschaft an das Auswärtige Amt, 93 A, 3. 3. 1925.

[275] P. A. Bonn, AA., IV-Norden Dänemark. Politische Beziehungen Dänemark–Deutschland, Politik 2, Bd. 5; Deutsche Gesandtschaft an das Auswärtige Amt, 124 A, 29. 4. 1925.

[276] P. A. Bonn, AA., IV-Norden Dänemark. Politische Beziehungen Dänemark–Deutschland, Politik 2, Bd. 6; Deutsche Gesandte in Kopenhagen, von Mutius, an das Auswärtige Amt, Nr. 288 C1, 4. 11. 1925.

[277] P. A. Bonn, AA., IV-Norden Dänemark. Politik 2, Bd. 6; „Dänemarks auswärtige Politik", 3. 5. 1925, gez. von Weizsäcker.

[278] Berlingske Tidende, 3. 6. 1926.

[279] P. A. Bonn, AA., IV-Norden Dänemark. Politische Beziehungen Dänemark–Deutschland, Politik 2, Bd. 6; Deutsche Gesandtschaft in Kopenhagen an das Auswärtige Amt, 186 F, 20. 8. 1926.

[280] P. A. Bonn, AA., IV-Norden Dänemark. Politische Beziehungen Dänemark–Deutschland, Politik 2, Bd. 6; Deutsche Gesandtschaft in Kopenhagen an das Auswärtige Amt, Bericht Nr. 226 B, 20. 10. 1926.

[281] P. A. Bonn, AA., IV-Norden Dänemark. Politische Beziehungen Dänemark–Deutschland, Politik 2, Bd. 7; Der Gesandte in Kopenhagen von Hassell an das Auswärtige Amt, Nr. 5 C1, 4. 1. 1927, Politische Ausführung des Außenminister Dr. Moltesen. (Teutonismus) und Der Gesandte in Kopenhagen von Hassell an das Auswärtige Amt, Nr. 28 B/27, 7. 2. 1927; Dr. Moltesen über die deutsch-dänische Beziehungen.

[282] P. A. Bonn, AA., IV-Norden Dänemark, Politische Beziehungen Dänemark–Deutschland, Politik 2, Bd. 7; Telegramm, Auswärtiges Amt an die deutsche Gesandtschaft in Kopenhagen, 9. 2. 1927, gez. Schubert.

[283] P. A. Bonn, AA., IV-Norden Dänemark, Politische Beziehungen Dänemark–Deutschland, Politik 2, Bd. 7; Deutsche Gesandtschaft in Kopenhagen an das Auswärtige Amt, 58 P, 8. 4. 1929 und 102 C, 22. 4. 1929.

[284] P. A. Bonn, AA., IV-Norden Dänemark, Politische Beziehungen Dänemark–Deutschland, Politik 2, Bd. 8; Deutsche Gesandtschaft an das Auswärtige Amt 43 B, 11. 2. 1930 und Deutsche Gesandtschaft an das Auswärtige Amt, 43 B, 17. 3. 1930, gez. Levetzow.

[285] P. A. Bonn, AA., IV-Norden Dänemark, Politische Beziehungen Dänemark–Deutschland, Politik 2, Bd. 8; Deutsche Gesandtschaft an das Auswärtige Amt 121 B, 16. 6. 1930.

[286] P. A. Bonn, AA., IV-Norden Dänemark, Politische Beziehungen Dänemark–Deutschland, Politik 2, Bd. 9; Deutsche Gesandtschaft in Kopenhagen an das Auswärtige Amt, 28. 4. 1931, Nr. 58 B.

[287] P. A. Bonn, AA., IV-Norden Dänemark, Politische Beziehungen Däne-

mark–Deutschland, Politik 2, Bd. 9; Korrespondenzbüro „Nordschleswig", 21. 5. 1931.

288 P. A. Bonn, AA., IV-Norden Dänemark, Politische Beziehungen Dänemark–Deutschland, Politik 2, Bd. 9; Deutsche Gesandtschaft in Kopenhagen an das Auswärtige Amt, 21. 7. 1931, 147 P und: Social-Demokraten, 7. 8. 1931.

289 P. A. Bonn, AA., IV-Norden Dänemark, Politische Beziehungen Dänemark–Deutschland, Politik 2, Bd. 9; Der deutsche Gesandte in Kopenhagen, von Richthofen, an das Auswärtige Amt, Nr. 157 C1, 23. 6. 1931: „Das Verhältnis zwischen Dänemark und Deutschland."

290 P. A. Bonn, AA., IV-Norden Dänemark, Politische Beziehungen Dänemark–Deutschland, Politik 2, Bd. 9; Der deutsche Gesandte in Kopenhagen, von Richthofen, an das Auswärtige Amt, Nr. 157 C1, 23. 6. 1931: „Das Verhältnis zwischen Dänemark und Deutschland."

291 P. A. Bonn, AA., IV-Norden Dänemark, Politische Beziehungen Dänemark–Deutschland, Politik 2, Bd. 9; Deutsche Gesandtschaft an das Auswärtige Amt, 22. 2. 1932, Nr. 66 P.

292 P. A. Bonn, AA., IV-Norden Dänemark, Politische Beziehungen Dänemark–Deutschland, Politik 2, Bd. 9; Deutsche Gesandtschaft an das Auswärtige Amt, 23. 2. 1932 Nr. 62 C1, gez. Richthofen.

293 Berlingske Tidende, 14. 1. 1932.

294 P. A. Bonn, AA., IV-Norden Dänemark, Politische Beziehungen Dänemark–Deutschland, Politik 2, Bd. 9; Deutsche Gesandtschaft an das Auswärtige Amt, Bericht 58 B, 19. 2. 1932.

295 P. A. Bonn, AA., IV-Norden Dänemark, Politische Beziehungen Dänemark–Deutschland, Politik 2, Bd. 9; Der deutsche Gesandte in Kopenhagen, von Richthofen, an das Auswärtige Amt, Nr. 157 C1, 23. 6. 1931: „Das Verhältnis zwischen Dänemark und Deutschland."

296 Hermann Kantorowicz, Der Geist der englischen Politik und das Gespenst der Einkreisung Deutschlands, Berlin 1929.

297 P. A. Bonn, AA., IV-Norden Dänemark, Politische Beziehungen Dänemark–Deutschland, Politik 2, Bd. 1; Der deutsche Gesandte in Kopenhagen, von Bassewitz, an das Auswärtige Amt, Nr. 1443, 11. 8. 1921.

298 Unter den Vorträgen in Lübeck waren: Die Mitarbeit der Frau zur Ueberwindung der Weltkrise, Die Entwicklungslinie des schwedischen Parlamentarismus, Ueber das dänische Volkshochschulwesen, Die Fehmarnbahnlinie und Die Beziehungen der lübeckischen Kunst zu den skandinavischen Ländern im Mittelalter. Material über die Nordische Woche gibt es in P. A. Bonn, AA., IV-Norden, Politik 26, Politische und kulturelle Propaganda 1920–1936.

299 Bundesarchiv Koblenz, NS-8 222, Denkschrift (1935), unsigniert, S. 29 sowie Bericht über eine Besprechung wegen der Gleichschaltung der „Nordische Gesellschaft" in Lübeck. Bundesarchiv Koblenz, NS-8 221, S. 19f.

300 Material über die Gesellschaft von 1916, zum Beispiel Listen über die Vorträge in den Jahren 1916 bis 1929, gibt es in P. A. Bonn, AA., IV-Norden Dänemark Politik 26, Politische und kulturelle Propaganda-Dänemark.

301 Das war zum Beispiel die Begründung von Carl Roos, dem bekannten

dänischen Germanisten, der später Vorsitzender der Gesellschaft wurde. Carl Roos, Indhøstningens Tid, Livserindringer II, Kopenhagen 1961, S. 142.

[302] P. A. Bonn, AA., IV-Norden Dänemark, Politik 26, Politische und kulturelle Propaganda-Dänemark, Deutsche Gesandtschaft in Kopenhagen an das Auswärtige Amt, 24 P, „Kulturpolitische Arbeit in Dänemark“, 16. 11. 1928, gez. von Hassell.

[303] Carl Roos, op. cit., S. 142 und P. A. Bonn, AA, IV-Norden Dänemark, Politik 26, Politische und kulturelle Propaganda-Dänemark, Der deutsche Gesandte in Kopenhagen, von Richthofen, an das Auswärtige Amt, 126 XV, 12. 4. 1933: „Gesellschaft von 1916 für deutsch-dänischen Kulturaustausch.“

[304] Hans Mouritzen, Danish Foreign Policy 1935–40: Concessions, Invisibility, and invisible Concessions, Copenhagen 1984, S. 19.

[305] Peter Munchs Persönlichkeit und Politik wird in zwei Monographien charakterisiert, Viggo Sjøqvist, Peter Munch, Kopenhagen 1976 und Ole Karup Pedersen, P. Munchs opfattelse af Danmarks stilling i international politik, Kopenhagen 1970.

[306] Eine Untersuchung über das Verhältnis zwischen Dänemark und Großbritannien während der 1930er Jahre bietet Susan Seymour, Anglo-Danish Relations and Germany 1933–45, Odense 1982.

[307] Sjøqvist, Danmarks Udenrigspolitik 1933–1940, S. 96.

[308] Ebd., S. 99–100.

[309] Ebd., S. 107, und Mouritzen, Danish Foreign Policy, S. 22.

[310] Sjøquist, Danmarks Udenrigspolitik 1933–1940, S. 121.

[311] Ebd., S. 134–36.

[312] Ebd., S. 138–39.

[313] Ebd., S. 146–49.

[314] Henrik S. Nissen, Udenrigspolitik 1933–1940, in: E. Mørch (Hrsg.), Danmarks Historie, Gyldendal Kopenhagen 1988, Bd. 7, S. 341–343. Vgl. auch Sjøquist, Danmarks Udenrigspolitik, S. 152–153.

[315] Sjøqvist, Danmarks Udenrigspolitik, S. 178.

[316] Ebd., S. 184–186.

[317] Seymour, Anglo-Danish Relations and Germany 1933–45, S. 63.

[318] Akten zur deutschen Auswärtigen Politik, Serie C, Band VI, 2 März–November 1937. Dokument Nr. 455; Der Gesandte in Kopenhagen von Renthe-Fink an das Auswärtige Amt, 8. 7. 1937.

[319] Ebd. Dokument Nr. 463, Vermerk des Ministerialdirektors Freiherr von Weizsäcker, 14. 7. 1937.

[320] Mouritzen, Danish Foreign Policy, S. 30.

[321] Ebd., S. 46.

[322] Sjøqvist, Danmarks Udenrigspolitik, S. 240.

[323] Ebd., S. 241.

[324] Ebd., S. 249.

[325] Georg Cohn, Neo-Neutralitet, Kopenhagen 1937.

[326] Nissen, Udenrigspolitik 1933–1940, S. 251.

[327] Sjøquist, Danmarks Udenrigspolitik, S. 282.

[328] Ebd., S. 288.

[329] Mouritzen, Danish Foreign Policy, S. 10–11.

[330] Sjøquist, Danmarks Udenrigspolitik, S. 290.

[331] Mouritzen, Danish Foreign Policy, S. 40.

[332] Sjøquist, Danmarks Udenrigspolitik, S. 295 f.

[333] Ebd., S. 298.

[334] Ebd., S. 299.

[335] Ebd., S. 300.

[336] Nissen, Udenrigspolitik 1933–1940, S. 352 f.

[337] Mouritzen, Danish Foreign Policy, S. 40–41.

[338] Ebd., S. 46–47.

[339] Ebd., S. 45.

[340] Der nordische Gedanke im Dritten Reich ist umfassend behandelt in Hans-Jürgen Lutzhöft, Der nordische Gedanke in Deutschland 1920–1940, Kieler Historische Studien 14, Stuttgart 1971.

[341] Bundesarchiv Koblenz, NS-8 222, Denkschrift: Deutsche Arbeit im Norden (1935), S. 49 f.

[342] Unter den Mitgliedern waren Himmler, Ley, Rosenberg, Frick, Darré und von Schirach.

[343] Bundesarchiv Koblenz, NS-8 221 Brief von Staatsrat Helm an von Trotha, Lübeck 11. 7. 1933, S. 97.

[344] Bundesarchiv Koblenz, NS-8 221, Bericht über eine Besprechung wegen der Gleichschaltung der „Nordischen Gesellschaft" in Lübeck, S. 19 f.

[345] Bundesarchiv Koblenz, NS-8 221, Sekretariat der Nordischen Gesellschaft (v. Trotha) an Professor Hans F. K. Günther, Jena, 9. 6. 1933, S. 90.

[346] Bundesarchiv Koblenz, NS-8 221, Rosenberg: Antrag an den Stellvertreter des Führers, ohne Datum, S. 20.

[347] Bundesarchiv Koblenz, NS-8 222, Denkschrift (1935), unsigniert, S. 29–30.

[348] Ebd., S. 34–35.

[349] Ebd., S. 30–32; Die Aufgaben der Gesellschaft wurden auch dargestellt in einer Broschüre, siehe Bundesarchiv Koblenz, Slg. Schumacher 220, „Nordische Gesellschaft".

[350] Bundesarchiv Koblenz, NS-8 221, S. 193 ff.

[351] Bundesarchiv Koblenz, NS-8 221, Programm der Zweiten Reichstagung der NG, 23.–30. 6. 1935 in Lübeck, S. 145 ff. Siehe auch Denkschrift (1935), unsigniert, Bundesarchiv Koblenz, NS-8 222, S. 32.

[352] Bundesarchiv Koblenz, NS-8 222, Denkschrift: Deutsche Arbeit im Norden (1935), S. 50–51.

[353] P. A. Bonn, AA., IV-Norden Politik 26, Politische und kulturelle Propaganda 1920–1936. Aufzeichnung, gez. Aschmann 16. 8. 1935.

[354] Bogs war ehemaliger Skandinavien-Referent im Auswärtigen Amt und seit April 1933 in Dänemark. Er war Mitglied des Kuratoriums, des sogenannten „Großen Rats", der Nordischen Gesellschaft.

[355] Bundesarchiv Koblenz, NS-8 221, Regierungsoberrat, Obersturmführer SS Alexander Bogs an Pg. von Trotha, 18. 11. 1935.

[356] Vortragender Legationsrat von Grundherr an Gesandten von Renthe-Fink, Berlin 5. Mai 1938, in: Akten zur auswärtigen Politik 1918–1945, Serie D (1937–1945), Bd. V, Juni 1937–März 1939, Dokument Nr. 427, S. 464–466.

[357] Der Gesandte in Kopenhagen an das Auswärtige Amt, Kopenhagen 3. Juni 1938. Betr.: „Tätigkeit der Nordischen Gesellschaft in Dänemark", in Akten zur auswärtigen Politik 1918–1945, Serie D (1937–1945), Bd. V, Juni 1937–März 1939, Dokument Nr. 432, S. 476–478.

[358] Bundesarchiv Koblenz, NS-8 222.

[359] Bundesarchiv Koblenz, NS-8 132, Bericht über die Reise nach Kopenhagen, Dr. Koeppen an Reichsleiter Rosenberg, 24. 3. 1944, und Stichwort-Protokoll des Termins von Pg. Utikal und Pg. Bauer beim Reichsleiter 24. 3. 1944, S. 22–25 und 27–28.

[360] Alfred Andersch, Kirschen der Freiheit, Reclam 1973, S. 42.

[361] Tage Kaarsted, Krise og krig 1920–1950. Gyldendal og Politikens Danmarkshistorie, Red. Olaf Olsen, Bd. 13, 1991, S. 191.

[362] Ebd., S. 193.

[363] Hier wird das Wort „Kollaboration" benutzt, um die Politik der dänischen Regierung zu beschreiben. In der dänischen Tradition wird eher von „Verhandlung" gesprochen. In der Praxis läßt sich diese Politik schwer von der eines Quisling-Regimes unterscheiden, obwohl die dänische Historiographie sicherlich auf einem solchen Unterschied bestehen würde. Siehe z. B. Hans Kirchhoff, Historieskrivning og myter, 1985 und Gyldendals Danmarkshistorie, Bd. 7, S. 135.

[364] Tage Kaarsted, op. cit., 1991, S. 215.

[365] Ebd., S. 216.

[366] Ebd., S. 233 f.

[367] Ebd., S. 237.

[368] Hans Kirchhoff, Augustoprøret 1943, Bd. I–III, 1979.

[369] Kaarsted, op. cit., S. 241.

[370] Aage Trommer, Jernbanesabotagen i Danmark under den anden verdenskrig, 1971.

[371] Die juristische Seite des dänischen „Retsopgør" nach dem Kriege ist besonders bei Ditlev Tamm, Retsopgøret efter Besættelsen, Kopenhagen 1984, ausführlich behandelt worden.

[372] Kaarsted, op. cit., S. 271.

[373] Ebd., S. 271.

[374] Ebd., S. 271–72.

[375] Die russische Anerkennung von Dänemark als Verbündetem erfolgte erst am 17. Mai 1945.

[376] Kaarsted, op. cit., S. 263–64.

[377] J. P. Noack, Det sydslesvigske grænsespørgsmål 1945–1947, 1991, S. 577.

[378] A. Scharff, Der Weg zur deutsch-dänischen Verständigung nach 1945, S. 647 f.

[379] J. P. Noack, op. cit., S. 578.

[380] Ebd., S. 579.

[381] A. Scharff, op. cit., S. 676; siehe auch Bjarne W. Frederiksen, Danmarks Sydslesvigpolitik efter det tyske sammenbrud i 1945, Kbh., Aarhus 1971 und Anders Ture-Lindstrøm, Landet Slesvig-Holstens politiske historie i hovedtræk 1945–1954, Flensburg 1975.

[382] Laut Kabinettsbeschluß vom Oktober 1945, siehe J. P. Noack, op. cit., S. 580.

[383] J. P. Noack, op. cit., S. 580 f. und 582.

[384] A. Scharff, op. cit., S. 675.

[385] Ebd., S. 677.

[386] Ebd., S. 678.

[387] Ebd., S. 678 ff.

[388] Zit. nach A. Scharff, op. cit., S. 682.

[389] Ebd., S. 685.

[390] Harald Westergaard Andersen, Dansk Politik igår og idag, 1976, S. 180 ff.

[391] Hanne Rasmussen u. Mogens Rüdiger, Tiden efter 1945, S. 241.

[392] Westergaard Andersen, op. cit., S. 189.

[393] Hanne Rasmussen u. Mogens Rüdiger, Tiden efter 1945, S. 241 f.

[394] Ebd., S. 243 und Westergaard Andersen, op. cit., S. 193.

[395] Kr. Jespersen (Hrsg.), Ja eller nej til Fællesmarkedet, København 1962. Siehe die Stellungnahme des Staatsministers Viggo Kampmann und der Liberale Axel Kristensen, S. 32 f. und S. 65–75.

[396] Kr. Jespersen (Hrsg.), Ja eller nej til Fællesmarkedet, København 1962. Siehe Karl Schytte, S. 33 f.

[397] Ebd. Siehe Jørgen Jensen, S. 34–38.

[398] Ebd. Siehe Morten Lange, S. 39 f.

[399] Ebd., S. 43–45.

[400] Ebd., S. 49–51.

[401] Ebd., S. 92–100.

[402] Ebd., S. 134.

[403] Ebd., S. 105.

[404] Westergaard Andersen, op. cit., S. 194 f. und H. Rasmussen u. M. Rüdiger, op. cit., S. 242 f.

[405] Westergaard Andersen, op. cit., S. 196–197.

[406] Westergaard Andersen, op. cit., S. 197 ff. und H. Rasmussen u. M. Rüdiger, op. cit., S. 245.

[407] Der damalige Sozialdemokrat Erhard Jakobsen war ein Beispiel. Vgl. Erhard Jakobsen, Spørg bare – om Danmark og EF, Kopenhagen 1972.

[408] Henrik S. Nissen, Danskeren 1972, in: Dansk Identitetshistorie IV, S. 393–420.

[409] P. O. Nielsen, Derfor nej til Fællesmarkedet, Kopenhagen 1972, S. 106 f.

410 BT, 3. 10. 1970.

411 Eine ausführlichere Beschreibung der politischen Plakate beider Seiten findet sich in Henrik S. Nissen, Danskeren 1972, in: Dansk Identitetshistorie IV, S. 393–420.

412 Ein Beispiel für die kommunistisch inspirierte Haltung vom unverbesserlichen und größenwahnsinnigen deutschen Nachbarn ist z. B. H. E. Sørensen (Hrsg.), Klart nej til Fællesmarkedet, Skærbæk 1972.

413 P. Lauring i K. P. Pedersen, Skal Danmark nedlægges?, Kopenhagen 1972, S. 7 f.

414 Vgl. z. B. Palle Lauring, Punktum for Danmarkshistorien, Kopenhagen 1972.

415 Zit. nach Sådan sagde de om Danmark og EF, Kopenhagen 1972, S. 90.

416 Se P. Lund-Nielsen i K. P. Pedersen, Skal Danmark nedlægges?, Kopenhagen 1972, S. 69.

417 Es gab Parlamentswahlen in Dänemark in den Jahren 1971, 1973, 1975, 1977 und 1979.

418 Nikolaj Petersen, Denmark and NATO 1949–1987, Forskningsstudier 2, Oslo 1987, S. 43.

419 Ebd., S. 35 ff.

LITERATUR

(Die in den Anmerkungen genannten unveröffentlichten Dokumente stammen – wie jeweils angegeben – aus dem Bundesarchiv, Koblenz, und aus dem Politischen Archiv des Auswärtigen Amtes, Bonn.)

Adriansen, Inge: Fædrelandet, folkeminderne og modersmålet, Sønderborg 1990.

Alexis, Willibald (W. Haering): Herbstreise durch Scandinavien, Berlin 1828.

Andersch, Alfred: Kirschen der Freiheit, Stuttgart 1973.

Bagge, Povl: Nationalisme, antinationalisme og nationalfølelse i Danmark omkring 1900, in: Dansk Identitetshistorie, hrsg. von Ole Feldbæk, Bd. 3, 1992, S. 443–467. (Zuerst erschienen in Festskrift til Astrid Friis, Kopenhagen 1963.)

Baggesen, Jens: Labyrinten eller Reise giennem Tydskland, Schweitz og Frankerig, Kopenhagen 1792–93 (2 Bde.).

Bech, Helge: Jacob Grimm und die Frankfurter Nationalversammlung, in: Euphorion 61, 1967, S. 349–360.

Boas, Eduard: In Scandinavien, Leipzig 1945.

Brandes, Georg: Berlin som tysk Rigshovedstad, Kopenhagen 1885.

–: Das Dänenthum in Südjütland, in: Die Zukunft 7, 1899, S. 58–71.

–: Om Nationalfølelse. Foredrag holdt ved Indvielsen af Det danske Studentersamfunds nye Lokaler den 1. Februar 1894, i Samlede Skrifter 12. Bind, Kopenhagen 1902, S. 187–204.

Büsch, J. G.: Ueber kaufmännische Reise, in: J. G. Büschs sämtliche Schriften, Bd. XIII, Wien 1813–1818, S. 209–318.

Cappis, O. B.: Die Idee des Kleinstaates im Deutschland des 19. Jahrhunderts, Basel 1923.

Christiansen, Niels Finn: Frø af ugræs: Danmark og Tyskland i det 19. Århundrede, in: K. K. Kristiansen und Jens R. Rasmussen (Hrsg.), Fjendebilleder og fremmedhad, Kopenhagen 1988, S. 161–74.

Cohn, Georg: Neo-Neutralitet, Kopenhagen 1937.

Carl Crügers Handelsgeographie oder Beschreibung der Erde, was sie für den Kaufmann ist, hrsg. von J. C. B. Langhenie, Hamburg 1834, Bd. I–IV.

Dahlmann, F. C.: Geschichte von Dänemark I–III (Geschichte der europäischen Staaten, hrsg. von A. H. L. von Heeren), Hamburg 1840–43.

Dansk Ugeskrift, Nr. 1 & 2, 1832.

Degn, Christian: Orla Lehmann und der nationale Gedanke, Neumünster 1936.

Dehn, Christian: Seeland und die Seeländer. Ein Beitrag zur Charakteristik des dänischen Landes und Volkes, Schwerin 1839.
Erslev, Kristian: Augustenborgernes Arvekrav, Kopenhagen 1915.
Etlar, Carit: Dronningens Vagtmester, Kopenhagen 1855.
–: Gøngehøvdingen, Kopenhagen 1853.
Fabricius, J. C.: Von der Volksvermehrung insonderheit in Dänemark, Hamburg/Kiel 1781.
Fabricius, Knud: Kongeloven, Kopenhagen 1920.
Feldbæk, Ole (Hrsg.): Dansk Identitetshistorie, Bd. 1–4, Kopenhagen 1991–1992.
–: Fædreland og Indfødsret. 1700-tallets danske identitet, in: Ole Feldbæk (Hrsg.), Dansk Identitetshistorie, Bd. 1, Kopenhagen 1991, S. 111–230.
–: Kærlighed til Fædrelandet, in: Fortid og Nutid, XXXI, 1984, S. 270–288.
Fink, Troels: Admiralstatsplanerne i 1840'erne, i Festskrift til Erik Arup, Kopenhagen 1946, S. 287–303.
–: Spillet om dansk neutralitet 1905–09. L. F. Lütken og dansk udenrigs- og forsvarspolitik, Aarhus 1959.
–: Ustabil balance. Dansk udenrigs- og forsvarspolitik 1894–1905, Aarhus 1961.
–: Deutschland als Problem Dänemarks, Flensburg 1968.
Fontane, Theodor: Unterwegs und Daheim, Sämtliche Werke, Bd. XVIII, München 1972.
(Essen, Carl von): Fragmente aus dem Tagebuch eines Fremden mehrentheils während dessen Aufenthalt in einigen königlich-dänischen Staaten gesammelt, Kopenhagen 1800.
Frijs, Aage: Danmark ved Krigsudbruddet 1870, Kopenhagen 1923.
Gebhardis Allgemeine Geschichte des Königreichs Dänemark, 1768–76.
Gerhardt, Martin, u. Walther Hubatsch: Deutschland und Skandinavien im Wandel der Jahrhunderte (2., verbesserte Aufl.), Bonn 1977.
Gollwitzer, Heinz: Zum politischen Germanismus des 19. Jahrhunderts, in: Festschrift für Hermann Heimpel zum 70. Geburtstag. Veröffentlichungen des Max-Planck-Instituts, 36, 1, Göttingen 1971.
Grimm, Jacob: Kleinere Schriften I–VIII, Gütersloh 1890.
Grimm, Wilhelm (Hrsg.): Altdänische Heldenlieder, Balladen und Märchen, Heidelberg 1811.
Grundtvig, N. F. S.: Danskeren, Et Ugeblad, Kopenhagen 1848–1851.
–: Mands Minde, 1838.
Görres, Josef: Brief an die Brüder Grimm, 22. 11. 1812; Gesammelte Schriften, Bd. 3, Köln 1926.
Hausmann, Joh. Fr. Ludw.: Reise durch Skandinavien in den Jahren 1806 und 1807, Göttingen (5 Theile) 1811–1818.
Häußer, Ludwig: Schleswig-Holstein, Dänemark und Deutschland, Heidelberg 1846.
Henningsen, Bernd: „O Danmarck!“ Das „Dänische“ an der dänischen politischen Tradition, unveröfftl. Vortrag (1991).

Hinrichsen, C.: Die Germanisten und die Wege der Geschichte, Kopenhagen 1848.

Hubatsch, Walter: Die Deutschen und der Norden. Ein Beitrag zur politischen Ideengeschichte vom Humanismus bis zur Gegenwart in Dokumenten, Göttingen 1951.

–: Die erste deutsche Flotte 1848–1853, 1981.

Jahn, Friedrich Ludwig: Deutsches Volkstum, Berlin 1809, in: Friedrich Ludwig Jahns Werke, hrsg. von Dr. Carl Euler, 1. Bd., Hof 1884.

Jakobsen, Erhard: Spørg bare – om Danmark og EF, Kopenhagen 1972.

Jensen, Johannes V.: Nordisk Aand, Kopenhagen 1911.

Jespersen, Kr. (Hrsg.): Ja eller nej til Fællesmarkedet, Kopenhagen 1962.

Jürgens, Adolf: Skandinavien von Heute. Gegenwartsprobleme aus dem politischen und wirtschaftlichen Leben unserer skandinavischen Nachbarn. Geographie des Menschen und Völkerlebens in Geschichte und Gegenwart, Heft 3, Bonn/Leipzig 1922.

Jørgensen, A. D. (Hrsg.): Kongeloven og dens Forhistorie, Kopenhagen 1886.

Jørgensen, Ellen: Historiens Studium i Danmark i det 19. Aarhundrede, Kopenhagen 1943.

Kaarsted, Tage: Krise og krig 1920–1950. Gyldendal og Politikens Danmarks historie, Red. Olaf Olsen, Bd. 13, 1991.

Kaegi, Werner: Der Typus des Kleinstaates im europäischen Denken, in: Neue Schweizer Rundschau, VI., Jg., 1938, S. 257–271, 345–361 u. 415–431.

Kantorowicz, Hermann: Der Geist der englischen Politik und das Gespenst der Einkreisung Deutschlands, Berlin 1929.

Karup Pedersen, Ole: P. Munchs opfattelse af Danmarks stilling i international politik, Kopenhagen 1970.

Kirchhoff, Hans: Augustoprøret 1943, I–III, Kopenhagen 1979.

Kohl, Johann Georg: Marschen und Inseln der Herzogtümer Schleswig und Holstein, Leipzig u. Dresden 1846 [Reprint, Wiesbaden 1973].

–: Reisen in Dänemark und den Herzogtümern Schleswig und Holstein, Leipzig 1846.

Krieger, Folkert: Deutsch-Dänische Beziehungen 1901–1914, Dissertation, Bonn 1974.

Lademacher, Horst: Zwei ungleiche Nachbarn. Wege und Wandlungen der deutsch-niederländischen Beziehungen im 19. und 20. Jahrhundert, Darmstadt 1990.

Lammers, K. C.: Fra borgfred til påskekrise, 1914–1920, in: Søren Mørch (Red.), Danmarks historie 7, Gyldendal, Kopenhagen 1988, S. 82–138.

Langbehn, Julius: Rembrand als Erzieher, Leipzig 1890.

Lauring, Palle: Punktum for Danmarkshistorien, Kopenhagen 1972.

Lenz, Christian Ludwig: Bemerkungen auf Reisen in Dänemark, Schweden und Frankreich, Gotha 1800.

Levin, I.: Nogle Træk af Livet i Hamborg, Kjøbenhavn 1859.

List, Friedrich: Das nationale System der politischen Oekonomie, Stuttgart/Tübingen 1841.

Lutzhöft, Hans-Jürgen: Der nordische Gedanke in Deutschland 1920–1940, Kieler Historische Studien 14, Stuttgart 1971.

Magon, Leopold: Ein Jahrhundert geistiger und literarischer Beziehungen zwischen Deutschland und Skandinavien 1750–1850, 1. Bd., Die Klopstockzeit in Dänemark, Dortmund 1926.

Meinert, A. E.: Naturen og Menneskelivet, en folkelig Jordbeskrivelse 1–2, Kopenhagen 1953–54.

Monrad, D. G.: Flyvende politiske Blade, Nr. 1, Kopenhagen 1839.

Morgenthau, H. J.: Dilemma of Politics, Chicago 1958.

Mouritzen, Hans: Danish Foreign Policy 1935–40: Concessions, Invisibility, and invisible Concessions, Kopenhagen 1984.

Munch, Peter A.: Der Pangermanismus. Eine Schrift für Deutschland und die nordischen Reiche gegen den dänischen Skandinavismus und das Russenthum, Hamburg 1857 (übersetzt aus dem Norwegischen).

–: Skandinavismen, nærmere undersøgt med hensyn til Nordens ældre nationale og literaire Forhold. Bemærkninger ved J. J. A. Worsaa's Skrift om en forhistorisk saakaldet „tydsk" Befolkning i Danmark, Christiania 1849.

Munch, Peter: Det danske Folk og Udlandet, in Schultz Danmarkshistorie V, S. 3–76, Kopenhagen 1942.

Mügge, Th.: Der scandinavische Norden und dessen gegenwärtige und zukünftige Verhältnisse zu Deutschland, in: Deutsches Bürgerbuch für 1845, neu herausgegeben von Rolf Schloesser, Köln 1975, S. 141–73.

Niebuhr, Barthold Georg: Briefe I–II, hrsg. von Dietrich Gerhard und William Norvin, Berlin 1926.

B. G. Niebuhrs Erklärung aus dem Jahre 1814 über sein Verhältnis zu Preußen und Dänemark. Mitgeteilt von Karl Hugelmann, in: Historische Zeitschrift 98, 3. Folge, Band 2, 1907, S. 126–134.

Niebuhr, Carsten: Reisebeschreibung nach Arabien und anderen umliegenden Ländern, I–III, Kopenhagen 1774–1837.

Niebuhr, Marcus: Die deutsche Seemacht und ein deutsch-skandinavischer Bund, 1848.

Nielsen, Henning: Dansk Udenrigspolitik 1875–1894, Odense 1977.

Nielsen, P. O.: Derfor dansk nej til Fællesmarkedet, Kopenhagen 1972.

Nissen, Henrik S.: Besættelsen, in: E. Mørch (Hrsg.), Danmarks Historie, Gyldendal, Kopenhagen, 1988, Bd. 7, S. 339–360.

–: Danskeren 1972, i Dansk Identitetshistorie, IV, S. 392–420. Kopenhagen 1992.

–: Udenrigspolitik 1933–1940, in: E. Mørch (Hrsg.), Danmarks Historie, Gyldendal, Kopenhagen, 1988, Bd. 7, S. 339–360.

Noack, J. P.: Det danske mindretal i Sydslesvig 1920–1945, 1989.

–: Det sydslesvigske grænsespørgsmål 1945–47, 1991.

Paulsen, Jørgen: Tyske Embedsmænd i København i Tiden 1800–1840, in: Sønderjyske Aarbøger 1936, S. 43–86.

Petersen, Carl: Deutscher und nordischer Geist. Ihre Wechselwirkungen bis zum Ende der Romantik, Breslau 1932.

Raasløff, H. J. A.: Der dänische Nationalcharakter und Dänemarks Verhältnis zu Deutschland, in: Deutsche Rundschau, 1879.

Ramdohr aus Hoya, Friedrich Wilhelm Basilius von: Studien zur Kenntniss der schönen Natur, der schönen Kunste, der Sitten und der Staatsverfassung auf einer Reise nach Dänemark, Hannover 1792.

Rasmussen, Erik: Velfærdsstaten på Vej, Politikens Danmarkshistorie, Bd. 13, Kopenhagen 1965.

Rasmussen, Hanne u. Mogens Rüdiger: Tiden efter 1945, in: Søren Mørch (Red.), Danmarks historie 7, Gyldendal, Kopenhagen 1989.

Rasmussen, Jens Rahbek: Danmark og Sverige som arvefjender: Fra svenskekrige til fodbold, in: K. K. Kristiansen und Jens R. Rasmussen (Hrsg.), Fjendebilleder og fremmedhad, Kopenhagen 1988, S. 149–159.

Reden für die deutsche Nation 1848/49, Stenographischer Bericht über die Verhandlungen der deutschen constituirenden Nationalversammlung zu Frankfurt am Main (Hrsg. Franz Wigard), München 1988 (Frankfurt 1848).

Roos, Carl: Indhøstningens Tid, Livse rindringer II, Kopenhagen 1961.

Scharff, Alexander: Der Weg zur deutsch-dänischen Verständigung nach 1945 und zu den Bonn-Kopenhagener Erklärungen von 1955, in: Geschichte und Gegenwart. Festschrift für Karl Dietrich Erdmann, hrsg. v. H. Boockmann u. a. Neumünster 1980.

–: Schleswig-Holstein in der europäischen und nordischen Geschichte, Gesammelte Aufsätze, Stuttgart 1969 (Kieler Historische Studien, Bd. 6).

Schirach, Gottlieb Benedict von: Ueber das Königliche Dänische Indigenatsrecht und einige andere Gegenstände der Staatswissenschaft und Geschichte, Hamburg 1779.

Schwarz, Peter Klaus: Nationale und soziale Bewegung in Oldenburg im Jahrzehnt vor der Reichsgründung, Oldenburg 1979.

Schmidt, Ernst: Briefwechsel der Brüder Grimm mit nordischen Gelehrten, Berlin 1885.

See, Klaus von: Deutsche Germanen-Ideologie, Frankfurt a. M. 1970

Seume, Johann Gottfried: Mein Sommer 1805, Seumes Werke I–II, Berlin und Weimar, 5. Aufl. 1990.

Seymour, Susan: Anglo-Danish Relations and Germany 1933–45, Odense 1982.

Sieber, E.: Die Idee des Kleinstaates bei den Denkern des 18. Jahrhunderts in Frankreich und Deutschland, Basel 1920.

Sjøqvist, Viggo: Peter Vedel. Udenrigsministeriets direktør I–II, Aarhus 1957–1962.

–: Peter Munch, Kopenhagen 1976.

–: Danmarks Udenrigspolitik 1933–1940, Kopenhagen 1966.

Spittler, L. T.: Geschichte der dänischen Revolution 1660, Berlin 1796.

Stangerup, Hakon: Kulturkampen I–II, Kopenhagen 1946.

Steffens, Henrik: Die gegenwärtige Zeit und wie sie geworden, mit besonderer Rücksicht auf Deutschland, Berlin 1817.

–: Was ich erlebte, 1844, X.

Steltzer, Hans Georg: Die deutsche Flotte, Darmstadt 1989.
Strodtmann, Adolf: Das geistige Leben in Dänemark, Berlin 1873.
Sørensen, H. E. (Hrsg.): Klart nej til Fællesmarkedet, Skærbæk 1972.
Tamm, Ditlev: Retsopgøret efter Besættelsen, Kopenhagen 1984.
Thiele, J. M.: Danske Folkesagn I–IV, Kopenhagen 1818–1823.
Thimme, Anneliese: Hans Delbrück als Kritiker der wilhelminischen Epoche, Düsseldorf 1955.
Treskow, A. von: Reisebilder aus Dänemark und Schweden, Quedlinburg/Leipzig 1837.
Trommer, Aage: Jernbanesabotagen i Danmark under den Anden Verdenskrig, Kopenhagen 1971.
Verhandlungen der Germanisten zu Frankfurt am Main am 24., 25. und 26. September 1846, Frankfurt a. M. 1847.
Westergaard Andersen, Harald: Dansk Politik igår og idag, 1976.
Wittken, Edmund von: Studien über Jütland, Berlin 1865.
Wollstein, Günter: Das ‘Großdeutschland’ der Paulskirche, Düsseldorf 1977.
Worsaae, J. J. A.: Die nationale Alterthumskunde in Deutschland, Kopenhagen 1846.
Ørsted, Anders Sandøe: For den danske Stats Opretholdelse i dens Heelhed. En historisk statsretslig Undersøgelse, Kopenhagen 1850.
Østergård, Uffe: Feindbilder und Vorurteile in der dänischen Öffentlichkeit, in: G. Trautmann (Hrsg.), Die häßlichen Deutschen?, Darmstadt 1991, S. 145–166.

REGISTER

Aufgenommen wurden Personennamen, Zeitungen und Zeitschriften sowie internationale Organisationen.